루저 아들

컨템포러리 총서 06

루저 아들

정치와 권위

아비탈 로넬 지음 | 염인수 옮김

현실문화

나는 이 책을 쓰는 동안에 퍼시 비시 셸리의 5막 비극 『첸치 일가』를 읽었다. 당연하게도 나는, 아버지에게 짐승처럼 강간당한 로마의 젊은 귀족 여성 베아트리체 첸치와 장거리 친교를 맺게 되었다. 베아트리체 첸치는 폭군적인 아버지를 공모하여 살해한 혐의로 1599년 투옥되었고, 그녀와 관련자들은 고문을 받았다. 로마 교황 클레멘스 8세는 부성父性적 권위를 옹호하는 일에 막대한 투자를 했기 때문에, 학대를 당한 가족들에게 가부장이 터뜨린 엄청난 폭력을 ─ 전적으로 파멸적인 성적 폭력과 신체상의 폭력을 ─ 제대로 다루기를 거절했다. 카라바조가 〈성 마태오의 순교〉를 그리기 위해 아이디어를 모으고 있던 당시에 그녀의 처형을 목격했다고 말해진다. 나는 우리들 사이의 저 베아트리체들을 기억하면서, 그녀의 역경과 인격에 이 작업을 헌정하고 싶다.

차례

일러두기

- 이 책은 Avital Ronell, *Loser Sons: Politics and Authority*, University of Illinois Press, 2012를 옮긴 것이다.

- 본문에서 옮긴이가 추가한 내용은 대괄호로 묶어 표시했으며, 인용문에서 지은이가 추가한 내용은 해당 부분 끝에 '—로넬'이라고 표시해 옮긴이 첨언과 구분해 주었다.

- 원문에서 이탤릭으로 된 표현들은 굵은 글씨로 표기했으며, 대문자로 시작하는 단어들에는 드러냄표를 찍어 주었다.

- 필요한 경우 원어를 국문 옆에 병기하되, 영어 외의 외국어로 된 일부 구절이나 문장은 괄호 안에 넣어 그 중요성을 강조했다.

- 원문의 이해를 돕기 위해 새롭게 도판을 삽입했으며, 이에 대한 책임은 출판사에 있다.

- 외국 인명 표기는 국립국어원에서 펴낸 외래어표기법을 원칙으로 하되, 국내에서 널리 사용되는 인명은 관행을 따르기도 했다.

고약한 대상과 씨름하며

오랜 시간이 걸려서야 이 작업이 나왔다. 코끼리를 낳는 것같이 고통스러운 출산을 준비하는 동안―몇 년이었는지 세는 일은 관뒀다―다른 작업과 책임들이 내 주의를 끌고 시선을 분산시켰으며, 흡혈귀처럼 내 기운을 빨아들여 없애 버렸다. 글을 쓰기 위해 모종의 피난처를 따로 마련하기란 몹시 어렵다. 적자赤字가 만연한 우리 시대에는 우리가 하는 작업을 정당화하기란 더욱 어렵지만 또 필수적이기도 하다. 이런 시대에 가혹하지만 핵심적인 과제는 일의 상식적 개념에 들어맞도록 글쓰기를 수행한다든지, [우리의 글쓰기가] 노동력을 구성하는 부분에 포함되도록 한다든지 하는 것이다. 그리고 어쩌면 이렇게 되어야 하기도 하리라. 그렇대도 그토록 많은 사람이 저임금에 시달리거나 실업 상태인 데다가, 내 직무 계약과 더 가까운 일을 하는 또 다른 사람들의 경우엔 적절하게 훈련받았고 재능을 가졌다는 점을 충분히 입증했지만 책을 펴낼 수도 없고 가르칠 수도 없는 상황에서, 용기를 잃지 않기란 어렵다. 불평을 제기해 볼 수도 있을 것이다. 나는 내 편에서 그럴 수 있다. 그러나 그러려면 내 기운을 포기해야 한다. 가르치는 일이 얼마나 소진되는 일인지 누가 알겠는가? 평가서와 추천서를 작성하는 일, 관리자로 하는 일, 학술대회에 참석하는 일, 예술의 역동적 경향을 따라잡는 일, 여기저기를 멀리 다니는 일, 삶을 가장하는 일, 거짓 무의식을 내리누르는 일 — 이쯤에서 그만두자. 그러지 않으면 회상에 잠겨 버리거나 참회의 심연에 나를 내던질 것 같다. 내 동료들을 보자면 나는 탁월한 학자들이 제도적 인간행동학[1]에 시달리고, 교육 관료 체제에 내맡겨져 끝나지 않는 평가와 사업적 폄하의 대상이 된다는 사실을 안다. 배움의 장소이기에 트라우마를 낳는 구역에서조차 마치 '성과'가 산출될 수 있는 것처럼 말이다. 성과 지수를 향한 이런 유형의 일관된 격하야말로 내가 여기서 부각시키려고 하는 주제(이자 지옥)에 해당한다. 오늘날 너무나 많은 것이 헌신적인 학자, 예술가, 시인, 그리고 탈진한 학생의 몸뚱이를 고문하고 있다는 느낌을 떨쳐 낼 성싶지 않다. 분명히 말하건대, 나는 펑껫거리의 재고품 목록을 떠올리게 하고 싶은 것이 아니다. 나는 물질적 불평등, 모욕, 고충이 다른 사람들을 참으로 위태롭고 힘 빠지게 만든다는 사실을 잘 알고 있으며, 이 사람들이 소위 결승점은 고사하고 출발점에조차 서지 못한다는 점을 충분히 이해하고 있다.

물론 대부분의 사람은 이 직업을 원치 않으리라. — 이 일이 함축하고 있는 사무치는 고독, 단 한 문장의 숙명에 대한 열띠고 기나긴 숙련, 피할 길 없이 가차 없는 자기비판을 말이다. 흔히 있는 수사

---

1   [옮긴이] 인간행동학(praxeology)은 인간의 행동이 목적 지향적이라는 규정에 기초하여 인간 행동의 규칙을 탐구하는 학문을 말한다. 주로 오스트리아의 경제학자 루트비히 폰 미제스의 경제학적 연구 방향과 관련해서 언급된다.

법이 작업의 긴급성과 필요불가결함에 대해 말해야만 하며 사명감과 성취감에 관해 떠들어야만 한다고 명령하는 판에, 이 모든 게 얼마나 거창하고 귀찮은 짓인지를 작업의 첫머리에서부터 나타내는 일이 요령부득일 수는 있겠다. 이런 식의 여는 말이 대체 누구를 안심하게 만들고 누구에게 확신을 줄 수 있을까? — 그러니까 대체 누구에게, 너 역시 겨우겨우 해내고 있다는 것이지, 하고 안심하고 수긍하도록 하려는 걸까? 니체의 문체 서식에 따라 말해 보자면 이렇다. 어떤 작업을 개시했다는 명예를 취하지 말라. 반대로 작업이 너를 붙들었거나 네게 들이닥쳤다고 말해야 한다. 이 일이 찾아왔을 때 너는 일종의 사유의 광야에 처했다. 너는 네 철저한 수동성과 다툰 일에 관한 부분을 생략해야 할 것이다. 짓누르는 과부하를, 다른 사람들은 수용을 예감한 채 무릎을 꿇고 굴복했던 저 무게를 네가 아슬아슬 버텼던 부분은 빼 버리도록 해라. 다만 내가 시작하게 된 과정을 말해 보도록 하자. 이 작업이 나오기까진 오랜 시간이 걸렸다. 어떻게 보자면 이 책은 부시 집권기가 마무리되는 것을 지켜보면서 견뎌 왔다. 충격으로 멍한 채이되 신호들을 수신하고 타격을 감내하면서, 이 책은 내내 대기 중이었다.

상당수의 친구와 동료는 부시-체니 정권이 끝나기 전에 책을 내라고 재촉했다. 정치적 사유에 때맞게 공헌하라는 것이었다. 이 관점에는 나름의 장점이 있었고, 나도 어느 정도 마음이 끌렸다. 하지만 나는 (여기서 결정이라는 환상에 빠질 수 있게 해 준다면) 이 경우에는 거의 반작용에 그칠 텍스트를 내놓을 것이 아니라, 밤을 새워 지켜

보고 피해를 죄다 받아들이면서 기다려야겠다고 결정했다. 그 시절은 아직 끝나지 않았다. 피해는 막대하고 치욕은 여전히 무수할 정도이다. 우리가 오바마라는 이름으로 뚜렷한 안도의 한숨을 쉬고 있긴 하지만, 역사적 서사의 타락과 물질적 수단의 곤궁함, 또한 헌법적 완전무결함의 훼손은 복구되기 어려울뿐더러 자세히 이야기하는 것조차 쉽지 않다. 어쩌면 나는 막차를 타고 있는 중인지도 모른다(신참들이 모두 그렇듯 나는 역사의 뒤꽁무니에 설 팔자를 타고났다). 아니라면 미래에 속한 조망 지점으로부터 말하고 있는 중인지도 모르겠다. 즉 언제나 내가 쓴 글을 덮쳐 왔던 돌아온 자들과 망령들revenants의 사건으로부터 말하고 있는 것인지도 모른다. 부디 나를 용납해 주길 바란다. 나는 [현재를 다루는 일 없이] 미래로 곧장 넘겨 건네질 말썽 많았던 과거에 밀착하고자 한다. 그리고 나는 진지한 분석은 눈에 띄지 않고 움직여야 한다고 요구한다. 이 모호한 상황을 양해해 주길 바랄 뿐이다.

  몇몇 지점은 중단된 채 때를 기다리고 있는 중이다. 아니면 사변적 도약의 희박한 공기 중으로 가뭇없이 사라지도록 허용되었다. 어떤 도약들은 나름의 착륙 계산에 따라 **망각되는 역사**[2]에 착지하지만,

---

2   [옮긴이] anahistory는 로넬이 이 책에서뿐만 아니라 현재까지도 자신의 중요한 작업 도구로 삼고 이론적 탐구를 지속 중인 관념이다. 이 단어는 장프랑수아 리오타르가 주목했던 접두어 'ana-'("분석하고[analysis], 떠올리고[anamnesis], 되살리고[anagogy], 비트는[anamorphosis] 절차로서 '애초의 망각'을 다시 새롭게 수행하려는" 접두어)를 '역사'에 덧붙인 것이다. 어떤 역사건 간에 역사란 억압과 더불어 기록된다고 할 때, 맨 처음의 억압과 망각이 시작된 곳으로 되돌아가서 새로운 억압과 망각을 수행할지라도 역사를 다시 분석하고 떠올리고 되살리고 비트는 절차가

망각되는 역사는 토대가 마련될 수 없기에 여기에 접근하려면 다른 종류의 방법이 필요하다. — 글을 쓰거나 탐사하고 관통하는 일이 다르게 이루어지는 대안적인 우주가 요구되는 것이다. 망각되는 역사는 역사만큼이나 우리를 단단히 붙들고, 트라우마 표시를 찍는 그 나름의 명세표를 운용한다. 그러면서 이것은 **외친 함성/쓰인 문서**cri/écrit라는 쌍에 담긴 뜻을 다르게 만들 것을 요청하고, 사고하는 자의 불안이 한밤으로 확장되기를 청원한다. 역사와 짝을 이룬 것으로서, 망각되는 역사는 사유를 기입할 다른 등록부register를 도입하게 된다. 이 다른 등록부는 비발생inoccurrence을 둘러싸고 축적되며, 수많은 사건을 은밀하게 조작하는 것들 둘레에 누적된다. 비록 망각되는 역사가 파내어 밝혀질 수 없는 서사들 곁을 고집스레 지키긴 하지만, 부인당한 두려움들을 식별하는 것만이 문제인 건 아니다. 이것은 우리에게 나라의national 무의식 같은 것도 샅샅이 뒤져 보기를 요구한다. 심지어 이 무의식이 '거짓 무의식false unconscious'으로 밝혀질 적에도 말이다. 프로이트와 라캉 둘 다 어떤 흔적들의 저장소로서 **거짓 무의식**이라는 생각을 받아들인다. 이 흔적들은 무의식의 수용 기관들 위에 그림자를 드리우고는 기관들 자체가 고조되고 뒤섞이는 혼잡 상태를 창조한다.

anahistory라는 관념에 함축되어 있다고 하겠다. 이 말을 로넬의 고유한 술어로 간주하고, 희랍어 뉘앙스를 우리말로 옮기는 일의 불가능함을 인정한 채, '아나히스토리'라고 옮길 수도 있었겠으나, 이 책에서는 우리말 이해의 명료성을 중시하여 '망각되는 역사'라고 옮겼다.

오늘날 우리의 머리 위에는 미확정인 채로 비축된 이 모든 것이 걸려 있다. 당신은 불가해성에 가까운 것의 깊은 구멍에 뛰어들지 않음으로써, 이것들과 엮이지 않는 쪽을 택할 수도 있다. 내 경우에 이것은 선택의 문제가 아니다. 나는 사태가 엉망진창이 된 곳에 들어가야만 한다. 혹은 이따금 나는 황량한 벌판의 뻣뻣할 정도로 솔직한 공간을 내가 통과해 간다고 여긴다. 나는 잔해들을 유심히 훑으면서 걷는다. 어쩌면 살아 있는 것의 신호에, 어떤 기척에, 아니면 예기치 못한 소리에 주의를 기울이는 건지도 모르겠다.

❂ ❂ ❂

권위에 관한 사유는 우리를 끊임없이 자극한다. 그런데도 당신 눈앞에 펼쳐진 이 페이지들에다 권위에 관한 사유를 밀어 넣도록 만든 것은 몇 가지 고찰과 적지 않은 긴급성의 압력이다. 이 작업을 구성하는 주제들이 나를 몰아붙이는 것 같았다. 그랬기에 나는 이런 주제들이 세상에서 취하는 모양이 나를 뒤흔드는 데 따라서, 이런 주제들이 증명하는 시대에 딱 때맞춰야 한다는 불안으로 인해 속력을 잃고 주춤하거나 약화되었다. 때마침 공교롭게도, 나는 때맞지 않은 피조물이다. 나는 니체식 시간적 도약의 가르침을 받았으나, 누구는 '전통'이라고 부를 법한 것으로 의무적으로 되돌아감으로써 내 보폭을 시험한다. 바로 이런 식으로만 사람들은 나를 보수적이라고 생각하거나 내가 한 사람의 보호론자라고 여길 수 있으리라. — 전통적 서사들의 요구를 충실히 따를 뿐만 아니라, 전통적 서사 곁에서 대체로 입을 닫을 수밖에 없었던 그 동반자들이 제기한 요구도 꼭 지킨다는 점에서 말이다. 다시 말해 부분적으로 나는 나름대로 요령을 피우고 있는 것이다. 진정제를 잔뜩 투여받은 저 흔적들을 추적할 때, 또 역사적 파란만장함의 억압된 자취들을 캐낼 때도. 나는 주인 담론들의 방관자로서 단련했기에, 일종의 때맞지 않는 행동주의, 철학적인 것과 정치적인 것이 동시에 폐쇄됨으로써 확실히 이해되는 행동주의를 옹호한다. 철학적인 것과 정치적인 것의 동반자 관계 내부에서 이뤄졌던 기나긴 대화는 여러 측면에서, 뿐만 아니라 필연적으로, 소강상태에 접어들었다. 그러나 효력 높은 침투로는 계속 남아 있으며, 건드리지 않은 자원들도 여전하다. 어떤 것이 해명되지 않았다면, 나는 그것을 원한다. 가장 일어날 법하지 않은 원인, 가장 깜깜하고 엄청나게 쓸모없는 종이쪽지가 내 호기심을 바지직, 당긴다 (**호기심**. 이것은 그 자체가 철학적으로 가치절하되었던 조사 원동력이다). 나는 주변 지역을 샅샅이 뒤져 본다. 윤리적인 답사가 종종 방기했던 장소들이다.

이런 제약들이 있고, 관조의 대상이라고 일컬어지는 것을 내가 억누르는 방식이 전제되기에, 나는 정치를 독해하는 지배적 조류와 공인된 관례로부터 멀찌감치 떨어져 있는 편을 좋아한다. 나는, 어디보다도 특히 '정치'가 검열관같이 피해 갈 수 없는 것이 되며, '정치'가 무조건적인 것이 (또는 아렌트가 말한 대로 '전체적'인 것이) 되는 자리로부터 멀어지고 싶고, 이렇기 때문에 방식의 측면에서는 ['정치'에 대한] 담론의 상자들이 DOA[도착 시 사망상태]마냥, 이른바 관조적 대상이 전해지듯 규제되고 관리되는 방식을 멀리하고 싶다. (맞다. 나는 관조 아래 놓이는 모든 것이 사실상 DOA인 채 모습을 드러낸다고 상정한다. 더 명확히 해 보겠다. 더 엉망이 되거나 망가진 것, 거기에 내가 말하고픈 것이 있다. 내가 의미하고 픈 것은 전치에 의해 교란되어, 심지어는 언어가 관습적으로 요구하는 정도보다도 더욱 **왜곡**[3]의 대상이 된 것—현시의 측면에서는 거의 알아보기 어렵거나 솔직히 말해 뒤늦게 된 것이다. 그때 그것은 나의 도정에 찾아온다.)

　나는 내 동료들을 존경하고 독해한다. 내가 아는 사람들과 익숙하지 않은 사람들을. 이들 중 몇 사람은 나와 함께 패널로 앉아 있었고, 몇몇은 다른 길로 갔다. 이들은 사회적 형성물을 정교하게 만들기 위해 끊임없이 압력을 가하는 일을 평생 작업으로 삼고, 무자비하게 투쟁적인 정치의 진창을 뚫고 일하기를 용감하게 계속해 왔다. 하지만 내 경우에는, 본래 그랬건 아니면 이론적 도착증으로 인해서건, 사태에 착수하는 다른 방식, 써먹을 수 있는 다른 패가 있다. 정치적인 것의 지배, 그리고 이것이 내포한 것을 가늠할 필요성이 계제가 될 적엔 말이다. 나는 나노 단위 분석을 이끌면서 움직이기 시작한다. 부수적인 경로 혹은 소수자중심주의적인 경로를 따라서 시작하는 것이다. 이 경로는 아무 데도 아닌 곳으로 이끌 수도 있고, 아니면 정치적 탄

3　[옮긴이] 왜곡(Entstellung)과 전치(Verschiebung)라는 단어는, 압축(Verdichtung)과 더불어 프로이트가 꿈작업의 특징을 말하면서 쓴 단어다. 무의식은 언어로 구성되어 있으며, 무의식의 결과물인 꿈은 압축과 전치를 통해 '왜곡'된 것임을 떠올려 보자.

광 속에서 카나리아 떼[4]가 활동하는 것같이 기능하는 '큰 그림'으로 돌변할 수도 있으리라.

커다란 문젯거리에 강하게 영향을 미치기 위해 작은 공간으로 뻗어 나가는 일에는 나름의 이점이 있다. 게다가 이런 학문적 다이어트를 내가 처음으로 시도해 본 것도 아니다. 하지만 뜻하지 않은 함정과 극적인 파경들도 있다. 어떤 사람이 쪼가리 하나의 숙명을 심문하려는 카프카식 속도에서 어쩌면 모티프를 얻게 됨에 따라 이와 동시에 — 개념으로 이루어진 껍질 속에서 축출되어 나노 단위 흔적들의 놀라운 진전을 감지하게 되거나, 혹은 체계의 지각하기 어려운 분란의 여정을 느끼게 됨과 동시에 — 그는 실존에 묶인 특대 근심들의 크기 규모에 또한 사로잡힌다. [이에 따라] 그는 강제되어 정초적인 구조들로 되돌아가게 된다. 그는 우리가 계속 살아 나가게 만드는 구조들로 멈춘 듯 이동하는 식으로라도 되돌아가거나, 아니면 근원애호증archeophilia 같은 결정에 의거해서라도 복귀하지 않을 수 없는 것이다. — 내 말은, 세계에 남은 자투리들을 짜 맞출 적에, 사람들은 고대적인 대상들과 개념들 및 고대의 조제법의 복귀라는 자장에 사로잡히게 되며, 그런 것들로 복귀하려는 충동에 사로잡히게 된다는 뜻이다.

4　[옮긴이] 옛날에는 갱도 내의 산소량을 측정하기 위해 탄광 안에 카나리아를 길렀다고 알려져 있다.

산더미 같은 문제들의 축소된 몫을 더 좋아한다고 할지라도, 때론 그 규모의 벽면에 정면으로 충돌하게 되는 법이다. 비록 내가 장대한 볼거리보다는 쪼가리를 선호하지만, 나는 내가 감당해야 할 질문들을 ─ 실은, 정말로는 질문이 아니라 **부름들**calls을 ─ 받아들여야 한다. 나는 이 부름들에 응한다. 그리고 내게 선택지가 주어진다면(물론 선택하거나 말거나 할 수 있는 문제는 아니지만, 일단은 계속해 보자), 이 부름들이 제시될 값어치를 얻기 위해서는, 이 부름들이 도착하되 그 자체를 넘어서 와야만, 그리고 오직 그때만 나는 눈을 밝혀야 한다. 다시 말해 이 부름들은, 이것이 어렴풋하게 ─ 커다란 데다가 관리하기도 거의 어려우나, 쪼가리와 비변증법적으로 결연을 맺은 채로 ─ 나타나는 장소를 넘어서 도착할 때만 환히 드러나는 셈이다. 부름들은 주변적으로 보일 수 있지만, 이를 뒷받침하는 상당한 지원을 요한다. 부름들은 전통으로부터, 책으로부터, 텍스트의 전선戰線과 역사의 속임수로부터, [의미의] 대상들을 확장시키는 지시 행위상의 구실로부터 지원을 얻을 필요가 있다. 나는 루저 아들loser son이라는 모티프를 ─ 이곳에서는 커다란 것이 작은 것과 만나면서 서로의 속성들을 간단없이 맞바꾸는데 ─ 쫓아가 살핌으로써 한 덩어리 문젯거리를 공격하는 중이다. 내가 공격 중인 문젯거리들은 철학의 외야 관중석에서 내게 야유를 보내 왔고, 결코 누그러지지 않을 듯이 질문들을 퍼붓는다. 정치적인 것은 어디에서 문제들을 정립하는가? 깨뜨리는 게 명백히 불가능한 구조들이 가능성을 약화시키는 마당에, 평화적인 공존coexistence의 가능성이 대체 어떻게 있나?

이런 질문들이 나를 쿡쿡 찔러 대며 관심사가 기재된 등록부 앞에 데려가서는, 대체 어떤 방식일 때 가부장제의 승리가 여전히 씨름해 볼 대상일지 궁금증을 갖게 만들었다. 형이상학이 '부성적 은유paternal metaphor'를 권위의 지위로 상승시킬 적에 무슨 일이 일어났는가? 아들이 스스로를 권리 주장에 동여매는 데 실패할 때, 이 일은 권위의 지배를 어느 정도나 만들어 낼까? 어떻게 아버지라는 불가능 형상[5]이, 쪼개져 있건 가짜 단일성을 띠건 간에, 여전히 뭐를 좌우할 지배력을 갖는가? 프로이트 본인은 [부자관계의] 혈연이 낳는 회한悔恨, 그리고 유산의 구축이라는 문제에 모든 관심을 집중하면서, 우리는 아버지가 지탱하는 권위를, 바로 이런 지위가 "가부장제의 승리"[6]의 결과로 남아 있는 한에서만 지시할 수 있다고 언급한 바 있다. 아버지[7]와 결부된 가치들은 인증 없이도 의미를 길어 올리면서, 정치가 정신분석과 만나면서 권력에 대한 질문들을 생성하는 자리의 한계를 계속 표시한다. 헛것이되 동시에 명령하는 것으로서 부성the paternal은 햄릿의 아버지처럼, 가문 전체가 무너져 내리는 방식을 지휘한다. 이 경우 가문

---

5   [옮긴이] 불가능 형상(불가능 도형)(impossible figure)은 착시 효과를 일으키는 그림의 일종으로, 끝없이 순환하며 올라가는 계단 모양같이, 평면에 그림으로 그려질 수는 있지만 입체적으로는 실재할 수 없는 도형이나 형상 같은 것을 가리키는 말이다.

6   Sigmund Freud, *Moses and Monotheism: Three Essays*, Standard Edition of the Complete Psychological Works of Sigmund Freud, Vol.23, London: Hogarth Press, 1975, p.118.

7   [옮긴이] 이 책에서 로넬은 몇몇 중요한 명사를 대문자를 사용해서 강조하는 경우가 있다. 아버지(Father)는 그중 대표적인 단어다. '바로 이 단어'를 도드라지게 드러내려는 로넬의 의도를 반영해서 이처럼 대문자로 된 단어들은 드러냄표를 찍어 구별했다.

은 공유된 이름 언저리에서 퇴락하는데, 이 이름은 쪼개져 나간 아들의 죽음을 봉인하고 있다.

이와 비슷한 무대 장면은, 비록 유려한 말로 표현되지도 않거니와 역사적 타격을 다룰 만한 장치들이 갖춰지지 않았더라도, 부성이 통치 주권의 흔적을 여전히 유지하는 수많은 집안에서 펼쳐진다. 이 흔적이야말로 여기에서 나의 흥미를 끄는 것이다.—이런 흔적은 고대적인 데다가 거의 지워지다시피 한 것이지만, 피할 수 없이 선명하면서도 단조로운 방식으로 활발하다. 따라서 나는 또한 부성적 잔여물이 대부분 표지 없이 허깨비처럼 확산된 양상을 정리할 도표를 창조하려고 시도하는 중이다. 이것의 누출이 시작되는 장소를 잔인한 관료제의 결빙된 공간들 속에서, 완고하고 무자비한 관리자들 사이에서 보고 이해하기 위해서다. 뿐만 아니라 [내가 이해하고자 하는] 부성적 잔여물의 누출은 꽉 정체된 종교적 교착 상태라는 조건에서 이루어지며, 종교의 이런 교착 상태는 규제 국가regulatory state와 나란히, 그리고 아버지의 경로에서 발진한 그 외 규칙 생산 구조의 여러 가지 억압적 양상들과 나란히 가로놓여 있다.

아버지의 형상은, 심상하게 [권좌에] 걸터앉아 있는 한편으로, 불가해한 것에 왕관을 씌우기도 할 뿐만 아니라, 수수께끼투성이의 격자표grid를 통과하며 구멍이 숭숭 뚫린다. 불가해한 것이라도 어떤 역사를 가지며, 나름의 족보lineage를 자랑한다. 부성적 침탈의 지속, 주로 은밀한 그 논리는 돌연변이 같은 붕괴의 유산을—특별한 무늬를 띤 균열을—창조했다. 이상과 같은 부름들은 취소할 수 없도록 접속되어 주요 논점을 이루고, 이를 통해 우리는 루저의 상속이라는 특별히 근대적인 현상을 시야에 포착한다. 나는 딱 들어맞는 몇 가지 두드러진 텍스트와 중요한 몇몇 용어법idiom에 담긴 내용들을 이용함으로써 이 논쟁점을 이해할 수 있게 만들어 보려고 할 것이다. 이런 텍스트들과 용어법들은, 정치적인 것이 희망을 불러오는 곳이나 정치적인 것과 실존이 합치해 믿을 만한 견본을 이룬다고 상정되는 곳에서조차 널리 퍼져 있는 정치적 실존에 대한 어떤 느낌, 즉 우리의 정치적 실존이 궁핍에 빠졌다는 느낌에 이야기를 건다. 어쨌든 나는 고대로부터 내려온 오염과 혼성의 끄트머리들을 검토할 것이며, [정치와 철학 및 문학 사이의] 적극적인 공존의 지배적 형식에 대해 지형도를 그려 볼 셈이다.

비록 또박또박하게 절합된 양상은 눈에 띄게 근대적이긴 하지만, 내쫓기거나 박탈당한 아들이 떠맡은 굴욕의 표지로 말하자면 **새로울** 게 하나도 없다. 이삭은 이와 같은 인물 형상의 성경 속 조상 자리를 채울 만하겠다.―그는 희생당할 수 있기도 전에 벤치로 밀려났으며, 치명적 부성의 두 갈래 표상 간의 승강이에서, 즉 어느 쪽이건 살의를 품은 순종하는 판본의 아버지와 지배하는 판본의 아버지 사이 옥신각신에서 누락되었다. 목숨을 건졌으나 잊힌 자로서, 버려진 혈육 관계가 불러일으키는 사막과도 같은 고독 속에 기적 없이 내버려진 자로서, 이삭은 선출됨과 동시에 희미하게 시들었다. 그는 모리아산으로 향하는 여정에 선발되었으나 그것은 중단되어야만 하는 임무였고, 그는 부성의 테스트장이 품은 공동空洞에 붙들려 다만 깔아뭉개지기 위해 자리를 차지했다. 서사를 진행시키는 한 가지 방법은, 실패한 희생 제의에 뒤따르는 공허를 조명해 보는 것이다. 요컨대 이삭은 초월적 transcendental 도약을 놓쳤을 뿐만 아니라, 역사의 자리로부터 비발생의 거푸집 속으로 물러선다. 이 비발생은 그러나 여전히 우리에게 이야기를 걸고 각인을 남긴다.

내가 꼽아 보려는 빈자리를 채울 만한 또 다른 유형이되 원형적이지는 않은 형상은, 저 **야심가**Streber 혹은 열망하는 유명인, 파우스트가 대표할 수 있겠다. 그는 모자란 아버지의 부담을 상속했다. 파우스트의 아버지는 태만하지만 끈질긴 의료 과실로 수십 명의 죽음에 책임을 져야 할 의사였다. 파우스트는 니체에게나 독서가reader 동아리에 든 거의 모든 사람에게나 골칫거리다. 메피스토펠레스를 포옹으로 받아들인 이후에도 파우스트는 괴테가 연출한 이야기 끝에 가서는 신성한 아버지의 개입을 통해 틀림없이 구원을 얻을 것이며, 그가 상속받은 무가치함과 벌이던 한층 세속적인 분투로부터 틀림없이 구해질 것이기 때문이다. 이삭과 파우스트는 권위의 망토를 박탈당했거나, 혹은 도리에 어긋난 부성적 단언들의 압력 아래에서(물론 어긋남이 규칙일 테지만) 자랄 수가 없다. 이들은, 서로 다르지만 관련 있는 방식으로, 자기파괴를 수행하도록 설정되어 있다. 또한 이들은 ― 각자의 이야기에서는 끝에서만 그럴 수도 있겠지만, 뿐만 아니라 맨 처음부터도 ― 유산을 상실하는 중이다. 이들이 길을 뚫어 역사적 서사 속의 형상이 되려고 할 적에 말이다. 결국 이삭과 파우스트는 제약하는 명령에 묶여 있다. 이들은 이 명령을 끊어 내고 자유로워질 수 없거나,

이 명령에 맹목적으로 붙들려 순종하고 있다. 이런 상황 자체야 나쁜 일이 아닐 수도 있으리라.

내가 그 경로를 추적하고자 하는 말썽은 무의식의 요금청구 방식이 원인이 되어 일어나며, 무의식의 이런 식 요금청구는 세계를 공격할 뿐만 아니라 공격성을 무자비하게 상승시킨다. 이삭과 파우스트 같은 시학적인, 혹은 글로 새겨진 '허수아비'들은 우리가 정치적인 것의 궐여default를 뚫고 사고하는 데 도움을 준다.—정치적인 것은, 터를 닦거나 정초하는 문제나 그냥 얕은 깊이에서 온 문제가 있음을 고려할 적에, 수사법상 고갈되었고 철학적으로 전소全燒했다고 할 것까지야 없겠지만, 전적으로 흐릿하고 불분명하게 남아 있다. 이와 동시에, 이론적 장애물들이 두드러짐에도 불구하고, 정치적 엄격함과 경계 태세는 모델, 모티프, 이데올로기들에 대한 지속되는 비판을 요구한다. 이런 것들은 공존이 어떻게 입안되고 규제되는지를 나타내는 데 기여해 왔기 때문이다. 이런 모델 대다수는 전체주의의 어휘목록에서 비롯되는데, 이 어휘들은 확신 없이 기념될지언정 뿌리내린 그대로 여전히 통용되거나 아니면 아무런 사과나 해명도 없이 노골적으로 되살아난다. 이렇게 지속되는 이론적인 모욕들을 어떻게든 넘어설 방법은 있다. 심지어 이런 것들이 스스로를 역사에 더 고의적으로 투영함으로써 계속해서 되살아나는 경향을 띠는 곳에서조차도 말이다.

내가 도움을 청한 핵심 모티프들은, 벌판에 산개해 있는 장치건 아니면 갓길에 세워진 장치건 간에 과소평가되었던 정신분석의 탐지 장치들로부터 온 것이다. 이런 장치들은 우리가 나름의 길잡이 지도

를 생산하게 도와줄 것임에 틀림없으며, 이는 우리가 현행 이론과 정
치론들politologies에 영향을 미쳤던 몇 가지 끈질긴 경향과 갈라지게 되
는 곳에서도 마찬가지일 것이다. 문학과 마찬가지로 정신분석은 정치
의 저류底流와 미개발된 전의체계의tropological[8] 저수지에 도달할 수 있
는 중요한 접근로를 제공한다. 그래서 나는, 자기애narcissism의 구조에
서부터 동일시identification의 구조에 이르는 운동의 흔적을 전혀 추적
할 수 없는 텍스트와 보조적 허구들을 다뤄 보고 싶다. [자기애 구조에
서 동일시 구조에 도달하는] 저 운동은 프로이트에게 신호를 보내 정치적
인 것의 출발을 알린다. 필립 라쿠 라바르트와 장뤽 낭시가 「정치의
공황」에서 우리에게 상기시키는 프로이트의 학學은 "당연 문화의 학
이며, 따라서 정치[과]학이다". 이들이 이어 나가기를, 비록 바로 "이 당
연함이야말로 커다란 어려움과 게다가 엄청난 무질서를 야기하며, 뿐
만 아니라 이제 우리가 살펴보겠지만 이론적 공황theoretical panic이라는
위협적 상황을 일으키는" 것으로 밝혀진다고 할지라도 말이다.[9] 우리

8   [옮긴이] trope는 의미를 다른 것으로 전환해서 나타낸 것, 또는 그런 행위를 가리킨다. '바
꾸다', '뒤집다'라는 뜻을 가진 희랍어 트로포스(tropos)에서 비롯된 말로서, 비유 혹은 표현법이라
고 통칭할 수도 있겠으나, 알레고리나 동음이의 관계를 다 포함하는 범주이므로 이 책에서는 '전
의체(轉義體)' 혹은 '전의법'이라고 옮겼다. 관련해서 로넬은 exegesis, tropology라는 단어를 즐겨
쓰는데, 이 단어들은 성경 해석과 연관되는 단어들로, 성경의 문장과 어구를 따져 해석하는 것이
exegesis, 곧 '주석'이고 '주석'의 방법 중에서 문장이나 어구의 뜻을 전의하여 교훈적으로 이해하는
tropological reading이 있다. 따라서 tropology는 경우에 따라 '전의체계' 혹은 '전의사용'이라고 옮
겼다.

9   Philippe Lacoue-Labarthe & Jean-Luc Nancy, "La panique politique", *Retreating the
Political*, ed. Simon Sparks, London & New York: Routledge, 1997, p.9.

는 사람들이 여전히 비인간성inhumanity에 대해 **어떤 정치적 해결책**을 추구하고 있다는 사실을 잘 이해하고 있으며, 프로이트의 과학이 폭로한 공황 및 회피 전략은 이런 이해 가운데 우리가 기반으로 삼고자 하는 어휘목록과 성찰들에 속한다. 바로 이 때문에, 강박적일 정도의 예민함을 갖고서, 공황을―혹은 공황의 다른 측면인 치명적 기면 발작을―유발하는 것으로 돌아가야만 한다. 제도적 기관institution 가운데서나 해석학적 모임 속에서, 직업적 논평가나 아마추어 논평가들 사이에서, 미디어의 화면 밖이나 미디어 화면 속에서 공황을 일으키고, 부인되건 기각되건 간에 의식의 어떤 층위에서 공황을 유발하는 그것으로 되돌아가야 하는 것이다. 자기애는 우리 시대를 제어하는 암호 역할을 수행한다. 자본을 등에 업고서, 기술에 대한 중독을 포함하여 그 밖에도 국가 보조금을 받는 여러 폭압 행위들의 뒷받침을 얻고서. 이런 한에서 자기애가 횡행하는 이 시대는 탐구를 필요로 하며, 자기애가 어떻게 모든 연계에 대한 부정을 자리 잡게 하는지를 진실하게 알아채기를 요청한다. 프로이트가 수행한 조사와 더불어 시작함으로써 말이다. 그러나 우리는 참여한 사람들 전부가 경기장에 나올 때까지는, 자기애에서 비롯된 거부의 정치를 분석하는 일을 미뤄두도록 하자.

이러한 유형의 루저들이 처한 숙명은 오늘날의 권위가 겪는 궁지 혹은 권위에 생겨난 비틀림을 어느 정도나 반영할까? 어떻게 해서 이들은 폭군정의 여러 특정한 형식과 접촉하는 자리에 놓일 수 있을까? 이들이 접촉하는 폭군정의 여러 형식은 그야말로 포스트정치의

postpolitical 세기라 할 시대, 정치적인 것이 종결을 이루고 완성을 성취하는 시대에 고문을 가하면서 또한 번창한다. 결국 이 아이들은, 이제는 우리가 그 어떤 진지한 방식으로도 권리주장을 제기하지 않는 어떤 대상을 가지고 있었던 셈이다. 비록 신성한 것이 죽음을 맞이하여 그르렁대는 소리가 우리의 근대성이라는 배경 속에서 우레같이 들릴 수 있다고 할지라도 말이다. 이 아들들이 『토템과 터부』의 페이지들로부터 출현할 수도 있겠고, 아니면 성경의 드라마와 교양소설에 거처를 정할 수도 있겠으나, 단지 지하에 묻었을 뿐이더라도 어쨌든 이 아들들을 이끌었던 것은 신성한 법이었고, 권위의 보다 고차원적인 길잡이였다.

우리들 늦은 근대인은 깡그리 비워진 신성한 공간들과 더불어 남아 있을 따름이다. 이곳에서 우리는 현재 아버지라고 알고 있는 것에 붙들려 그가 남긴 실패의 유산 속에서 옴짝달싹 못 하고 있다. 아버지라고 알려진 이것은 신앙 없이 전쟁이 벌어지는 구역에서 인가받은 초월성의 보호를 받지 못하는 자들을 괴롭혀 대고, 이들이 쳐 놓은 방벽을 쾅쾅 두드려 대고 있다. 이삭과 파우스트에게는, 그리고 이들에게 거의 원형적인 친척관계로 묶여 있는 자들에게는 계명이라는 구실도 없었고, 이들의 등 뒤를 돌보는 신성한 법령이라는 핑계도 없었다. 심지어 이들이 사라졌을 적에나, 부성을 대리하는 자들과 계약을 체결했을 적에도 말이다. 이런 그림자들이 나를 설득했으므로, 나는 루저 아들이 처한 역경을 가능한 한 명료하게 만들려고 할 것이다. 나는 루저 아들에게 장소를 부여해 이것이 이론적 의연함과 원기를 띨 수 있게 함으로써, 오늘날의 정치적 불안을 다루는 글에서 루저 아들이 나름의 자리를 차지할 수 있게 만들고자 한다. 나는 지성을 통해 인식하는 행위가 노상 허용되지는 않는 이런 영역들에 들어선다. [물론] 여기서 내가 질문 하나를 보호하거나 주의를 끌 만한 개념 하나를 검토하는 것 이상의 일을 할 권위를 결하고 있다는 점은 이해하고 있다. 어쩌면 나는 스스로에게 한 뭉치의 모티프를, 대부분은 비어 있고 방기된 것이겠지만, 무엇이 정치적인 것으로 통용되는지를 검토하기 위해, 모아내 보라고 할 수도 있다. 어쩌면 나는 우리의 길을 가로막는 몇몇 논쟁적인 모델을 어떻게든 거꾸러뜨리려고 할 수도 있겠지만, 정치적인 것이 철학을 소진시켰던 방식을 생각해 보면 이 역시 확실치는 않다. 요는 가로막는 것 바로 곁에 머물면서 움츠러들지 않고 이것을 바라보는 것이다. 이와 비슷한 맥락에서 라쿠 라바르트는 철학 자체의 권위와 관련하여 철학으로부터 실천이 결핍된 양상을 탐사할 때, 정치적인 것이 마치 "역설적으로, 철학적인 것의 맹점으로 남아 있었던" 것 같다고 지적했다. 달리 말해, 철학은 정치적인 것과 마주할 적에, 혹은 정치적인 것의 철학적 본질essence과 마주할 적에, "철학 자신의 권위를 빼앗긴 채 정치적 실천의 하나로서 연루된다는" 사실을 곧장 알아채게 된다. 요컨대 철학은 "단지 철학에 가능한 사회적 권력이나 정치적 권력만을 빼앗기는 것이 아니라, 이론적인 것에 속한 권위 혹은 철학적인 것 그 자체에 속한 권위를 잃어버린다(누가 이런저런 실천들을 결정하는 방식이 어떠하건 간에, 그러니까 그가 비평을 한다거나, 기초적인 것으로 되돌아간다거나, 사고해서 비튼 재해득re-appropriation[극복변형Verwindung]을 수행한다거나, 뒷

전으로 물러난다거나, 해체를 수행한다거나 등등, 방식이 어떻든 간에 관계없다)".[10]
지금에 와서 우리는 정치적 불안에 직면한 비판 권력의 위축에 대해
더 나아간 성찰을 수행하도록 초청받았다.

❂ ❂ ❂

이제 진행될 내용이 제기하는 질문 중 몇 가지가, 쫓겨난 초월성
을 배경에 펼쳐 둔 채 오늘의 문젯거리에 동시대적인 감각을 부여한
다면, 몇 마디를 덧붙여서 도움을 받을 수 있겠다. 여기에서 내 의도
를 맥락 가운데 위치시키기 위해서일 뿐만 아니라, [내 작업과] 비슷한
눈금을 갖고서 '오늘날 정치의 숙명'을 다루려는 기획들과도 거리를
두기 위해서다. 어쩌면 나는 내가 지금 무엇을 하지 않고 있는지 진술
하면서 시작해야 했을 것이다. 내가 어떻게 학문적인 회피의 역설과
씨름하는지 설명하면서 말이다. 학문적 회피는 손을 떼는 일이나 이
탈을 택하는 일과 같지 않다. 그 반대다. 오히려 나는 경험론적 접근
이 어느 모로 보나 더 이상은 결정적이지 않다는 사실을 처리해야만
한다. 이제 나는 그와 같은 접근이 산출하는 이익배당에 한껏 기댈
수 없다. 심지어는 이런 이익이 내 대의를 지탱하고 내 소송을 지원하

---

10   장뤽 낭시와 필립 라쿠 라바르트 명의로, 정치철학연구소 개소식 연설(inaugural address)로
서 1980년 12월 8일 파리에서 발표한 글. 이 연설문은 「개소식 연설」이라는 제목으로 『정치적인 것
의 후퇴』에 실렸다. "The Centre: Opening Address", *Retreating the Political*, p.112[프랑스어판은
"Ouverture", *Rejouer le politique*, Paris: Galilée, 1981].

는 자리에서조차도 말이다. 이와 동시에 나는 경험적으로 얻는 것들을 손쉽게 내버리거나 물질적인 흔적들을 그냥 밟아 뭉갤 수도 없다. 어찌 됐든 경험적인 것을 통해 고무된 철학의 감수성에게는, 이런 감수성이 **세계정신**Weltgeist의 맥박을 재는 일에만 종사하도록 되어 있을지도 모른다는 생각이 당혹스럽다. 즉 알아볼 수 있는 사건들이 일어나는 일정에 딸린 채로, 시간에 딱 맞게, 이 감수성이 빈틈없이 도착하고 내릴 능력을 갖춘 걸지도 모르겠다는 생각이 당혹스러운 것이다.─저 모든 망상적 열상裂傷과 오도된 희망들은 [바깥을 향한] 불안, 즉 언제나 과녁을 정확히 빗나가도록 신경을 쓰는 불안에 퍼져 있는 약점에 관한 것으로서, 자기만족의 기회를 망치는 법이라 그렇다. 묵살된 개념들의 견인력이나 그야말로 이해할 수 없는 것의 오랜 지배도─숙명적인 비발생의 맥박도─자기들의 시간을 마찬가지로 요구하나, 이 역시 십중팔구는 아무도 주시하지 않는다. 모두가 지나치게 떠들썩한 화제가 띠는 팽팽한 기분attunement에 의혹을 품어야 한다. 즉 우리는 테러나 부정의injustice, 혹은 권위에 대한 관심을 자극하는 그런 화제가 낳는 기분을 의혹을 품고 보아야 하는 것이다. 의혹은 우리가 얻게 되는 이득이지만, 주저함 및 의구심과 고투함으로써만 연료를 얻는다. 우리는 형이상학적인 것이 가득 찬 문제들, 권위, 부정의, 테러의 문제들로부터 배우기를 계속함으로써 후퇴와 재조정을 감행한다. 이와 같은 주제들은 철학적인 것에 대한 어떤 봉쇄 정책이건 깨뜨려 열며, 비판이 움직이는 범위를 넓히도록, 인식의 대안적 유형들을 찾아보도록 우리를 초청한다.

내가 이 책을 준비했던 그 시간 동안에 — 되풀이하거니와, 그건 개 같은 시절을 헤아려 가며 코끼리를 낳는 것 같은 일이었다. 그러니 여기서는 햇수를 증식시키는 게 문제고, 동물지動物誌가 문제다 — 나는 많은 강의를 귀 기울여 들었고, 서로 다른 굉장히 많은 저술을 읽거나, 글쓰기 모임에 참석하기도 했다. 뿐만 아니라 나는 연극 무대에, 극장에, 디지털 발명품에, 댄스 공연에 기웃거렸으며, 정량을 훨씬 넘긴 음악과 예술을 섭취하고, 폭넓은 항의 시위 운동에 스스로를 노출시켰다. 나는 치열하게 들었고, 타자들의 작품과 타자들이 투영한 것으로 나 자신을 씻어 냈다. 나는 열린 채로 있으려고 노력했는데, 저술가의 입장에서 이는 엄청난 노력을 요하는 일이다. 보통 당신들은 자발적 감금 상태로 들어가거나, 당신의 거품을 단단히 봉하고 그 속에 머물기 위해 최선의 노력을 다한다. 자기애의 방패를 쌓아 올림으로써 말이다……. 대체 얼마나 많은 학술논문의 장章들이, 이 빠진 초고 뭉치들이, 리뷰와 요청 문건들이, 그리고 징발된 보고서들이 매일같이 내가 설정한 비행금지 구역으로 물밀 듯이 흘러들어 와서 나의 정신 건강을 위협하는지, 당신이 짐작이라도 할까? 얼마나 많은 사람이, 나의 차단에도 불구하고, 내가 귓구멍에다 손가락을 꽂고는 '라라라'거리며 혐오스런 몸짓을 보이는데도, 글이 막힌 저술가의 이야기들을 들고서 나를 찾아오는지 당신이 알기나 할까? 아니면 얼마나 많은 친구가 "커피나 한 잔"이라면서 나를 보고 싶어 하는 척 가장하는 겨우 그런 이유로, 나를 글 쓰는 책상에서 끌어내는지 당신은 모르지 않을까? 나는 커피를 안 마신다. 내가 커피를 마시지 않는다는 걸 모두가 알고 있으며, 이 사실이 나를 피해망상에 빠뜨린다. 그래, 맞다. ─ **더욱** 피해망상에 빠뜨린다. 그래서 왜 친구들은 이렇게 초대하는 척하면서 나를 조롱하는 걸까? 이 전면적인 침범이, 공손하게 쫓아낼 때조차도 나는 죄책감의 되새김질에 24시간 내내 돌고 돌면서 꼼짝없이 붙들리기 때문에, 내 하루를 망치게 되는데? 정신에 심각한 결과를 낳고 심신을 쇠약하게 만드는 후유증을 겪지 않고서는 "아니"라고 말할 수 없는 몇몇 사람이 있다. 내 친구들은 나에 대해 ─ 내가 사실상 어떠한 제의에 대해서도 "예"라고 말하는 사람이 되도록 언도받았다는 사실을 ─ 안다. 그런데도 저들은 "커피나 한 잔"하자고 초대함으로써 정기적으로 나를 공격한다. 이제 나는 아무것도 떠올리기조차 싫다. 장애물마냥 산적한 문서 더미를 기억하는 스트레스를 견딜 수 없기 때문이며, 마찬가지로 우애라곤 없는 문화적인 모욕을 참을 수 없기 때문이다. 우리의 나날에서는 이런 것이 글쓰기를 거의 불가능하게 만든다. 적어도 내 하루하루에서는 말이다.

영향력이라 할 어떤 힘이 당신을 잡아끌기 시작하는 지점이 어딘지는 누구도 결코 알지 못한다. 내게는 몹시 분명한 독서 목록이 있고, 내 갈 길을 한정해 주는 연구 습관이 있다. 뿐만 아니라 나는 내가 엄선했던 명작 목록을 완전히 공개했다고 믿는다. 나는 채무의 구조와 유산의 문제들이 변함없이 나를 지배하는 힘을 갖고 있다고 본다. 나는 '독창적original'이라고 알려지기를 원하는 사람들과는 반대 방향으로 나아간다. 이 사람들은 자기네의 원재료를 감추거나 나아가서는 **능멸하기**defame까지 하며, 자기들의 원천을 말소한다.[11] 대조적으로, 나는 영구적인 감사의 포즈를 취한다. 나는 내 친구 크리스토퍼 핀스크가 레비나스의 "안식일의 실존"이라는 관념과 평화의 문제[12]에 관해 강연을 했던 어느 여름을 기억한다. 크리스가 사유의 재고품 창고에서 꺼내 준 것과 같은 이런 만남들에 대해 어떻게 설명해야 할까? 이 강연은 옛적에 프로이트를 침공했던 독해, [그에게] 트라우마가 되

---

11   내가 철저한 비독창성을 권장하려고 애쓸 때, 나의 목적은 단지 문장기입(inscription)의 전(全) 실천에서 우리에게 의무로 주어진 윤리적이고 정치적인 문서철을 펼쳐 보는 데만 있는 것이 아니다. 안목과 윤리적 긴급성에 대한 랠프 월도 에머슨의 느낌 가까이에 나 자신을 위치시키려는 것도 목적의 하나다. 에두아르도 카다바가 2011년 1월 7일에 내게 보낸 이메일은 이 문제에 적합한 인용문을 상기시킨다. "에머슨의 에세이 「인용과 독창성(Quotation and Originality)」에는 주목할 만한 구절이 있습니다. 거기에서 그는 이렇게 씁니다. '우리가 독서와 대화를 통한 전통에 진 부채는 막대하며, 우리가 전통에 반항하거나 사적으로 덧붙인 내용은 거의 드물고 중요치도 않다. ―그리고 이는 다른 읽기와 듣기를 기준으로 삼아도 통상적인 것이다. 그러므로 넓은 의미에서 보자면 순수한 독창성이란 없다고 말할 수 있겠다. 모든 정신은 인용한다. 낡은 것은 새로운 것과 함께 매 순간의 씨실과 날실(warp and woof)을 형성한다. 세상의 모든 직물은 이 두 실을 얽어 짬으로써 이루어진다. 필연적으로, 성벽과 기쁨에 따라, 우리 모두는 인용한다. 우리는 책과 말씀만을 인용하는 데 그치지 않고, 예술을, 과학을, 종교를, 관습과 법을 인용한다. 아니, 우리는 사원과 주택을 인용하고 모방에 따라 탁자와 의자를 인용한다. …… 독창적인 것은 원본이 아니다. 있는 것은 모방과 모델, 그리고 연상이다. 저 대천사들에게도, 이들의 역사를 안다면, 이는 마찬가지다.'" 이런 인용이 Willis Goth Regier, *Quotology*, Lincoln & London: University of Nebraska Press, 2010의 기초 역할을 했으리란 것은 의심의 여지가 없다. 리거어의 이 책은 에머슨을 영접하며, 우리가 인용문의 윤리와 맺는 관계를 성찰한다. 컹(woof)[woof는 에머슨의 인용문에 등장하는 woof와 같다. 여기에서 로넬은 같은 철자를 가진 단어를 겹쳐 씀으로써 인용과 독창성, 사람과 동물의 의미망을 중첩해 포착하려는 의도를 품고 있는 것 같다]!

12   [옮긴이] 레비나스는 다수 존재의 평화 상태가 총체성으로 통합되어서는 안 된다고 생각했으며, 따라서 자신의 평화론 및 다수에 대한 사유를 "안식일의 실존(sabbatical existence)"이라는 관념에 기대어 전개한다. 안식일의 실존 상황에서 존재자들은 생명의 지속이나 보호 혹은 인정의 욕구 때문에 하나로 통일되는 일을 겪지 않는다. 각자는 다른 사람들보다 더 높이 있지만, 아무도 누구보다 낮은 자리에 있지 않은 위상학적 역설이 구체화된 상황이 "안식일의 실존"의 상황이다.

어 정신분석을 창시하게 만들었던 저 읽기와 비슷한 방식으로[13] 나를 사로잡았나? 나는 이름과 입장들에 대한 비유analogy를 제시하는 중이 아니다. 다만 나는 자극에 관해 정립된 역사 중간을 잘라 끼어들고 있을 뿐이며, 상기하는 중일 따름이다. 어떻게 하나의 강연이 당신을 선잠 자는 상태로부터 불러낼 수 있는지를, 어떻게 하나의 강연이 당신을 내던져 버리더니, 어디 포근한 안쪽 자리에 눕고는 그 어떤 확실한 계획이나 정확한 목적도 없이 마구잡이로 뻗어 나가기 시작할 수 있는지를 나는 떠올려 보는 중이다.

이따금 당신은 강연 하나가 어디에 가닿는지, 얼마나 당신을 흔들어 놓았는지, 당신이 얼마나 가진 것 없이 재편성되었는지 알지 못한다. 기억이 정확하다면 핀스크는 끔찍한 책임에 관해 말하는 중이었고, 권력이 없다는 추정에 관해, 아무런 권력도 아닌 것에 무조건 항복하는 상황에 관해 말하고 있었다. 그가 제시한 내용은 현존재 Dasein의 권력 없음이 나타내는 신체적 특징을 연루시키고, 아무것도 필요로 하지 않는다는 것이 어떤 의미인지를 포함하는 데까지 나아갔다. 그는 안식일Shabbath이 평화의 실천임을, 폭력 자체를 뒤로 미루는 폭력의 노출임을 펼쳐 보였다. 나는 비탄affliction에 대해 핀스크가 이해한 내용이 내가 이해하기를 원했던 내용과 몹시 가깝다는 점을

---

13   [옮긴이] 강연을 뜻하는 영어 단어 lecture와 동일한 철자를 가진 프랑스어 단어 lecture에는 '독해'라는 뜻이 있다. 여기에서 로넬은 단어의 국적을 옮김으로써 다층적인 의미를 전할 수 있다는 점을 본보기로 보여 주는 것 같다.

깨달았다. 어쩌면 그건 동일했으리라. 어쩌면, 그의 독해 범위를 고려할 때, **우리는** 동일했다. 내가 종종 동일시의 과열 상태에 빠지게 된다는 사실을 고백해야만 하겠다. 늘 그런 건 아니다. 종종 그렇다. 나는 데리다였으며, 나는 라쿠 라바르트였고, [사라] 코프만이었다. 나는 [토머스] 핀천이자 루소였다. 나는 니체가 아닌 적이 한 번도 없었다. 나는 [캐시] 애커였고, 클라이스트였다. 베티나 폰 아르님이 되었을 때 나는 베케트였고, 한때 나는 아레사 프랭클린이기도 했지만 이건 다른 트랙이다(당신은 왜 그녀가 ㄱ-ㅕ-ㅇ-ㅇ-ㅗ-ㅣ라고, 또 "사유하라, [사유하라!]"라고 노래한다고 생각하는가? 하이데거를-경유한-칸트에 관한 방과 후 숙제를 그녀와 내가 공유한 게 아니라면 말이다).[14] 이런 유형의 과잉동일시는 내가 분석 중인 정치의 상연에서 결정적인 역할을 맡는다.

자기애와 동일시 사이의 맞대결은 계속해서 정치의 계보학을 형성하면서, 우리에게 사람들이 본래적 자기애를 깨뜨리고 나오는 방법에 관해 성찰하라고 요구한다. ─나는 이후 권위의 사라짐disappearance에 관해 논한 부분에서 이것을 검토할 것이다. 동일시와 공동존재Mitsein는, 주체(약칭에 불과하니 양해해 주길)가 고립의 족쇄를 부서뜨린

---

14   [옮긴이] 여기서 로넬은 아레사 프랭클린의 노래 〈리스펙트(Respect)〉와 〈싱크(Think)〉를 전거로 삼고 있다. 〈리스펙트〉에는 노래 중간에 "r-e-s-p-e-c-t"(경외)라고 알파벳 단위로 끊어 부르는 부분이 있고, 〈싱크〉에서는 곡의 시작부터 끝까지 계속 아레사 프랭클린과 코러스가 "Think, (Think)"를 반복한다. 칸트의 중요한 개념 중 하나가 경외였고, 하이데거는 기술적이거나 실용적인 사고가 아니라 존재의 근본을 묻는 사유를 강조했다.

후에, 정치적인 과제를 받고 윤리적인 복장을 갖추게 되는 서로 다른 두 가지 방식일 뿐만 아니라, 또한 우리가 함께 탐사할 수 있는 방식으로 보자면, 주체가 무방비 상태가 되고 크기도 줄어들게 되는 서로 다른 방식이기도 하다. 내가 스위스에서 경험했던 동료의 강연으로 잠시나마 돌아가 보고 싶다. 핀스크는 넓은 그물을 던지는 중이었다. 그는 **인간적인 것**the human에 대해 질문을 제기하면서, 타자와 맺는 정당한 관계가 어떻게 해서 인간의 고유한 가능성을 증언하는지를 저울질하고 있었다. (어느 곳에선가 데리다는, 어떻게 "저울질weighing"이 사고에 불가분하게 되는지를 지적한다. Peser[저울질]를 penser[사유]의 원인으로 구성함으로써 말이다.) 핀스크는 핵심을 이루는 두 텍스트, 둘 다 블랑쇼가 쓴 「유대인인 것」과 「파괴할 수 없는 것」 주변을 춤추듯 살펴본다.[15] 내가 핀스크에게서 빼내 온 것은―블랑쇼가 유대주의를 묘사한 글 중에서도 「유대인인 것」은 철학적 정수를 이루는 텍스트인데, 이 텍스트에 닻을 내린 부정적 본질과 무거운 진실을 가져온 일은 차치하고서도―핀스크가 이를테면 우리의 윤리적 교착 상태를 보는 시각이었다. 전변轉變 따위는 결코 없다. ― 우리 자신으로부터 놓여나는 순간도 없으며, 책임에서 비롯된 궁지로부터 빠져나갈 길도 없다. 윤리적으로 수행해야 할 몫은 이곳에서 멈춘다. 인간들만이 자기들이 세계와 맺는 관계를 서로에게서 벗겨 내기 때문이다. ― 이와 같은 상황은 기본

---

15 [옮긴이] 이 두 텍스트는 모두 블랑쇼의 책 『무한한 대화(L'entretien infini)』에 실려 있다. 이 중 「파괴할 수 없는 것」에 대해서는 로넬이 이후 본문에서 직접 언급할 것이다.

원소들이나 신성과 관련된 문제가 아니거니와, 운명이 굽잇길을 돌아가져온 갖가지 치료책 문제도 아니다. 외부라고 알려진 장소로부터, 혹은 영사실 같은 곳으로부터 와야 할 문제가 아닌 셈이다. 폭력은 인간의 권력과 돌이킬 수 없이 연결되어 있다. 이 논제는 잘하면 벤야민이 폭력을 신비주의적으로 정초했던 내용들과 통신에 접어들 수도 있겠지만, 당분간 나는 이 방향으로 향하지는 않으련다. — 여러분이 벤야민의 「폭력 비판을 위하여」위에 쌓인 여러 겹의 해석과, 또한 저글에 더해 가설된positing 접속선들을 파악하고자 한다면, 데리다나 다른 사람들에게 문의해 볼 수도 있을 것이다. 바로 지금 나는 이 문제의 다른 쪽 편으로, 블랑쇼가 판을 새로 짠 카프카 세계의 가장자리에 바짝 붙어 여행하려는 중이다. 여기에서는 기한 없이 폭력이 발생한다. 그가 강연했던 날에 크리스 핀스크는 중단시킬 수 없는 장애 지점을 강조했다. — 그가 강조했던 내용은 제거에 관한 한 한계가 없다는 점이며, 파괴할 수 없는 것이 인간을 파괴에다 넘겨준다는 사실이다. 무자비하게. 인류가 마치 고약한 대상과 씨름하는 것처럼 스스로를 찢어 대면서, 비탄을 겪는 일에 대해 근본적인radical 욕구를 품는다니, 있을 수 있는 일일까?

우리 중 몇몇은 동일한 작업을 수행하며, 동일한 독서 목록을 수확하는 중이라고 나는 약간쯤 생각해 본다. 아마 우리는 서로서로를 비춰 내면서도, 제 몸을 태우는 고독의 표기법을 따라, 서로 다른 봉우리에서 메아리를 이어 나가거나 저 밑에서 연계된 골짜기들로부터 끙끙거리며 신음 소리를 내는 중일지도 모른다. 어쩌면 우리는, 어떤 경우에는 지적인intellectual 기저귀를 갈아 주기조차 하면서 우리를 훈련시켰던 스승들을 본받고 있는 것일지도 모른다. 우리는 더불어서―떨어져서라고 말해야겠지만, 여기서 둘은 동일하다―손 닿는 범위 너머의 것과 연계되려고 시도한다. [물론] 우리는 말하기 행위가 원천적 관계를 개시하면서도, 미지의 것이자 이질적인foreign 것과 접촉하게 만든다는 사실을 잘 이해하고 있다. 내 생각에, 말하기Saying가 당신 앞에 매번 평화의 공물을 가져다 바친다고 해도 그때마다 저의 고유한 폭력을 지속한다고 쓴 사람은 레비나스다.

나는 스승들이 우리에게 그토록 절절하게 권고했던 뭔가 다른 것[16]을 해야 한다는 압박을 받고 있으며, 어쩌면 이것이야말로 그토록 오래 걸린 이 책에서 내가 쳐다보고 있는 대상일지도 모르겠다.―이것은 그토록 여러 번이나 주춤거리고 멈칫거렸다. 데리다의 죽음 직후부터(후, 말하는 것만으로도 찌르는 듯 아프다. 내가 병적으로 느끼고 항상 당혹감에 빠져 있는 성격인지라 여전히 받아들이지 않으려고 해서다. 그가 가 버렸다고 진짜로 믿지는 못하겠다. 그러니 그런 부름에 답하거나, 나를 시끄럽게 일깨우며 애도하라는 소리에 귀 기울이지 않을 테다) 오늘에 이르기까지, 이것은 그대로 멈춰 있으며 나는 계속할 수 없다고 느낀다. 그 당시에 나는 이

16 [옮긴이] 로넬은 이 뭔가 다른 것(something else)이 정확히 무엇인지 밝히지 않은 채로, 이 문단 끝까지 "이것(it)"이라고 지칭한다. 번역자에게 이런 일이 용납될 수 있다면, 이 책의 제목과 뒷부분에서 로넬이 쓴 일화를 고려할 때 아마 이것은 '권위'일 것이라고 짐작해 본다. 하지만 물론 확신할 수는 없다.

것에 대해 그에게 말했다. 내가 생각했던 것과 내가 하고 있는 일, 그리고 내가 알게 된 것에 대해. 그리고 나는 그가 그 자신의 작업들에, 그리고 그에게 말을 거는 사람들에게 쏟았던 집중된 주의력을 서서히 거둬들이는 것을 지켜보았다. 어느 시점이 되자 그는 더는 어떤 것에도 신경 쓰지 않는다고 말했다. 그리고 나는 틀림없이 그 말을 명령처럼 받아들였거나, 아니면 동일시에 빠졌기에 오랜 시간 동안 나 자신에게 신경 쓰기를 중단했다. 이제 와서 보니, 내게는 어떤 것에도 신경 쓰지 않을 권리가 없다고, 혹은 적어도 나는 그럴 권리를 **얻어 내지** 못했다고 느껴진다. 그래서 나는 긴급 상황에 빠진 또 다른 관계를 탐험한다. 내가 관조하는 문제는 어쩌면 핀스크가 말했을지도 모르는 어떤 것이다. 블랑쇼에게서 왔거나 또는 데리다를 경유하는 다른 경로를 택했고, 그래서 내 친구들의 중계망을 따라 재출간된 것이 아니라면 말이다. 나는 관조한다. 인간의 파괴에 한계가 없다는 문제를.

여러 겹의 어린시절
그리고 정치의 패배

역사야말로 여지없이 나를 지지할 것이다. 우리가 세계를 서로 연관되는 서사들로 모아 내는 한, 세계는 저들의 무의식적 계략에 우리를 노출시킨다. 저들이란, 심리적으로 유발된 낭패들을 기록하여 다소 은밀하게 덮어 둔 서류 뭉치를 물리칠 수 없는 자들을 말한다. 오늘 나는 우리들 사이에 있는 피투성이 루저들과 이야기를 나누고자한다. 세계 전반에 걸친 교란이 남긴 거의 잊힌 유산으로부터 이들은 여전히 세를 걸고 있거나 아니면 이자를 뜯어내는 중이다. 루저 문화의 특색, 이것의 다양한 표현이나 두드러진 성질에 관해서는 상당한 합의가 있는 것처럼 보이지만, 내게는 루저 개념 자체를 복잡하게 만들어야겠다는 의무감이 있다. 나는 이 유형에 속한 자들에게 목줄을 채우고 이들을 털어 보기를 원한다. 루저들은 당연히 산술적 다수를 구성하지는 않지만 구성비에 맞지 않게 상당히 큰 역사적 표지를 남긴다. 이들이 행하는 모든 일은 지울 수 없는 연패蓮敗를 반드시 포함하며, 이들을 출발에서 끌어내고 저지했던 초창기의 억제나 장애물로 되돌아간다. ─ 설령 이들이 응석받이에 보살핌받고 자랐을뿐더러 존재의 쉴 새 없는 파괴와 연루되지 않았더라도 말이다. 이들은 이단자이자 부적응자로, 노예화된 온순함에 대해 ─ 잘 알려졌듯 니체가 노예 도덕의 보복으로 가늠했던 것에 대해 ─ 영구적으로 복수하는 자로 나타나기도 했고, 심지어 이들 자신이 자기네를 이렇게 간주하기도 했다. 이러거나 말거나, 이들은 이런저런 수준에서 싸우면서 그 모습을 드러냈고, 분노를 터뜨리면서 보상적 경제의 수립을 요구했다. 이 가망 없는 무리에 대한 내 관심을 이끌어 낸 것은 어떤 가능성에 관한 성찰이다. 우리가 세계-역사적 문장기입inscription에 대한 대가를 지불하는 중일 가능성, 내가 '루저 아들'이라고 부르는 사람들이 부정적 신탁 기금을 조성했고 우리가 이에 대한 비용을 치르는 중일 가능성이―단지 가능성에 불과하며, 내가 완전히 틀렸을 수도 있지만―나를 솔깃하게 만든다. '루저 아들'은 모든 경우를 다 고려했을 때 **패배**에 대해 흥분하는 그런 사람들을 뜻한다. 그 패배가 이들의 이웃 타자들을 패배시키는 것으로 받아들여지건 아니면 다양하게 자기를 망치는 형식을 따라 진행되다가 자살로 원형적인 마무리를 맞는 경우건 간에 말이다. 이곳 지형은 상당히 위험하고, 몹시 문제가 많은 얘깃거리를 연다. 그러니까 아무도 이것을 잘못 다루기를 원치 않는다. 혹은 아무도 **세계정신**Weltgeist이라는 미끼에―그러니까 세계정신의 잔여물과 여기에 불법 입주한 루저에―쉽게 낚인 것처럼 되기를 원하지 않는다.

나는 제멋대로 혹평하거나, 제법 멋지거나 눈에 띄게 멋없는 비평 주제를 찾아 여기저기 뒤지는 것을 목표로 삼고 있지 않다. 이런 주제들은 그 자신의 특수한 여행 계획에 따라 내게 찾아오는 경향이 있다. 이번에는 이들의 특사가 내가 사는 근방에 방문했다. 아니, 나에게일 것이다. 그들은 **나한테로** 왔다. 뉴욕 시가지를 고속으로 가로질러서. 하지만 이들은 언제나 방문을 알리고 있었다. ─ 아우어바흐 지하주점[1]에 옹기종기 모여서, 부시의 벙커에 잠복한 채. 이것이 괴테의 희곡에서 저 지하주점을 방문한 파우스트의 질문이건 아니면 또 다른 W^2의 질문이건('W'는 괴테가 임종 자리에서 허공에 그렸던 글자이자, [삶을 끝내는] 확인 서명을 하면서 쓴 그의 마지막 글자다), 우리는 교란된 유산이 주는 고난과 마주하고, 서구 역사의 일부분에 서명과 봉인을 하는 일종의 위조 유산과 맞서고 있다. 사실 루저 아들은 자기 자신의 개념이나 시민 정체성을 서구적인 것에 제한하지 않는다. 그런데 이것은 적어도 최근 역사에서는 서구와 서구의 타자들 사이의 조우 지점을 표시할 뿐만 아니라 신화적이고 성경적인 주제구성을 아우르기도 한다. 마치 혹독하게 비난받고 벌판에 끌려 나온 이삭[3]이 어느 날 다시 몸을 일으키고, 창피해하며, 그 일에 관해 ─ 자기가 치렀어야 할 경기가 취소되고, 그의 평범함이 복원되었던 일에 관해 ─ 어떤 행동을 결단하는 것 같다. 혹은 카인이 복귀를 결심하거나.

　　나는 철학적으로 신뢰할 만하고 급수 높은 어떤 해석학적 모임, 즉 루저들을 문전박대할 승리자 모임 같은 것이 있다고 말하는 중이

1　[옮긴이] 아우어바흐 지하주점(Auerbachs Keller)은 괴테의 『파우스트』에 나왔던 라이프치히의 오래된 레스토랑이자 술집이다. 그 역사가 15세기 전반까지 거슬러 올라간다고 한다.

2　[옮긴이] 조지 'W.' 부시를 말한다.

3　[옮긴이] 성경에서 모든 유대 민족의 최초의 아버지는 아브라함이다. 아브라함과 사라는 노인이 된 후에 야훼의 힘으로 아들을 얻었고 그렇게 얻은 아들이 이삭이다. 야훼는 아브라함의 믿음을 시험하기 위해 이삭을 제물로 바치라고 한다. 어린아이 이삭은 영문도 모른 채 아버지에게 끌려 나와 묶이고, 불타기 직전에 야훼의 명령으로 풀려난다.

아니다. 뿐만 아니라 나 자신을 적법성의 영지라고 알려진 땅에 속한 것으로 보이게 한 적은 한 번도 없었던 것 같다. 앞으로도 나는 유산이 적절하게 상속된다는 생각에 가담하지 않을 것이며, 올바른 진용이나 적확한 계통과 제휴를 맺었다고 주장했던 온갖 것도 옹호할 생각이 없다. 내가 소집한 여러 루저 아들은 그들이 이겨 차지한 자리에 서조차도, 그들이 다른 편들을 제치고 성공할 때조차도 루저들이다. 이들은 정의의 저울을 곧잘 한쪽으로 기울이고, 숙명적인 한 수 같은 것들이 결정되는 정치의 경기장을 흔히 뒤튼다.

모하메드 아타[4]부터 W. 부시에 이르기까지 ― 이 사람들 외에도 우리는 역사적이고도 예언적인 인물들, 기획된 인물들을 한참 더할 수 있을 것이다. 로큰롤 명예의 전당에 든 인물들이나 팝의 제왕들, 엘비스나 마이클 잭슨을 본뜬 별쇄본들이라고 못 넣을까? ― 패배한 아들은 고삐를 바짝 쥠으로써 실존의 표 안 나는 강압에 반응한다. 그러니까 저 패배자는 억압적 교차결합에 반응하거나, 진로를 재설정할 수도 상징적으로 우회할 수도 없는 분리 상황에 반응하기 위해 최선을 다하는 것이다. 아타의 분노는 그를 세계무역센터로 날려 외부로 뾰족이 솟은 '서구적 가치'의 외양을 공격하게 했다. 나는 따끔거리게 아픈 루저들을 자세히 살펴보고자 한다. 그런데 소수의 특출한 사람들, 루저들의 고귀한 유형도 불러낼 것이다(내가 다른 이들 몫으로 남기

4　[옮긴이] 9·11 때 아메리칸항공 11편에 탑승해 세계무역센터 빌딩을 향한 비행기 자폭 공격을 주도한 것으로 알려진 이집트 출신 인물.

는 것은 쿵쾅거리며 승화시킨 자들을 확인하는 작업이다. 자기네의 슬픔을 귀가 터져 나갈 수많은 비가悲歌로―록 음악 및 그 밖에도 기술적 근대성 가운데 등장한 주목할 만한 간섭의 형식으로―변환시킨 그런 사람들에 대해 작업할 일을 남겨 두겠다).

이 중 최고는 훌륭한 루저들과 블루스 가수들이다. 카프카가 말했듯이 이들은 키워질 때조차 끌어내려졌다. 자기 아버지가 키우기른(눌러기른) 이중적 운동에 대해 아버지를 비난하면서 카프카는 이렇게 독설을 퍼붓는다. 당신께서 나를 키운 방식은 다만 나를 꺾고 쓰러뜨리는 데 기여했을 뿐입니다. 모든 곳에서, 은근한 압력을 따라, 카프카는 끔찍한 올림과 낮춤의 도표, 아기Baby를 양육하는 일에 수반되는 꺼림칙한 굴욕들의 도표를 작성한다. 카프카는 어쩌면 내가 그리는 집단 초상 속 루저 아들 중에서 최고일 것이며, 가장 의식 있고 자제력 있는 사람일 것이다. 그가 새긴 글은 아마도―확실치는 않지만―가장 덜 폭력적이었으리라. 비록 그 역시 엄청나게 맞고 또 때렸으며, 얼음 바다에 잠긴 도끼를 꿈꾸었고, 고단함의 지속을 끊임없이 입증하고자 준비했다고 하더라도. 카프카는 아버지의 말을 자기 머리 위에 퍼붓는 매질로 받아들였다. 어떤 측면에서 그는 부친 영지의 해로운 구역에는 정말로 외부성이란 없다는 사실을 깨닫게 되었다. 루저 아들 부족 출신의 다른 경쟁자들과 카프카를 다르게 만드는 것은 바로 이것이다.―그는 스스로를 루저로 내세웠고, 무엇보다 그는 프로이트를 읽고 이해했다. 요컨대 카프카는 실패 없이 루저 아들이 되는 기술에 통달했다. 그는 결코 졸업하지 않기에, 비대한 아버지에게 외통수를 선사할 때의 통쾌한 승리감을 취하지 않는다. 실상 카프카는 그의 역경과 전형적으로 씨름하고, 또한 그의 일기日記는 가망성 없는 탈주들을 일일이 지워 나간다. 다른 이들은 겁을 집어먹거나 옆으로, 심지어 바깥으로 벗어나려 하는 패배를 그는 부인否認의 양식으로 줄곧 신선하게 유지한다.

이 작업이 입증하려는 것에 사로잡힌 동기는 무엇일까? 나는 가련한 실존적 미련퉁이를 곤란에 빠뜨리려는 것이 아니다. 나는 물질적인 것에 기초한 승리자들, 무례하고 현명하지 않으며 조야하다고 일컬어지는 자들, 지칠 대로 지치게 만드는 자들의 뒤를 쫓는 중이다. 이들은 정의 혹은 공정성의 가능한 의미에 대해 진지하게 투쟁하는 사람들의 ― '존엄성'이라는 18세기 관념의 잔재에 매달려서 평등을 측량하려고 시도하는 사람들의 ― 수고 위에 자신의 글을 겹쳐 쓴다. 나를 아는 사람이라면 누구라도, 답이 없고 쫓겨났으며 불우한 피조물들을 내가 사랑한다는 사실을 확인시켜 줄 것이다. 내 안과 밖에 거주하며, 내 가장 내부의 양가감정을 차지하는 사람들 ― 내 벗과 적, 학계 동료, 학생, 가족, 협력 집단, 선의의 멍텅구리 군단. 나의 내부 구역에는 악의적으로 평범한 현존재Dasein들과, 내 시간에 대한 이들의 피할 수 없는 요구를 위한 공간이 있다. 나는 용기로 신세를 망친 사람들에 대한 나의 협조와 헌신, 저들과 나의 병리학적 동일성을 분명하게 밝혀 왔다. 이들은 자기 자신을 증오하며, 그렇기에 자존감 없이, 타인에게 할당된 부정의injustice와 고통에 오히려 무관용으로 대응하며 삶을 살아간다. 이 루저 부류는 내 안에서 살아가고, 나를 포함하며, 나를 의미하고, 내게 적합하다. 그들이 — 우리가 — 중요한 쟁점이 되지는 않을 것이다. 나날의 검토와 수정에 우리가 종속되어 있는데도, 끝없는 가치평가와 폄하가 우리에게 달라붙는데도, 자기비하가 우리를 복종시키는데도 이런 것들이 문제 되지 않는 것과 별다를 게 없다.

지금은 사태가 다르다. 나는 말하자면 변증법 과정에 들어가기 전 '노예' — 기괴하지만 끈질기게 주인과 융합되어 있는 자, 아니면 적어도 우리를 숨죽이게 하는 주인 담론과 융합되어 있는 자 — 의 거슬리는 형상에 시달린다. 내가 쫓는 것이 견고하게 하나의 전의체trope로 남아 있는지 아니면 역사상의 되풀이를 재현하는지 나는 확신할 수 없다. 당신이 프로이트를 읽었다면, 그리고 해석이 엄격히 적용되는 수준에서 보자면, 자기네가 거세를 떠맡는 데 이를 때까지 대부분의 아들은 루저다. 그때까지는 오이디푸스가 그랬듯, 이들은 아마 진실과 결핍이 포개진 영역에서 눈먼 채 '주관적으로 되어subjectivized' 방황할지도 모른다. 결여 상태인 채 죄다 아는 듯이 살아가는 한에서는 말이다. 믿거나 말거나, 응석받이라는 칭호를 가진 사람들은 여전히 존재한다. 이들은 빗금 쳐진[5] 실존이라는 소식을 거부하고 밀어낸다.

---

5   [옮긴이] 로넬은 여기에서 라캉의 '빗금 쳐진 주체', 곧 상징계에 진입한 모든 주체는 실재계에서처럼, 혹은 자기가 상상하는 것마냥 완전한 주체일 수 없다는 개념을 염두에 두고 '빗금 쳐진'이라는 말을 사용하고 있다.

◎ ◎ ◎

나는 이 소재와 책의 제목, 그리고 뒤바꿀 수 없는 주제상의 경향을 두고 주저했다. 그럼에도 내게는 이 방향을 탐사하는 일이 보람 있는 것처럼 여겨졌고, [루저 아들의] 계보상에 나타나는 그토록 복잡한 문제가 성찰에 기여한 내용을 탐사하는 일이 가치 있어 보였다. 특정 날짜나 사건으로부터 — 걸프전일 수도 있고, 내 동료 중 하나가 내게 신경질을 냈을 때일 수도 있고, 부시-체니 행정부가 역사에 저지른 명예훼손 중 몇 가지를, 문장체제[6]와 헌법에 대한 체계적인 손상과 파괴를 내가 믿기지 않는 듯이 쳐다보고 있던 때일 수도 있다 — 나는 사생아도 적자도 아닌 아들들의 수법Modus Operandi을 검토하기로 결심했다. 이들은 역사로부터 어떤 것을 훔쳐 낸다. 자기네가 원통하게도 속아 넘어갔다고 느끼기 때문이다. — 약간은 햄릿처럼, 하지만 완전히는 아니다. 마지막에는 자신이 가문 전체를 해체해 없애 버리게 되더라도 말이다. 루저 아들은 회한의 복용량이 제멋대로였던 사람들이다. 이들은 초자아의 제약을 철저히 파괴했고 내부의 규제 모니터를 망가뜨렸기에, 사형선고를 더 가벼운 처벌로 바꾸거나 목숨을 아낄

6   [옮긴이] 문장체제(les régimes de phrases)는 이 책의 6장과 7장의 주인공인 장프랑수아 리오타르의 용어다. 리오타르는 쟁론의 상황이 강제될 수밖에 없는 포스트근대의 조건에서 의견과 숭고와 잘못이 '문장'으로 기입되어야 한다고 생각했다. 따라서 '문장체제'란 단순히 문장들의 모임이거나 문법 규칙만을 가리키는 말이 아니라, 통일적이지 않고 다수로 구성되어 있지는 않더라도 일종의 (뒤집어진) 거대서사를 가리키는 말이다.

능력은 전혀 없는 것으로 밝혀진다. 공감의 전송 장치는 이들의 조그만—아니 정확히는, 큰—머릿속에서 벌써 철거되었다. 이들은 자기네에게 맞고 튀어나가 제 외부에 놓인 목표에서 폭발을 일으키는, 비난의 문장 효과를 감내한다. 출발부터 비난을 받은 자로서—평범함, 주의 소홀, 가족 위계에서 예상되는 자랑거리의 가장 끝자리에 처한 자로서—이들은 비난에 대해 고양된 감각을 단단히 구축된 적에게 뒤집어씌운다. 루저 자아loser self는 밖을 향해 고정되어, 악한 것 또는 이단적인 것과 동일시될 수 있는 존재가 되고, 비난의 문장들 주위로 조직되는 뚜렷한 경쟁 상태의 엄혹한 정설들로부터 떨어져 나온다. 어린시절의 중심 배역들에게 잔혹한 짓을 당했건 그저 업신여김받았건 간에, 계집애로 낙인찍힌 이 인간은, 탓하고 수치를 주는 보복의 끝없는 필요에서 비롯한 맹렬한 공격을 계산대로 돌아가는 세계 프로그램에 가한다. 그리하여 이 작은 복수자가 조작하는 기계는 가난한 자, 아픈 자, 소수라고 지명된 자, 이민자, 난민, 여성, 어린아이 및 그 밖에 이질적인 자들을 찾아내 모은다.

지혜 없고, 완강하며, 잔혹하게 굴고, 세상을 얕보는 아들은, 비록 겉보기에는 그래 보일지언정 결코 나태한 자가 아니다. 사실 루저 무리는 이들이 겨냥하는 목표와 그 유효성을 고려하자면, 과잉성취의 뚜렷한 유형을 드러내는 것일지 모른다. 세계의 리비도가 동원되어 이들의 입장권을 끊어 주었다. 카프카가 재현하는 우연적이고 잘 알려진 인물상 및 어슷비슷한 다른 사람들은 제쳐 두고, 나는 여기서 과대망상증자의 확신들이 상연되는 대단히 파괴적인 극장을 거론하려고 한다. 이런 확신을 무대에 올리는 아들 부시, 오사마 빈 라덴, 모하메드 아타, 그 밖의 다른 폭군적 유형의 인간들은 자신의 이력을 지탱하는 상호 간의 적대감을 정확하게 파악한 가운데 서로를 거울처럼 반영한다. 루저 아들은 적대감이라는 단순화된 관념을 필요로 하며 이를 먹고 살아간다. 이들은 타격할 적 명단 주위를 쫓아 돌아다닌다. 카프카조차도, 그가 눈에 띄게 토로하듯, 적을 필요로 했다. (무시무시한 카를 슈미트는 카프카가 [세계대전 이후까지 살아 있었더라면] '적'이라는 제목의 소설을 썼으리라는 꿈을 꾸었다.) 하지만 카프카에게는 압도적인 상대방을 격파하는 문제, 보상적으로 치환된 승전勝戰의 문화는 전혀 없었다.

모하메드 아타, 세계무역센터 비행기 충돌의 책임자였던 이 남자는 생전에 카프카식 아버지를 짊어지고 있었다. 아들이 불길 속에 흩어져 버린 후에, 아타의 아버지는 이 아들이 그토록 남자답게 당당한 행동을 저지르는 것은 불가능하다고 주장했다. 아들은 날아다니는 것을 무서워하는 물러 빠진 놈이고 10대 때까지 줄곧 어머니 무릎에 앉아 사진을 찍던 마마보이라는 것이다. 아타가 비행기에 타야만 했을 때, 그는 의사인 누이더러 몰래 진정제를 챙겨 달라고 부탁했다. 아버지는 아들을 업신여겼고, 심지어 그의 장엄한 사망 후에도 남자다움을 박탈했다. 이 아들은 자기의 공포증을 하나의 프로그램으로 써 내려간 것처럼 보인다. 그는 탈완성decompletion의 건축가가 되어 빌딩들을 골라 제거하고, 실재[계]로 뛰어드는 와중에 상징[계]적 보루를 붕괴시켰다. 오래된 심적 테러[7]의 방출로 쏟아져 나온 이 공포증은 저 약골의 표현 형식이 되었다. 비행의 공포에 인질로 잡혀서 그는 비행기에서 인질극을 벌였다. 탑들을 무너뜨림으로써 그는 거세를 다시 완수했다. (문체상의 효과를 위해 이론을 단순화했다.)

아타가 건축가 수련을 받았고, 독일에서 출발한 그의 **도야**Bildung 과정의 마지막 중간 기착지로 이 해안가에 도달했다는 사실은 언뜻 의미심장해 보인다. 발송된 서신missive 또는 발사된 미사일missile로서 그는 한 장소, 사탄 같은 과잉과 자본의 게걸스러움의 중심지라는 꼬리표가 명시적으로 붙어 있던 그 장소를 목표로 삼았다. 어쨌든 독일로부터 어떤 것이 발송자[8]에게 되돌아왔다. 쌓이고 쌓인 테러 행위의 분노와 더불어, 불안정한 헛것이 만들어 낸 일종의 목지전[9]이 되돌아 온 것이다.[10]

---

7   [옮긴이] 이 책에서 로넬은 한국어 사용자에게는 그 뜻이 구별되어 있는 '테러'와 '공포'를 terror라는 단어 하나에 묶어서 쓰는 경우가 많다. 공포를 불러일으키는 정치적 행동으로서 '테러'라는 의미가 포함되어 있는 점을 강조하기 위해 따로 번역하지 않고 '테러'라고 써 주었으나, 많은 경우에는 '공포'의 의미가 더 강함에 유의해 주기 바란다.

8   [옮긴이] 이 어떤 것을 발송한 사람들이 사는 곳은 테러의 목표지, 미국, 아메리카다. 어떻게 보면 로넬은 이 책에서 유럽과 미국을 서로 잇는 경로를 그려 보여 주고 있는 것 같기도 하다.

9   [옮긴이] 목지전(牧地戰, range war)은 경작이나 목축이 위주인 지방에서 물을 끌어대거나 가축에게 풀을 먹이기 위한 목지를 둘러싸고 미국 서부에서 일어난 일련의 다툼에서 생겨난 말이다. 이 말은 적절한 위계나 관계에 관한 세력 다툼 혹은 영역 다툼을 가리키기도 한다.

10   나는 *Finitude's Score: Essay Toward the End of Millenium*, Lincoln & London: University of Nebraska Press, 1994, pp.269~291에서, 허깨비 같은 지도작성, [2차대전 당시 독일의 전략이었던] 전격전에서의 공중전, "우리의 전의체를(Tropes)[군대를(troops)] 지지하라"라는 표어 속의 융단폭격을 논의하며, 이로부터 적대감 및 "지오부시(GeoBush)"[아버지 부시]의 심적 차질이라는 관점에서 본 걸프전의 전의체계를 읽어 냈다. 테러의 짜임에서 "급진화된 독일인"의 지위는 몇몇 조사의 중심 화제가 되어 왔다. 비록 2차대전의 외상적 잔여물로부터 이어지는 연결고리는 여전히 추적해야 할 것으로 남아 있지만 말이다.

모하메드 아타가 그의 아버지에 의해 사멸된 뒤에조차 두들겨 맞았다면, 그의 우두머리 빈 라덴도 이와 비슷한 양육(억누름)을 받았다는 것을 아주 간략하게나마 언급할 필요가 있겠다. 오사마 빈 라덴에 관해 우리가 알고 있는 것 중 하나의 세부사항이 눈에 띈다.—그가 일찍부터 사우디아라비아의 가족에게 폄하되었고, 그의 어머니가 시리아 여성이었기에 어쨌든 아들도 마찬가지로 추방된 자 취급을 받았다는 것. 그는 아들 중에서 가장 위계가 낮은 아들이었다.

조지 부시에 관해 말할 수 있는 것은 그가 루저 아들의 여러 속성을 스스로 모아 가진 아버지의 루저 아들로서 역사적으로 제시된다는 사실밖에 없다. 나는 어딘가에서 이에 관해 상세하게 설명하려고 시도했던 적이 있다. 부시는 마약쟁이, 알코올중독자이자 그리스도교인Christian으로 개심한 천치cretin에(두 단어는 어원상 연관이 있다), 언어가 엉망인 자로서 이등짜리였다. 동생 젭 부시는 미국 대통령 자리를 위해 가족이 말쑥하게 챙겨 준 애지중지하던 아들인 데 반해, 그는 동생 뒤에 선 둘째였던 것이다. 조지 부시와 젭 부시는 서로 대립 관계인 성경의 형제들을 희미하게 상기시키면서, 비록 이번 이야기에는 단지 소리 죽인 증오만 있지만, 지나칠 정도로 감상에 젖은 가족 가치들로 이루어진 장면을 향해 나아간다. 아버지가 파 놓은 골을 따라 자기 바퀴를 굴리는 다른 아들들과 마찬가지로, "W"는 맨 처음부터 회귀와 반복이라는 숙명에 묶여 있었다. 그리하여 그는 사태를 바로잡기 위한 절망적 노력의 일환으로 부친이[11] 저지른 실수의 드라마를 다시 상연했다. 요컨대 부시가 이라크 사람들을 죽인 짓에서 자기 아버지를 능가한 일은 이중의 몸짓으로 이루어졌으며, 의무적인 경의의 표지를 거세 전략에 버금가게 만들어 냈다. 그렇기에 전쟁이 격화되었던 동안 아버지와 골프를 칠 때 아들은 자기 아버지를 여성화했고, 늙은 부시가 홀을 놓쳤을 때 그를 "벳시Betsy"라고 부르면서 여기저기 구멍을 쑤시고 조롱한다. 이 루저 아들은 투영의 경기장 위에서 사태의 방향을 바꾼다. 가역성可逆性과 반복의 정치가 그에게 걸린 고삐를 제어한다. 반전될 수 없을 것이라고 여겨졌던 모든 것이 — 고되게 쟁취한 여러 권리들, 시민적 자유들이 — 진보의 시계를 되돌려 거꾸로 몰아가려는 강박충동 속에 쓸려 가 버렸다. 실은 퇴보야말로 부시의 중간 이름이며, 부인되었던 그의 피학증이 남겨 놓은 야수적 흔적이다. — 이런 피학증상의 영토를 카프카는 그 나름대로 모범적으로 노출시켰다.

역사의 스캐너가 훑고 가는 각각의 루저 아들이 증후군적 습관 및 어법을 담은 자기만의 상연 목록을 가지고 있다 하더라도, 그는 또한 어떤 공통의 특질을 통해 자기 동시대인들에게 결속되기도 한다. 우리가 루저 아들을 예비적으로 확인할 수 있게 하는 명단에 괴테가 그린 인물 파우스트를 넣는 일은 기이해 보일 수도 있다. 그러나 다른

11 [옮긴이] paternal은 아버지들이 가지고 있는 속성을 가리키기도 하고, 아버지와 관련된 사태를 가리킬 때 쓰이기도 한다. 이 책에서 매우 자주 나오는 단어이다. 맥락에 따라 모든 아버지가 가지는 일반적 속성과 관련될 경우에는 '모성'과 대비되는 '부성'으로 옮기되, 보다 구체적인 상황(예를 들어 아버지 부시와 아들 부시 사이의 관계를 지칭하는 이 경우나, 뒤에 나올 카프카의 아버지와 카프카 사이의 관계를 지칭하는 경우)에서 '부성'이라는 단어가 어색할 때는 '부친의' 혹은 '아버지의'로 옮기기도 했다.

무엇보다 『파우스트』[12]는 자기 극복에 대한 서구적 사유에서 핵심 게 슈탈트를 결정하는 약호code를 설립하기 때문에, 우리는 파우스트의 루저적 성질을 빼먹어서는 안 된다. 크리스토퍼 말로, 괴테, 샤를 구 노, 토마스 만, 폴 발레리 및 다른 이들은 그를 승리한 세력으로, 유한 자를 제약하는 여러 한계를 알고 뛰어넘으려 하는 강력한 인간 욕동 의 표장標章으로 거론했다. 파우스트는 기술의 지배권을 위한 조건, 혹 은 최소한 이를 위한 언어 및 배경을 생성했다. 이 지배권에는 앞서의 저술가 팀이 약물과 섹스, 초자연적인 것, 그리고 시의 상연에 관해 고려했던 내용이 수반된다. 오로지 니체만이 저 지위 높은 인물형상 이 가진 대표성과 루저로서의 면모 둘 모두를 알아챘다. (무엇보다 니체 는 괴테의 『파우스트』 1부를 마무리하는 사랑의 이야기와 그리스도교적 [구원의] 데려감[13]에 대해 당혹스러워했다.) 파우스트는 잘못을 저지른 아버지가 남 겨 놓은 바퀴 자국 위에서 거칠게 미끄러졌다. 루저 아들이 무의식적 으로 수습하는 아버지의 범죄나 빚, 또는 굴욕과 같은 것이 있다(가령 한 국면에서 부시는 자기 아버지가 사담 후세인에게 굴욕당했다고 보았다). 파우 스트는 어떤 순간에, 의사인 그의 아버지가 저질렀던 살인의 실수를

---

12   [옮긴이] 일반적으로는 괴테의 희곡 『파우스트』가 가장 잘 알려져 있지만, 로넬이 바로 이어 서 언급하듯 파우스트 설화는 서구의 많은 저자에 의해 다루어졌으며, 괴테의 희곡도 그것들 중 하나다.

13   [옮긴이] 괴테의 『파우스트』 1부 마지막 장면은 영아살해죄로 감옥에 갇힌 그레트헨을 중심 으로 전개된다. 이 장면에서 그레트헨은 구출해 주겠다는 파우스트의 말을 거절하고 죽음을 달라 고 기도한다. 메피스토펠레스는 '심판받았다'라고 말하고, 신의 목소리는 '구원받았다'라고 말하는 것으로 1부가 마무리된다.

넌지시 암시한다. 이 실수는 눈에 보이지 않게 가려졌다. 사적인 것이었고, 정치적으로 공언된 일이 아니었기 때문이다. 실제로 파우스트의 아버지는 전염병이 도는 동안 수행한 그의 인도주의적인 단속으로 칭송을 받았다. 어린 파우스트는 살인이라는 부정의료 행위가 일어났을 때 자기 아버지 곁에 있었지만, 아무 말도 할 수 없었다. 이삭과 마찬가지로, 장로께서 자기의 사명을 곡해했을 때 파우스트는 침묵한 채 순응하며 아버지 주변을 따라다녔다. 카프카는 『아버지에게 드리는 편지』에서 그의 아버지가 야기한 해악을 평가할 때 이 쓰라린 고난을 업데이트한다. 카프카의 아버지는 공장에서 노동자들에게 일상적으로 폭군처럼 굴었다. 카프카는 그의 이름에 덧붙은 위해危害에 **책임을 져야 한다**고, 자기 아버지 휘하에서 혹사당하는 사람들에게 빚을 졌다고 분명하게 보고 있으며, 그들에게 한없는 산재보상을 해야 한다고 느낀다. (프란츠 카프카가 우리 시대의 가장 견실한 보험 관련 법률가 중 한 사람이 되었던 것은 아마 우연이 아닐 것이다.) 하물며 『햄릿』의 경우에도, 니콜라 아브라암과 마리아 토록이 제기했다시피, 그 아버지가 거짓말을 했느냐 안 했느냐는 질문이 있다. ― 세계를 붕괴시킨 아들의 증상에 방아쇠를 당긴 잘못 또는 빚의 문제가 있는 것이다. 이 아들들은 아버지의 빚, 그의 거세[14]를 부정하면서도 동시에 짊어진다. 그렇기에

---

14   [옮긴이] 여기에서 로넬은 debt와 castration을 연결하고 있다. 아버지가 남긴 빚은 아버지에게서 분리되어 나온 것이므로 이는 거세된 아버지의 남근을 의미할 수 있겠다. 빚을 지고 있는 아버지는 가장으로서의 권위를 잃어버린 아버지임을 떠올려 보라.

이들의 행위는 마치 이것을 지워 없애려고 무슨 일이든 다 하는 것 같다. 의도적으로 조정되건 아니면 무의식적으로 꾀해지건 간에 말이다.

❀ ❀ ❀

다시 파우스트로 돌아가 보자. 지식과 맺는 그의 신경질적 관계, 그의 과도한 과학적 욕동이 자기 아버지의 부인할 수 없을 패배에서 동력원을 얻는다는 점을 이해하는 것이 필수적이다. 『파우스트』에 등장한 다른 아버지, 파우스트와 거래하고 그의 일탈 능력의 한계를 테스트하도록 악마에게 권위를 준 존재로서 — 신도 마찬가지로 파우스트의 구원을 [구매하면서] 공정하게 지불하는 문제에서 곤경에 빠질 것이다.[15] 파우스트의 초₩인식적 탐색의 주제들 중 하나는 대체로 다

---

15   이 텍스트[이 책 「서론」]의 초기 판본은 전능자를 데려오고 언급하는 일에 'ㅅ/ㄴ(G-d)', 그리고 '신(God)'이라는 호칭을 사용했었다. 그때 생각에는 여러 겹의 이유가 있었고, 다 면밀하게 계산된 것이었다. 하지만 윌리스 리기어(Willis Regier) 박사, 헨트 더프리스(Hent de Vries) 박사와 나눈 미드라시[유대 성경의 난외에 여러 사람이 중구난방으로 써 붙여 놓은 유대인들의 주해] 같은 대화에서, 내 단어 용법이 마지막에는 작업에 부담을 지울 것으로 보였다. 정치와 권위에 얽힌 문제들을 다루노라면 사람들은 불가피하게 ㅅ/ㄴ과 마주치게 된다. 내 목표는 이중적이고 모순적인 것이었다. 나는 신성에 대한 불손한 친밀함을 나타내고 싶었던 것이 아니었다(우리 사이는 데면데면하며 대개는, 내가 말할 수 있기로는, 서로 어긋나므로 — 어떤 대칭 관계도 의도하지 않았고, 나는 내 필멸의 숙명을 받아들인다). 'ㅅ/ㄴ'은 거리를 표시하려 했던 것이다. 이 거리는, 역사적으로는 숭배라고 받아들여질 수 있는 것이며, 혹은 나 같은 역사의 낙오자들에게는 그 반대로 — 어떤 본질적 수준에서의 경멸, 불신, 불화로 — 받아들여질 수 있는 것이다. 나는 어쨌건 랍비 솔로베이치크(Soloveitchik)[20세기 중반에 활동한 정통주의 랍비이자 탈무드 연구자, 유대 철학자]가 이끄는 길

루어지지 않은 채 있다. 이것은 파우스트가 자칭 루저 아들이자 지난날 주의 벗이었던, 사탄 같은 권세를 가진 메피스토펠레스와 거래를 시도하면서 작성한 [잘 보이지 않는] 계약서 세목과 관련된다. 잘 알려져 있다시피 파우스트는 지독한 강박신경증자 악마가 내민 조약에 서명한다. 이 존재는 제의와 예식에 근거하고 있으며, 속인俗人 파우스트를 다루는 동안 내내 미신적 불안에 예민한 존재임이 드러난다. 그런데 자기 한도를 넘으려는 파우스트에게 메피스토가 봉사하마고 제안하기 전에, 교수 파우스트는 각종 형이상학의 인턴들을 심사하는 과정을 거치려는 듯 다른 여러 정령spirit을 불러내는 마술을 시도했다. 이 정령들은 비밀스러운 구체球體에서 정화된 원소들로서, 파우스트를 압도하고 결국에 가서는 그를 몰아내 버린다. 그는 영적 향상의 싸움에 뛰어들 수 없다. 밝혀진 사실은 이것이다. 파우스트는 자신이 마술식式과 심오한 지식으로 불러낼 수 있었던, 즉 지상을 벗어나면서도

을 따라가기를 원했다. 그는 칠판에 '신'이라고 쓰고는 선을 그어 지우곤 했다. 또 헨트가 내게 일깨워 주기를, 데리다는 "장뤽 마리옹의 '존재 없는 신', 그리고 물론 하이데거의 '존재라는 말에 십자가표를 긋는 일'이 밟아 온 길을 따르면서 신성한 이름의 활자상의 특유함을 가지고 실험을 수행했던 바 있습니다". 더 나아가, 'ㅅ/ㄴ' 또는 '신'이라는 두 표현은 "활자체제상 지워졌던 '신'에 병치되는 것으로서―이제 와서는 철학적 관용구 혹은 정전의 부분을 구성한다고 말할 수 있을 것 같네요. 이건 괜찮을 겁니다". 이어지는 헨트의 조언. "그리고 이것은 '신'의 구별 없는 사용보다는 생각할 거리를 더 많이 던져 줄 것입니다. 헤겔, 키르케고르, 그리고 니체는 대안적 문서기록 및 '의미론적 활자체제'와 연관된 여러 자원을 활용하지 않았거나 활용할 수 없었습니다. 그들이 이런 일에 익숙하지 않았거나 익숙하지 않았던 청중들을 고려했던 탓입니다. 결국 'ㅅ/ㄴ' 또는 '신'이라고 쓰는 일은 '신'에게 필명 비슷한 것을 부여하는 일이지요. 적어도 키르케고르는 이 일을 좋아했을 것입니다." 작업을 [내가 만들어 놓은] 어떤 대리보충적 불안정 상태에 빠뜨려 버리지 않기 위해, 나는 너무도 친숙한 '신'으로 만족했다.

지상에 속한 정령들에 의해 먼지구덩이에 떨어진다.

나타날 적에 이 다른 세상의 존재들은 파우스트를 끝장내고 그의 능력을 망가뜨릴 듯 또렷하게 겁박한다. 그것들은 그에게 굴욕적인 경멸과 함께 분노를 퍼붓는다. 파우스트는 자기의 초자연적 계정[16]을 모두 소진하고, 그가 소환한 정령들의 지배권을 도로 넘겨주어야만 한다. 다시 말해 학식을 벗어난 지식은 비물질화된 대상을 유지할 수 있는 그의 능력 한도를 넘어선다. 그는 자신이 진리를 다룰 수 없다는 사실을 곧 배운다. 이런 계정들이 파산하고 [다른 존재들과] 조우하는 일이 파탄 난 후에야, 즉 파우스트가 더 상위의 이교적 권세들에 져서 밀려나고 뒤에 남겨져 낯을 구긴 다음에야, 동반자 관계의 가장 하위 형식으로서 지속적으로 관계를 맺기 위한 토대가 준비되었다. 아버지-아들의 결속이 유사그리스도교적으로 투영된 관계가 준비된 것이다. 이 증상 형성물symptom formation은 주主와 주의 악마로서 불려 나왔다.

메피스토펠레스와 맺은 저 유명한 조약은 일종의 타협 형성물이자 정령 복권 추첨의 아차상이다. 메피스토가 파우스트의 영혼을 두

---

16 [옮긴이] account는 흔하게 사용되지만 서로 계통이 다른 여러 의미가 덧붙은 단어다. 어원상 '헤아리다'라는 뜻을 포함하며, 그러므로 '헤아림'과 연관되는 의미로 한편으로는 '설명'이나 '이야기' 등으로 이해될 수도 있고, 다른 한편으로는 '계정'으로 이해될 수도 있다. 로넬은 한 단어의 여러 의미를 최대한 활용하면서 문장을 작성하기 때문에 영어 단어 하나에 한국어 단어 하나를 대응시켜 옮기기 곤란한 점이 있다. 이런 단어들의 경우는 옮긴이가 생각하는 맥락에 따라 번역하되, 영어 단어를 병기하도록 하겠다.

고 도박을 벌였으며, 가장 강하게 갈구하는 인간을 차지하기 위한 경쟁에 신을 끌어들였다면, 파우스트 자신은 정령 세계에 대한 관심으로 모든 판돈을 잃어버린 채였다. 결국 저 악마 정령은 푸들 형상으로, 그러니까 우리가 다 알다시피 프렌치 푸들로 찾아온다. 파우스트는 깜짝 놀란다. 푸들은 메피스토로 탈바꿈하고 그러자마자 서명과 계약을 요구한다. 구두 계약만으로는 결코 충분하지 않을 것이다. 파우스트가 지적하듯 악마는 모든 것이 글로 쓰여 있기를 원한다.

괴테의 『파우스트』는 경제 개념과 관련한 측면에서도 조직된다. 『파우스트』 2부는 추상, 투기[사변]speculation 및 다른 형이상학적 지불 정책을 담은 지폐의 창조를 부분적으로 다룬다. 괴테가 보기에 자본의 생산은 리비도적 경제의 구획에 속한다. 들뢰즈와 가타리도 제시했던 바와 같이 자본은 결코 화폐만의 문제가 아니다. 오히려 괴테가 개괄했듯 자본은 대체代替로 시작하며, 리비도적인 여러 충동을 다른 방향으로 전환시킨다. 괴테는 화폐 추구 욕망을 욕망 일반과 이어 놓고, 욕망이 결핍과 맺는 특유한 관계에다 화폐 추구 욕망을 연결시킨다. 절약과 구원은 지출의 절대량을 유예한다. 신이 악마와 더불어 도박에 참여한다는 사실을 어떻게 분류해야 할지는 분명치 않다. 이들은 누가 파우스트를 차지할 것인지, 그를 이용하고 치울지, 아니면 그의 영혼을 구할지를 놓고 도박을 벌인다. 이들의 만남에 담긴 경제를 순환시키기 위해서는 우선 파우스트가 청춘으로 퇴행해야만 한다. 악마는 완전한 변모라는 미끼를 내놓는다. 여기야말로 니체가 진저리를 내기 시작하는 곳이다. 파우스트가 아가씨를 얻기 위해 처음 멈춘 것이라는 생각은 저 철학자의 신경을 거스른다. 그는 파우스트가 좋게 말해야 사춘기의 환상들로, 일반적인 리비도적 투자의 한 부분에 불과한 것으로 되돌아간 일을 평가할 생각이 아니었다. 주제와 연관된 수준에서 니체는 옳았을지도 모른다. 대체 누가 그레트헨에 대한 10대의 구애에 관해 신경이나 쓰겠는가. 권력에의 의지는 그것을 조금만 촉진시켜도 당신을 어느 곳에나 데려가고 무엇으로든 되게 ─ 어쩌면 무Nothing가 되게, 즉 니체 아닌 자Not Nietzsche가 되도록 ─ 해 준다는 것을 생각한다면.

내 관심을 끄는 것은 사실 자체이다. 적어도 이 희곡에서 제시된 대로 신이 도박을 받아들이고, 거의 하이데거적인 암시로 이루어진 사전 조약[17]을 악마와 체결한다는 사실. 그러니까 도박을 벌이기 위해서는 더 원천적인 도박판이 이전에 벌어져 있어야만 한다는 사실이다. 또는 이런 질문. 괴테는 도박을 향한 신 자신의 욕구, 즉 그 신성한 노름 버릇에 담긴 신학적 함축에 관해서는 ─ 아브라함, 욥, 그리고 그 밖의 나머지 존재들을 거론할 수 있었을 텐데 ─ 이래저래 찔러보지도 않았다. 내기를 가지고서 그의 위대한 텍스트에 속한 경제를 시동시키기로 한 까닭은 무엇일까? 약속과 지불로 복잡하게 얽힌 관계

17　[옮긴이] 파우스트를 두고 신과 악마가 건 내기의 내용은 다음과 같다. 악마는 인간이 애초에 흠 있는 존재이기 때문에 유혹해서 타락시킬 수 있다는 쪽에 내기를 걸었고, 신은 흠이 있음에도 불구하고 인간은 스스로 구원을 향해 갈 수 있다는 쪽에 걸었다. 그리고 신과 악마는 파우스트가 지상에 머무는 동안 악마는 그를 유혹하고 신은 그에 개입하지 않는다는 조약을 체결한다.

들은 계산 가능한 가치들의 경제를 확립하는 일이 본성상 쉽지 않다는 점을 가리킨다. 모든 것이, 모든 수준에서, 다소간 비밀스러운 — 혹은 무의식적인 — 가치 결정을 따르면서 등락을 거듭한다. 흐름flow이라는 관념 자체가 경제를 단순 통계학의 관점에서 이해하는 일을 금한다. 다른 수준의 계산활동이 셈에 들어올 필요가 있다. 경제를 요소요소에서 충돌 직전으로 몰고 가는 것은 이런 계산활동이라는 점에서다. 이 주제에 관해, 특히 군비軍費를 편향시키는 일에 관해 괴테는 할 말이 아주 많다. 한때 그는 전쟁을 추구하는 인간 욕구를 자본이 대신하고, 죽임의 벌판을 확장하려는 그런 욕구를 시대에 뒤떨어진 것으로 만들 수 있으리라고 믿었다. 장래에는 화폐와 같은 추상으로 — 기호들의 자의적 체계로 — 생명의 물질적 소멸에 대한 요구를 대체함으로써 누구는 죽여주게 한몫 잡으리라고 생각했던 것이다. 화폐 체계는 보편적인 것만큼이나 또한 늘 붕괴 직전에 처해 있기도 하다. [화폐 체계의] 이 경향이야말로, 내가 믿기에는, 무엇보다도 괴테를 가장 매료시킨다. 다시 말해 물질적 경제가 개념적으로 또 원칙적으로 신용에 기초하여, 등가관계의 가능성과 교환을 확신하면서 작동해 왔던 방식이 괴테를 매혹한 것이다. — 화폐가 번역 불가능의 서로 엮인 미늘에 따라 한 요인이 다른 요인으로 승계되는 것만으로 돈다발을 쌓아 올리더라도, 이런 양상이 화폐를 바벨탑의 먹잇감으로 삼지는 않으리라고 확신하면서 물질적 경제가 작동해 온 저 방식이 괴테를 매혹한다. 그런데 화폐는 다른 어떤 것에 대한 번역, 대체물인 한에서만 자기 길을 시작하며, 자의적인 가치평가를 — 슐레겔이 "실재의 언어"[18]라고 부른 것을 — 이용해서 거래된다. 화폐는 부족함의 아이러니를 부품으로 모아 조립함으로써, 단일 통화기금이나 단일 통화재단은 존재할 수 없다는 사실을 납득하면서, 마치 그 자신의 알레고리처럼 기능한다. 경제는 자신의 불가능성에 의존하고 어디선가 차용함으로써 스스로를 개시한다. 순전한 경제적 계산을 뛰어넘는 부채에 의지하는 것이다. [반대로] 『파우스트』는 내기라는 공평한 경제를 바탕으로 내용이 채워진다. 괴테의 신은 잘 구슬려져, 악마와 파우스트 사이의 거래를 거울처럼 비추는 [또 하나의] 도박에 함께 서명한다. 두 도박은 공히 따고 잃는 일의 기초가 되는 여러 확신을 무너뜨리는데, 이는 그리스도교 자체가 지상에 묶인 루저들을 다른 왕국의 승리자로 바꾸는 것과 대체로 같은 방식이다. 그리스도교는 [지상의 것과] 다르고 예외적인 송금 기준을 생성함으로써 그렇게 한다. 이 지출은 니체라면 탕감해 주지 못할 부채에 기초를 둔 것이다.

그리스도교에서, 그 문학 파생물인 『파우스트』에서처럼, 신은 그토록 끈질기게 그의 '아이들'에게 도박을 걸어서 어린시절[19] 자체를 내

18　[옮긴이] 프리드리히 슐레겔은 언어의 이해 불가능성이 문제가 아니라고 보았으며, 오히려 언어의 이해 불가능성은 해석을 통해 세계정신의 작용으로 드러나야 한다고 보았다. 요컨대 "실재의 언어(reelle Sprache)"를 이해함으로써 세계정신과 이어질 수 있다는 것이다. "실재의 언어"는 이해 불가능성이 가장 순수하게 드러나는 언어이며, 이것을 이해하기 어려운 이유는 의미가 하나로 고정되지 않기 때문이라고 슐레겔은 생각했다.

19　[옮긴이] 이 책에서 주된 논의 대상 중 하나가 'Child'이다. 로넬은 '어른'과 대비되는 '어리석은' 존재로서 아이를 논의의 대상으로 삼고 있기에 '어린(愚)'의 뜻을 넣어 '어린아이'라고 옮겼다. 이에 따라, 이 말과 짝을 이루는 Chilhood는 어문 규정과 달리 띄어쓰기 없이 '어린시절'로 옮겼다.

기의 처소로 삼는다. 그러나 어린시절은 그럼에도 불구하고 수수께끼 같은 형상으로 남는다. 사람들은 자신의 어린시절에 거의 접근하지 못한다. — 혹은 장프랑수아 리오타르가 『어린시절에 대한 강연』에서 피력한 것처럼, 우리는 어린아이가 무엇인지 실제로 알지 못한다. 어느 곳에선가 리오타르가 지불 불가능한 부채라고 보았던 어린시절은, 여전히 신비로 남아 있다.[20] 어린시절은 어디인지 모를 곳으로부터 당신에게 달려든다. 어린아이에게 설명될 어떤 것, 어린아이를 위해 읽히거나 역사가 될 어떤 것이 항상 그렇듯 말이다. 어린시절이 상대적으로 새로운 역사적 개념이라는 사실 말고도, 거의 '초월적 어린시절'과도 같은 시간이 있다. 이 시간 혹은 시절은 생물학적 유아기를 재는 시간과는 다르게 흘러간다. 루저의 계기들 속에 어린시절이 끊임없이 돌아오는 방식은 이제 우리의 관심을 끌게 될 것이다. 지금 말할 수 있는 전부는 다음과 같다. 어린시절이 형성하는 물러남의 여러 구조(기억의 착오, 빈칸, 더듬거림, 그리고 기억이 희미하게 향하는 재현 불가능하도록 각별한 감정) 및 이 구조들의 특히 격렬한 귀환(무의식의 어법을 향한 갑작스런 곤두박질, 멈출 수 없는 분노, 그리고 표현할 수 없는 슬픔의 덩어리)을 전제한다면, 리오타르가 주장하듯 어린시절 자체가 소망에 찬 사상가들이 착상해 낸 일종의 신비화라고도 충분히 생각할 법하다. 따라서 그

---

20 제프리 베닝턴(Geoffrey Bennington)이 리오타르의 작업들에 나타나는 어린시절에 대한 복합적 사유를 논의한 것을 살펴보라. "Before", *AfterWords: Essays in Memory of Jean-François Lyotard*, ed. Robert Harvey, Stony Brook: Humanities Institute, State University of Stony Brook, 2000, pp.3~28.

는 "요점은 다 자란 사람 같은 것은 절대로 없다는 것"이라고 자신의 선배 앙드레 말로를 되풀이해서 인용한다.[21] 인용과 같은 이런 행위조차 어린아이 같은 암송을 환기시킨다.

리오타르가 보기에, 우리가 재현 불가능한 어린시절을 다루는 방식은 모든 관계에 영향을 미치고 파악할 수 없는 자기의 죽음을 미리 그려 낸다. 그는 이렇게 적었다. 나의 탄생은 "항상 타자들이 말해 준 것이다. 그리고 내 죽음은 타자들의 죽음 이야기로, 내 이야기이자 타자들의 이야기로 나에게 말해질 따름이다". 그러므로 타자들과 맺는 관계는 "무無가 내게 (나는 어디서 와서 어디로 가는가라고) 말해진다는 데서 비롯된, 무와 맺는 이 관계의 핵심을 이루며, 또한 타자들과 맺는 관계가(타자들의 이 현존이) 내게 돌아온다는 사실의 현존이나 부재에 핵심적이기도 하다".[22] 관계들의 이 아포리아 같은 경제는 야수적 타자들에 대한 카프카의 의존과 관련한 문서철을 열게 한다. 타자

---

21   Jean-François Lyotard, "The Survivor", *Toward the Postmodern*, Lancaster: Humanity Books, 1998, pp.148~149.

22   Ibid. [옮긴이] 이 책의 프랑스어판(*Losers: Les figures perdues de l'autorité*, trans. Arnaud Regnauld, Paris: Bayard Editions, 2015)에 인용된 리오타르 텍스트의 프랑스어 원본은 로넬의 책에 인용된 영어 번역문과 많이 다르다. 책에 인용된 문장을 저본으로 삼아야 하겠기에 본문에서는 영어를 기준으로 옮겨 놓았지만, 이 단락에서 전개되는 로넬의 논의를 이해하기에는 프랑스어 원본을 기준으로 번역을 조정한 다음 내용을 참고하는 쪽이 낫겠다. "[타자에 대한 관계는] 무(無)와 맺게 되는 관계(나는 어디서 와서 어디로 가는가라는 관계)의 핵심을 이루며, 이 관계는 무 자체가 내게 말해지는 데서 비롯된다. 타자들과 맺는 관계는 부재의 현존에 대해서도 핵심적이다. 이 관계가 이것(부재 현존)이 **다시** 내게 돌아오는 데서 비롯된다는 점에서 말이다." Lyotard, "Survivant", *Lectures d'enfance*, Paris: Galilée, 1991, p.65.

들과의 관계에서 실패한 것을 설명하기 위해, 카프카는 아버지를 경유하여 스스로에게 자기의 어린시절 이야기를 들려줄 것이고, [자기에게] 영속적인 패배 경향이 있다고 상정하는 부담에 대해 풀어놓을 것이다. 우리가 만나 왔던 더 불운한 루저들과 달리, 카프카는 대면해서 말하는 일의 무無를 응시하며, 아버지의 형상에 대고 가설적인 추억과 여러 이야기를 말한다. 그에게 말해졌던 것을 돌이켜 보도록 아주 많은 것이 나타나며, 이는 자기 아버지로 표상된 거대한 암호생성기의 위상에 좌우된다. 카프카는 언어 스캐너가 만연한 체계에서 [권위로부터] 인증받지 않은 약호의 역할이 의미하는 바를 알고 있었고, 우리에게 그것을 가르쳐 주었다.—상속의 기계적 작동과 투쟁하면서, 카프카는 이로부터 이야기 하나를 솎아 내려고 한다. 그의 아버지가 관리인으로 버티고 서 있는 언어 행위의 영향권으로부터 벗어나게 해줄지도 모를 이야기 말이다. 어린시절의 조각들을 모으고 어린시절과 닮으려고 진술되는 이야기들의 반향이—어린아이의 의존성을 배가시키면서—어린시절 자체의 의존성을 형성한다. 그리고 이렇게 형성된 어린시절의 의존성은 고유의 재구성을 위해서, 타자들에 의존하는 저 불안정한 본성을 강조하게 된다. 이처럼 강렬한 의존의 사실은 어린아이의 실존을 모든 고비마다 약화시킨다. 리오타르가 보기에 어린아이는 언제나 "멸절을 일시적으로 유예받아 살아가는 피조물"[23]이다.

---

23   Ibid.

어린시절이 유기적으로 조직된 허구의 연쇄에 의존한다면, 자기의 어린시절을 상기하려는 카프카의 시도에서 트라우마와 이어진 수신자[인 자기 아버지]는 안정성이 부족하다. 이야말로 카프카가 아버지와의 사이에서 잘 알려진 대로 어긋난 규약을 바로잡으려고 시도하면서 직면한 딜레마 중 하나이다. 아버지로서의 아버지는 말 걸기[24] 대상이 될 수 있을까? 이 같은 질문은 불타고 있는 어린아이의 꿈[25]에 관한 라캉의 사유를 동반한다. 여기에서 라캉이 소개하는 것은, 아버지를 어린아이의 말 걸기에 대한 증인으로 구성하는 일이 어떤 의미일지를 프로이트가 언급할 적에 감춰진 복잡성이다. 이 질문은 아버지 또한 자기 자신의 욕망에 근접하기 위해 어린아이의 말 걸기를 필요로 하는지라는 문제를 놓고 씨름하면서, 아버지의 욕망의 영지 속으로 확장된다. 그렇지만 이 장면에 대한 라캉의 독해가 가리켜 보여 주듯, 부성 그 자체[아버지로서의 아버지]는 의식意識에 저항하며 스스로를 현시하는 데 실패한다. 어느 순간에 라캉은 이렇게 쓰기 때문이다. "오로지 아버지로서의 아버지 — 다시 말해 의식적 존재가 아

---

24   [옮긴이] 로넬의 책에서 자주 사용되며 의미가 다중적인 또 하나의 단어로 address가 있다. 이 번역에서는 기존 문화연구 번역의 관례를 따라 주로 '말 걸기'라고 옮기되, 맥락에 따라 '주소지', '다루다' 등을 혼용하도록 하겠다. address의 대상이 되는 존재를 지칭하는 addressee는 주로 '수신자'로 옮기되, 의미를 풀어서 '말 걸기 대상'이라고 옮기기도 했다.

25   [옮긴이] 프로이트가 『꿈의 해석』에서 소개한 것으로, 아이의 시신 옆방에 자고 있던 아버지가 꾼 꿈을 말한다. 아이의 시신은 촛불에서 옮겨 붙은 불에 막 타려는 참이었고, 이때 아버지는 죽은 어린아이가 "아버지 제가 불타고 있는 게 보이지 않으세요?"라고 말 거는 꿈을 꾼다. 이 장면에 대한 프로이트의 해석과 라캉의 해석이 서로 다른데, 여기서 로넬은 부성 자체가 말해질 수 없는 자리에 놓여 있다는 라캉의 언급에 특히 주목하고 있다.

닌 것"만이 이 경우에 한 어린아이의 죽음이 무엇인지에 대해 말할 수 있다고.[26]

카프카의 서신은 도착점을 잃었고, 우리에게 그 편지가 자신의 도착지에 당도하기를 실패한 것에 관해 음미할 거리를 남겨 놓았다. 아버지가 핵심 수신자 위치에 놓이자 희미하게 사라지는 것에 대해, 즉 **일탈적 도착**[27]에 관해, 라캉과 데리다의 논쟁을 재탕하지 않고 둘의 대화를 『정신분석의 네 가지 근본 개념』의 중심축을 따라 재편성할 수 있을 것이다. 달리 말하면, 카프카의 편지가 의식적 존재로서의 아버지에게 가는 도중에 배달 불능의 사문死文이 될 때 그 순간은 단순한 우연이나 우발적인 일이 아닐 수 있다. 카프카의 텍스트가 하나 이상의 방식으로 암시하듯이 어쩌면 그 편지는 부친의 무의식을 향해 — 혹 더하게는 부친의 무의식**으로부터** — 쓰인 것일지도 모른다. (이후에 우리는 이 편지의 끝이 어떻게, 시작과 마찬가지로 카프카 [자신이] 흉내

---

26   Jacques Lacan, "Tuché and Automaton", *Four Fundamental Concepts of Psychoanalysis*, trans. Alan Sheridan, New York: W. W. Norton, 1978[「투케와 오토마톤」, 『자크 라캉 세미나 11: 정신분석의 네 가지 근본 개념』, 맹정현·이수련 옮김, 새물결, 2008]. 또한 다음을 참조하라. Christopher Fynsk, *Infant Figures*, Stanford, Calif.: Stanford University Press, 2000, p.113; Cathy Caruth, *Unclaimed Experience*; Giorgio Agamben, *Enfance et histoire: Dépérissement de l'expériénce et origine de l'histoire*, trans. Yves Hersant, Paris: Éditions Payot, 1989.

27   [옮긴이] 카프카의 『아버지에게 드리는 편지』는 아버지에게 썼지만 발송되지 않은 초고다. adestination은 한편으로는 도착지가 부재하기 때문에 갈 곳을 잃은 경우를 의미하기도 하고, 다른 한편으로는 도착을 하기는 했는데 잘못된 자리에 도착한 경우를 의미하기도 한다. 데리다는 adestination을 후자의 의미로 사용하며, 이후에 전개되는 맥락을 고려하여 김상환의 기존 번역(「사이버시대의 존재론적 이해를 위하여」, 《철학논총》 제22집, 2000)을 따라 이를 '일탈적 도착'이라고 옮겼다.

내고 인용하는 "아버지"로부터 발해지는지 살펴볼 것이다. 카프카는 타자[아버지]로부터 발해졌다고 말해지지만 실은 자기의 펜에서 비롯된 [자기에 대한] 비난을 복화술[28]로 기록한다. 혹은 거꾸로 프란츠 카프카가 사용권을 내주었고, 아버지[헤르만 카프카]의 구술이 이 모든 비난을 흘려보낸 것으로 만든다.) 발송한 서신 자체가 적의를 품은 문장이나 사형 선고문을 기입한 것일 수도 있다. 이 서신은 무의식의 방해 영역을 겨누거나, 혹은 이제는 아버지나 아들 어느 편에도 속하지 않아 보일 전송 장소를 겨냥하니 말이다.

또 다른, 보다 치명적인 통신의 작동도 있다. 카프카는 부칠 수 없는 우편물dispatch을 준비하면서 이 통신을 교란시키려고 한다. 편지는 아버지가 수신할 수 있는 곳 너머를 늘 가리킴으로써 절대적인 파괴의 영역을 가로지른다. 그의 아버지가 편지를 받지 **않을** 것을 확실히 함으로써 — [여기에서] 내기는 어머니가 그녀 손에 맡겨진 편지를 건네주지 않는 쪽에 걸린다 — 즉 모성의 단말장치를 통한 굴절을 관리함으로써, 카프카는 또한 **그의 아버지를 구제하고** 편하게 해 주도록 조처한다. 편지는 탄도탄처럼 발사될 것이었으나, 그 성공은 정해진 도착점이라고 알려진 자리에 도달하지 못하고 실패하는 데 달려 있다. 그런데 또 하나의 가능성이 아직 남아 있다. 곧 아버지는 언제나 어머니라는 도착지를 — 궁극적 아버지를 — 가려 주는 노릇을 했

28　[옮긴이] ventrilocate는 데리다가 만든 단어로, 어떤 자의 목소리를 빼앗아 다른 곳에 심어 놓는 것을 의미한다. 로넬은 이 단어를 카프카의 편지를 분석하는 데 사용하고 있다. 뒤의 분석 부분에서는 '복위술'로 옮겼지만, 「서론」에는 전후의 맥락이 없이 간략하게 언급되고 있으므로 '복화술'로 옮겼다.

을 뿐이라는 가능성 말이다. 카프카라면 편지의 논리 속에서 이와 같은 해석적 전회를 허용할 법도 하지만, 그는 이것이 함의하는 바에 열중하지 않고 대신 편지를 아버지에게 돌려보낸다. 편지는 아버지에게 돌아가지만, 오직 아버지가 존재하지 **않는** 곳 쪽을 겨눈다는 조건하에서만 돌아간다.

어떤 의미에서 보면, 아버지에 대한 모든 말 걸기, 불가피하게 종적을 감추는 아버지에 대한 모든 청원은 이렇게 물어야만 한다. "아버지, 왜 나를 버려두셨나요?" 편지가 서신으로 생각되건 미사일로 생각되건 간에, 편지는 아버지가 궐석인 장소, 나타나지 않는 아버지 또는 죽은 아버지의 장소에서 발사되고, 동시에 이 장소를 목표로 한다. 이것은 카프카가 그의 입장에서, 다른 사람들은 저 기표에 들이받았던 장소로 [또는 장소에서] 미사일을 굴절시켰던 또 다른 이유를 제공할 수 있을 것이다. 카프카가 아버지에게 보낸 [편지의] 마지막 서명을 읽을 적에 우리는 한 장의 사진, 지금은 엽서로 널리 퍼진 사진을 머릿속에 떠올려야 할 것이다. 이 사진에서 카프카와 친구들은 활짝 웃으며, 놀이공원이 안겨 준 활기찬 경험을 보증하면서 [사진 촬영용 모조] 비행기에 올라타 있었다. 그럼에도 불구하고, 자신이 구조적으로 아버지의 어린아이임을 고백하는 사람이 발송한 **결구**[29]는 죽은

---

29 [옮긴이] envoi는 발라드의 말미에 붙은 시행들을 가리키는 말로, 대개 이 시행들은 누군가에 대한 헌정의 뜻을 나타낸다. 프랑스어에서는 이 뜻이 전용되어 '발송'이라는 뜻으로도 사용된다.

어린아이, 즉 말 걸기로 인해 순교당한 어린아이에게서 비롯된 것이다. 그 **결구** 또는 편지는 발송자보다 더 오래 살아남았고, 유언 같은 역할을 수행하며, 죽은 자로부터 정보를 보내 준다. (카프카가 [편지를 보내지 않고] 굴절시킨 또 하나의 이유. 그 서한의 자멸적 순환을 막기 위해. 햄릿이 반송 우편으로 자기 자신에게 보낸 독 묻은 칼끝을, 아마도 헛되이, 피해 가기 위해.)

이중二重 죽음의 장소에서 서로 접합된 채, 아들과 아버지는 재앙의 흐름을 전환시킨다. 다만 저 포기가 죽 이루어지는 한에서, 더 위대한 아버지인 알라나 야훼 또는 그 밖의 존재 중 하나와의 융합으로 포기가 뒤집히지 않는 한에서만 그렇다. 모하메드 아타가 세계무역센터 빌딩에 충돌했을 때, 그는 초월화된 아버지의 품속으로 점프 숏을 해 버렸다. 만약 카프카의 편지가 그 도착점과 마주쳤더라면, 아버지라고 명명된 그 수신자에게 가서 부딪쳤더라면, 편지의 운명과 도착지는 완전히 달라졌을 것이다. '아버지'란 오직 깨뜨려야만 가닿을 수 있는 존재인지도 모른다. 자기 앞으로 온 편지를 수신하지 않음으로써, [아들의] 마음을 어지럽히는 카프카의 아버지는 기껏해야 '헤르만Herrmann',[30] 미스터 맨, 남자로 완고하게 남는다. 이것은 남자들끼리의 일이며, 치명상을 주고받는 수준에서 이루어지는 세속의 회담이다. 저 저술가는 남자들끼리의 회담이 끝나기를 기다리며 어린아이용 장소로 보내진다. 이것은 카프카 이후의 저술가, 행하지 않은 영웅이

---

30   [옮긴이] '헤르만'은 프란츠 카프카의 아버지 이름이다.

카프카가 빈의 프라터 공원에서 1913년 11월에 찍은 사진. 사진에 등장한 인물은 왼쪽부터 프란 츠 카프카, 알베르트 에렌슈타인(Albert Ehrenstein), 오토 피크(Otto Pick), 리제 카츠넬손(Lise Kaznelson)이다. 보다시피 비행기는 진짜가 아니라 큰 판에 그림으로 그려진 촬영용 모조품이다.

자 실재의 실패한 후견자인 카프카 뒤에 온 저술가는 글쓰기의 책임
이 남아 있는 재앙의 공간으로 폭발하며 들어가는 일은 철저하게 단
념해야 한다는 것을 의미한다.

❀ ❀ ❀

앞서 이야기한 내용 중 하나로 돌아가 보겠다. 리오타르는 한나
아렌트의 "악의 평범성"(뿐만 아니라 그녀는 "악의 어리석음"에 대해서도 썼지
만, 이는 또 다른 이야기이다)에 관해 언급하면서, 어린아이를 멸절에 의해
"더 위협받는" 존재로 위치시킨다.[31] 어린아이는 위협받는 존재의 가
속도들을 반영하고 국지화한다. 위협에 대한 어린아이의 반응, 다양하
되 일촉즉발의 반응은 근대성을 진창에 빠뜨리는 전쟁 시뮬레이션과
사사건건 관계가 있다. 리오타르가 보기에 어린아이는 단속적인 일상
담론에서 우리가 인정하기를 원했던 것보다도, 혹은 철학적인 탐구에
서 어린시절이 지워지는 것보다도 더 멸절의 경험에 가까이 간다. 헤
겔 이래로 철학은 명백하게 어른들의 문제였다. 어린시절 칸에 늘어선
손실[32] 일람표는 어떤 조건 아래에서도 만회할 수 없는 것 같다.

리오타르가 어린시절을 정리한 내용은 이어질 페이지에서 우리

---

31   Lyotard, "Survivor".
32   [옮긴이] 'loss'라는 말은 이 책의 주된 주제인 '루저'의 동사형 lose가 '패배하다'의 의미가 아
니라 '잃다'의 의미가 될 때 잃어버린 내용을 가리킨다. 상실하거나 손실된 것이 loss인 셈이다. 따라
서 losses는 맥락에 따라 '상실' 혹은 '손실'로 옮겼다.

의 관심을 끌 것이다. 단지 그것이 루저 어린아이의 존재를 강조하는 더듬거림, 정치적으로 조율된 이 더듬거림의 연주 목록에 우리가 귀 기울일 수 있게 해 줄 뿐일지라도 말이다. 루저 어린아이로서 카프카 는 헤르만 카프카에게 말하려고 할 때 중간을 빼놓는 말하기를 통해 많은 것을 얻는다. 카프카는 우리를 끌어들여 리오타르가 지적했던, 절망이 회의주의(이는 영속적이다)로 이어지는 강역으로 데려간다. 그는 "알고 있기 때문이다. 행하거나 말할 것은 아무것도 없다. 마치 있었던 것처럼 늘 동일하게 **존재하고** 행할지라도, 타당성 있는 실체란 없다".[33] 타당성, 적법성, 그리고 권위는 첫날부터 어린아이를 압도하는 위협을 쌓아 올린다. 이런 여러 형상은 그 후원자 집단과 더불어 물리칠 수 없도록 침입해 들어온다. 하지만 어린아이는 청천벽력 같은 위협의 물 결, 대부분 부당하지만 가차 없는 힘을 지닌 이 물결이 어디도 아닌 곳으로부터 밀려들어 온다고 느낀다. 어린시절은 칸트가 지정한 영지, **마치 ~ 같음**as if의 영지에, 틀림없이 여러 다른 이유와 목적을 위해 우 리를 미리 등록한다. 요컨대 꼬맹이는 "**마치 ~ 같음**에 관해 모든 것 을 안다. 무능력의 고통과 너무 작은 존재의 불만에 관해, (다른 사람들 에 비해) 늦게 거기 있고, (그 힘으로 말하자면) 일찍 미숙하게 도착해 버 린 존재의 불만에 관해 모든 것을 아는 것이다. ─ 어린시절은 깨진 약

33   Christopher Fynsk, "Jean-François's Infancy", *Jean-François Lyotard: Time and Judgment*, *Yale French Studies* 99, 2001, p.56에서 재인용.

속, 쓰라린 실망, 결함들 및 포기에 관해 모든 것을 안다."[34] 리오타르 가 그려 낸 이 어린아이는 우리의 고찰을 개시하도록 만들 존재, 18세 기와 19세기에 걸쳐 어린아이 초상의 기초적 윤곽을 생성한 괴테와 장 파울[35]이 불러낸 존재와는 다른 얼굴을 보여 준다. 이제 분명해졌 으리라. 나는 아이들의 앨범을 꾸리고, 아이들이 움츠러들고 경쟁에서 밀려나고 속상해하고 복수를 다짐하며 또한 부름에 응해 소집되었어 도 패거리에서 탈락하게 된 방식을 한데 모으기 시작했다. 내 아이들 앨범은 엄선해 모은 집단의 작업으로 구성되며, 이들은 괴테 및 헤겔 로부터(헤겔은 적어도 어린아이 때를 거쳐 온 부모의 손실은 대체로 벌충해 준다. 어린아이가 부모의 자리를 대신하는 결과를 피하게 만들기 위해서다) 블랑쇼, 라 캉, 리오타르, 라쿠 라바르트 및 그 밖의 여러 사람에 이른다. 이 집단 의 구성원들이 이론적 주장을 진전시키기 위해 왜 유치원을 **필요로** 했던 것인지, 어린아이가 어떻게 철학의 특수한 시야각에 공헌하는지

---

34   Lyotard, *Lectures d'enfance*, Paris: Gallilée, 1991, p.65. 이 구절은 제프리 베닝턴이 남성 친 연(virile filiation)의 환상에 관해 논의하면서 인용·번역한 것이다. 그는 '장악(mainmise)'에 관한 리오타르의 작업과, *Heidegger et "les juifs"*, Paris: Galilée, 1988에 실려 있는 '유대인'에 관한 에세 이 사이를 이어 잠재적 연관성을 만든다. Bennington, "Childish Things", *Minima Memoria: In the Wake of Jean-François Lyotard*, eds. Claire Nouvet, Zrinka Stahuljak & Kent Still, Stanford, Calif.: Stanford University Press, 2007, p.201.

35   [옮긴이] 19세기 초에 주로 저작을 발표했던 독일 낭만주의 소설가. 그의 소설들은 일반적 인 줄거리를 갖고 있지 않으며, 독자들이 난해한 비유와 뒤섞인 줄거리 속에서 직접 의미를 찾아야 하는 것이 많았다. 그는 고전주의적인 계몽 운동과 형이상학 모두가 중요하기는 하지만 실패했다고 간주했으며, 독특한 여성 형상을 그려 냄과 더불어 소외 가운데서 유쾌한 체념의 의의를 발견하려 했다고 평가된다.

누구는 묻고 싶어질지도 모르겠다. 내 입장에서, 내가 제시하는 일람표와 고찰은 경험론자들이 '백치 도령'을 징집하는[36] 장소와 맞닥뜨리게 될 것이다. 어린아이의 장애는 — 이론 작업에서 모든 아이는 장애를 갖고 있으며 이는 그들의 **기초구조**Grundstruktur 일부다 — 철학으로 하여금 지성understanding의 선사先史를 수색하도록 부추기며, 철학은 언어의 시동과 기억을 조사할 수 있는 곳, 백지白紙를 찾는다.

우리가 피해를 망라하고, 나이와 무관하게 몇몇 아이를 꽉 붙들었던 죽음충동의 과잉자극을 검토하자면, 이 앨범에 붙여 둘 옛날 사진이 아주 많이 있다. 일부는 강요당하다시피 붙이는 사진이지만 말이다. 이 아이들은 심지어 숨바꼭질 놀이에서조차 세계의 지도자 자리를 차지하고, 반복적으로 부인否認을 꾸며 대는 자리를 차지했으며, 그러고는 재앙을 초래하는 권력 짜임의 출처로 서 있다. 내가 표지標識했던 초상들 중 몇몇과 관련해서 보자면, 아이들에 대해 역사적으로 취해 왔던 관점에서 관건은 약속한다는 것이 무엇을 의미하는지 이해하는 것이다. 괴테에게 어린아이 자체가 약속을 구현하는 존재인 데 비해, 리오타르에게 어린아이는 제공될 수 있는 어떤 약속도 만성적으로 박탈당하는 존재로 부각된다. 헤겔은 자기의 판돈을 전도와 **지양**Aufhebung에 둔다. 하지만 그 [변증법적인] 판에서조차 약속하는 행위

---

36   [옮긴이] '백치 도령(ideot childe)', 즉 멍청한 어린아이는 로넬의 다른 책인 『어리석음』과 이 책을 이어 주는 통로가 될 수 있겠다. 경험론자들은 선천적 관념이 존재한다는 것을 부정하기 위해 어떤 관념도 갖고 있지 않은 존재의 사례를 든다. 그때 주로 불려 나오는 존재 중 하나가 정신장애인과 어린아이다.

는 권위를 상실하며, 어느 경우에서건 언제나 타당성을 꾸며 내고 연기하면서 의식意識에 건 몫을 올린다. 약속이 또한 미래未來의 가능성 바로 그것을 수반하는 한, 사람들은 그 구성적 붕괴라는 역사적 결과를 빗질해 걸러 내기 위해, 실패한 행위의 장소를 몇 번이고 되풀이해서 방문하거나 장래에 대한 약속의 조건들을 다시 따져 보는 일에 얽매인다.

이 책에서 나는 어린시절의 연패와 어린시절이 품고 있는 절멸의 성질에 관해 자세하게 심사한다. 많은 고찰이 내게 동기를 부여했는데, 그중 몇몇은 이어질 페이지들에서 추측할 수도 있을 것이다. 그런데 이 연구에 동기를 부여한 한 가지 요인은 분명히 말할 수 있을 것 같다. 미국은 으레 스스로를 유아 취급하면서, 화창함과 놀이공원의 멋들어짐을 치장하고, '프로라이프'[37]라는 뒤틀린 이데올로기 및 그와 관련된 죽음 거부 조직 활동을 통해 가학적 충동의 안팎을 곧잘 뒤집어 놓는다. 당신은 그 충동으로부터 벗어날 수 없다. 이 나라에서는 우리가 어린시절에 대해 읽어 내기를 요구하고, 또한 좋은 녀석들, 퀴어들, 트랜스들, 외톨이들 속에조차 어린시절이 흘려 놓은 '가족 가치'라는 일련의 전의체계에 대해 읽어 내기를 요구한다. 우리가 시민의 의무에 대한 약간의 감수성이라도 있다면 말이다. 그리하여 나는 필연적으로, 죽음충동 및 늘 변이하는 파괴적 **주이상스**에 관한 프로이트의 고

---

37 [옮긴이] '프로라이프(pro-life)'는 태아의 삶을 우선하는 낙태 반대론자들이 사용하는 문구다. 한국에서도 '프로라이프 의사회'나 '프로라이프 연합회' 등의 이름으로 활동하고 있다.

찰에 접근하면서, 나를 부르는 것의 어두운 면을 집어 든다. 어린시절의 또 다른 면도 있다. 리오타르가 아주 공정하게 기억해 새기면서, 이를 일종의 철학의 새벽으로 전환시킨 측면 말이다. 그의 보고에 따르면 어린시절은 "또한 꿈, 기억, 질문, 창안, 고집에서 모든 것을 안다. 심장에 귀 기울이는 일에서, 사랑에서, 그리고 진실로 이야기들을 향해 열리는 일에서 모든 것을 안다."[38] 나는 이 가능성을 받아들일 것이다.

❂ ❂ ❂

이어질 우리의 시찰과 독해에서 알아차리게 되겠지만, 어린시절은 인간 발달의 역사상 한 국면으로 제한될 수 없다.─어린시절은 사람들이 표상 불가능한 감정들로 인해 번민할 때마다, 또는 사람들이 이해할 수도 없고 의지할 데도 없는 장소에서 머뭇거리게 되고 우물쭈물하며 옴짝달싹 못 할 지경에 처할 때마다 되돌아온다. "어린시절은 어떤 것이 깃들어 있는 영혼의 상태인데, 이 깃든 것에 대한 해답은 한 번도 주어진 적이 없다." 리오타르는 이어서 쓴다. "이 알지 못할 숙박객에 대한 건방진 충실성이 어린시절을 이끌어 제 일을 하게 만드는데, 어린시절은 자기가 이 숙박객의 인질이라고 느낀다." 리오타르는 확실히 칸트적인 용어를 취해서, **경외**respect의 관념을 이용하

---

38   Lyotard, *Lectures d'enfance*, p.57.

여 이 인질을 다룬다. "여기서 나는 어린시절을 부채에 대한 복종이라고 이해한다(우리는 이 부채를 삶의 빚, 시간의 빚, 사건의 빚, 그 모든 것에도 불구하고 여기 있는 현존재에 대한 빚이라고 부를 수 있다). 이 부채에 대해 갖는 영속적인 감정, 즉 경외의 감정만이, 단지 살아남은 자, 멸절에서 유예된 채 사는 피조물이 되는 상태로부터 어른을 구할 수 있다."[39] 어린시절을 정의할 때 리오타르는 그 주된 특징을 — 부채에 대한 "복종"을 — 성년기와 맞물리게 하는 것 같다. 핵심을 이루는 부채에 — 삶, 시간 또는 사건에 대한 빚에 — 주의를 기울이는 일은 실존하려는 어린아이의 발밑을 받쳐 준다. [부채에 대해] 부정적 기색을 보이건 아니면 이런 기색을 뛰어넘어 경외에 찬 자세를 취하건 — 사람들은 혼자서가 아니라 타자 덕분에 [삶을] 시작하며, 조기예약 특전으로 자아$_{ego}$를 할인받고 시작한다 — 빚지거나 빌린 것 또는 상속된 것에 대한 관계는 [멸절로부터의] 유예가 어떤 방식으로 실행되고 체험될 것인지를 결정한다. 우리에게 해명의 빛을 비춰 줄 수도 있을 또 다른 맥락에서, 프로이트는 엄선된 부채들의 연계라는 관점을 갖고 정신분석을 탄생시킨다. 프로이트가 토로했던 괴테에 대한 부채는, "자연에 빚진" 것[40]에 이름을 붙이기 위해 셰익스피어라는 우회로를 거친다. 여기 이 맥

---

39   Ibid.

40   [옮긴이] 셰익스피어의 연극 『헨리 4세』에서 할 왕자는 팔스타프에게 "너는 죽어서 신에게로 돌아가야 한다"(Thou owest God a death, 너는 신에게 죽음을 빚졌다)고 말한다. 프로이트는 『꿈의 해석』에서 이 대사의 '신'을 '죽음'으로 바꾸어 인용한다. "너는 죽어서 자연으로 돌아가야 한다"(너는 자연에 죽음을 빚졌다). 그러므로 본문에서 "자연에 빚진 것"이란 죽음과 연관되어 있다.

락에서 프로이트는 정신분석의 어린시절을 창조한다. 또한 의미심장하게도, 프로이트는 두 아버지가 들어갈 공간을 허용한다. 자신이 채무의 경제를 인정하거나 혹은 설립하는 바로 그때에 말이다. 리오타르에게 우리가 걸 수 있는 유일한 판돈은 바로 이것이다. 성년기라고 할 만한 어떤 상태가 어린시절의 족쇄를 느슨히 풀어놓을 수 있으려면, 혹은 이 상태가 단지 살아남은 상태를 뛰어넘을 수 있으려면, 부채를 인정함으로써 이끌려 나오는 그런 유형의 감정이 일어나야만 한다. 리오타르가 경외를 유예의 핵심적인 원재료로 도입할 적에 그는 **감정** feeling이라는 어려운 개념에 [사고를] 집중한다. 하이데거도 마찬가지로 원천적인 부채의 감각과 정서를 강조하는 것 같다. 그는 **근원적 빚짐** Urschuld에 ─우리를 움직이게 떠밀며 결코 그 손아귀를 늦추지 않는 것에 ─ 대한 고찰에서 이와 비슷한 내용을 강조한다.

❂ ❂ ❂

내가 루저 아들의 증후군적 효과들로 추적하고 있는 것에 관한 문서철을 앞으로 우리가 계속 검토하되 염두에 두어야 할 것이 있다. 그리스도교는 그냥 부자관계의 짜임과 가족 설계의 한 판본을 내려보내 주었고, 따라서 신이라는 핵심을 폐기하면서 폭로했다는 점이다.

1장

권위란 무엇이었나?*

적극적인 공존. 나는 적법성legitimacy에 대한 확고한 감각(혹은 더 나아가 적법성에 대한 욕망)에서 동력을 얻지도 않고, 이해와 관련된 여러 가능성을 광적으로 제어하고 싶지도 않다. 오히려 나는 좀 더 희미한 사유의 근방에 거주한다. 그 지역에서 사태란 항상 해결이 완료되지는 않거나, 또는 어렴풋이 보호받는 감각과 같은 자기애적narcissistic 편안함을 제공한다. 이번에는 루저 아들이라는 모티프, 즉 곳곳에 퍼져서 세계를 찌그러뜨리는 말썽거리 쪽으로 도움닫기하기 위해, 나는 **권위**authority의 문제를 추적하도록 하겠다. 이 문제는 상대적으로 미미한 후견자들을 끌어들였으며, 대부분의 경우에 그저 잠정적으로만 개입하는 자들을 불러왔을 뿐이다.[1] 그런데 우리 앞에 놓인 이 권위라는 문제는 적어도, 굳게 마음먹은 두 세대를 사로잡아 왔다. 이 두 세대의 구성원은 몹시 애를 써서, 그리고 중요한 측면에서 권위에 대해 여러 가지를 시도해 왔다. 이들은 권위를 낮잡고, 권위에 질문을 던지고, 권위의 시늉을 내거나 몰아내고 강탈하며, 권위를 약화시키고 대여하

---

1   [옮긴이] 이후에 로넬이 다루게 되겠지만, 『권위의 관념』이라는 사후 출판된 책(집필은 1942년)에서 알렉상드르 코제브는 '권위'라는 문제를 본격적으로 다룬 경우가 그다지 많지 않았음을 지적하고 있다. 코제브에 따르면 그 이전에 권위 문제를 다룬 경우는 첫째, 신학, 둘째, 플라톤, 셋째, 아리스토텔레스, 그리고 마지막으로 헤겔밖에 없었다고 한다.

고 명령하려고 했던 것이다. 나는 이런 유형과 경향들이 판사석 앞에 모여들기를 원한다. 이런 유형과 경향들이 반역적이라는 점이 입증되건 아니건, 혹은 이들이 권위주의의 부과라는 외부적 한계와 터무니없이 연루되어 있다는 사실이 입증되건 아니건, 이들은 경청을 요구하며 우리는 경청해야 마땅하다.

사유를 촉구하는 반면에 계속 손아귀 밖으로 빠져나가는 것이 있다. ─ 왜 부정의가 존재하는가? 무엇이 권위를 가지는가? 권위는 어디를 상처 입히는가? 나는 이를 잠정적으로 파악하기 위해 활발한 탐사 방식이라는 감각을 철학과 나눠 갖는 여러 종류의 성찰 지대를 여행하고자 한다. 하지만 이 지대에는, 그 좋은 의도 전부에도 불구하고, 종종 시대에 뒤떨어진 통행증이 딸려 있거나, 현행의 관례에 의해 권위를 박탈당한 것으로 치자면 철학 자체보다도 훨씬 더한 것처럼 보이는 증서들이 붙어 있다.

도움닫기. 언뜻 보기에, 권위의 의미 및 권위가 제도적 실천에 역사적으로 뿌리내린 양상을 잡아내려는 시도 전부는 권위의 핵심 성질이나 권위의 분포 범위에 도달하기 위한 수단이 빈곤하기 때문에 곤란에 빠진 것 같다. 알렉상드르 코제브와 테오도어 아도르노를 포함하여, 근대에 배역을 맡은 이론가들은 사람들이 여전히 권위에 민감하며 권위를 필요로 하고 있다는 논지를 전하기 위해 척도와 도표 및 그 외의 위험한 계산들에 의지한다. 이에 더해 한나 아렌트부터 조르조 아감벤에 이르는 이론가들은 권위가 대체로 무엇이었던지, 또는 권위가 여전히 무엇이 되려 하는지를 드러내기 위해 로마식 비계飛階를 되불러 와 살펴본다. 경기장에 넘쳐 나는 기술記述은 대부분의 경우에 권위가 필요한 이유들을 총합하는 도표, 권위가 둔화되거나 두드러지게 소멸한 끝에 발생한 재앙적 결과의 수준을 평가하는 도표로 채워진다. 권위의 거대함이, 거의 아우라를 띤 듯싶은 권위의 요구가 인간 통치의 보다 폭력적인 해안을 밀치고 벗어나면서 사태를 유지해 왔던 것처럼 보인다. 권위의 붕괴, 이에 이어지는 '대타자'의 격하, 즉 신과 국가 그리고 그 외 대부분 남성우월주의적인 우상들의 끌어내림은 존재에 균열을 새긴다. 이어지는 결과로 가짜 권위는 제 구질구질한 표상들을 뒤에 끌고 다니면서 병변을 발생시키며, 우리는 가짜 권위가 마음에 상처를 입혀 발생한 병변에 뒤덮인 채 여전히 기어 다니고 있다. 코제브는 신적 권위라는 취급 가능한 허구로부터 권위 존재자의 여러 표본을 검출한다. [반면에] 아도르노는 대규모 벌집 사회를 초래하는 권위주의의 성질들, 미국 민주주의의 가장 핵심에 머물고 있는 이 성질들을 연구하는 데까지 나아간다. 아도르노는 F-스케일[2]에서 높은 점수를 받은 사람들이 어떤 위험성을 제기하는지를 예증한 그의 연구에서, 연구팀이 수행한 인터뷰에 클로드 란츠만[3]식으로 응한

---

2   [옮긴이] F-스케일(F-Scale)은 아도르노, 엘제 프렌켈 브룬슈비크, 대니얼 레빈슨, 네빗 샌퍼드가 만들어 낸 권위주의 성격 측정을 위한 테스트이다. 여기서 F는 파시즘을 의미한다.
3   [옮긴이] 클로드 란츠만은 기록영화 〈쇼아(Shoah)〉(1985)의 감독이다. '쇼아'는 '대재앙'을 뜻하는 히브리어로 그는 이 영화를 준비하며 홀로코스트에서 희생된 유대인들과 가해자들을 인터뷰해 350시간 분량의 방대한 기록으로 남겼고, 영화는 내내 질문에 답하는 실존인물들의 각 나라 말들로 채워진다.

대체로 평범한 시민들 사이에서 일관되게 환히 드러나는 **파시즘적 표지물**fascisoid markers을 언급한다. 한 부류[코제브]의 권위의 성격과 다른 부류[아도르노]의 "권위주의의 성격" 사이의 간격은 생각만큼 크지 않다. 그러나 이러한 두 부류의 성좌에서 활동하는 각 연구자는 권위의 여러 양상과 관련해서, 이를테면 권위의 불가피한 틈새 또는 다루기 힘든 필연성과 관련해서 서로 다른 쪽에 [관심을] 투자한다.

별나지만 적절하게도, 권위에 대한 질문은 ─ 이것이 여전히 질문이며, 한 번이라도 진짜로 질문이었던 적이 있었던 셈 친다면 ─ 우리를 가장 이른 시기의 어린시절로, 불운한 의존의 상태와 정치 이전의 욕구의 상태로 되돌린다. 아무도 시인하고 싶지는 않겠지만, 그래도 하느님 아버지God-the-Father 또는 우리 아빠에 의한 지배는, 물론 모성의 간섭과 맞닥뜨리거나 또는 엄선되어 연대순으로 밀려 나오는 어머니의 자리 교대와 밀접하고 복잡하게 얽혀 있기는 하나, 지금껏 가차없이 권위 효과를 발생시키는 기계를 계속 가동시킨다. 누가 자기 인생사에서 아빠-엄마라는 인큐베이터 혹은 자기를 굽어보는 기표를 갖고 있든 말든 간에, 그는 첫날부터 권위와 관계를 맺는다. 사람들은, 셈할 수 있기도 전에, 엉덩이를 싸매 주고 자기 입을 채워 주는 사람들에게 속한 권위를 헤아리고 이에 의지했다. 최초부터 사태가 이루어진 방식을 멜라니 클라인이 가늠한 바에 따르면, 사람들은 권위라면 젖가슴의 권위에 대해서조차 두려워했다. 젖가슴이 사람들에게 다가올 때, 그것은 해를 입히는 탱크 찌끼⁴ 같다는 현실적 감각을 제공하기 때문이다(맨 처음부터 사람들은 자기 어머니를 사랑하는 일, '좋은 젖가슴'

을 홍보하는 **일에 종사**해야만 했다).

내가 시작하려는 질문 무더기는, 여기서는 간단히 하겠지만, 니체식 에너지를 동력으로 삼는다. 아주 어린시절을 사로잡은 권위의 지배권(혹은 어린시절이 권위에 매달린 방식)은, 그것이 좋은 평가를 받았든 형편없이 내쫓겼든 간에, 구조를 형성했든 쇠약하게 만들었든 혹은 둘 다이든 간에, [결국] 무엇이 되었을까? 탈정치적 세계처럼 보이는 곳 가운데서, 다시 말해 우리가 정치적인 것의 본질적 유한성과 직면한 곳에서 우리는 어떤 식으로 권위를 차지하고 있을까? 우리에게는 권위가 필요한가, 아니면 권위는 질문을 던지는 의도적 무정부 상태를 통해 제거될 수 있나? 권위 행사exercise가 폭군정을 모면하게 해 줄 수 있다는 것은 과연 사실일까? 혹은 반대로 권위의 특유한 활동력이 폭군정의 구속력을 마련하는가? 하지만 권위란 '행사할' 수 있는 행위 또는 ['활용' 가능한] 존재 문법의 분류에 속하지 않는다. 다시 말해 어떤 의미 있는 방식으로도 구부리거나 조작할 수 없다. 그것은 현격히 다른 나타남과 존재함의 척도에 들어간다. 실상 권위는 고요하게, 최소한의 소란과 더불어 나타나며, [권위의 드러남에서] 멜로드라마란 당치도 않다. 권위의 행사는 몇 마디에 불과한 말과 미미한 현상학적 유지 수단으로 이루어진다. 그런데 어떻게 이것이 우리의 스캐너에 그 모습을 드러낼까? 또한 이것은 우리의 여러 정체政體에 계속해

---

4   [옮긴이] 고기 찌꺼기 따위를 탱크 안에서 쪄 만든 비료.

서 어떤 물린 자국을 남겨 놓는 걸까? 대체 어떤 방식으로 권위는, 사유에서 물러나고 눈에 띄는 짓을 기피하기로 악명 높은 이것은, 우리의 접근을 허용하는가?

우리가 고풍스러운 통치주권sovereignty들의 문제와 씨름하기 위해서는, 작동 중지되었다고 여겨지거나 쓸모없다고 비난받는 지식의 현장들에 방문해 머무르는 일도 때로 유용하다. 뿐만 아니라 더 독창적인 형성물들, 즉 정치적 진보주의의 기세 같은 것의 침체를 낳았던 형성물들을 구체적으로 명시하기 위해서도 그렇다. 이는 자신의 몫을 사유의 다루기 힘든 구역에, 부적절하고 어려우며 지나치게 문제적이고 지치게 하는 구역에 내거는 일을 의미할 수도 있다. 오늘날 대체 누가 산출물이라곤 거의 없는 답답한 진창 가운데 지내기를 원할까? 이처럼 '결과'를 채근하는 시대에 말이다. 뭐, 나는 원한다. 사업적이고 객관주의적인 관심사들로부터 높이 평가받는 그런 결과들을 갈망하는 일은 제쳐 두고 우리는 개념의 이렇게 줄곧 물러나는 그림자 근방에 머물도록 하자. 우리가 이를 이미 발견한 셈 치고서.

문학이라는 길잡이. 권위의 문제처럼 정치적으로 굴절되고 윤리적으로 사로잡힌 것이라 해도, 도움닫기를 위해, 즉 이 문제에 숨겨진 많은 능력을 펼치기에 충분히 넓은 공간을 확보하기 위해 문학을 불러낼 수 있겠다. 정치 이론과 사회학 이론의 경우, 이 이론들이 권위 문제에 붙들렸다고 느꼈던 만큼, 총괄적이지만 종잡을 수 없는 권위의 격자표가 가진 한계 범위와 심도를 번갈아 가며 고찰해 왔다. 인식에 기초한 접근 방법은 정보를 산출해 왔으며, 권위의 범위와 견인력 및 권위의 수행 측면을 측정할 몇몇 공리를 제공함으로써 사유에 약간의 먹이를 주었다. 하지만 또 다른 접근 방법도 있다. 아는 척하며 담론입네 하는 것들의 소음과 이들을 구성해 내는 탐욕스러운 패러다임을 불러들이지 않고도, 다른 유형의 축적된 지식을 활용해 보려는 목적을 갖고 텍스트의 평온한 여러 심급으로 되돌아가는 일에 종사할 수도 있는 것이다. 때로는, 어째서 문학이 존재의 서로 다른 박자기에 리듬을 맞추면서 또 서로 완전히 대비되는 경향들에 쉽게 따르면서, 정치적 긴급 요청의 후미진 곳을 검토하도록 우리를 소환하는지를 **다시금** 설명할 필요성이 생겨난다. 문학은, 허구의 형식을 취하거나 시학적인[이야기로서의] 배경 설정을 통해, 정치적 상해傷害와 박해 받는 타자성에 대한 사유를 언제나 동반한다. 사람들을 죽여 온 역사의 여러 대의와 행위가 시와 예술을 악의적으로 전유해 왔던 한, 문학이 타자성에 대한 사유를 동반한다는 사실은, 멋들어진 니체식 용어법으로 말하자면, 선과 악 모두를 유발하고 끌어들일 수도 있다. 하지만 이와 동시에, 횔덜린의 순진무구한 필치[5]를 고려하자면 시와 예술은 불가피하게 경험-역사적인 조류에 반하여 활동할 수밖에 없다.

---

5   [옮긴이] 횔덜린은 시를 짓는 일을 가장 순진무구(unschuldig)한 일이라고 언급한 바 있다. 하이데거는 이에 관해 순진무구함이라는 단어를 un(비)-schuldig(책임, 탓)로 쪼개어 분석하면서 '일상적인 책임으로부터 벗어난', '오로지 자신에게만 책임을 지는' 존재로 시인을 설명한다. 김동규, 『철학의 모비딕: 예술, 존재, 하이데거』, 문학동네, 2013 참조.

나로서는 나날이 증가하고 있는 유혹에 굴복하지 않는 일이 어떤 경우에나 중요하다. 그러니까 객관화시키는 과학에 발맞추어 글쓰기를 수행하거나, 기술記述 중심 정치론이나 정치[과]학 부류의 깔끔한 결과물을 생산하라는 유혹에 빠지지 않아야 하는 것이다. 내가 대단한 정체성의 교차를 감행한다고 생각하지는 않는다. ― 그렇지만 현업 전문가이고, 외치는 사람이자 독서가인 우리는 학⁶의 내부 구역 출신이건 [학의] 약간 끄트머리 변방 출신이건 간에, 흔히 동일한 사태를 원하며 동일한 인식적 왜곡을 비난한다. 누구도 좋았던 지난 시절의 연대를 간단히 부정할 수는 없다. 글 쓰는 밤의 정적 속에서 방법들이 충돌하고 영역 싸움이 격렬한 곳에서조차도.

내 친구 중 몇몇은 여전히 비非독서가, 옹골찬 기술記述자다. 이들은 투명한 발언, 수사적으로 정돈된 논변 ― 문학의 난장판을 내리누르는 엄밀한 추론 ― 을 고수해야 한다고 강변한다. 솔직히 말해 이들의 복귀는, 심문 없는 명료함이 허위의 위력에 부채질을 해 왔을 따름이라는 [의심스런] 느낌에 구애받지 않고서 이루어지고 있다. 이론적 강인함은 서로 접한 성찰의 많은 구역에서 그 본질적 생동성을 잃어버렸다. 나는 그 누구도 비난하지 않으며, 그저 내 나름대로 주시의

6   [옮긴이] 여기에서 로넬은 Wissenschaft라는 단어를 사용함으로써, 자연과학과 인문학을 가리지 않고 특정한 방법론과 체계를 가진 학문 전체를 가리키는 것으로 보인다. 따라서 헤겔의 Wissenschaft에 대한 기존 번역어인 '학'이라는 말로 옮겼다.

마음 상태를 취해서, 비판적인 글inscription의 매서운 타격이 겉보기에는(비록 겉모습이란 기만적인 법이긴 하나) 쇠퇴 중이라는 점을 지적할 뿐이다. 사람들은 좀 더 부드러운 접근 방식에 무너져 내린다. 아니, 오히려 어떤 경우에는 일군의 전前 이론가들이 마비되고 미련한 정치적 신체의 놀랄 만한 꾸준함에 두들겨 맞다 못해 수건을 던졌다. 혹 누구는 일상적 기술 체계의 특정 측면이 낳는 효과들에 약화되어, 야수적 정치조직체와 연계되는 선연한 비통함에 굴복했다. 미국의 헌정 파괴에 직면하여, 세계의 복구 가능성에 대한 신뢰를 계속 침식하는 무엇과 마주하여 움츠러들거나, 울음을 터뜨리거나, 용기를 잃어버리지 않은 이가 어디 있겠는가? 복잡성, 주의 깊음, 실존적 선회 행로에 대해 만연한 무시가 비판의 문법과 이론적 실천을 어찌 침해하지 않을까? 또 다른 수준에서 내 질문은, 앞서도 기록했던 바와 같이, 정치적인 것이 여러 문제를 제기하는 그런 자리에 관심을 기울인다. ― 이는 주제를 전달하는 일의 구역 너머로, 수사적인 평온함의 구역 너머로 사람들을 데려가는 질문이다.

나 개인적으로는 이제 칸트식 인식 가능성intelligibilities[7]을 더는 믿지 않는다(내가 알기로 이것은 시작부터 나름의 한계를 지니고 있었다. ― [이는]

---

7   [옮긴이] 칸트는 직관에 개념이 결합되어 이루어지는 것이 인식이라고 보았고, 직관될 수도 없고 개념조차 가질 수 없는 것을 철저한 무로, 성립 불가능한 것으로 파악했다. 물자체에 대한 인식을 철저히 도외시하는 칸트식의 인식 방법은 인식 대상과 인식 주체 사이의 분리를 전제한다는 비판을 받은 바 있으며 관념론의 맥락에서 이와 같은 비판을 제기함과 동시에 완성한 사람이 바로 헤겔일 것이다. 『어리석음』에서 로넬은 자기 나름의 방식으로 칸트의 이 지점에 대해 문제를 제기한 바 있다.

하인리히 폰 클라이스트[8]의 신경쇠약의 한 원인이자, 수많은 역사적 공황$_{panic}$ 발작의 직접적 이유다). 그렇다면 어떻게 해서 문학의 중재가 고통에 시달리는 실존을 진정시키고 혹은 그 마중물이 되어 실존의 전쟁을 대비하게 하는가? 어떻게 해서 작가의 저작 일$_{authorship}$이, 그가 죽었건 살았건, 권위의 기계장치를 먹여 살리게 될까? 일단 나는 이 부분의 방정식을 미뤄 두고, 테러를 가하는 것의 알기 어려운 도래를 허구이야기가 어느 정도까지나 성좌인 양 모아 내는지 물을 것이다. 테러가 무엇인지, 무엇이 이것을 채우며 그 내용과 함께 봉인하는지 내가 말할 수 있다면야, 나는 본질적 미지未知를 결정과 인식에 넘겨주면서 테러의 확고부동한 손아귀를 빠져나갔을 것이다. 우리는 무서움을 안기고 흉터를 만들 만한 것들을 약간은 알고 있다. 하지만 그 앎이 테러의 효과들을 포착하는 데 이르지는 않는다. 나는 [인간이] 공유된 존재임을—장뤽 낭시가 공동-내-존재[9]라고 지칭한 것을—두드러지게 나타내는 테러 기지의 특수한 성질들과 연결을 취해 보려고 했지만, 내

8　[옮긴이] 독일(프로이센)의 극작가. "괴테의 신랄한 비판으로 인해서 동시대인들에게는 병적인 작가"로 알려진 바 있으나, "카프카를 비롯한 중요 작가들에게" 큰 영향을 끼친 것으로 평가된다 (조경식, 「하인리히 폰 클라이스트의 『슈로펜슈타인가』에서 나타난 비극성으로서 인간의 소통한계에 대해」, 《유럽사회문화》, 12호, 2014). 권총 자살로 생을 마감했는데, 그 이유를 프로이센이 처한 굴욕적 상황으로 인한 마음의 상처 때문이라고 규정하는 경우가 있다.

9　[옮긴이] 낭시의 '공동-내-존재(être-en-commun)' 개념은 하이데거의 공동존재(Mitsein) 개념과 연결되는 것인데, 낭시는 특히 이 복합어의 중간에 끼어 있는 en(혹은 avec)을 강조한다. en이 빠지게 되면 공동체는 '신체', '정신'이나 '조국', '지도자'와 같이 단일한 것이 되어 버리고 '함께 있음'의 성질을 잃어버리게 된다는 것이다. 『무위의 공동체』(인간사랑, 2010)를 번역한 박준상의 전례를 따라 '공동-내-존재'로 옮겼다.

가 학문적 거리를 수립하려고 노력했던 저 간섭 현상의 직접성이 나를 몇 번이나 멈춰 세웠다. 이즈음 정부는, 테러가 어디쯤에서 어느 정도나 발발할 것인지를 마치 식품의약안전청FDA처럼 색별 신호로써 우리에게 알려 주고 있다. 일괄해서 테러로 포장했던 것이 실은 우리를 잘못 이끄는 것일 수 있다.

정치의 묘실 개봉. 왼쪽 지대 또는 민주주의적 안전지대의 심장부에서 쇄도해 들어오는 폭군정의 고조는, 심지어 고전적 의미의 정치가 물러난 듯 보이는 장소에서조차, 우리의 정치적 경험의 일부가 되었다. 폭군정, 권위, 부정의 각각은 사유의 역사에서 이것들을 지탱하고 결속하는 당당한 기둥을 가진다. 비록 노골적으로 서로가 서로를 북돋아 주지 않을 적엔, 관계있되 각기 다른 사변적 배경 속에서 서로에게서 동떨어져 서 있지만 말이다. 폭군정 및 부정의에 속하는 주제가 권위에 속하는 주제와 공통된 지반을 나누기는 하지만 내 마음은 권위 쪽을 향하고 있다. 왜 나는 이 특수한 지점을 강조하는 걸까? 권위는 관계들에 영향을 미치는 것 중 가장 파악하기 어려운 항목이며, 그럼에도 권위 혹은 권위의 신비한 토대에 관해 혹은 그 언저리에서 노력을 할애해 온 소수의 사상가들에 따르면, 권위 없이는 어떤 정치도, 어떤 가족도, 성취의 자부심도 존재할 수 없기 때문이다. 폭군정 및 부정의와 직면할 수 있기 위해서라도 권위의 영향력을 자세히 검토하지 않을 수 없다. 권위는 붙들어 매 두려고 하면 슥 빠져나간다. 코제브와 아렌트는 그렇게 말했다. 뿐만 아니라 권위의 최초

형식을 제도화하여 가문에 얽힌 **아욱토리타스**[10]를 마련했던 로마인들도 그렇게 주장했다. 그리스인들은 이 개념을 거의 잡아내지 못했다고 말해진다. 하지만 플라톤과 아리스토텔레스의 여러 작업에서만은, 권위가 의미하는 바에 대한 현대적 이해와 거의 근사한 어떤 것이 제시되었다. 그런데 그 어떤 정치적 수사나 실천에도 결정적이게 되는 바로 그 지점에서, 권위는 또한 탐지망을 완전히 벗어나며, 유령같이 사라지되 환영처럼 자국을 남긴다. 한나 아렌트에게 권위는 삭제 불가능한 항목이자 정치 파악의 핵심 열쇠다. 동시에 권위는 집단 형성을 주선하는 여전히 주된 충동이면서도 종교 및 전통과 마찬가지로 줄곧 쇠퇴해 왔다.—이제 권위가 무엇**인지**는 여하간 말할 수 없게 되었다. 무엇이 **아닌지**를 가까스로 말할 수 있을 뿐이다. 그녀 나름대로 아렌트는, 정치의 묘실을 개봉하면서 마치 어떤 환영과 함께하는 것처럼 권위에 관한 논의를 개시한다. 권위는 모든 면에서 자취를 감추었으나, 여전히 우리를 인질로 잡고 있는 어떤 것이다. 심지어 이것은 그녀의 글 제목인 「권위란 무엇인가」를 파먹어 들어간다. 그녀는 자기

---

10 [옮긴이] 아욱토리타스(auctoritas)는 고대 로마에서 타인을 능가하는 탁월함, 정치권력이나 지도력, 공적 영역과 사적 영역에서의 존재감 등을 활용하여 '사회에 영향을 발휘하는 능력'을 가리키던 말이다. 공공 영역에서 일하는 사람들이나 원로원에게는 아욱토리타스가 있다고 간주되었다. 아렌트의 논의에 따르면 그리스에서는 아욱토리타스에 해당하는 개념을 발견할 수 없다. 다수(데모스)에 대한 소수의 지배가 정치철학의 주된 관건이었던 그리스와는 달리, 로마에서 지배의 주된 근거는 로마라는 도시 자체의 건설에 대한 기억이었기 때문이다. 아욱토리타스는 로마의 창건자들로부터 오래도록 이어져 내려온다고 여겨졌기 때문에 특정 가문의 영향력과 떨어져 있는 것이 아니었으며, 전통과 밀접한 연관을 갖고 있었다.

의 유명한 에세이를 이렇게 시작한다. "오해를 피하기 위해서, 제목에서 [우리는] '권위란 무엇이었던가? — 그리고 권위란 무엇이 아닌가?'라고 묻는 편이 더 현명한 일이었을지도 모른다. 내가 주장하려는 바는, 권위가 현대 세계에서 가뭇없이 사라졌기에 우리가 이 질문을 제기해 보고자 하며 또한 그럴 자격을 얻었다는 것이기 때문이다."[11] 내가 보기에, 권위의 사라짐은 위기에 처한 민주주의를 보여 주는 형상—곧 사회성, 다름, 관계라는 강력한 모티프들 내부에 만연한 공황을 그려 내는 한 가지 방식—의 기능을 한다. 어딘가에서 나는 영속적인 위기 가운데 있는 것이야말로 민주주의의 특성이라는 논변을 개진한 바 있다.[12] 권위의 소진된 상태는 이런 위기를 사고하는 일에 다른 겹의 주름을 펼친다.

권위의 사라짐 그 자체는 사변이 수행하는 감식鑑識을 요청한다. 무엇보다 이는 추정만큼 권위의 퇴색이 완전한 것이 아니라 인간적 관계들에 [여전히] 머물러 그것을 물고 늘어지면서, 막연하리만큼 실체 없는 역사적 기억을 풀어냄으로써 사태를 한데 묶어 주기 때문에 그러하다. 권위의 소멸에 대한 아렌트의 접근 방식은 어떤 경우에는 존재 잊음에 대한 하이데거의 사고를 상기시킨다. 권위가 망각의 경계에

---

11   Hannah Arendt, "What Is Authority", *The Portable Hannah Arendt*, New York, NY: Penguin, 2000, p.462. 이하 참조한 문장들은 이 텍스트 여기저기에서 인용한 것이다「권위란 무엇인가」, 『과거와 미래 사이』, 서유경 옮김, 푸른숲, 2005. 참조를 위해 한국어 번역본의 쪽수를 본문의 쪽수 곁에 병기했다].

12   Avital Ronell, *The Test Drive*, Urbana & Chicago: University of Illinois Press, 2005.

아슬아슬하게 걸터앉아 있다는 사실은 실존을 위협한다. [권위의 소멸과 연관된] 전통의 상실에 대해 쓰면서 아렌트는 이렇게 언급한다. "우리는 잊음의 위험에 처해 있다. 그런 망각은―어차피 상실될 수밖에 없는 내용들과는 별개로―인간적 견지에서 말하자면 우리가 우리 자신으로부터 한 가지 차원을 박탈한다는 것을 의미한다. 그것은 인간 실존의 깊이라는 차원이다." 하지만 여기서 잊음을 막기 위한 경고 명령은 인간을 구하기 위해 명백히 비하이데거적인 방식으로, 인간이 의거하는 깊이라는 은유, 심문되지 않은 은유와 더불어 작동한다. 권위의 상실은 "수 세기에 걸쳐 주로 종교와 전통을 손상시켰던 발전"의 최종적이면서도 결정적인 국면으로 보인다. "전통, 종교, 권위 …… [가운데] 권위가 가장 안정적인 지반임은 입증되었다. 그러나 권위의 상실과 더불어 근대의 일반적인 회의懷疑는 …… 정치의 강역도 침범했다. 이 사실을 추인하기라도 하듯 이제야 전통과 종교의 상실은 정치적 사건들 가운데 첫 번째 서열을 차지하게 되었다"(464:130). 무수한 정치적 자본 가운데 권위는 정치적인 것을 설립하고 그것에 투자한다. 그러므로 그 슬쩍 빠져나가는 것 같은 능력을 최대한 실행하는 것으로 보이건 아니면 [정말로] 쉬고 있건 간에, 권위는 또한 정치의 파괴 혹은 종말에 대한 사고에 속한다. 권위가 빠져나가고 있기 때문에, 괴멸적 손상을 입은 종교와 사멸된 전통이라는 불안의 와류가 주요 정치 사건이라는 성질을 띠면서 시야에 들어오게 된다. [권위라는 문제에 관해] 또 다른 방향을 잡은 코제브는 곧장 다음과 같은 점을 지적한다. 즉 헤겔이 주인/노예 변증법의 관점에서 이 문제와의 맞닥뜨림을 이해하고, 스콜라적 신앙가들이 신의 관점에서 처리하는 데 반해, 마르크스는 권위의 전의를 완전히 무시하며[13] 그렇기 때문에 마지막에 실패한다는 것이다. 아렌트에게 권위의 문제는 일찍이, 서구 문명의 기원에 가까운 시기에 플라톤이 글쓰기로써 소크라테스를 매장해야만 했을 때 부각되었다. 우리가 그녀의 논변에 담겨 있는 미세하고 사소한 깜빡임에, 즉 플라톤이 어떻게 투쟁했는지를 말하지 않고 보여주는 그 신호에 천착할 때, 우리는 이야기의 핵심에 바로 도달하게 될 것이다. 은사의 처형 이후 플라톤은 순교자가 된 철학자의 죽음을 추모하면서도 빈틈없이 복수하려는 노력의 일환으로 **철학의 권위**를 전달하는 일에 매달렸다.

사실 권위는 우리에게서 상실된 것도 아니요, 어떤 상실을 메우기 위해, 돌이킬 수 없는 소실의 표지로 일단 불려 나오게 되었던 것도 아니다. 소크라테스에게 내려진 평결은 권위가 탄생한 원인이다. 권위는 책략으로서 — 철학적 반란의 격발로서 — 그리고 복구 작업으

---

13   [옮긴이] 마르크스는 '권위'의 전제 중 하나인 집단 간 위계를 부정하고 인간 사이의 평등을 무엇보다 중요한 공리로 받아들였으므로 권위 문제를 다루지 않았다고 이해할 수도 있다. 달리 말하면, 마르크스의 평생의 작업 전체가 기존의 권위(국가, 지배계급, 고전경제학 등등)에 대한 저항이었다고 볼 수도 있을 것이다. 다른 한편, 제1인터내셔널에서 바쿠닌이 마르크스와 엥겔스를 포함한 당시 인터내셔널 지도부를 '권위주의'라는 명목으로 공격했고, 두 당파 사이의 대립 결과 바쿠닌이 축출되기에 이르렀다는 사실을 고려한다면, 마르크스는 권위 자체를 논점으로 삼지 않으려 했다고 볼 수도 있다. 실제로 혁명운동에서 모든 권위를 철폐하고 자율을 강조해야 한다는 바쿠닌 일파의 주장에 대해, 혁명이야말로 가장 강력한 권위라고 답한 사람은 마르크스가 아니라 엥겔스다. 프리드리히 엥겔스, 「권위에 관하여」, 『칼 맑스·프리드리히 엥겔스 저작선집』 4권, 박종철출판사, 1997.

로서 탄생하는 셈이다. 권위의 역사—권위에 대한 **욕구**need로 이어지는 끊임없는 권한 상실의 역사—를 읽을 때, 사람들은 국가에 의한 살해가, 즉 권위라는 특권을 발명함으로써 영구적으로 보완해야 할 철학 자체의 연약함을 간명하게 보여 준 그 신호가 철학을 그 중심에서 뒤흔들었다는 생각을 갖게 된다. 이 상갓집 초롱이 가진 권위는 국가가 유발한 테러에 대한 반응이 된다. 철학자를 무자비한 추적 대상물로 삼는 일종의 고대 전자오락에서 국가 테러가 야수적 폭력을 주입받은 채 자의적 권위로 행동한 데 대한 응답인 것이다. 플라톤은 상실을 대갚음하고, 대항권위로서의 권위라는 새로 직조한 망토의 도움을 얻어, 빈한한 철학자를 격상시켜 그를 철학자 왕으로 바꾸어 놓는다. 이 종잡을 수 없는 유사개념paraconcept[14]은 로고스의 다른 자손들이 갖는 전략적 수완을 능가한다.

나는 권위를 재활시키거나, '권위를 의심하라'는 범퍼스티커를 뜯어내려는 것이 아니다. 대개 '자유주의적' 이상과 광범위한 개입이 결합한 문화를 충동질하며 달려가는 것 뒤에, 온갖 문제를 무릅쓰고 확고히 자리 잡은 이 문구를 없애고 싶은 생각은 없다. 권위는, 비록 뭔지 알아볼 수 있는 형상들로 가득 차서 그것이 모종의 실체성을 드러낸다고 우리가 생각할 때조차도, 언제나 의문을 품는 행위를 이끌어

---

14   [옮긴이] 『어리석음』 번역의 전례를 따라 '유사개념'이라고 옮겼다. 다만 접두어인 para-에는 비슷하지만 다르다는 뜻 외에도, 현재의 본문 맥락에서 드러나다시피 대항이라는 의미도 포함되어 있음에 유의해 주기 바란다.

냈다. 권위는 그와 이웃한 권력과는 말짜임syntagm이 다르다. 폭군정이나 부정의에 따라붙는, 그 사례가 풍부하고 분명 넘쳐흐를 정도라 경련마저 일으키는 그런 것들과 달리, 권위는 추적하기 어렵고, 주시 불가능하며, 그에 대해 말하기란 좌절할 만큼 복잡하다. 권위는 말하기를 얕보며, 그것을 따라잡으려는 모든 노력을 멸시한다. 아렌트는 어떤 설득의 수사법이건 그 반대편에다 권위를 위치시킨다. 권위는 설득의 평등주의적 질서를 업신여기며, 전략적으로 동등하게 조정된 언어 행위를 요청하는 일을 거의 필요로 하지 않는다. 철저하게 혼자 서 있는 권위는 소박한 권력의 동맹을 거부한다. 따라서 그것은 힘에 의한 강압과 논쟁을 통한 설득 둘 다를 반박한다. 요컨대 당신은 권위에 말 걸 수 없고, 어떤 논리에건 굴복시킬 수 없을뿐더러, 사실성[15]이 권위에 대치하고 섬으로써 겪는 위기를 교묘한 말로 모면할 수도 없다. 만약 우리가 마주침의 사적 영역과 공적 영역들을 다루는 방식에, 권위가 계속 선소여[16]를 제공해 오지 않았다면 ― 혹은 고집스럽게 가장 심오한 결정을 만들어 냈을 뿐만 아니라 우리가 선택한 조언자를 확

15   [옮긴이] facticity는 피히테에게서 유래한 말로 독일어 Faktizität를 옮긴 말이다. 19세기의 실증주의에서 추구하는 '사실'이라는 의미에서, '관념성'에 대비되는 것으로서 '사실성'이라는 개념이 형성되었다. 딜타이에 와서는 인간의 실존 상황이 품고 있는 다루기 힘든 현실의 조건들을 지칭하는 개념으로까지 발전했다. 권위는 '팩트'를 확정할 수 없게 만들고 '팩트'로도 권위를 억누를 수는 없다.

16   [옮긴이] 선소여(pregivenness)는 현상학의 용어로 우리의 학적인 인식 이전에 우리에게 미리 주어진 것을 의미한다. 생활세계는 선소여의 영역에 해당하며, 로넬의 이 문장에서는 권위가 우리의 규정 이전부터 사적 영역과 공적 영역 모두에 미리 주어져 있다는 사실을 강조하기 위해 사용된 것으로 보인다.

정해 오지 않았다면—아마도 권위는 성가신 일을 겪을 필요가 없었을지도 모른다. 권위는 사라졌고 그 효과들은 유령 같아서 권위는 움츠러드는 성질을 띨 뿐이니 말이다. 만약 권위를 결국엔 없애고 스위치를 끈 채 잊을 수 있다면 사람들은 안도의 한숨을 내쉴 터이다. 우리가 예상하듯이, 어쩌면 사람들은 권위에 맞지 않게 자라나서, 그것을 극복하고, 더는 [불을 켜고 끄는] 스위치를 두려워하지 않는 어린아이처럼 성장할 수 있을지 모른다(마치 어린시절이 혹독하도록 어김없이, 카프카와 리오타르가 보여 주는 것같이, 입마개와 흉터로 되돌아가지 않는 것처럼 말이다. 반대로 이들이 보여 주는 바에 따르면, 이 아이들은 겉으로는 어른인 데다 성숙한 듯하지만, 역사의 안락 지대로부터 기어 나와 퇴행적 공간으로 들어간다. 그리고 이 퇴행적 공간에서 사람들은 세계부재[17]의 지속적 고행에 직면하도록 발달을 저해당하거나 출발 전에 가둬 두는 우리로 되돌려 보내진다).

권위의 잊음, 다시 말해 권위의 사라짐을 마지막 신호나 결정적 결말 정도와 혼동하고—권위의 돌이킬 수 없는 종말이 이루어졌다고 상상하면서—넘어가려는 유혹은 표지가 붙지 않은 테러 양상이, 즉 아직은 그에 대한 연구 자료나 개념적 틀이 하나도 없는 교란의 새로운 형식이 침공해 들어오는 영역을 펼친다. 권위의 상실이 유도하

---

17 [옮긴이] 아렌트는 1959년 레싱상 수상 연설에서 "오늘의 사회의 특징은 세계가 없다는 것, 즉 '무세계성'이다"라고 말한 바 있다. 아렌트에게 세계는 말하는 동물로서의 인간이 만드는 것이며 말하기와 정치의 가능성이 사라진 오늘날의 사회는 '세계 없는 세계'에 해당한다. 위의 문장에서 로넬이 말하는 세계부재(worldlessness)는 아렌트의 맥락을 빌려 온 것으로 보이지만, 그 의미는 문자 그대로 '세계부재'로 읽어도 될 듯하다.

는 두려움은 카를 슈미트식 패턴을 따르는 것으로 나타난다. 보통은 치명적이라고 간주되는 어떤 대상의 상실은 — 그의 작업에서는 적의 상실은 — 뒤엉킨 가닥들을 풀고 경계선, 즉 엄연히 특수한 세계를 인식 가능한 것으로 유지해 왔던 테두리를 손상시킴에 따라 관계들의 근본적 파훼에 이르는 심연을 열어젖힌다. 이와 같은 여러 상실은 후기 근대에 합산되어 막대한 결과를 낳았다. 권위의 사라짐은 벤야민의 아우라[의 상실에 대한 논의]와 관련되지만 덜 반짝이고 더 치명적으로 침식해 들어온다. 권위의 사라짐이 당연히 슈미트의 적의 성좌가 있던 자리를 대신하는 것은 무리가 아니다. 적의 소실은 역사적 재앙을 의미하니 말이다. 권위의 상실이 우리 존재를 어떻게 구부리는가? 나머지 권위는 어디에 여태 서식하며 사이렌처럼 노래하는가? 완전히 다른 층위에서 묻자면, 권위의 조문객들은 '권위'로 위장하여 또 다른 상실을 감추는 걸까? 아렌트가 선택한 항목들 중 어떤 것, 즉 그녀의 복고적인 모토들이 노골적으로 권위주의적 특징을 가진다는 점은 어떠한가?

지옥의 창안. 플라톤은 폴리스에서 공적 업무를 집행하는 데 권위를 도입하는 문제를 숙고하기 시작했다. 이때 "그는 외교 업무를 처리하는 일반적인 방식인 힘과 폭력은 물론이고, 그리스에서 폴리스의 내정을 처리하는 일반적인 방식이었던 설득의 대안을 자신이 탐색하는 중임을 알고 있었다"(아렌트, 464:130). 플라톤은 수사법과 폭력 사이를 중재하려고 했던 것만이 아니었다. 그는 설득의 견인력을 여지없이 약화시켰던 일, 지축을 뒤흔들 사건이었던 소크라테스의 죽음을 애도하는 중이기도 했던 것이다. "소크라테스의 처형 직후, 플라톤은 설득이 인간을 인도하기에 불충분한 것이라 폄하하고, 외적인 폭력 수단의 사용 없이 인간을 굴복시킬 수 있는 무엇을 탐색하기 시작했다"(475:149). 권위를 탐사하면서 플라톤은 권력을 단념하는 권력을 시동시켜 힘을 사용할 필요를 제거할 수 있는 힘에 달라붙으려고 했다. 로마인들이 이어받았듯이 권위는 가정으로부터 시작되었다.[18] 그리고 이는 플라톤의 딜레마로 자리 잡는다.

플라톤으로서는 권위를 지지하는 논거를 축조하려면 속세earth를 떠나야만 했다. 그는 내세에서의 보상과 처벌이라는 기계장치, "플라톤 자신조차 믿지 않았고 철학자들이 믿기를 원하지도 않았던 일종의 신화"(475:149)를 출범시켰다. 『국가』 후반부의 지옥 신화는 철학적 진리에 도달할 수 없는 사람들을 겨냥한 것이었다. 『법률』에서 플라톤은 지옥을 창조하도록 그를 이끌었던 것과 같은 정도의 난처함을 다룬다. 그러나 정반대 방식으로 그는 여기에서 "설득을 대체할 무엇, 즉 시민에게 의도와 목적이 그 자체 내에서 설명되어야 하는 법률의 도입을 제안했다"(476:150). 지옥으로 가거나 법률을 소환하는 일은 플

---

18   [옮긴이] (폴리스의) 내정을 가리키는 말과 가정 내 일 처리를 가리키는 말은 동일한 영어 단어 domestic으로 표현될 수 있다. 로넬은 이 책에서 가부장적인 가정과 정치적인 것이 분리되고 접속되는 양상을 탐사하고자 하므로, 둘 사이의 연관을 일상적 수준에서 명시하는 좋은 사례로서 이 단어를 적극적으로 구사한다. 이후 카프카의 편지를 다루는 4장과 5장에서도 이 단어가 갖는 이중적 의미가 계속해서 활용될 것이다.

라톤에게 폭력 없는 강압의 자리를 찾을 방도를 제공했다(당분간 우리는 여기에 폭력 비판을 끌어들이지는 않으려고 할 것이다. 폭력이 시작하고 끝나는 곳이 어디인지를 묻거나 지옥의 발명이 그토록 전적으로 비폭력적인지를 물음으로써 폭력의 넘쳐 나는 경계를 재는 일을 피하려는 것이다. 플라톤에게 감사를). 플라톤 정치철학의 중심 딜레마는 그가 폭력과 길을 달리하면서도 설득 및 논변보다 강력함이 입증된 강압 수단을 찾도록 요청했다.

아렌트가 제시한 바에 따르면 강압의 적법한 원리를 찾는 길에 플라톤을 올려세웠던 것은 철학에 대한 폴리스의 적대감이었다. "이 적대감은 아마도 얼마간 잠재해 있다가 결국엔 소크라테스의 소송과 죽음을 통해 철학자의 삶에 대한 직접적 위협을 드러내었다. 정치적 관점에서, 플라톤 철학은 폴리스에 대한 철학자의 반란을 보여 준다"(475:148). 수많은 경찰[폴리스] 영화에 등장하는 생존자처럼, 플라톤은 자기 파트너가 살해됨으로 인해 여정을 시작했다. 플라톤은 파트너의 더 부드러운 방식, 지금까지도 소크라테스와 결부되어 있는 것으로서 짓궂어도 끈질기게 두드려 대는 설득적 정력을 단념하고, 철학의 수업료를 받기 위한 방법을 새로 뚫어야만 했다. 여기에서 소크라테스가 약자를 들볶는 어떤 경향을 밝힐 이유는 없고, 플라톤도 아렌트도 이런 경향을 폭력의 초석으로 간주하지 않는다. 철학은 생존 장비 일습을 챙겨야 했다. 그것도 단단히. (플라톤이 살아남아 수행한 애도 작업은 또 다른 신화의 발발을 수반했다. 플라톤은 소크라테스가 사양했던 펜을 뽑아 글쓰기에 종사하기 시작했던 것이다. 소크라테스를 완전히 글로 옮겨 쓴 일은, 국가에 의한 살해 사건 이후에 플라톤이 겪고 견뎠던 애도 의식이자 단련에 속할 것이다. 이 일은 철학의 전파를 조직한 끝없는 존속살해의 진행 과정을 복잡하게 만들었다.) 철학자가 영향력을 거머쥘 유일한 방도는 지옥을 검토해 나가면서 일반화될 수 있는 종교가 가진 빈칸들을 채워 나가는 일이었다. 이리하여 플라톤은 전술상의 이유로 종교를 발견한다. 그는 혼자가 아니다.

저주받은 자들이 모여 사는 임대료 규제 거주지가 갖춰져 있을 때 종교는 몹시 세속적인 설득의 수사법보다 낫다. 지옥의 불꽃은, 지속되는 권력이라는 면에서는 폴리스에 대한 영향력이 계속 줄어듦으로써 쉽게 부서지는 것으로 판명된 수사법의 멍에를 깡그리 불태운다. 아렌트와 코제브 둘 모두 권위의 중요 쟁점을 종교에서 찾는다. 신이 존재하는지 아닌지 같은 사소한 문제는 대충 넘어가면서 말이다. 코제브의 분석은 — 현상학적, 형이상학적, 존재론적 분석론은[19] — 신이라는 관념을 이용할 것을 그에게 요구한다(il faudra se servir de la notion de Dieu). "신화" 같은 경우 말곤 신이 실재하지 않는다는 것을 인정할지라도 말이다(même en admettant que ce dernier n'existe pas). 왜냐하면 "신념faith"을 가진 인간은(Car l'homme 'croyant') 언제나 신에게 가장 높은 권위를 부여해 왔으며, 사람들이 이런 현상을 현미경으로 보듯이 연구할 수 있게 되는 것은 바로 그 인간을 통해서이기 때문이다. 우리

---

19   [옮긴이] 코제브의 『권위의 관념』은 예비적 고찰 이후 분석론과 연역론으로 나뉘어 구성되어 있다. 분석론은 현상학적 분석론, 형이상학적 분석론, 존재론적 분석론의 순서로 구성되며, 연역론은 정치적 적용, 윤리적 적용, 심리학적 적용의 순서로 구성된다. 바로 이어서 로넬이 따옴표의 사용을 지적하는 부분은 예비적 고찰에 포함되어 있는 주석의 일부다.

는 "신화"에 대해 다루고 있다. 코제브는 따옴표로 [이 단어의 진의를] 숨기고 논의를 이어 간다(이것은 신화인가 아닌가? 어째서 [코제브 텍스트의] 이 자리에는 집요하게 따옴표가 점점이 붙어 있는가?). "신화"를 다루는 한에서, **신적**divine 권위에 대한 분석은 사실상 **인간적** 권위에 대한 분석이다. 그런데 "이를 알아차리지 못한 채, 인간은 자기 자신의 내부에서 ─ 어느 정도는 무의식적으로 ─ 발견한 것을 신의 내부에 투영한다. 그렇기 때문에 우리는 '인간의' 신을 연구함으로써 인간을 연구할 수 있는 것이다".[20] 코제브는 "신화적" 관계를 뒤집음으로써 무한한 투영을 "미시적인" 크기라 불릴 법한 것으로 줄어들게 한다. 인간이 부풀어 오름에 따라 신은 현미경을 통한 응시에 맞춰진다.

나아가 코제브는 이렇게 주장한다. 신의 실재함에 대한 존재론적 증거는 신적 권위를 형이상학적으로 배치하는 일, 즉 이것을 [만물의] 원인이라 여겨지는 아버지[아버지 신]의 권위로서 자리매김하는 일에 기초를 둔다(85). 인간적 권위의 모든 변이형은 아버지의 권위에 뿌리를 두고 있으며,[21] 이는 부성적 권위의 자리를 권력 및 정치적 권위에 위치시키려는 경향을 북돋운다. 아버지 신은 게다가 작품Œuvre의

---

20   Alexandre Kojève, *La notion de l'autorité*, Paris: Gallimard, 2004, p.54. 이하 참조한 문장들은 이 책 여기저기에서 인용한 것이다.

21   [옮긴이] 코제브는 권위의 네 가지 기본항을 마련하고 그것들의 변이형이나 그것들 사이의 결합을 통해 권위를 분석하는 방식을 취한다. 그가 마련한 네 가지 기본항은 첫째, 아이에 대한 아버지의 권위, 둘째, 노예에 대한 주인의 권위, 셋째, 집단 구성원에 대한 장(長)의 권위, 넷째, 재판관의 권위이다. 코제브는 아버지의 권위, 재판관의 권위, 주인의 권위, 장의 권위를 각각 P(ère), J(uge), M(aitre), C(hef)라는 약어로 표기한다.

작가Author, **작품**에 대해 권위를 실행하는 존재의 역할로 주조된다(88).
이 하느님-아버지라는 짜임새에서 코제브의 흥미를 끄는 것은, 무로
부터ex nihilo 창조되었던 것의 기저를 이루는 형상인形相因으로서의 중
요도 외에, 인간이 의식적이고도 자발적으로 신적 권위에 대항하여
그 어떤 "반작용"[반항]도 단념해 왔다는 점이다. 아무도 신에게 도전
하지 않는다. 그런 일이 있다고 하더라도 어쨌든 잠깐이며, 영원하지
않다. 공중화장실의 낙서가 보여 주는 암시대로라면 말이다("니체는 죽
었다.―신"). 신적 행위에 대해 반항을 명료하게 표현하는 어떤 사유건
간에 헛된 망상인 것으로서 포기된다. 바로 이 수수께끼와 그 정치적
함의가 코제브의 마음을 사로잡는다. 무엇이 인간의 반항행위의 무조
건적 항복을 설명해 주는가? 어떻게 해서 신적 권위에 대한 "인정"이
깊숙하게 들어와 인간의 충동에 제동을 걸게 되는가? 권위가 마련하
는 것, 다시 강조하건대 **권력**이나 **힘**과 동일하지 않은 권위가 마련하
는 것은 극단적인 체념 행위다. 이를 행위라고 한다면 말이다.

　권위의 인정recognition이란 남김없이 모든 반항을 포기하는 것을
의미하며 [이는] 저항을 단념하는 일 가운데 있다. 이것은 인정에 관한
헤겔적 의미와는 아주 멀리 떨어져 있는데, 헤겔의 분석과 코제브의
주석에서 [헤겔적 의미의 인정은] 죽음이 위세를 떨치는 투기장에서 일어
나는 저 유명한 투쟁·도주 반사작용[22]을 수반했으니 그렇다. 코제브

22　[옮긴이] 투쟁·도주 반사작용은 동물이 공격을 당하거나 위험한 상황에 처했을 때 싸울 것
인가 아니면 도망칠 것인가를 결정하며 이루어지는 심리적·생리적 반응을 가리키는 말이다.

는 권위를 정확하게 한정하는 맥락에서, 신이 언제나 우리 **선조**의 신이라는 점("아브라함, 이삭, 야고보의 신Dieu d'Abraham, d'Isaac et d'Jacob"[86])을 말하는 것으로 나아간다. 이 사실은 "전통"의 신성한 성격과 그 구속적 경향[23]을 설명해 준다. 전통 그 자체가 권위를 실행한다. "사람들은 자발적이고도 의식적으로 전통에 대한 '반항행위'를 단념한다. 그와 같은 반항이 자기 자신에 대한 반항이며, 일종의 자살행위일 수 있어서이다"(87). 철학자로부터 나온 말이라고 보면 상당히 진귀한 진술이다. "전통적으로" 철학은 행동 양식의 문화사에서 존속살해와 굉장히 관련성이 높은 항목 중 하나이다. 전통을 무너뜨리기 위해서 자신의 전통과 전형적으로 대결하는 가장 전통잠식적인 실천들 가운데서도 말이다. 우리는 철학 체제의 작동방식 자체에 죽음충동이 설치되었을 가능성에 익숙해질 수는 없다. 물론 누구는 자살충동이 이런 경로를 따른다는 생각을 마땅히 갖게 되더라도 그렇다. 코제브가 향해 있는 의식적이고 정치적인 지도작성의 수준에서, 전통은 최소한 얼마간 결정 가능한 정도로는 유지될 필요가 있다. 내가 좀 더 정력이 있었다면, 무엇이 코제브로 하여금 자기 논변의 지침을 따라 전통을 제 위치에 둘 필요가 있다고 여기게 만들었는지, 신적 신화를 포함해 전통을 둘러싼 모든 것이 부스러져 가는 와중에도 [왜 그렇게 전통의 자리를

---

23   [옮긴이] 아브라함이 그의 아들 이삭을 신에게 희생제의의 제물로 바칠 때, 아브라함은 아들을 구속(binding)했다. 본문 문장의 맥락에 따라 구속 혹은 묶임이라고 옮겼으나, 억눌린 어린아이의 형상을 중요하게 다루는 이 책에서 binding은 핵심적인 어휘 중 하나임을 기억해 주기 바란다.

유지하려고 했는지를] 조사해 보려고 했을 것이다. 코제브는 전통의 위상을 유지하기 위해 자기 편에서 전통에 잔류상여금[24]을 제안하기로 결정한다. 아마도 이 결정은 자기의 저작에서 그가 이제 다루게 될 부분이, 역사의 의미에서의 분란에 관한 몇몇 성찰을 제시하고, 그럼으로써 의미의 가능성과 의미의 지정된 전통을 운반하는 것으로서 역사가 파괴된 데 대해 성찰한다는 사실과 관련될지도 모르겠다. 코제브는 전통을 찢어 낸 엄청난 파열에 명백히 당황하여, 히틀러의 등장에 ─ 모조품인 데다 날조된 전통이 지탱하는 야수적인 힘의 가차 없는 표지자에 ─ 주목한다. 히틀러야말로 권위를 확립하는 것으로 인정 가능한 온갖 형상과의 동일시를 깨뜨리면서 권위에 타격을 가하고 파열을 일으켰기 때문이며, 부성적 기초를 의도적으로 제쳐 두었기 때문이다.[25]

강압의 적법한 원리. 코제브는 몹시 견실하게 "[페탱] 원수의 권위에 대한 분석Analyse de l'Autorité du Maréchal"(186~194)을 마련한다. 원수의 권위에는 부성적 권위가 온전하게 남아서, 치열한 정치적 다툼의 투기장에서도 제약을 받지 않은 채였다. 코제브가 공격하는 여러 문제 중 하나는 "아버지의 권위l'Autorité du Père"가 넘쳐 나서 정치의 강역으로

---

24 [옮긴이] 잔류상여금(retention package)은 중요한 직원의 이직(또는 사직)을 막기 위해 고용주 측에서 임금 외에 지급하는 특별 상여금을 가리키는 말이다.

25 [옮긴이] 히틀러는 스스로를 총통(Führer)직에 두었다. 독일어 Führer는 지도자, 안내자의 의미를 가지고 있으므로 이는 부권적 지배와는 다른 성격을 띤다.

넘어오는 일이다. 그는 최소한 실존의 정치적 성질과 윤리적인 성질을 하나로 묶어 낸 주된 형상을 아버지에서 재판관으로 옮겨 놓기를 원한다. 정치 영역에서 형상이자 이마고imago이며 [현 상황에] 만족할 준거로서 기능하는 아버지를 축출하려는 코제브의 시도는 그가 강제적 제약에 딱 맞는 의미를 찾으려 한다는 사실을 가리킨다. 통치의 제대로 된 모든 구상에서는 사법부뿐만 아니라 재판관을 위한 장소도 장만해야 한다. 그러나 이와 같은 이동은 가능할 것 같으면서도 완전히 불가능하게 현시되는 것으로서 ― 아버지에서 재판관으로의 이행, 이들의 끊임없는 실패, 그리고 아버지가 정치적인 것으로 범람해 들어올 적에 권력의 기표들이 우리 머리 위에 걸어 놓는 위협은 ― 카프카를 몇 번이고, 오늘날 우리에게도 여전히 숙명적인 그런 방식으로 걸려 넘어지게 했던 것이다. 카프카는 그 어떤 점에서도 아버지와 재판관이 각각 분리될 수 있는 독립체인 양, 혹은 침습적 패권의 한쪽 짜임이 다른 쪽보다 더 기꺼운 것인 양 아버지로부터 깔끔하게 벗어나 재판관으로 달아나지 않는다. 코제브는 아버지의 사체를 딛고 재판관이 우위에 서도록 파열을 만들어 내지만, 이와 같은 깔끔한 탈주는 문제가 있는 것으로 남는다. 이것은 카프카식의 제한구역을 지키는 감시인[26]도 눈감아 줄 수 없을 만한 것이다. 어쩌면 코제브는 정치

---

26 [옮긴이] 카프카의 미완성 희곡 『조묘지기(Der Gruftwächter)』(영어 제목은 *The Warden of The Tomb*; 한국어 번역본은 『꿈 같은 삶의 기록』, 이주동 옮김, 솔, 2004에 수록되어 있다)를 전거로 하는 문장으로 여겨진다. 이 희곡에 등장하는 감시인(조묘지기)은 왕가의 유령들과 왕궁의 사람들이 제한구역을 벗어나 오가는 것 때문에 고민한다.

의 강역에서 [아버지와 재판관 사이] 파열의 단절 작용을 규제적 이상으로 고정시키려는 것인지도 모른다. 그가 이 파열에 어떤 소망 충족의 성질을 부여하거나 또는 이 절연을 상상되어야 마땅할 어떤 규범적 prescriptive 이동 쪽으로 가져가기에 그렇다. 어쩌면 아버지와 재판관의 해리解離 상태는 아버지의 분열 상태를 겨누려는 것일지도 모르겠다. 즉 한편의 단호하되 자비로운 돌봄과, 다른 한편 지배적 부성의 이마고가 씌워진 잔혹하고 가학적인 찬탈자 사이의 불안정한 결합을 노리는 것이다. 여하튼 코제브는 아버지로서 쪼개진 부분들끼리의 유착에 관해서는 깊이 생각하지 않는다. 이 부성적인 부분들은 결국엔 정치적 야수성을 설명하는 일에 실패할 수도 있으며, 터무니없는 지도력을 나타내는 기만의 그물코를 빠져나갈 수도 있다. 코제브는 의미를 도착적으로 왜곡해서, 부성의 짜임을 깨뜨리고 멀리하는 [총통]지휘권 Führertum을 재형성하려는 게 아니다. 그가 보기에는 심지어 상궤를 벗어난 침해의 경우들도, 신성할 뿐만 아니라 아버지 같은 권위에 맡겨진 원천에서 약간의 창업 자금 정도는 수령했던 것이다.

한편 플라톤은 여전히 강압의 적법한 원리를 찾아 세상을 뒤지는 중이다. 그의 시도는 현존하는 관계들을 밝혀낼 상당수의 모델을 가늠해 보는 일로 그를 이끌었다. 플라톤이 권위 모델을 만드는 방식의 뒤를 따라 코제브 역시 자기 언급에 인류학적인 굴절을 가한다. 그는 이론적인 노선에서 약간 벗어난다. 검토 대상이 될 법한 서로 다른 종류의 위계적 지배력을 분류하기 위해서이다. 그는 학생에 대해 선생이 휘두르는 권위를 고찰하고, 병사에 대해 장교가, 오호라, 아내에 대해 남편이 휘두르는 권위를 생각한다. 어떤 의미에서 볼 때 코제브의 사례들은 플라톤이 권위를 출현시키기 위해 확립한 사례들의 개선된 판본을, 더 잘 말하자면 현대화된 판본을 제시한다. 플라톤은 양치기와 그의 양떼, 배의 키잡이와 선객, 의사와 환자 또는 주인과 노예 사이의 관계들을 살펴본다. 플라톤이 거론한 모든 예시에서 아렌트는 다음과 같은 점을 본다. "어느 한쪽의 전문지식이 신뢰를 장악하기 때문에 순응을 이끌어 내는 데 힘도 설득도 불필요하다. 혹은 완전히 다른 존재 범주에 속하는 다스리는 자와 다스림받는 자의 경우, 양치기와 양떼 또는 주인과 노예의 경우에서처럼 둘 중 한쪽이 이미 암묵적으로 다른 한쪽에 종속되어 있다. 이러한 사례는 모두 그리스인들에게 삶의 사적 영역이었던 곳으로부터 차용되었고, 『국가』, 『정치가』, 『법률』 같은 위대한 정치적 대화편에서 거듭 등장한다"(476:150). 아렌트의 해설은, 비록 특유하게 명확하고 전적으로 포괄적이지만, 급하고 수수께끼 같은 방식으로 진행되면서, 한 점 회의도 없이, [플라톤이 설정한] 위계적 단언을 하나도 무너뜨리지 않은 채 나아간다. 이 사례들은 모두 설득과 폭력 사이의 중간 지대를 확립하려는 의미로 쓰였겠지만, [이 사례들은] 예속된 부분—또는 부류—에 가해지는 폭력과 침해를 암시할 뿐만 아니라, 그녀가 정치적 삶의 그저 사적인 측면으로 차단해 놓았다고 보이는 것의 파손을 은연중에 나타내는 것 같다. 전문지식과 그에 대한 신뢰감 같은 것들을 단정한 데 대해 그녀는 여전히 의문을 품지 않는다.

이렇게 위계적으로 둘씩 묶인 짝을 표시하는 일에 대해 아렌트가 경솔했다 할지라도, 그럼에도 불구하고 그녀는 플라톤 자신이 "이런 모델에 만족하지 않았다"는 사실을 분명히 짚으면서 다음과 같이 언급한다. 플라톤은 "그러나 폴리스에 대한 철학자의 '권위'를 확립하기 위해 이 모델들로 거듭 되돌아왔는데, 이는 이처럼 뚜렷한 불평등의 사례들 가운데서만 권력을 장악하거나 폭력 수단을 소유하지 않고도 다스림을 행사할 수 있기 때문이었다. 플라톤이 찾고 있던 것은 강제하는 지반이 관계 자체 안에 가로놓여서 명령의 실질적 발동에 선행하는, 그런 관계성이었다". 아렌트는 자신의 주석을 동어반복의 얼버무림처럼 보이는 것으로 마무리한다. 이렇게. "환자는 병이 나면 의사의 권위에 종속되고 노예는 노예가 된 순간 주인의 명령 아래 놓인다"(476:151). 우리는 노예에게 씌워진 구속을 보다 자세히 살펴보아야 할 것이며, 어떻게 해서 이 동어반복적인 사건("노예는 노예가 된 순간 주인의 명령 아래 놓인다")이 폭력에 대한 물음을 지워 버리는지 물어야만 한다. 폭력 없는 권위를 위한 길을 터 주는 일에 너무도 열중하여, 아렌트는 폭력적 차지possession 없이는 어떤 노예제도 존재하지 않는다는 사실을 인정하길 거부한다.

우리가 마찬가지로 궁금하게 여기는 점은—이 일은 시시해 보일 수 있지만, 논변은 제한방목과 같은[27] 그런 깊은 주의를 허가하는 법이다—탄압받는 자들과 우리의 동물 친구들과 관련해서, 폭력

27　[옮긴이] 제한방목(limit-grazing) 방식은 양떼나 가축을 하루 중의 제한된 시간 동안 방목하여 풀을 뜯게 하는 일을 가리키는 말이다.

이 어디에서 시작되는지, 혹은 폭력의 어떤 항목들이 고려에서 빠지게 되는지의 문제다. 아니면 양을 모는 막대기는 이와 같은 고찰에서 면제된 걸까? 아마도 그럴 것이다. 적어도 철학적 들판의 넓게 드러난 길에서는 말이다. 하지만 양떼와 환자를 표에다 집어넣고, 또는 권력과 관련하여 노예 및 그 밖의 불가촉천민 계통을 등재하는 일은 유추analogies가 아무렇게나 진행될 적에는 해로운 국면으로 이끌고 간다. 플라톤의 뒤를 따라, 분명히 아렌트는 이성과 연계된 부드러운 강압 같은 것을 취하기를 원하며, 따라서 철학자 왕의 임명에 도달하기를 원한다. 그녀는 자기의 논증을 위해 선행하는 심급으로서 예속을 필요로 한다. 이것이 전복을, 아니 분명 혁명을 미리 방지하기 때문이다. 온전한 채 중요하게 남은 사실은, 도중에 깔려 버린 죽거나 궁핍한 몸뚱이들에도 불구하고, 플라톤이, 아렌트와 마찬가지로, 폭력을 가라앉히고 설득을 잠깐 쉬게 할 수 있는 어떤 것으로서 권위를 생각하고 있다는 점이다. 권위는 명령으로서의 관계성을 확립하고, 힘과 논변의 부재에도 이루어지는 순응을 약속한다.

이런 선행성 혹은 **선험성**a priority은 본질적인 방식으로 카프카의 우화 「법 앞에서」와 이어져 있으며, 수동성에 대한 레비나스적 사유와 연결되어 있다. 이 선차성 혹은 선험성은 인질−존재, 즉 카프카와 레비나스가 공히 입증해 온 박해와 상해의 여러 효과가 유예된 그런 존재의 조건을 탐색한다. 권위에 대한 이런 시각은 해악을 끼치지 않고 타자를 상대하거나 뒤흔들 수 있을 것이다. ─ 해악을 **가하는** 일을 피하기 위해 원천적인 해악을 어쩔 수 없이 받아들임으로써 말이다. 이런 점에서 이 시각은 코제브와 아렌트 둘 모두가 권위의 계보학적 축출 및 권위의 정치적 도전과 조우했을 때 성취하려고 애썼던, 불가능한 보상을 모색하기 위한 지도를 제공한다. 이 경우들에서 권위는 빌려 온 초월성에 근거해 존속한다. 누가 권위를 장악할 적에, 이 [추상적] 인간상 또는 [구체적] 사람 또는 기관은 존재자들이 입씨름을 일삼는 영역을 대신하고, 또한 매일의 병리 현상과 전쟁 같은 공격성이 펼쳐지는 투쟁의 경기장을 건너뛴다. 신이라는 관념으로부터 권위가 흘러내려 올 때는 사정이 낫다. 명령을 발행할 수 있는 곳으로서 보다 높은 기둥과 더 탄탄한 지반 모두를 가진 곳을 내보이기 때문이다(아렌트는 내면적 명령 체계를 고려하지 않으며, 코제브는 거의 명시적으로 이런 것을 배제한다. 그 결과 정언명령조차 권위의 문을 열고 들어오지 못한다). 나는 권위가 때로는 **경외**Achtung에 대한 칸트의 사고에 가까이 간다고 짐작한다. 그러나 이제까지 경외는, 명령받았건 아니면 모종의 방식으로 요구되었던 간에, 아렌트와 코제브가 꾸며 낸 그림이나 틀 속에 들어오지 않았다. 권위에 대한 논의에서 경외를 배제한 일은, 아렌트(아마 코제브도)가 만들어 낸 의도적 소홀함의 일부이며, 어쩌면 이론적 동기에서 비롯된 것일 수 있다. 이 소홀함은 권위를 구조적으로 벌거벗긴 채 놓아둔다. 권위를 경외와 분리해 둔 의미는 뭘까? 또한 어떤 유의 이론적 방벽이 격리 전략을 확고히 하는가? 이 지점에서는 단지 권위가 어떻게 경외를 확보하는지에 관해서, 또는 권위가 어떻게 존경에 찬 지지를 생산하는지에 관해서 아무것도 말해진 것이 없다는 점에만 유의할 필요가 있다. 권위와 경외를 분기시키는 담론에서 설득력 있는 관점이 될 수 있는 것을 더 자세히 살펴보도록 하겠다. 내가 기억하건대, 경외는 때로 '벌어들이는' 것인 반면에, 권위는 본성상 불가해하고 단순히 지배하는 것이거나 아렌트의 말을 빌리자면 "신뢰를 장악하는" 것으로서, 그렇기 때문에 [상호 간의] 합의에 의한 경외라는 복잡한 일을 건너뛴다.

철학의 궤적과 역사의 궤적에서 나타나는 권위와 경외 사이의 괴리는, 무엇보다 다음과 같은 사실을 고려할 때 기이해 보인다. 곧 칸트가 경외에 대해 이야기할 적에 **거리감**에 강조점을 두며, 따라서 경외에 냉담성뿐만 아니라 동등성 역시 도입한다는 점을 감안할 때 말이다. 요컨대 칸트는 정의의 견인력에 의지하며, 공평한 경기장에서 경외를 다룬다. 그러나 권위는 폭력(심지어는 말의 폭력)의 노골적 형식들로부터 탈출한 바와 같이 모든 경우에서 도망자이기에, 권위는 정치적 연계를 위한 터전을 마련하되, 의도적인 불균형을 유지하여 헌신적인 시민의 공간을 연약하게 만듦으로써 그렇게 하려고 한다. 이따금 불균형의 무게는 내게 오싹함을 줄 때가 있다. 그러면서도 또 다른 때에 나는 불균형의 은총을, 그것이 속성들의 소박한 분기를 명백히 알려 주는 방식을 인정한다. 아직은 더 나아가 보겠다. 다른 경우에 아렌트는 칸트의 관대한 독서가다. 하지만 그녀는 칸트의 사유, 지금의 맥락에서는 그녀가 모종의 이유로 무시하거나 단지 회피하는 사유를 피해서 권위 문제를 다른 경로로 끌고 가며, 이에 따라 그냥은 넘어가기 어려운 우회 효과를 산출한다. 후기 근대에 와서 칸트적 경외로부터 떨어져 나온 권위, 둘의 이런 구분은 어쩌면 오늘날의 정치적 장소와 실천에 자리 잡은 비밀스런 균열을 설명해 줄지도 모른다. 여기서 요점은 정치 담론에서 칸트적 경외를 제거함으로 인해 생겨난 공백을 주시하는 것이며, 유배 보낸 내세에서 경외가 어떤 유의 지하 서식 형태를 취하게 되었는지를 고찰하는 것이다. 경외가 인간 존엄성에 대한 고찰로 변모했건 아니면 그 사실상의 만료일에 도달했건 간에, 아렌트는 자기가 권위의 문장체제[28]와 연계시키는 계명誡命들의 테이블에서 경외를 치워 버린다. 칸트는 뜻밖에도 수제자의 손에 버림 받았다.

다른 한편 칸트와 관련한 서먹서먹한 회피는 어쩌면 다른 식의 진로를 가질 수도 있다. 그러니까 코제브와 아렌트 둘 모두에서 경외가 권위의 핵심으로 함입될지도 모르는 것이다. 다만 극심한 형태 변화를 촉발하면서 인간의 연계성이라는 뚜렷하게 더 숭고한 영역에 근접하는 방식으로 그렇게 될 것이다. 그들이 차후에 취한 선택이나 포즈가 어떻든 간에, 그들의 이데올로기적 표지물이나 윤리적 제약이 무엇이건 간에, 아렌트와 코제브는 공히 권위 관념을 강화하고 보충하기 위해 자기네를 본질적 **불평등**inequality에 의존하게끔 만든다. 나는 이 점이 불편하다. 수월하도록 불평등을 지우는 일이 나를 훨씬

---

28 [옮긴이] '문장체제'는 「서론」에서도 언급했듯, 낱낱의 문장들이 귀속되는 지배 체제이자, 각각의 문장들이 모여 이룬 체제를 가리키며 리오타르가 사용한 말이다. 리오타르는 이 관념을 서로 연결되는 특정한 단어들의 집합이자, 담론의 진리성을 규정하는 원리로 이해했다. 문장의 체제끼리는 동종적이지 않으며, 하나의 문장의 체제에 귀속되는 문장은 다른 문장의 체제로 번역될 수 없다. 이런 점에서 리오타르에게 '쟁론(différend)'은 피할 수 없는 어떤 것이다. 문장의 체제와 담론 갈래의 규정은 각각의 발화자마다 다를 수밖에 없으며, 따라서 문장들은 언제나 다수이기 때문이다.

더 불편하게 할 테지만 말이다. 모리스 블랑쇼와 에마뉘엘 레비나스 쪽에서는 불평등을 책임 있는 불균형과 짝지어 운을 맞춘다. 그러나 이들의 경우 불평등한 배치가 필연적이게 되는 것은 계속 줄어드는 자아보호의$_{egological}$ 공간에서 비롯된 것이며 또한 지배의 전의체들을 길들이려는 노력의 일부이다.

블랑쇼, 레비나스와 아렌트, 코제브 사이의 대화는 이들이 서로 만나는 것처럼 보이는 바로 그 자리에서 이들 사이에 일어나는 의미심장한 분쟁을—칸트가 지렛대마냥 영향력을 미친다고 여겨질 법한 분쟁을—우리가 뚜렷이 하는 데 도움을 줄지도 모른다. 이들 모두는 불균형의 성질을 중요하게 여기지만, [이들의 논의에] 들어와 움직이는 것은 **동일한** 불균형이 아니다. 실은 이 점에 대해 이들이 내보이는 가까움 자체야말로, 이들을 떨어뜨려 놓고 사유와 헌신의 상이한 도착지를 향해 이들을 쪼개 놓는다. 불안하게 만드는 근접성과 [이들이] 공유하는 지형은 연계성이라는 측면을 놓고 볼 때 대립에 가까운 배치와 전적으로 차이 나는 규준을 폭로하는 역할을 한다. 아렌트의 노작을 관통하는 [그리스·로마에 대한] 향수 충동과 권위에 대한 코제브의 성찰이 보여 주는 제약된 간결함[제한경제]^{29}은, 레비나스 및 블랑쇼가

---

29   [옮긴이] '제한경제(restricted economy)'는 조르주 바타유가 '일반경제론'을 주장하며 사용한 관념으로서, 현행 경제를 가리키는 말이다. 일반경제와 달리 제한경제는 축적을 위한 생산과 절약을 강조하므로 삶을 풍요롭게 만들지 못한다. 그러나 여기에서 로넬이 코제브의 텍스트에 대해 붙인 '제한경제'라는 표현은, 바타유 관념의 용법을 따랐다기보다는 사유의 제약된 간결함을 나타내기 위해 쓴 것으로 보인다.

자기네 여정의 결정적 순간에 맞게 정렬해 둔 어휘 목록을 공유함에도 불구하고, 아렌트와 코제브가 불평등의 고동 소리를 서로 다르게 이해하는 귀를 갖고서 다른 장소에 나타난다는 사실을 보여 준다. 블랑쇼와 레비나스의 고찰에서 칸트적 경외는 땜질한 자국 약간을 남기고 외장을 일신하여 살아남은 것으로 보인다. 이들의 고찰에서 [존재와 존재 사이의] 거리는 이제 위태롭게 이어져 있다. 또한 이들의 고찰에서 타자는 당신을 학대하는 이득을 얻을 수 있다. 당신을 일종의 인간 방패로 만듦으로써 — [이들의 고찰 속에서] 우리가 여전히 인간 세상에 속해 있다면 — 말이다.[30] 아렌트와 코제브가 제시한 권위에 대한 성찰 속에서는 경외도, 성스러운 두려움도, 아니면 숭고한 전율이라는 다소 동떨어진 특성조차도 살아남은 것 같지 않다. 그들은 그들의 인간상을, 간혹 비인간적일지라도, 대단히 인간적인 것처럼 유지한다.

레비나스는 자신의 사유를 혼란스럽게 펼쳐 내며, 다른 맥동, 다른 박자에 강세를 둔다. 궁핍하면서도 장엄한 타자, 즉 가늠하거나 명령하기 어려운 다른 존재 — 하찮은 자국이자 기막힌 장관(비록 볼거리는 없을지라도) — 에게 접근함과 동시에 멀어지면서 말이다. 아렌트적

---

30   [옮긴이] 이후에 로넬이 직접 언급하게 되겠지만, 블랑쇼는 『무한한 대화』에서 "인간성은 파괴될 수 없는 것(l'indestructible)"이라고 말한다. 로넬이 보기에 이 '파괴될 수 없다'는 말은 인간성이 결코 파괴될 수 없이 강한 것이라는 의미나, 인간성이 소중하다는 의미와는 거리가 멀다. 로넬은 이를 인간이 파괴될 수 없을 정도로 한정 없이 파괴될 수 있다고 이해하며, 그래서 본문에서 블랑쇼와 레비나스는 "당신을 인간 방패로" 만든다고 언급하고 있다. 뿐만 아니라 로넬은 블랑쇼의 저 문장의 의미를 '어린아이'의 조건과 연결 지어 이해하고 있다. 로넬이 이를 조금 더 자세히 논의하는 내용은 이 책 '걸음마 떼기'의 마지막 논의 부분을 참조할 것.

권위는 알려져 있다시피 절대적 타자의 장엄한 떠오름과 마주치지 않으려 하기에 어딘가 다른 곳으로 간다. 권위의 부담 아래에서 쇠잔하거나 결핍된 여러 뒤틀림으로부터 눈을 돌리는 그녀의 관심사는, 코제브의 관심사와 마찬가지로, 과도하게 변함없지는 않다고 하더라도 대체로 늘 전술적이다. 내가 의미하는 바는 로마, 휴머니즘, 그리고 가부장제에 속하는 구조와 구속들이 아렌트의 여러 고찰에서, 심지어 그런 세계의 파괴에 이끌려 나온 순간에도, 의문의 여지가 없는 기초 역할을 한다는 것이다. 이는 결코 레비나스와 블랑쇼가 자기들의 잠정적 상대방이 보고서도 못 본 체하는 심연을 투명하게 드러냈다는 점을 암시하는 것이 아니다. ─ 이것은 단지 이들이 연루되어 있는 사유의 역사에서 받은 타격을 레비나스와 블랑쇼가 인정했음을 암시할 뿐이다. 이들은 가부장제의 횡행에 따라 어떤 근본적인 측면에서 납작해지고 찌그러졌다. 그랬기에 레비나스와 블랑쇼는 휴머니즘의 가정들을, 어느 정도까지는 이들을 옮아매는 가정들을 단념했다. 나는 실성하지는 않았다. 하지만 이렇게 말한다면 꽤 터무니없기는 할 것이다. 레비나스는 가부장제를 비방하고 넘어뜨렸지만, 그가 낸 점수는 다른 식으로 득점한 것이며, 그가 내세운 요점은 가부장제에 대한 다른 설명, 즉 똑같이 문제적이되 몹시 중화된 가부장제, 그가 선호하는 용어를 쓰자면 "나약해진" 가부장제에 대한 설명을 검토해 보자고 주장하는 것일 수도 있다고.

　권위의 사라짐을 두고 아렌트와 코제브가 보인 대체로 합치하는 불안의 표현들을 보자면, 레비나스 및 블랑쇼와의 조우는 아마도 이들에게 너무 가혹한 시합을 만들어 낸 것일지도 모른다. 어쩌면 이 양쪽을 붙여 본 일의 실패는, 우리가 지금껏 도입해 온 어휘목록 및 관심사들과 훨씬 더 밀접하게 마주치기를 촉구하면서, 다르게 보기를 요청할 수도 있을 것이다. 우리가 거기에 당도하게 되기까지 나는 상기되어야 할 장면 하나를 제시하고 싶다. 그 장면은 이렇다. 매장埋葬에서 가까스로 벗어난 후에 ─ 그녀는 벌써 피검되기도 했고, 국외 추방의 비참함에 시달리기도 했다 ─ 한나 아렌트는 잠깐 파리에서 코제브의 강의를 알베르 카뮈와 함께 듣는다. 같은 교실에 장폴 사르트르와 시몬 드 보부아르 역시도 가까이 앉아서 필기를 하는 중이다.

2장

권위 일가

격벽을 쌓는 대학. 권위에 대한 성찰을 이어 나가기 전에, 이 기회에 나 자신을 다시금 소개해 보는 것이 유용할지도 모르겠다. 다른 목적 때문이 아니라, 단지 그렇게 함으로써 다소의 맥락을 상기시키고 정말로 필요한 계획안을 제공하기 위해서이다. 나로서는 내가 펼쳐 내는 주석의 이 부분을 정적구간[1]으로 지정하는 쪽을 더 선호했을 수도 있다. 그러나 사람들의 글쓰기가 출발하는 장소가 당장의 논제와 항상 무관한 것은 아니다. 권위는 정치적 모티프이자 이론적 공리다. 이렇기에 지금의 문면에서 권위는 내가 열성당원이라고 여겨질 법한 강박관념처럼 드러나지도 않거니와 손쉬운 지적 먹잇감으로 나타나지도 않는다. 더군다나 나는 내가 권위의 견인력을 판독하려고 애쓸 적에, 학구적 고립의 분위기에 그저 머물러 있지 않다는 사실을 안다. 고상한 초연함을 띤 사유, 더 전통적으로 비틀어 말하자면 '관조의 대상' 때문에 준수되는 고립된 사유로부터 권위를 멀리 떨어뜨려 놓게 해 줄 것이 권위 속에는 하나도 없다. 비록 나는 우리 선배들이 그들의 탐구에 부여된 한계 혹은 소위 대상이 부여하는 한계들을

---

1   [옮긴이] 정적구간(quite zone)은 전기나 전파의 사용이 중단되는 지역을 말한다. 주로 생태계 보호를 목적으로 지정되곤 한다.

두고 하나같이 고투해 왔다는 점을 인정하지만 말이다. 그러나 문제이자 모티프가 될 적에, 권위는 그 잠식해 들어오는 효과들로부터 사람을 보호할 수 있는 거리를 유지하지 않는다. 어리석음이라는 유사 개념과 마찬가지로, 권위는 철학의 잠으로부터 깨어나면 당신을 뒤쫓게 된다. 이것은 몇몇 특수한 요구를 내세우면서 당신을 꿰뚫어 보는 시선 같은 것으로 바뀐다.

예를 들어 지금 권위의 사무국은 내게 몇 가지 신원증빙 서류를 실수 없이 끄집어내도록 요구한다. 나는 이 문제에 대해 선택을 내릴수 있다는 느낌이 그다지 없으며, 그래서 순응한다. 서류를 제출하려는 노력이 놓일 자리를, 어쩌면 경계선을 약간 조정함으로써, 더욱 명료하게 정해서 내가 기대에 답할 수 있게 해 주었으면 한다. 그렇다고 명료성이 이상적인 지평의 기준을 표시하는 구실을 한다는 의미는 아니다. 권위는 복잡하게 얽혀 있고, 뭘 하건 그 모든 순간마다 양가성을 불러일으키며, 사람들로 하여금 이를 원하면서 동시에 증오하도록 만든다. 권위에는 당신의 내면 깊숙한 확신들을, '내면 깊숙한'이라는 느낌의 여전한 기초로서 은유에 기대는 확신들도 포함해서, 쿡쿡 찔러대는 몹쓸 버릇이 있다. 이론적 예리함과 유물론적 감흥을 갖고서도 [권위에 대해] 딱 집어 한정하기가 몹시 어려운 만큼, 나는 두 가지 기초적 질문을 또박또박 제기하면서 시작해 보고자 한다. 마치 앞으로 더 진행하기 전에 이 연구에 내가 투자한 내역을 보고해야 하는 것처럼 말이다. 첫째, 권위의 도달 범위에 대한 불안증은 나의 심리적-신체적-지적 거주지의 어디에서 비롯될까? 둘째, 권위가 질문으로서 집요하게 지속되는 것은 정치적인 것 가운데 나타나는 [권위의] 우위와 패배의 동시적 경향과 어떻게 관련이 있나? 나 자신을 설명해 보자. 그리고 그 후에 왜 내가 자기 자신을 설명할 필요가 있는지 설명해 보자.

내 전형적 작업은 작금의 전통이 된 대학 분과학문들의 접경지에 있다. 이런 분과학문들은 다음 여러 항목을 제어한다. 정치 이론, 철학, 역사, 문학 비평, 정신분석, 그 밖에 덜 안정된 윤리학의 좌표들. 때때로 나는 여러 담론 형성물을 이리저리 활강한다. 이 담론 형성물들은 위의 항목들과 연루되어 있으며, 또한 비슷하게 규제된 분과학문의 표지물들과 연계되어 있다. 또 다른 기회에 나는 그 주변 지역을 여행하며, 그 가장자리를 두드려 본다. 데리다의 사유 이래로 이런 변방은 [글쓰기] 기입의 외진 필지에 들어가 담길 게 아니라, 우리가 알기로는, 분과학문들의 중심부를 구성해야 마땅한 것이다. 중심부 같은 것이 실재한다는 조건이 붙어야겠지만. 혹은 이처럼 탐지망 가장자리에 놓인 안건들은 적어도 관건關鍵 명제들이 진동하는 위치를 가리켜 보인다.

우리가 맞선 주제는 해석학적 충동에 이따금 좌절을 안긴다. 아니면 이 주제는 재치 있는 대화를 창조하는 일이나 목적 있는 탐사를 보증하는 일에 동원된 좋은 취지 전부를 손상시키면서, 사업 전체와 현명한 접근 계획을 망치려고 위압한다. 골치 아픈 모티프, 비공인 문제 뭉치는 당신을 뒤집어 놓겠다고 위협한다. 어찌 되었건, 나는 대학의 어린아이다. 한 실체로서 대학이 내뱉는 양가적 표현들이 아직은 나를 말살해 버리지 않았다. (하지만 사람들은 어떻게 자기가 말살되지 않았다는 사실을 아는가? 나는 반대 증거를 가지고 있다. 이는 다른 기회에 다룰 논제이다. 언젠가 나는 나 자신의 궤적과 내 꿈의 기획에 대한 대학의 폭정에 대해 조사할 것이다. 시작은 대학이 내 몸을, 건강한 본능이라면 모조리 때려눕히고, 창조성의 가장 작은 세포조차 짓밟으면서, 제어하고 제압했던 방식을 조사하면서부터일 것이다. 하지만 지금은 이 문제에 끌리지 않는다. 그러면서도 나는 충분히 잘 알고 있다. 트라우마적 침범조차도, [나를 공격하는] 그 신분 확인 절차에도 불구하고, 결국에는 구조화된다는 사실에 내가 고마워하도록 조정되고 있다는 점을 말이다.)

내가 [위와 같은 문제들을] 좌표로 표시하는 것은 [스스로가] 부여한 도락의 감각에서나 자기애적인 만족감에서 비롯된 것이 아니다. 좌표의 표시는 이 작업이 가로지르기를 요구하는 문제적 구역 곁에 나 자신을 정렬시키기 위한 것이다. 대학에서 작동하는 대개 은밀한 폭군정의 관습과 부정의의 유발을 포함하여, 권위의 실행은 연구되어야 할 것으로 남아 있다. 이런 조사가 훨씬 대놓고 괴로운 부정행위 경험의 충격을 줄이는 경향이 있다고 하더라도 말이다. 대학은 억압 체제의 항구적인 위협 때문에 그 자체로 전투준비를 갖추게 되었지만 노골적으로 치명적인 정치적 실체들과 비교하면 어쨌든 작아 보인다. 그러면서도 대학은 또 어떤 경우에는 인식적 야단법석과 지적 다양성의 체제 전복적인 여러 유형을 용감하게 비호하면서, 부정주의[2]의 압도적이지

---

2   [옮긴이] 부정주의(denialism)는 과학적 사실, 역사적 사실, 현실의 진실을 이것들이 마치 없는 것인 양 치부하는 정치인들의 태도나 사회적 풍조를 가리키는 말이다. 역사 수정주의나 음모론의 횡행 같은 것들은 다 일종의 부정주의 문화에서 비롯되었다고 볼 수 있을 것이다. 그러나 다른 한편 '부정주의'라는 규정 자체는 대중이나 주류 문화에 대한 엘리트들의 반감에서 비롯된 것일 수도 있다.

는 않더라도 지배적인 문화를 가진 대학 외의 여타 지구地區에서는 어떤 통행증도 받지 못할 그런 유형의 여러 행동과 성찰을 위한 공간을 마련하기도 한다. 그럼에도 불구하고, 대학이 더 넓은 사회적 경향을 반영하건 아니건, 생활형life-form으로서 대학은 검토에서 빠져나가서는 안 된다. 대학은 많은 측면에서 부자유 상태를 후원하며, 가르치는 사람을 소진시키는 것으로 보인다. 선생의 몸은 관료적 절차 우선이라는 계속 증가하는 부담을 짊어지고 있다. 대학의 행정 당국은, 모든 관료제와 마찬가지로 권위주의적 다스림이라는 자기네의 독약을 투여한다. 이에 따라, 권위를 소지한 것에 대항하거나 누구를 소멸시키려는 것과 맞붙는 고투는 끊임없이 계속된다(사람들은 저작 일의 문법과 출판의 우연성을 향한 것으로 한정되지 않는 저것에 대항해서 끝없이 싸우고 있다).

나는 제도가 제어하는 체크포인트를 대비하여, 즉 누가 누구를 감시하는 고난의 시험을 단순화하기 위해 상상으로 지어졌다시피 한 장소를 대비하여 속도를 떨어뜨리면서 이번 구간의 내 주행을 시작했다. 부분적으로 보자면 이런 일이 일어난 이유는, 비통함, 재앙, 온갖 정도의 열광 아니면 심지어 세속적인 일이라는 표지가 어떤 작업에 붙는다고 하더라도, 요즘에는 진리의 품질인증 마크 없이 작업에 대한 경험과 마주해야만 해서다. 한때 진리는 황폐함과 연계되고 황폐함 이후에 온 것이었으며, 스스로를 드러내고 밝히기 위해 어떤 사람 또는 어떤 것이 황폐하도록 분해되는 무대를 꾸미는 일에 의지했다. 이와 대조적으로 오늘날 재앙은 진리 없이 존재하며, **저 너머**의 휘황한 은닉에서 발해진 신호조차 없이 발생한다. 대피소를 박탈당하고, 형이상학의 끄트머리에 걸치게 투입되어, 사람들은 미니멀리즘적 이정표와 정말 별것 아닌 지침에 기댈 수밖에 없다. 우리는 이전 그 어느 때보다 더욱 우리 홀로 있으며, 본질상 추적 불가능한 호출인 저 도발들의 위치를 정하는 일에 더욱 책임이 있다. 신들이 종적을 감추고 빠져나갈 적에 뒤에 남겨져 버렸던 사람으로 내가 유일한 자는 아니다. 나는 당신의 울음소리를 들었으며, 멀리 떨어진 데서 나지만 피할 길은 없는 소리에, 여러 충돌이 우르릉대는 울림에 귀 기울이고 있다. 보증해 주는 존재나 기댈 만한 초월성 없이 남겨진 사람들이 할 일은 이뿐이다. 누가 등을 토닥여 주면서, 계속 나아가라, 너는 옳은 일을 하고 있다, 조금만 버텨라, 라고 말해 주는 일 없이 뒤에 남겨진 사람들에게, 제시된 직무 계약이란 이런 것인 셈이다.

　우리는 부서진 곳을 샅샅이 뒤지고 갈라진 틈의 크기를 재면서, 잘못 정초된 지식 체계의 부서지기 쉬운 하부구조에 바싹 붙어 있다. 우리는 파열 이후, 즉 장뤽 낭시가 "비극 이후"라고 지칭한 역사적이고 거의 존재론적인 지대에 온다. 여기에서 낭시는 "이후에 온다venir après"는 것이 의미하는 바를―지나간 흔적에 올라타는 것이자 역사의 개념 그 자체처럼 뒤이어 오는 것, 즉 아리스토텔레스 이후에 등장한 **포스트**post 전부 및 이것들의 시간-질서chrono-logic처럼 뒤이어 오는 것이 의미하는 바를―분석한다.[3] 나는 민주주의의 여러 운명과 비극

3　Jean-Luc Nancy, "Après la tragédie". 2008년 4월 9일에 뉴욕 대학에서 열린 "Lacoue-Labarthe Today: Caesura and Catastrophe" 학술대회에서 발표한 강연.

의 상실 ─ 비극적 에토스의 파괴 ─ 사이의 연결 고리를 고찰해 보고자 한다. 이런 연결 고리는 낭시를 이끌어서, 진정한 비극 이후에 이어진 포기abandonment의 위험성을 그가 강조하도록 만들었다. 소멸하는 신들은 필멸자만 남아 이들끼리 있도록 필멸자들을 내버려 두었다. 이런 공간에서 이제 청원address은 신들 쪽을 향하지 않으며, 희생자와 제물을 바치지도 않는다. 언어란 어떤 식으로 또 어느 지점에서 이전의 희생제의에 매여 있는지, 필멸자들이 이를 궁금하게 여기며 ─ 이런 궁금증은 중대한 전환이 땅 밑에 남겨 둔 유물이다 ─ 남아 있는 이곳에서 말 걸기는 필멸자 서로를 향한다. 우리는 진리로부터 역사의 석방, 보통은 폭력적인 그 풀려남을 추적하려고 할 수 있다. 아니면 우리는 고대적 재앙의 여러 장면이 동시대 정치 속으로 스미고 새어 들거나 번져 들어오는 방식을 추적하려고 할 수도 있다. 이렇건 아니건 칸트 이래로, 아니 오히려 칸트 '이후'에 우리가, '인간 존엄성'을 가지고 무얼 할 것인지나 '인간 존엄성'을 어디에 위치시킬지를 더 이상 알지 못하고, 어떻게 해서 이것이 의미를 빵빵하게 품고서 견디거나 버티도록 만들 것인지 더는 모른다는 점은 여전한 사실이다.

내 경우는 너무도 많은 것과 대단한 일 이후에 왔기에, 나는 이제 줄어들 것이고, 줄곤 자그마할 것이다. 신이나 주체, 혹은 내 편의 주인 기표에서 유래한 어떤 파생물의 가장假裝도 없이. ─ 뿐만 아니라 이 피할 길 없는 형이상학적 받침목들을 완전히 내려놓았다는 허세조차 전혀 없이 말이다. 나는 으스댈 권리마저 갖고 있지 않다. 아니면 나 자신만의 존재라는 자신만만한 자기애를 뽐낼 방편도 없을뿐더러, 가장 자기적[4]이라고 떠들 수도 없다. ―심지어는 나의 죽음을-향한-존재조차 나 자신의 것이 아닌 셈이지만, 이는 철학의 또 다른 이야기다. 발화를 좌우하는 속박은 실제적이다. 그리고 [글쓰기를] 기입하는 장면은 카프카가 우리에게 가르쳐 주었던 바와 같이 기분 나쁠 정도로 국지적이며, 이런 점에서 개인적이기는 하나, 그러면서도 뽐낼 법한 내면은 완전히 비워진 것으로서, [관료제가] 측정할 수 있는 업적이 되었다. 그렇기에 나로 말하자면, 모든 것은 학교로 돌아온다. 아카데미의 죽음을 향한 대열에서 가장 마지막 줄 마지막 좌석에, 반복되는 징벌의 역사가 조이는 끈에 단단히 묶여서. 뭐 나쁘지는 않다. 이를 좋아할 만큼은 나도 성장했다. 나는 진리라는 버팀대가 없는 장소에서 흔들거리고 있다. 이런 사실이야말로 여기서 내 유일한 강조점으로서, '나'라는 낱말을 지금 이 페이지 위에 붙들어 놓는 것이다. 내가 이 클립을 제공했으므로, 즉 이 상황을 내가 제공했으므로, 분열된 명령을 내리는 것 말고 실질적 지원은 얻지 못한 상황이긴 하지만, 계속 나아가야 한다, 그렇지만 나는 계속할 수 없다.

4 [옮긴이] 로넬이 여기에서 사용한 '가장 자기적(ownmost)'이라는 단어는, 바로 이어서 로넬이 언급하는 바와 같이 하이데거가 현존재를 '죽음을-향한-존재'라고 규정할 때 사용된 바 있다. 곧 하이데거는 죽음을 '현존재의 가장 자기적인(ownmost) 잠재성'이자, 현존재를 개별자가 되게끔 만들어 주는 것으로 보았다. 이 맥락에서 ownmost는 '단적으로 자기 자신에게만 속하는' 어떤 성질을 가리킨다고 볼 수 있겠다.

카프카가 설립에 도움을 준 프라하 시내의 유대인 초등학교 수업 모습, 1930년대.

계속할 수 없다. 수많은 문화의 주역들과 의미의 매개자들은 대학과 맺고 있는 복잡한 관계를 드러내 보여 주었다. 이렇게 등록된 사람이 햄릿, 파우스트, 마르틴 루터, 빅토르 프랑켄슈타인, 발터 벤야민, 버지니아 울프건 아니면 이 외 여러 '동창들'이건, 이들 중 몇몇은 유명한 중퇴자이자 가차 없는 논쟁가였다. 실질적인 면에서 볼 때, 프란츠 카프카는 후에 기구 설립자, 즉 박물관으로 바뀐 유대인 학교 창립에 도움을 준 사람이 되었으나,[5] 대학생인 그에게는 단지 두 군데 분과학문만 개방되어 있었다. 당시 프라하의 유대인들은 법률과 의료 관련 직업만 가질 수 있었기 때문이다. 그는 친구인 후고 베르크만과 함께 화학과로 들어갔으나, 베르크만은 1년간 붙어 있었던 데 반해 카프카는 버틸 수가 없었다. 결국 카프카는 2주 뒤에 중퇴했다. 그는 의사도 변호사도 될 셈이 아니었으나, 이러지도 저러지도 못하게 되어서 법학과에 다시 등록했다. 그때 이후로 사정이 나아졌을지 모르겠지만, 대학은―그리고 대학의 여과 체계, 그 역사적 입학 정책 및 분류 기제는―중립적인 장소가 아니었으며, 누가 문학 및 철학 연구의 일일 이용권을 얻는다고 할지라도 스스로 자유롭게 글쓰기를 개시할

---

5   [옮긴이] 카프카의 친구 막스 브로트는 1916년 베를린에 설립된 유대인의 집(Jüdische Volksheim)을 만드는 일에 전력을 다했으며, 막스 브로트의 보고에 따르면 카프카 역시 이 기관을 만드는 데 깊은 관심을 보이고 적극적으로 도왔다고 한다. Iris Bruce, *Kafka and Cultural Zionism: Dates in Palestine*, University of Wisconsin Press, 2007, p.119. 뿐만 아니라, 프라하에는 카프카와 막스 브로트를 포함한 여러 사람의 도움으로 세워진 유대인 초등학교 건물이 아직 남아 있다. 이곳은 1942년부터 1945년까지 3년간 박물관이었고, 현재는 박물관이 아니라 일반 사무실들이 입주한 건물이지만, 건물 1층에 당시의 경관과 수업 모습을 찍은 사진 액자들을 전시해 두었다.

장소는 아니었다. 많은 경우에 대학이 준비하거나 외려 완성하는 것은 우리로 하여금 훈육되고 형성된다고 느끼게 만드는 힘의 장이다. 나는 대학을 부수 시설로 내버려 둔다. 대학을 가져다 놓은 것은 완전히 드러내겠다는 이유 때문만이 아니라, 정부 수준 기구 및 기관들의 집단 편성에서 대학이 행사하는 권위를 표시하기 위해서이기도 하다. 중퇴한 사람도 많았고 심각한 논쟁도 있었다. 그렇지만 저 어중이떠중이로 들어온 자들이야말로 어쩌면 몹시 우려스럽다. 이론적이지 않은 시선으로도, 예일과 대통령 집무실 사이, 하버드와 경영자문위원회들 사이의 결속 또는 프린스턴과 CIA 사이의 연결 고리를 살펴볼 수 있으며, 미국 내에서 펜타곤에 인력을 대는 일군의 아카데믹한 현장들을 관찰할 수 있다. 이와 같은 국가-대학의 공모 목록을 공급하는 일이 사변의 서기국 내에서 꼭 내가 맡아야 할 책임은 아니다. 더 나아가, 공정을 기하려면 나는 유치원까지는 아니더라도, 초등학교와 진학 준비 학교의 교직원을 조사해야 했을 것이다. 권위의 학교 교육에 관해, 너무 이른 자리 배정과 지치지 않는 출결 조사, 성적 보고 그리고 애초부터 내장된 퇴보에 관해 더 심화된 성명을 내놓기 전에 말이다. 나는 잠시 교육기관의 강당을 떠나려 한다. 그러나 우리는 권위의 문제와 학교의 훈련 체제, 강압된 출석이라는 그 주된 법령이 우리 논변을 붙잡을 때는 언제건 학교로 돌아와야만 할 것이다.

"아버지의 이 권위"에 대한 현상학적 접근. 코제브가 명확히 한 바와 같이, 권위는 힘 혹은 시행의 전략들과는 전적으로 아무 관련이

없다. 다시 말해 권위는 강압적 단언이라는 하부현상subphenomena마저
도 피해 간다. 법적 유형의 괴롭힘을 거부할뿐더러 권력이 자의적으
로 한 방 날리는 일을 경멸하기에 그렇다. 실제로 권위는 본질상 모든
점에서 힘의 자리를 대신하고 능가하며, 일종의 주권적 초연함을 가
진 채 힘으로부터 떨어져 나온다. [그런데] 나는 이런 시각과 논쟁하기
를 원해 본다. '힘force'이 철학적으로 전유되기 어렵다고, 즉 (철학적 사
유와 오래 관련 있던 '폭력'과는 달리) 개념이나 주제로 정확히 파악되기 힘
들다고 판명되었던 한에서뿐만 아니라, 우리가 또 다른 결정적 부족
함과 대면하게 되었기 때문이다. 가령 코제브의 일련의 단언들은 언
어 행위들의 정립 능력을 무시하며, 교육의 미묘한 답답함을 억지로
숨기고, 정신분석을 곁에서 타격한다. 정신분석에서는 잠재력을 띤 형
상들이 은밀한 장소에서 세력을 길러 합법적인 영향을 미치게 되는데
말이다. 그렇기는 하나, 코제브의 미묘한 분석은 전의체계의 과잉이
가져오는 결과적 약화에 그 초점을 맞추며, 이처럼 전의법이 넘쳐 나
는 자리에서 정치는 은밀한 부성적 명령에 따라 운영된다. 그는 권위
의 다양한 형식을 검토하면서, 이것이 물질적 실존에 구조를 부여하
는 방식에 줄곧 주의를 기울인다.

전혀 다른 동네에서 절실하게 짝을 이룬 데리다와 벤야민은, 권
위가 어떤 방식으로 그 자체의 대표하는 능력 및 수행적인 능력에 의
지하는지를 표시했다. 이들은 권위의 결정 영역을 정립하고 권위 자
체의 실시라는 혜택을 얻기 위해 조바심을 냈다. 권위의 영지가 위치
한 곳을 찾으려면 우리는 어떻게 해야 할까? 뿐만 아니라, 권위와 광

범위하게 개념적으로 동맹을 맺고 있는 것들을 식별하기 위해서 권위의 서로 다른 기능들을 분류하려면 어떻게 해야 할까? 칸트는 마르틴 루터의 계책 중 몇몇을 완파하면서 사람들과 관공서로부터 권위를 없애고 법으로 향하는 권위의 다른 길을 열었다. 반면에 데리다는 다음과 같이 언급한다. 법이 휘두르는 권위라는 관점에서 볼 때, 법은 단지 "지배 권력의 유순하고 비굴한, 따라서 외재적인 도구"가 아니라 "우리가 힘 또는 권력이나 폭력이라고 부르는 것과 좀 더 내재적이고 좀 더 복합적인 관계를 유지"[6]할 능력이 있으며 실제 그런 관계를 유지하는 어떤 것이다. 라쿠 라바르트, 낭시, 새뮤얼 웨버는 권위 문제의 다른 지구地區들을 통제한다. 이들은 정치적 사유를 위한 주된 관심사로서 **공황**panic 을 중시하면서, 이것이 자기 인증self-authorizing 과 부성의 도중하차로 이어지는 길을 강조한다. 이 세 사람은 [프로이트의] 『모세와 유일신교』[7]를 독해하는 자리에서 서로 마주친다. 이 책에서 모

---

6   Jacques Derrida, "Force of Law: The 'Mystical Foundation of Authority'", trans. Mary Quaintance, *Deconstruction and the Possibility of Justice*, ed. Drucilla Cornell, Michel Rosenfeld & David Gray Carlson, New York: Routledge, 1992, p.13[『법의 힘』, 진태원 옮김, 문학과지성사, 2004, 31쪽].

7   [옮긴이] 『모세와 유일신교』는 세 편의 에세이로 이루어진 프로이트의 마지막 저작이다. 빈에 있던 프로이트는 유대인들에 대한 나치의 박해가 강화되기 시작하자 런던으로 이주해 그곳에서 이 저작을 완성했다(1939년). 이 저작에서 프로이트는 유대교의 창시자인 모세의 정체와 관련된 몇 가지 다소 자의적인 주장을 제기한다. 이집트에서 시작된 유일신교(아버지 종교)가 유대인들에게 전승되었다는 것, 두 사람의 모세가 긴 시간의 간격을 두고 살았으리라는 것, 첫째 모세는 이집트인이자 이집트 유일신교의 지도자로서 유대인들에게 살해당했다는 것, 둘째 모세는 율법의 창시자가 되는데 그가 그럴 수 있게 된 이유는 '아버지 살해'라는 '억압된 것의 귀환'과 관련이 있다는 것 등이다.

세는 영구한 어린아이이자 창시하는 아버지라는 역할을 둘 다 맡으며, 법의 담지자이자 사회적 자기애를 규제하는 것의 파괴자라는 두 역할 모두를 맡는다. 코제브는 권위가 흘러나와서 다른 성질을 띤 진술이나 행위에 스며드는 것을 보고 싶어 하지 않는 사람이다. 그렇기에 그는 권위를 힘 및 권력과 대립시키면서, 자기 관찰의 기초를 탈구축적 해체를 모면한 부성의 패러다임 위에 둔다. 내가 지금 분석 중인 텍스트[『권위의 관념』]의 서문에서 편집자 프랑수아 테레는 "은폐된 것이건 억압된 것이건 아버지의 이 권위"에 대해 운을 떼면서 이렇게 쓴다. "이론異論이 분분한 정신분석의 기여는 여기서는 성찰 범위 밖에 있다(l'apport discuté de la psychoanalyse est ici hors du champs de la refléxion)."[8] 정신분석은 없어졌다. ─부성의 권위가 등장하고 곧이어 억압된 것으로 보이는 바로 이 순간에 정신분석은 테이블에서 사라진 것이다. 비록 정신분석이 부친 참살의 다른 장면을 상연하기는 하지만, 적어도 정신분석은 정직하다. 정신분석은 "아버지의 이 권위"에 대한 현상학적 접근 방식이 관련될 적에는 경기장에서 나가 있었기 때문이며, 집단심리학 주변에서 조직된 정체성의 형성에는 기여하지 않을 것이기 때문이다. 도려내 버린 분과학문이 과연 되돌아와서 코제브가 수립해 보려고 하는 권위 일가를 처벌하거나 불안정하게 만들 것인가? 정신분석은 자기를 간단히 내버릴 수 있다고 스스로 생각하는 현상학

---

8   François Terré, Alexandre Kojève, *La notion de l'autorité*, ed. François Terré, Paris: Gallimard, 2004, p.28.

적 정치론의 엉덩이를 걷어차기 위해 항상 복귀하지 않나? 이러한 물음들은 미성숙해 보일 수 있다. 이런 물음들은 조사를 진행할 적에 어떻게 권위가 정신분석 같은 우호적인 담론을 — 글쎄, 편하게 대하기에는 너무 밀접하기 때문에, 실은 그다지 우호적이지도 않고 단지 담론에 불과하다고도 말하기 어려운 것을 — 무력화함으로써 자기 자신을 복제할 수 있는지를 그저 보여 주기 위해서만 우리의 영향권에 들어왔다. 어쨌건 코제브는 정신분석이 펼쳐 놓을 법한 계보학적이고 오이디푸스적인 경로를 참아 내지 못한다는 사실을 스스로 입증하고 — 어쩌면 오히려 그는 특히나 편중된 이론 설정 가운데서, 정치 분석에 가해지는 상궤를 벗어난 정신분석의 권위를 참아 내지 못한 것일지도 모른다 — 이러한 경로를 단호하게 몰아낸다.

정신분석은 코제브가 청하는 결별을 허락하지 않을 것이며, 반대로 스스로가 정치철학과 나누어 가지는 여러 경향에 충실하게 남아 있다. 정신분석과 코제브는 정치적인 것의 집요한 미학화와 공조하여, 쾌락과 정치의 새로운 여정을 작성한다. 프로이트와 코제브 두 사람 모두는 정치적인 것의 미학화라는 역사적 경향을 폭로했다. 이를 완전히 무너뜨렸다고 말할 수야 없겠지만 말이다. 비록 코제브가 정신분석 프로그램을 침묵시킨다 해도, 그는 욕망의 끌어당김에 의지하는데 — 당신은 이것을 [인정 욕망과 관련시켜] 헤겔적인 것이라고 말할 수 있겠지만, 나는 정신분석이라고 말한다(그러고 나서는 지식계의 추세에 기대어, 오늘날-저-차이란-무엇인가라는 강의를 불쑥 꺼내 들 수 있으리라) — 자기의 정치 분석을 밀어붙이기 위해서다. 코제브는 정의正義를 현실화하는 일에 **욕망**을 넌지시 불어넣는다. 다시 말해 그의 작업은 **판단의 쾌락**을 조명하는데, 강렬하게 느껴지는 이 쾌락은 특정하게 는 성적이고 미학적인 쾌락으로 이해된다. 인간의 심령psyche은 정의의 이념Idea에 투자되고 이에 의해 고무된다. 또한 인간의 심령에는 고유 하게 사법적인 이해관심이 갖춰져 있는데, 이것은 두루 퍼져 있는 만 큼이나 개인적인 것이다(즉흥적으로 말해 보자면, 이것은 텔레비전이 그렇게 나 많은9 법정 드라마를 가져다 바치는 이유다. 텔레비전은 법정 드라마를 통해 **개 인적** 내용의 투자를 부추겨 법에다 기생시키고, 도락에 자극 처리를 가해 사법적 중대함의 표상들에 기생시킨다). 여기 이곳, 즉 판단의 영향권에서 욕망을 재충전하는 일이 어떻게 작동하는지 이해하기 위해 우리는 칸트로 역행해야 할지도 모르겠다. 코제브는 쾌락을 다시금 판단에다 가져다 둔다. 그런데 그 [판단의] 자리에서 칸트는 판단하는 일의 노골적 설렘 을 미학의 영지로 안내했다. 설렘을 무관심성으로써 달래면서, 또한 판단에 "생기를 주어" 선행하는 두 비판[순수이성 비판, 실천이성 비판]이 빚어낸 감각상실의 영역으로부터 판단을 부활시킨다는 적절한 목적 을 위해 [판단으로부터] 결여성을 폐지하면서10 이렇게 했던 것이다. 제

---

9   [옮긴이] 원서에는 "so may juridical dramas"라고 되어 있으나, 오기로 보고 이렇게 옮겼다.

10   [옮긴이] 아리스토텔레스에 의하면, 판단에는 '긍정판단: A는 B이다', '부정판단: A는 B가 아 니다'가 있다. 그런데 아리스토텔레스가 명확히 구별해서 말하고 있지는 않으나, 부정판단 가운데 에는 '무한판단: A는 B인 것이 아니다'와 '결여판단: A는 B 없음이다'가 포함될 수 있다. 알다시피 칸트의 범주표에서 질에 귀속되는 판단은 '긍정판단'—실재성, '부정판단'—부정성, '무한판단'—제한 성 세 가지밖에 없다. 그는 '무한판단'과 '결여판단' 사이의 차이를 폐지함으로써(예를 들면 "영혼 은 필멸인 것이 아니다[the soul is not mortal]"와 "영혼은 불멸이다[the soul is immortal]"를 동일

3비판[판단력 비판]에서 임시로 시동이 걸린 판단은 생명력을 얻지만, 이것은 항구적인 철학적 시찰이 보장하는 안전지대의 한계 안에서의 삶이다.

암묵적 쾌락과 판단의 감수성으로 유도하는 완전히 다른 안내판을 길잡이 삼아, 그리고 이것이 가리키는 전염 효과들을 쫓아서, 우리는 루터에게 돌아가야만 한다. 루터교의 경계선이 정치적인 것의 개념(이것이 개념이라면) 바로 그것에 발생한 결정적 파열을 표시한다는 점을 기억해야 하는 것이다. 라쿠 라바르트는 주장했다. "근대 정치는, 스스로를 제정하면서 마주친 바로 그 어려움 속에서 보면, 프랑스혁명에서 시작하는 것이 아니라, 하이네와 마르크스가 어렴풋이 알아챘듯이 종교혁명(그리스도교의 급진화)과 르네상스(고대인의 모방)에서 시작한다."[11] 근대 정치의 정체성 규정은 이처럼 극도로 투쟁적인 플레이오프에서 싹튼다. 이 시합은 루터가 제정했으나 여기에서는 단지 한

한 명제로 간주함으로써) 판단에서 결여성을 제거했다고 생각할 수 있다. 다시 말해 결여성을 질적 판단 구별의 준거로 삼지 않음으로써 반대로 결여성을 띤 것이 무한판단의 영역에 포함될 가능성을 연 것이다. 아리스토텔레스에게 "벽은 봄을 행하는 것이 아니다"와 "벽은 눈멂이다"는 비슷한 판단이라도 다른 판단 범주, 즉 각각 무한판단과 결여판단에 귀속되지만, 칸트에게 이 두 명제는 같은 무한판단의 범주에 귀속될 수 있다. H. A. Wolfson, "Infinite and Privative Judgments in Aristotle, Averroes, and Kant", *Philosophy and Phenomenological Research*, Vol. 8 Issue 2, Dec. 1947, pp.173~187 참조. 로넬 주장의 논지를 정확히 파악하기는 어려우나, 위의 문장에서 그녀가 염두에 두고 있는 것은 칸트의 이 선택에 대한 그녀 나름의 해석일 것이다.

11   Philippe Lacoue-Labarthe, "The Spirit of National Socialism and Its Destiny", *Retreating the Political*, ed. Simon Sparks, Routledge: London & New York, 1997, p.154.

두 가지 양상만 지적할 수 있을 것이다.[12] 실천적 정의의 사용에 관해 의견을 피력할 적에, 루터는 판단 행위에 엄격한 제약을 가한다. 루터의 책략은 거의 리비도적 성격을 띤 문제에서 비롯된 두려움, 다시 말해 판단의 방기를 허용하는 일에 대한 두려움에서 나온 것이다. ―판단이 가져올 일종의 탐닉 가능성, 이것이 모든 사람이 모든 사람을 판단할 것이라는 전망과 결합할 경우에는 모든 지옥이 탈주해 풀려날 것이다.

판단은 권위의 영역에 특유한 방식으로 끼어든다. 루터는 반反권위주의 경향을 가지고 출발하지만 결국엔 다른 상표가 붙은 권위에 된통 걸려든다. 판단은 세속적인 권위와 마찰을 일으킬 뿐만 아니라 내적으로 얽매인 [신성한] 권위의 표지와도 불화를 겪으면서도, 이 두 계통의 권위 사이의 쪼개짐을 중재한다. 그러면서 판단은 정신의 **분리** Spaltung에 대해서와 마찬가지로 봉기에 대해서도 허가를 내림으로써, 다시 말해 갓 생겨난 자기에 어떤 쪼개짐을 새김으로써, 정치적 활기의 해방을 고무시킨다. 그리스도교가 **신념**faith에 기름을 부어 신성하

---

12   여기에서 내가 택하고픈 또 다른 경로는 서로 붙어 있는 신과 민주주의의 죽음에 관한 베르너 하마허(Werner Hamacher)의 성찰이 가리켜 보인 것이다. 그는 "민주주의의 죽음에 대한 경험과, 이것이 만들어 낸 민주주의-가족주의적(혈연적)인 그리스도교의 신"에 관해 성찰했다. "Sketches Toward a Lecture on Democracy", trans. Roland Végsö, *theory@buffalo 10: Democracy and Violence*, 2005, p.7. 하마허 논의의 요점은 이것이다. 자기 자신을 '의식과 양심'이라고 아는 자기(Self)가 추동하는 정치적인 존재-그리스도론(onto-Christology)은 어찌하여 외부적 권위를 믿지 않아야 하는가? "신과 통하는 내면적 자기의 증명으로서, 그리고 **교회**(ecclesia)라는 단지 외부적인 권위에 내면적 자기가 예속되는 일에 대한 저항으로서, 모든 개개인 가운데 현시하는 신에 대한 그리스도의 종교는 본질적으로 개신교다"(19).

게 했을 때, 차후로 신념은 루터에게 **신뢰**_{belief}¹³를 능가하는 것이면서, 권위를 띤 결단이 속한 내면적 영지領地에 조응했던 것이자 이 내면적 영지에 기대는 것이었다. 이제 사람들은 [제도화된] 기구의 확약이나 인식의 확약 또는 경험의 확약이 없이도, 나아가 이것들을 거슬러서까지도, 홀로 결정하고 판단할 수 있게 된 것이다. 사람들은 외부적 신호나 압력에도 불구하고, 이것이 반박 불가능한 지침이나 지령을 제시하는 것으로 보일지라도, 자기 혼자 판단할 수 있다. (이후에 칸트는 외부적 권위에 의지하는 것을 미성숙의 신호로 간주할 것이다.) 그런데 사람들이 스스로 판단할 수 있고 세속의 통제를 떨쳐 버릴 수 있다면, 이들은 저항의 전략을 공식화할 수 있다. — 칼뱅은 '저항권'의 교리를 발전시킨다. 또한 주체로서 자기의 장악력을 상정하는 진로를 설정한다면, 사람들은 너무 멀리 나아가서 양심적 거부자가 될 수도 있고, 자기라는 새 권위의 후견 손에 넘겨진 다른 분쟁 해결 임무들을 맡게 될 수도 있다. 양심은 루터의 손에 의해 왕좌에 앉았으며, 그러므로 그는 전례 없는 내향적 본질을 위한 자리를 마련했고 갓 날개를 편 신념의 권위를 설립했다. 세속의 권위와 마주한 그리스도교인의 자유가 갖

13　[옮긴이] 그리스도교의 교리에서 belief와 faith는 같은 믿음이되, 다른 층위에 놓인 것으로 설명된다. 거칠게 구별하자면, 단순한 믿음, 가령 신의 존재에 대한 믿음에 해당하는 것이 belief이며 이를 넘어서서 인간이 진리로서의 신에게 의지적으로 스스로를 바치는 믿음, 곧 스스로 형성한 '신앙'에 해당하는 것이 faith이다. 전자는 '의지할 뢰'의 의미를 살려 '신뢰'라고 번역했고, 후자의 경우는 이 책 다른 곳에서는 '믿음'으로 번역하기도 했으나 여기에서는 '신뢰'와의 구별을 위해 '신념'으로 번역했다.

는 초월적 본성은 주체의 절대적 내향성에 보조금을 지급한다.[14] 루터는 주체의 절대적 내향성을 작동시켜야 했기에, 처음에는 반권위적 태도, 곧 반권위적 아인슈텔룽Einstellung[태도]의 필요성을 무기로서 휘둘렀다. 내면적 자기의 이처럼 새로운 계정을 연 일의 대가는 컸다. 즉 정의를 평등 및 사랑과 이어 주는 그리스도교의 짜임은 밀려나고 권위에 대한 확고한 감각이 들어와야 했다. 이제부터 정의와 판단 사이의 근접성은 어쨌든 부서지며, 판단은 이제 스스로가 주권적 향락에 엄격하게 제약되어 있음을 깨닫게 된다. 권력 및 지배에 대한 헤겔-라캉식 이해를 예견한 셈이다.

세속 질서의 모든 체계가 무너져 내릴 것이라고 루터는 경고한다. 만약 우리가 다스리는 권위자를 무조건 인정하지 않고, "모든 사람이 다른 자에 대한 재판관이 될지도 모르는 데다가" 그 귀결로서 "어떤 권력이나 권위도, 어떤 법이나 질서조차 이 세계에 남지 않게 될" 상황을 억누르지 않는다면, 이런 세계에서는 "살인과 유혈밖에 없을 것이다. …… 왜냐하면 악의를 징벌할 정당한 권한을 갖춘 자는 모든 사람이 아니라 오직 칼을 든 세속의 권위뿐이기 때문이다."[15] 루터는 자신이 풀어놓았던 정치적 이드id를 단속해야만 했다. 그가 도입했던 역

14   세속의 권위에 관해서는 다음 책을 참조하라. Herbert Marcuse, *Studien über Autorität und Familie*, Paris: F. Alcan, 1936.

15   Martin Luther, *Admonition to Peace: A Reply to the Twelve Articles of the Peasants in Swabia* (1525), *Selected Writings*, ed. Theodore G. Tappert, Philadelphia, Penna.: Fortress Press, 1967, Vol.3, p.325. Marcuse, *Studien über Autorität und Familie*, S.17.

압 조치는 판단의 권위를 높이는 일과 더불어 그 실행의 권리를 제한하는 일을 수반한다. 판단은, 징벌에 함축되고 또한 징벌에 묶인 것으로서, 주권적 의지를 위해 예비된 것이다. 그리고 사람들(루터의 심정으론 너희 촌무지렁이들)은 판단 행위를 수행할 수 없으며, 자기들에게 파고들어 오는 충격을 완화시키려고 형이상학적인 소심함에 기대서도 안 된다. "자비는 여기에도 없고 저기에도 없다." 루터는 반란 농민들에게 보낸 또 다른 담화에서 이렇게 훈계한다.[16] 루터의 어법은 종종 징벌을 욕구와 그 충족의 자리에 위치시킨다. 그의 어법은 처벌하는 **주이상스**jouissance에 관한 단서를 다소간 제공하며, 판단은 이 **주이상스**에 묶여 있다. 이렇게 말이다. "당나귀는 회초리를 느낄 필요가 있으며, 인민은 힘으로 다스릴 필요가 있다. 이러한 사실을 신은 잘 알고 있다. 그렇기 때문에 신은 칼을 권위자의 손에 들렸지 먼지떨이를 들리지 않은 것이다."[17] 칼을 찬 주권자는, 신에게 임명되어 먼지떨이를 잃고 정의를 집행하도록 정해진 존재로서, 어쨌거나 그 자신의 재판관이다. 재판관만이 고소인이 될 수 있다. 다시 말해 내키는 대로, 의지대로—아니 실은, 쾌락대로—판단을 실행할 수 있다. 이 지점에서

---

16   Luther, *An Open Letter on the Harsh Book against the Peasants* (1525), *Selected Writings*, Vol.3, p.371. 우리는 루터가 권위와 언쟁하면서 권위를 정립한 일을 문학적으로 강력하게 해석한 사례를 하인리히 폰 클라이스트가 창안한 테러리스트 미하엘 콜하스의 모습에서 발견하게 된다 [『미하엘 콜하스』, 황종민 옮김, 창비, 2013]. 그는 탑 두 개를 무너뜨리고 나서 소설 속 마르틴 루터와 대화를 나눈다.

17   Luther, *Admonition to Peace*, p.376.

우리가 말할 수 있는 전부는, 루터가 권위의 실행에 대한 리비도적 설명을 확립했다는 점이다. 여기에서 권위의 실행은 주로 판단에 초점이 맞추어져 있다. 그가 판단에 가져다 놓은 그 귀결로서의 여러 제약은 그의 계승자들의 작업을 두루 지나며 여행한다. 따르기를 공언하면서건, 아니면 그가 만들어 놓은 지도를 잠정적으로 벗어나서건 — 만약 이 지도에 어떤 진출로進出路가 있다면 말이지만, 이에 대해서는 누구도 확신할 수 없다. (이제부터는, 카프카 역시 권위와 싸운 루터교의 투쟁이라는 렌즈로 살펴볼 필요가 있지 않느냐고 우리가 어렴풋이 느낀다 해도 정당하게 받아들여질 것이다. 즉 우리는 루터교의 다양하고 모순적인 기만과 사람들 및 사무국, 그리고 루터교를 고정시키는 부성의 닻을 통해 카프카를 보아야 한다는 것이다.) 루터가 판단의 난잡한 배역을 제약한 일은 발화 영역 전체를 오염시키는 데 성공한다. 사유와 정치적 실천의 있을 수 없는 공조에 여러 힘을 연결해 더하면서, 판단에 할당된 욕망은 온갖 부류의 뒤집힘과 뒤틀림의 동기가 된다. 그리고 이런 뒤집힘과 뒤틀림은 권위 문제를 추궁하는 루터의 방식에서 유래한다. 사실 그의 전체 작품 페이지에 걸쳐 띄엄띄엄 『아버지에게 드리는 편지』를 볼 수 있다. 루터가 모든 사람으로 하여금, 유명할 정도로 지긋지긋한 아버지[18]의 이판사판의 괴롭힘에 대한 대가를 치르게 했다는 점에서 그럴 수 있다는 것이다.

18　[옮긴이] 마르틴 루터의 아버지 한스 루더(루터는 개명했다)는 아들인 루터가 법대에서 공부하기를 바랐으나(여기에서도 카프카와의 유사점을 발견할 수 있다), 루터는 아버지의 뜻을 저버리고 수도사가 되기로 결심했다. 한스 루더는 끝끝내 아들의 신심을 인정하지 않고 괴롭혔다고 한다. 다른 한편으로 이 유명할 정도로 지긋지긋한 '아버지'는 신을 의미할 수도 있으리라.

루터에게는, 지금 이 작업의 연구 대상인 사람들에게도 마찬가지이지만, 권위는 모두 부모의 권위의 [소리가 겹쳐 울리는] 반향실에서 생겨나며, **가부장**pater familias에게 역사적으로 부여된 명령의 문법에 대한 이해를 요구한다. ─속세의 모든 다스리는 자, 모든 "군주'는 '아버지'가 된다. 그러므로 부모의 다스림이 부재한 곳, 이는 세계 전부의 종말을 의미할 수 있으니, 왜냐하면 통치 없이 세계는 살아남을 수 없기 때문이다."[19] 지금 우리가 보는 텍스트 중 몇몇은 완화 없이 지속되는 부성의 감독에 의한 다스림을 교란시켜 전의체계의 근거지를 바꾸려고 시도한다. 인간의 연계성을 더 잘 실현할 사유, 어쩌면 더 정당할 사유를 위한 길을 터주기 위해서다. 정치철학의 프로이트식 표상의 경우에서마저도, 부모의 권위는 그 자체의 전제들과 계속해서 충돌하는 것으로 보인다는 점을 염두에 두는 일이 중요하다. 우리는 도리어 무엇이 아버지를 권위의 지위로 격상시켰는지 의문을 품고 궁금해하

19 Luther, *The Large Catechism*(1529), *Luther's Primary Works*, trans. H. Wace & C. A. Buchheim, London: Hodder & Stoughton, 1896, p.58. 마르쿠제는 "전통적 조직의 형제애 속으로 계산"이 침투한 점에 대한 막스 베버의 강조를 "자본주의 정신"의 침입을 통한 가족 변형의 결정적 특징으로 인용한다. 그러면서 그는 경애(piety)에 근거한 옛 관계들이 어느 정도나 "사물들이 더 이상 가족 내에서 공통으로 공유되지 않고 반대로 사업 분야들에 따라 '정산'되자마자" 쇠퇴하게 되었는지를 보여 준다. 하지만 "이런 발전에" 대응하는 정반대 "측면은 원시적이고 '소박한' **가부장**의 권위가 더욱 더 계획적인 권위, 곧 인위적으로 생성되고 유지되는 권위로 된다는 점이다"(*Studien über Autorität und Familie*, S.30). 또한 이 책을 참조하라. Max Weber, *General Economic History*, trans. F. K. Knight, Glencoe, Ill.: Free Press, 1930, p.356. 친족관계망 및 적법성에 대한 다른 여러 결정에 관해서는, 주디스 버틀러의 『안티고네의 주장』에 포함된 권위에 관한 성찰을 고려할 것. Judith Butler, *Antigone's Claim*, New York: Columbia University Press, 2000[『안티고네의 주장』, 조현순 옮김, 동문선, 2005].

도록 되어 있다. 아버지의 이런 형상이 나타내는 바가 권위가 만들어
짐으로써 생겨난 효과에 지나지 않을지라도 말이다. 그럼에도 어쨌든
프로이트는 아버지의 정치로(아마도 『모세』에 이르기까지) 계속 되돌아간
다. 그러나 이는 여전히, 코제브가 프로이트와 연관된 문서철을 완전
히 숨긴 요인을 설명해 주지 않는다.

정치 분석이라는 목적을 위해서 코제브는 쾌락과 판단 사이의
격차를 메운다. 몹시도 그러하기 때문에 그에게 편입한 학생들 중 적
어도 두 사람—라캉과 바타유—의 생각 속에서 일이 진행되는 판국
을 우리가 이해할 수 있을 정도다. 판단하는 일을 이끄는 것은 **압박**이
며—그러므로 판단의, 그리고 판단을 향한 격발이며—그렇기 때문
에 사법적 현상은 법 앞에서 두 당사자가 각기 다툴 때 제삼자, 즉 삼
차성의 원소를[20] 필요로 한다. 이 제삼자는, 불편부당하고 무관심해
야 하기에, 입법자, 재판관 또는 경찰의 모습을 취할 수 있다. 그러나
코제브에 따르자면 오로지 재판관 직무를 통해서만 실존의 근원적인

---

20   [옮긴이] 퍼스의 기호학적 인식론에서 '삼차성(thirdness)'은 일차성 즉 '성질'(가능성
[possibility])과 이차성 즉 '반응'(현실성[actuality])을 서로 이어 주는 것으로서 '표상'에 해당한다.
퍼스 자신의 예시에 따르면 삼차성은 일차성에 속하는 '붉음'과 이차성에 속하는 '붉다는 지각 반
응'을 이어 주는 '붉은색'이다. 따라서 붉은색이라는 표상으로 나타나는 삼차성의 원소(the element
of thirdness)는 일차성이나 이차성에 속하는 원소로 환원될 수 없으며, 반대로 일차성과 이차성
만으로는 불가능한 기호에 대한 인식을 매개한다. 이런 점에서 퍼스가 보기에 삼차성(즉 표상)은
현상 자체의 지반이다. 이윤희, 「퍼스의 기호학적 관점을 통해 본 소쉬르의 가치이론」, 《기호학 연
구》 37집, 2013 및 Torill Strand, "Experience and Education", Torkild Thellefsen & Bent Sorensen
eds., Charles Sanders Peirce in His Own Words: 100 Years of Semiotics, Communication and
Cognition, Walter de Gruyter GmbH & Co KG, 2014, pp.376~377 참조.

사법적 성질이 드러난다.[21] 사법적 이해관심은, 언제나 밀접성을 띤 것으로서, 정의의 이념에 의해 발동되며, **판단하라는 압박**으로부터 획 뒤집혀 스스로가 **판단되고 있음**을 깨닫는 의식으로 바뀔 수 있다. 이 변모는 헤겔식 인정 투쟁 회로의 일부이며, 종교, 도덕, 경제 및 정치에 고유한 판단 행위로부터 사법적인 차원[의 재판]을 갈라내는 자기의식을 사로잡는 것이 이런 인정 투쟁이다.

　헤겔을 해석의 상부구조에 놓고 있음에도 불구하고, 코제브가 판단의 우위를 읽어 내는 방식은 우리가 헤겔 및 법rights철학과 얽힌 복잡한 조사의 영역에 관해 이미 알고 있거나 말하는 내용과 쉽게 동화되지 않는다. 만약 우리의 곡해하는 귀를 연다면, 우리는 카프카식 침입자와 라캉식의 실패가 명백하게 집어낼 어떤 것을 찾아내게 된다. 이런 점에서 코제브는 사람들이 판단되는 일에 흥분을 느낀다는 사실을, 사람들이 [타인들의] 주제넘은 평가에 자기를 일관되게 내맡긴다는 사실을 강조한다. 이와 같은 강박적 순종 행위는 판단의 격발에서 핵심이 되는 부분이다.

　헤겔과 코제브가 공히 법철학의 핵심에 이념을 두었다는 점을 프랑수아 테레는 지적한다. 하지만 헤겔이 자기 논변의 기초를 자유의 이념으로 삼는 반면에, 코제브는 토대를 정의의 이념으로 옮긴다는 것이다(루터에게서는, 자유라는 그리스도교-부르주아적 교의의 관심사는 정

21　Kojève, *La notion de l'autorité*, p.13. 이하 참조한 문장들은 이 텍스트 여기저기에서 인용한 것이다.

의의 이념을 무력하게 한다). 코제브는 이 움직임에 이끌려 권위에 대한 문제를 검토하며, 존재의 권위, 즉 기원이 되는 것이자 "'아버지' 유형의 권위l'Autorité du type 'Père'"라고 자기가 묘사한 것을 가지고 시작한다 (14).[22] 나는 코제브가 부당하게 빼앗은 몇몇 요충지에 깃발을 꽂아 두고 싶다. 이 연구에서 우리의 관심을 끄는 모티프들에 비판적 채비를

22 [옮긴이] 프랑수아 테레가 편집자 서문의 이 부분에서 인용하는 것은 코제브가 『법의 현상학 소묘(Esquisse d'une phénoménologie du droit)』에서 쓴 문장들이다. 이후 이 절을 마칠 때까지 로넬은 이 텍스트를 분석('해체')의 대상으로 삼고 있다. 본문의 이해를 돕기 위해 소개하면 다음과 같다. "가족 가운데서 사람들이 의지해야만 할 것은 분명 **존재**의 권위이지, 행위의 권위가 아니다. 이 존재의 권위는 '아버지' 유형의 권위이다. 곧 원인의 권위, 작가의 권위, 존재하는 것의 근원이자 기원이 되는 것의 권위이며, 존재의 존재론적 '타성'이라는 그 사실 하나에 의해 자기 자신을 현재에 유지하는 지나간 과거의 권위인 것이다. 정치의 영향권에서 일차적인 것은 (현재) 행위의 권위이자 그에 이어지는 (미래에 대한) 기획의 권위, 다시 말해 '주인' 및 '장(長)' 유형의 권위이다. 이와 대조적으로, 가족의 영향권에서는 제일 권위, 토대를 놓는 권위가 (지나간 과거의) '아버지' 유형의 권위이다. ('영원'의, 다시 말해 불편부당성의) 재판관의 권위, (예견하고 이끄는) 장의 권위, (결정하고 행하는) 주인의 권위 같은 각종의 권위들은 (존재를 생성하고 그 자신과 동일한 과거의 영속성을 보장하는 자로서) 아버지의 권위로부터 파생된다. 반대로 국가에서는 아버지의 권위(및 재판관의 권위)가 주인 및 장의 권위(주인의 권위가 선차적이다)로부터 파생된다. 그러므로 사람들은 여기에서 다시금 가족과 국가 사이의 본질적 상이함을 본다. 한편으로 혈족들(parents)은 공통의 적과 대립하는 동지들이 아니다. 다른 한편으로 이들은 통치자의 주인 및 장의 권위를 인정하는 피통치자가 아니다. 이들은 혈족인 자들로서, 혈연의 정도에 따라 서로를 사랑하며, 이에 따라 다른 무엇보다도 이들 공통의 친척, 이들의 선조, 이들이 긍정적 가치를 귀속시키는 존재의 원천과 기원을 사랑한다. 그리고 만약 이들이 어떤 권위를 인정한다면(이는 이들에게 정치적 통합의 **외양**을 주지만 실은 가족의 통합에 불과하다), 이들이 인정하는 것은 탁월한 '혈족'이 가지는 권위 P이며, 또한 혈족 아닌 가족의 구성원들, 곧 노예, 하인 등에게도 인정을 받고 ─ 경우에 따라서는 ─ 다른 가족들에게도 인정을 받는 것은 바로 이 **존재** 그 자체(Being as such)가 가진 권위 P이다. 따라서 가족의 가족적 조직은 국가의 정치적 조직과 구별된다. 요컨대 부모와 친척들은 자기네를 친척들에게 [서로] 종속시킨다(자기네 존재를 결정하는 친연[filiation]이라는 관점에서, 사랑 또는 권위에 의해 상호 종속되는 것이다. 그러나 이들은 이들에 의해 통치되는 것이 아니다)"(영어판 pp.xiv~xv; 일본어판 pp.7~8 참조).

하고 접근하기 위해서다. 나는 이런 생각을 하게 된다. 코제브는 이 작업을 통해 실행되는 프로그램에 암호를 걸고서는, 내가 주목하게 되는 조사 유형에는 최종적 표현을 부여하지 않고서 상당수의 문서철을 열어 놓은 걸까? 그 암호를 수없이 물어볼 수도 있었다. 그러나 코제브가 우리를 위해 할 수 있는 일은 바로 여기에 있다. 이게 단지 그의 제한된 초점의 끈질김 덕에 이루어지는 일이라고 하더라도 말이다.

권위의 여러 조건 및 근대에 대한 권위의 불안정한 영향력에 관하여, 코제브에게는 밝혀야 할 논점이 있다. 그의 의향은 플라톤과 아리스토텔레스가 그어 놓은 권위의 한계 범위에 대한 아렌트의 탐사에서 멀리 떨어져 있지 않다. 플라톤과 아리스토텔레스는 사태를 사적인 것, 가정사 내의 것으로 보존하며, 노예경제에 줄곧 생각이 머문다. ─ 이 점이야말로 아렌트가 이 안건과 관련하여 정치적 통화通貨를 얻고자 로마 시민들 쪽을 향한 이유다. 코제브의 논점이 가정을 타격하기를 원하는 것이라면 그 역시 권위에 달라붙은 일가─家 관념을 긁어낼 필요가 있다. 이것이 코제브가 자신의 논점을 밝히는 일로 나아가는 방식이다. 요컨대 부성의 신화와 유증遺贈은, 갱신되고 재구성된 헌장에도 불구하고 여전히 폴리스로서 통용되는 것이 띠어야 할 활기를 빼앗는다. 가족은 역부족임에도 부성적 기표를 지탱할 뿐만 아니라, "'아버지' 유형의 권위"는 정치의 도착증과 봉토의 번영을 허용한다. 종교적 엄명에 의해서건, 아니면 경제적 게걸스러움에 의해 조직되건 그렇게 되는 것이다. 권위의 부성적 유형은, 국가 구조에 침투하여 통치를 장악하는 것이 허용될 적에, 명예로운 정치의 가능성 자체를 말살한다.

코제브는 사회를 응집시키는 최초의 원리를 다룰 적에 이중적 움직임을 수행한다. 그의 의향은 가족과 국가를 각각 분리하는 것일 뿐만 아니라 가족의 건립 신화를 망가뜨리는 것이기 때문이다. 코제브에게는 부성의 권위를 국가로부터 떼어 내고 이를 오로지 가족 구조에 집어넣어 고정시키는 것이 꽤나 중요하다. 가족은 이를테면 존재론적 결여 상태에 의해 (아버지를 원인, 작가作家, 존재하는 것의 근원으로 설정하면서) 부성적 존재론에 의존한다. 아버지는 지나간 과거의 권위처럼 구는 자로서, 존재론적 "타성"을 수단으로 해서만 자기 자신을 유지한다. 코제브는 소음기를 단 채, 쉽사리 제거될 수 없는 아버지를 없애려고 시도한다. 하지만 아무도 부성적 협잡의 빅뱅을 기록하지 못할 것이다. 아버지는 그 자신보다도 오래 묵묵히 살아남기 때문이다. 이미 무기력이 가족의 '표결'을 엄습해 버렸으며 아무것도 그를 바꾸거나 그에게 반박하기 위해 활기 있게 간섭하지 못하는 한에서, 아버지의 [처형] 집행은 유예된다. 그의 대리된 권위는 결여된 자리에 생겨난다. 여기에서 다시금 누구는 프로이트식 회로에다 논의의 조각을 덧댈지도 모르겠다. 그 회로에서 아들들은 아버지를 암살하려는 목적으로 결집한다. 프로이트식 패턴에 의한 부성의 타도는, 자책의 시중을 받는 권위의 더욱 격렬한 과시를 불러일으키기조차 한다. 코제브는 아마 이런 플레이오프에도 똑같이 엄격할 것이다. 부성의 최후라는 환상을 풀어내는 서사적 전개를 그가 짜 맞출 의향이 덜하다면 말이다. 아버지는 권위를 향한 열쇠를, [필연성에 의해서가 아니라] 거의 임의적인 모자람에 의해, 코제브가 존재의 근거로 만든 타성적 수동성의 유형을 통해 손에 쥐었을 뿐이다. 타성적이며 본질적으로 부재한 자임에도 불구하고(자리에 없는 아버지들에 관한 불평은 이 본질적 특성의 경험적 파생형에 불과하다), 아버지는 심지어 그가 자기 일 때문에 늘 자리를 비운 데다가 가족적-사회적 강력함intensities의 영역에서 퇴장해 있었더라도, 지나간 과거를 굳게 움켜쥐고 있다.

이와 대조적으로 정치의 영지領地는 (현재) 행위의 권위에 의존하며, 그에 따라 (미래에 대한) 기획의 권위에 의존한다. 말하자면 "주인Maître"과 "장Chef"의 권위에 의존하는 것이다. 가족은 지나간 과거를 계속 고수한 채, 아버지의 권위에 자극을 가하여 다른 권위들이 파생되어 나오는 제일 주된 권위로 만든다. 이로부터 재판관(불편부당성을 보장하는 "영원"[23])의 권위, 장(두루 보고 이끄는 자)의 권위, 주인(결정하고 행하는 자)의 권위가 파생된다. 아버지는 존재를 낳고 자기동일적 과거에서 계속 반복되는 출연진을 확보한다.

국가의 경우에는 좀 다른 질서가 통용된다. 아버지의 권위(및 재판관의 권위)는, 또 한 번 가족과 국가를 분화시키면서 주인 및 장으로

23　[옮긴이] 위의 표현들은 테레의 서문에 인용된 코제브의 『법의 현상학 소묘』에 나오는 것이다(영어판 p.xv). 『권위의 관념』의 현상학적 분석 부분에서 코제브는 플라톤의 이론을 재판관의 권위와 연관시킨다. 플라톤의 이론에서 권위는 정의에 기초해야 한다. 권력에 기초한 권위는 힘(공포)을 통해 권력을 유지해야 하므로 실제적으로는 일시적이며 불안정한 속성을 지니기 때문이다. 이런 점에서 정의에 기초한 권위(즉 재판관의 권위)는 '영원성'을 띤다. 그러나 코제브는 '정의'를 강조하는 플라톤의 이론은 아버지, 주인, 장의 권위와는 아무런 관련이 없고 오로지 재판관의 권위에만 적용될 수 있다고 본다(영어판 p.21 참조).

부터 파생되어 나온다. 코제브에 따르면 혈족은 공통의 적에 대립하는 동지라는 실체를 이루지 않는다. 또한 이들은 "통치자에 속하는 주인 및 장의 권위(l'Autorité du Maître et du Chef des Gouvernants)를" 인정하는 피통치자가 아니다(『관념』 15). 혈족은 서로서로를 사랑한(적이 있)다. (코제브의 소묘는 이와 같은 것을 전개하지는 않지만, 그래도 이를 암시하기는 한다. [물론] 가족을 향한 사랑 및 가족의 사랑은 나라의 사랑, 즉 심각한 전의 체계상의 혼동으로부터 생겨나는 탈선으로 이전되지 않는다. 뿐만 아니라 코제브는 탐사하기 어려운 사랑의 후미진 구석에 애초에 들어가지 않는다.) 혈족이 어떤 권위를 인정한다면(이는 이들에게 정치적 통합의 외양을 주지만 가족의 화합에 지나지 않는다) 그 권위는 "이들이 인정하는 탁월한 '친족'이 갖는 권위 P[24](Autorité P de ce 'parent' par excellence qu'ils reconnaissent)"이며, 또한 그 권위는 가족과 관련이 없는 사람들에게도 인정받는 **존재** 그 자체가 갖는 "권위 P"이다. [이어] 코제브는 여전히 헤겔적으로 혹은 로마의 투기장에서, 노예에게도, 라고 쓴다. [계속해서] 하인, 가정부에게도, 이런 식으로 더 진행해서, 다른 가족들에게도 마찬가지로 인정받는 **존재** 그 자체의 권위가 이런 것인 셈이다. "따라서 가족의 가족적 조직은 국가의 정치적 조직과 구별된다. 요컨대 부모와 친척들은 자기네를 친척들에게 [서로] 종속시킨다(자기네 존재를 결정하는 친연filiation이라는 관점에서, 사랑 또는 권위에 의해 상호 종속되는 것이다. 그러나 이들은 이들에 의

---

24 [옮긴이] 코제브의 약어 표기에 따를 때, 여기서 '권위 P'는 '아버지의 권위'를 의미한다.

해 통치되는 것이 아니다)."[25] 코제브는 종속 질서의 다른 양상들을 옹호하며, 이 종속은 권위에 묶일 수도 있지만 묶이지 않을 수도 있다. 그는 하나의 집합과 다른 집합 사이에서 이루어지는 동일시와 한 집합이 다른 집합으로 흘러드는 양상을 눈치챘기에, 전의체계상에서 가족과 국가를 분리시켜 놓기를 열망한다. 그가 지적하기로, 가족과 국가 사이의 혼란스러운 융합과 불가피한 오염은 끔찍한 역사적 결과를 담는다. 코제브는 이런 결과들에 얽매여서, 자기 사유의 겨냥 대상인 형이상학적이고 존재론적인 연구로 아주 깊이 들어가지는 않는다. 하지만 그는 적어도 자신의 주요 목적 중 하나는 성취한다. 이 하나의 목적이란 정부 사법 부문의 필수적이고 근본적인 독립을 요구한 것이다. 코제브의 논변에서는 재판관이 속한 영지가 흠 없이 완전한 것이 중요하고, 또한 안정적 발판을 확보하는 일이 중요하다. 무엇보다 모든 사람이 판단하는 행위에 끼어들기를 원하므로 이들이 판단에 임하는 일을 억제할 필요가 있다는 사실에 비춰 본다면 더욱 그렇다. — 이는 마치 전체 민중이 판단이 초래하는 타락의 경향에서 멀찌감치 떨어져 있어야 한다는 것 같다. 이렇게 말할 수 있겠다. 판단하는 일은, 플라톤에서 루터 및 칸트를 거쳐 리오타르와 카프카에 이르기까지, 흔히 거칠어지는 정의正義 주장에 결정적일 뿐만 아니라, 욕망을 전면에 올리고 중독성을 획득한다. 요컨대 판단하지 **않기**가 어려우며, 따라

---

25   Kojève, *Esquisse d'une phénoménologie du droit. Exposé provisoire*, Paris: Gallimard, 1981, p.498.

서 판단하는 일은 과잉민주화로 인해 고통을 겪는다. 말하자면 모든 부류의 사회적 지위와 이해관심이 판단을 공식화하려고 서로 경쟁함에 따라 곤란을 겪는 것이다. 가정 전선[26]에서나 텔레비전 연속극에서건, 현장에서나 학교에서건, 사진 촬영에서나 미술관 개장에서건, 법정에서나 거리에서건, 거울 속에서나 직장의 감시하에서건 사람들은 항구적으로 판단을 내리는 중이다. 아렌트는 이와 다르긴 하지만 강조한다는 점에서는 같은 이유로 사법 제도를 지목한다. 아렌트에게 사법 제도는 정초적 행동을 일신하기 위한 장소이며, 대표성의 함정들(민주주의를 **데모스**demos로부터 빼앗아서 직업 정치인들에게 맡겨 버리는) 너머에서 민주주의를 활성화시키기 위한 장소다.

권위의 분별적 위계들. 코제브가 보기에, 가족과 국가는 권위의 분별적 위계들에 상응하는 것으로 여겨지며, 또한 이 위계를 준수한다. 이 둘은 서로 다른 시간의 횡단선에 속하며, 두 선이 겹쳐 보이는 것은 대체로 현혹된 것이다. 그렇긴 하지만, 규칙적으로 산개된 유형 체계의 분할을 가로질러 이런저런 파생물과 신호가 오가는 것은 드문 일이 아니다. 아버지는 그가 쫓겨났거나 겨우 연명이 허용되었던 곳으로 섞여 들고, 이른 시기의 동일시가 남겨 둔 기억의 흔적들은 넘쳐 난

26　[옮긴이] home front는 흔히 '후방 전선'으로 옮겨진다. 세계대전 이래로 현대국가의 전면전 상황에서는 전투가 이루어지는 곳만이 아니라 민간인(주로 여성)들이 거주하는 공간도 전선이 되는 셈이다. 로넬이 이 책에서 몇 번 사용하는 단어인데, '후방 전선'이라는 말이 너무 한정된 뜻만을 담고 있기 때문에 '가정 전선'이라고 옮겼다.

다. 코제브는 권위에 관한 작업을 자기가 직면한 역사적 궁지와 관련시킨다. 그의 권위 분석이 역사 너머의 지형을 아우르고 무시간적 도식을 제공하는 것으로 보이기는 한다. 하지만 그것은 유물론적이라고 말할 수야 없더라도 단연 역사적인 어조를 띠도록 조정되어 국지적인 자리에 고정되어 있다. 코제브의 권위 분석은 서명을 기재하고 소인을 찍음으로써 해당 텍스트를 자체의 역사성이 등록된 영역에 끼워 넣는다. 『법의 현상학 소묘』에는 "마르세유, 1943"이라고 서명되어 있다. 그리고 『권위의 관념』이라는 제목을 붙인 초고 마지막 페이지에는 다음과 같은 서명이 그 **끝에** 기재되어 있다. "A. 코제브니코프Kojevenikoff, 마르세유, 16/V 42[1942년 5월 16일]."[27] 다섯 달 뒤에 연합군이 북아프리카에 상륙했으며(11월 9일) 독일군은 '자유' 지역을 점령했다.[28]

우리는 코제브가 권위에 관한 작업을 착상했고 이를 시험해 보았던 정황에 대해 여전히 뭔가 말해야 한다. 이와 함께 이야기되어야 할 어떤 것은, 어째서 [그가 처했던] 정황과 [그의 작업에] 조건이 되었던 것들 자체가 — 철학은 그 원리상 무조건적이어야 하는데도 — 오늘날

---

27   Terré, Kojève, *La notion de l'autorité*, p.16. 이 책은 코제브 자신이 마무리한 책이 전혀 아니다. 테레가 책임을 맡아 초고를 한데 모으고 서문과 주석(commentary)을 채워 넣었다[코제브니코프는 코제브가 프랑스로 이주하며 개명하기 전에 사용했던 이름이다. 바로 뒤에서 로넬은 코제브의 개명을 두고 뭔가 논의할 것이다].

28   [옮긴이] 1940년 독일군이 프랑스를 침공하여 파리를 점령한 이후, 프랑스는 추축국이 점령한 북부의 점령 지역과 남부의 자유 지역으로 나뉘어 있었으며, 비시 정권이 전체 지역을 대리 통치했다. 자유 지역은 명목상 자치 지역이었으나 1942년에 연합군이 북아프리카에 상륙하자 독일군은 프랑스의 자유 지역마저 힘으로 점령했고, 1944년까지 프랑스 전역에 대한 독일군의 점령이 지속되었다. 코제브의 서명에 기재된 마르세유는 자유 지역에 속한다.

의 우리에게 압력을 가하는가이다. 역사상의 충돌이라는 장엄한 도식에서부터 아버지의-이름이라고 약칭되고 축소된 난국에 이르기까지, 코제브는 그가 전달하는 것의 모든 수준에서, 권위에 누적된 여러 손실 및 보상적 통제 조치를 두고 씨름한다. 불길한 징조가 지평선을 물들이고 야수적인 위협이 다가오자, 이에 맞서 부활한 권위는 강화되지 않으면 안 된다. 잠식해 들어오는 위협은 코제브의 다소 단순화된 시간 도식을 해명해 줄지도 모른다. 그의 시간 도식은 실존의 과거, 현재, 미래 차원에 머물러 있으려고 애쓰면서 시간의 범람이나 침체를—체포, 불황, 탈선, 나아가 변증법의 고장, 한결같은 **사후성**après, 내적인 붕괴들, 또는 시한폭탄의 째깍거림, 경기후퇴와 공식적 무위도식자들 같은 것을—허용하지 않는다. 재앙은 시간의 이런 양상을 가리킨다. 코제브는 동화될 수 없는 역사가 청구한 보상에 맞서는 버팀대로 권위라는 관념을 활용하며, 재현이 비워지고 중립적 반짝임만겨우 감지될 수 있는 그런 공간을 무효화할 수도 있는 것으로서 권위 관념을 이용한다. 권위는 고장 나 버린 시간과 맺는 관계를 안정되게 만드는 일에 소집된다. 어찌 보면 우리가 검토해야 할 것은 유령처럼 성가시고 통합될 수 없는 역사의 성질, 수월하게 흡수되고 서술됨으로써 달래지기를 거부하는 그런 성질인 셈이다.

그럼에도 불구하고 우리는 코제브가 아버지 시간에 대해 검침하기를 바랄 수도 있다. 무엇이 시간으로 하여금 우리를 끔찍하게 덮치도록 만드는지, 무엇이 지나간 과거로 하여금 앞으로 찾아올, 그리고 계속되고 또 앞뒤를 오가는 불길한 징조가 되어 우리 앞에 떠올라 서도록 만드는지를, 말해진 권위의 극히 무방비한 순간에 생겨난 일시적인 균열을 통과하며 기어 다니던 어린시절과 더불어 우리에게 말해 주기 위해서 말이다. 전통적으로 시간의 형상은 부성적인 것으로 그려져 왔지만 이는 코제브의 영지 바깥의 일이다. 그의 전과 기록에—당연하게도—남은 유물론 성향을 고려할 때, 코제브가 형식적이거나 선험적이거나 존재론적 가중치를 부여하지 않고 어떤 의도와 복안을 표명하기를 원하는 점은 충분히 그럴듯하다. 누구라도—즉 모든 사람은—시간에 종속되어 있고, 횔덜린이 맞부딪쳐 깨졌던 세속의 운명에 묶여 있으며, 유한성"의 관념"에 그을리고 시들 뿐만 아니라, 시간과 아버지의 음모 혹은 권위에 현혹된 채 망연자실해 있다. 사변적 탐구의 이 구역을 위해 별개의 문서철을 한번 확보해 보자. 그리고 아버지 시간이 어떻게 째깍거리면서 자신의 자손을 파멸시키는지, 그의 자손이 어떤 식으로 시간의 권위 및 소멸에 떠밀려 영락하는지 알아보자.—이런 파멸과 영락은 침습성 박해에 의심할 여지 없이 주어진 흔한 숙명으로서, 코제브는 이런 박해를 억누르고자 한다. 이런 이유로 내가 살피려는 것은, 사람들이 아버지 시간의 프로그램을 초과해 노동하게끔 재편을 거친 일정들이다.—보상적 공격성으로 채워진 시간표, 역사가 환급을 실시해 가는 여정, 전체주의가 회귀하며 내는 고동. 미약하건 두드러지건 간에 나는 이런 것들을 검토해 보기를 희망한다.

겉으로 드러나는 권위주의적 표지물이 품은 각양각색의 가능성 중에서도, 권위의 유연한 **가단성**可鍛性이야말로 더 깊은 고찰을 요청한다. 권위가 유익한 것으로 드러날 수도 있고, 혹은—정황들에 따라서는, 또 철학의 질감에 따라서는—삭막하며 제약을 거는 것으로 드러날 수도 있기에 특히 그렇다. 누구는 스캐너를 통해 권위의 균열 가능성을 살펴보고 싶을 것이다. 권위는 좋음 및 나쁨으로 묶인 범주에 각각 나뉘어 들어가는 걸까? 아니면 아렌트와 코제브의 어떤 구절이 제시하듯 권위는 선악을 넘어서 움직이는 적법성의 여러 유형 사이에 분산되는 걸까? 적법성의 유형들에서는 아버지와 신이 권력에의 감춰진 의지를 뒷받침한다. 잠정적이지만 신용을 획득한 허구들을 통해서 말이다. 권위의 위신을 되찾는 일에 코제브와 아렌트는 어느 정도나 애를 쓰고 있으며, 왜 노력을 쏟는 걸까? 대체 무슨 목적으로? 권위를 "지지한다"고 언명하거나 무엇보다 권위에 "대항한다"고 언명하다니, 가당키나 한 것일까? 권위의 이용을 정당화한다고 받아들여지는 이론의 동원을 가정해 보자. 이런 이론의 동원이 대량학살의 가장 무시무시한 파도를 막아 낼 것으로 보인다면 누가 자기 자신을 **권위에 대항하여** 동떨어진 자리에 가져다 놓을 수 있겠는가? 윤리의 파열과 폭력의 극단 형식을 중단시키기 위해서, 때로 우리는 궁극적 서명자의 힘을 소환할 필요가 있다. 일종의 신탁서류에 서명하거나 신탁회사 같은 것을 설립해 주기를 아마도 신에게 간구하면서 말이다. 데리다에 따르면 [미국] 독립선언문은 [미국과 영국의] 역사적인 갈라짐을 승인하도록 신에게 서명을 청했다. 하지만 코제브는 권위의 신화적 기초를 깎아 내기를 원하며, 권위의 가능한 시행이나 엄중한 단속을 줄이기를 원한다.

코제브는 자기가 동시에 두 일을 하고 있음을 안다. 그는 초월성 없이 초월적 권위를 얻기 위해 싸우면서, 동시에 필수적인 초월적 보증이 결여되어 있다는 것 때문에 권위를 폄하하는 자리에 선 것이다. ─초월적 보증의 상실에 대해 코제브는 어떤 향수 어린 시선도 드러내지 않지만, 그는 이 손실과 다투어야만 한다. 뿐만 아니라 권위는 아렌트를 신성의 포기가 이루어진 공터 쪽을 향하게 한다. 그 빈자리에서 인류는 유일신이 물러난 밑그림 위에 자활하지 않을 수 없게 되었다. 신들은 달아났고, 우리에게 남겨진 유일한 신은 황황히 떠났거나 침묵하는 무관심 쪽으로 물러났다. 아무튼 권위는 [이 자리를] 교체하기 위한 부품들을 존재신학적으로 배치하는 과정에서 빈칸을 채우기 위해 소환된다. 이것이 자유민주주의라는 형식으로 간주되건 아니면 세속적 전체주의의 한 면모로 보이건 간에 말이다. 아렌트와 코제브 둘 다에게, 권위의 상실에서 빚어지는 비통함은 핵심적인 생존 문제들을 불러 모은다. 이 문제들은 창의적인 조정을 요구할 뿐만 아니라, 어느 정도는 본질적인 리콜 서비스를 필요로 한다.

누가 이 작업을 진정 비옥한 사변의 개활지로 옮겨 놓을 수 있으려면, 이와 동시에 이름의 위기에 시학적으로 상응하는 처치를 미세학적micrological으로 수행하는 일로 되돌아갈 수 있으려면, 그는 코제브가 이 문제를 다룰 적에 국가로부터 가족을 분리시키기 위해 이름의 전환을 가지고 제기했던 절박한 권리주장을 읽어 내려고 할 것이다. 코제브는 아버지의 이름을 끊어 내고 그 장소로부터 물러남으로써, 양도를 통해서건 신규 투자를 통해서건, 이런 이름이 발생해 나온 결정 경로를 변환시킴으로써 고유명 코제브니코프를 바꿔 달라고 요구했다. 여기서 잠깐 숨을 돌리자. 어떤 사람이 자기 자신의 이름을 매만지며 새로 주조하는 일에 걸려 있는 정치적-자전적 판돈에 관해 살펴보기 위해서다. ─ 이런 경우를 취급하는 담론의 다른 판에서는 [개명의] 상황이 꼭 다루어지리라는 보장이 없다.

코제브는 상이한 두 가지 지도를 쫓아 권위의 종말 경로를 기록한다. 하나는 세계적인 것이고, 나머지 하나는 코제브가 쳐내고 합치기로 결정한 자기의 이름 수준에 있다. 사태가 보다 세계적으로 굴절된 측면을 따라가서, 코제브는 미국에서 권위의 계정 고갈이 눈에 띄는 지속성을 보인다는 것, 그리고 일본에서는 반등이 나타나 권위의 통치가 역사적으로 높아지고 있다는 것을 발견한다. 코제브 자신의 계정에 관해 살펴보자면, 그가 되고자 했던 작가author는 미스터 코제브니코프를 끌어내리면서, 이름 짓기의 고유성(소유물)proper(ty)과 같은 것을 교란시킨다. 어쩌면 코제브는 자기 아버지로부터 달아나되, 부성의 핵심적인 기념탑을 쓰러뜨린 후에 떠나기를 원했는지도 모른다. 어쩌면 그는 자기 이름을 갈리아인[프랑스인]처럼 만들어야 한다는 자극을 받고, 더 나은 이웃과 더 알맞은 주소지로 옮겨서 지위를 높이겠다는 동기에 이끌렸는지도 모른다. 아니면 개명함으로써 가족 이름인 자기의 성이 제공할 법한 것보다 더 권위를 띤 이름을 갖게 될 것이라고 생각했을 수도 있다.

자기 작업에서 코제브는 작품Œuvre에 발휘되는 권위, 신과 같은 작가의 권위에 강세를 두었던 것이리라. 신과 같은 권위를 그토록 강력하게 인식했던 일이 어쩌면 그에게 불길하게 작용하여 이 책을 끝내지 못할 정도로 만들었는지도 모른다. 이는 마치 작가로서 신이 넷째 날부터는[29] 뭘 더 할 수 없게 되는 상황 같으며, 단어가 유창하게 흐르지 않고 진술의 속도가 떨어져 아무도 "[보시기에] 좋았더라"라고 말해 주지 않게 되는 상황 같다. 그럼에도 불구하고 코제브는 자기 작품의 주변에서 어떻게든 강한 한 수를 둘 수 있었다. '코프'를, 더 정확히는 '니코프'를 잘라 냄으로써 그는 그 자신의 아버지가 되며, 자기의 이름을 만들어 낸다. 아버지의 이름을 깎아 내서. 이런 식의 조작이, 권위에 관한 작업에서 절합된 관건들과 별 관계가 없는 것이 될 수는 없다. 그렇지만 나는 우리의 경로를 미드라시 같은 논쟁의 리듬을 따라 바꾸고 싶지는 않다. 그래 봐야 권위의 종말에 관한 이 성찰들에 서명하는 이름의 변신을 붉게 강조하는 데 그칠 테니 말이다. 이런 논점을 뒷받침하려면 나는 가계도에 대해 굉장히 전문화된 일군의 작업자를 모아야만 했을 것이다. 나로서는 그 같은 정보 조사 권한을 얻을 수 있으리라는 확신이 없다. 그런 절차는 이름 변경의 이론, 법적 절차, 그리고 부친살해 서사 사이를 서로 이음으로써 시작해야 하는 것이리라.

　　소수자들의 역사 전체는 이름의 강압적 획득이나 굴복적 포기와

29　[옮긴이] 창세기에서 셋째 날까지는 동물을 제외한 자연이 창조된다. 빛과 어둠, 하늘, 바다, 땅이 만들어지고 땅에 식물들이 심기는 데까지가 셋째 날이다. 넷째 날부터 온갖 동물이 만들어지는데, 로넬은 바로 이 넷째 날을 짚어서 말하고 있다.

깊이 연루되어 있다. 이름의 매매 계약은 때로는 엘리스 아일랜드[30]에서 때로는 플랜테이션에서 이루어졌으며, 멸절시키는 과거로부터 이동하면서, 혹은 치욕적 역사의 정점으로서 자생적 사회 개조에 이래저래 귀속되면서 이루어졌다. 그러니, 말투에서 드러나는 표지를 없애라. 이름을 바꿔라. 그 이름은 너의 외부인 같은 이질적 부분이나 과장된 지역색을 노출하고, 신랄할 만큼 괴로운 이야기를 꺼내 놓는다. 『아버지에게 드리는 편지』의 중요 순간에, 카프카는 이름을 전환함으로써 [그에게는] 불가능한 상속의 압력 아래에서 빠져나오려고 한다.[31] 카프카는 아버지의 이름을 분해하고 그것이 끝없이 암시하는 방향을 거부함으로써, 아버지의 이름에 기록된 경로를 재발급한다. 이렇게 그는 앞날로 향하는 운명의 전환을 촉진한다. 여기서는 그저 글자들의 확산에 주목하고 이를 늘어놓아 보자. 권위에 관한 우리의 성찰을 좌우하는 항목에 'K'라는 색인을 추가하는 것이다. 이 목록의 범위는 클라이스트에서 콜하스, 카프카, 클라인, 코제브니코프, 코제브에 이르고, 숙명적인 'K', 즉 장악하고 유령처럼 배회하는…… 아메리카Amerika까지도 아우른다.

아렌트와 코제브의 여정으로 되돌아가 보자. 우리는 이 두 주인공이 권위의 맥 풀린 전의체를 두고 분투하고 있음을 알게 된다. 이 둘은 보통 이상으로, 이런 표현은 어떨까 싶지만, 최소한 표준 수사학

---

30   [옮긴이] 미국에 들어오는 이민자들에게 입국심사를 행했던 섬으로서, 뉴욕주에 있다.
31   [옮긴이] 『편지』에서 카프카는 자기 외가 쪽 이름인 '뢰비'에 관한 자의식을 드러낸다.

에서 말하는 단언의 관점에서 보자면, 소심한 것처럼 보인다. 어쩔 때는 애매한 태도가 불려 나온다. 그러나 이것도 어떤 주저함이라든지 불확실함, 혹은 이들의 목표를 교란시키는 확신의 결여 문제는 아니다. [오히려] 빈약한 논변에 비례하여, **너무 많은** 확신, 심지어 너무 많은 역사가 놓여 있다고 말할 수 있을 것이다. 라쿠 라바르트와 낭시는 여기서 더 나아가 "폴리스나 로마의 건립이 실제 있었던 일인지 아닌지에 관해 아렌트에게 질문하기"[32]를 원했다. 코제브의 경우에는 권위에 관한 자기의 사유를 온전히 보장해 줄 결승점에 도달할 수가 없다. 그렇지만 미완성은 그것대로 자체의 이야기를 말해 준다. 영구평화의 전망을 관조할 적에 칸트의 중단[33]이 그랬던 것처럼 말이다. 끊어짐의 상태는 계속적인 숙고를 불러일으키는 어떤 지점이 된다. 사람들은 중단을 읽어 내고 끝나지 않은 것에 기회를 주기를 원한다.

코제브는 그가 우리에게 맡긴 판본을 빌려 다소 불명확한 문서철을 펼친다. 질문들은 이 안에서 제기되었으며, 여기에서 모티프들이 띄워졌고, 유사역사parahistory[34]의 막이 펼쳐졌다. 그렇게나 풍성한 기

---

32 Lacoue-Labarthe & Nancy, "The 'Retreat' of the Political", *Retreating the Political*, p.131.

33 [옮긴이] 「영구평화론에 관한 철학적 스케치」에서 칸트는 휴전 상태가 전쟁이 '중단'된 상태에 불과하고 진정한 평화가 아니라고 본다. 요컨대 그는 '중단'으로부터 진정한 평화를 구축할 수 있는 이야기를 끌어낸 셈이다. 로넬은 칸트의 영구평화론의 서술에서 '중단'이라는 개념이 그랬듯, 미완의 상태라도 그 자체의 이야기를 담고 있다는 것을 여기서 암시하고 있는 것 같다.

34 [옮긴이] 이는 역사가들에 의해 기록되고 해석된 '역사'로 규정될 수는 없다. 그러나 주변적인 것으로서, 또한 '공식적 역사'에 대립하는 것으로서 para-라는 접두어를 붙여 '유사역사'라 부를 수는 있을 것이다. 과거 이야기를 기록하고 해석한 텍스트이기 때문이다.

안을 무시해서는 안 될 것 같다. 비록 코제브도 아렌트도 역사적 불안이 활성화시킨 자기들의 성찰을 전할 때 권위에 대한 다른 연구들에는 관심을 두지 않았지만 말이다. 정당화하기는 어려울 것 같지만, 나는 철두철미함의 습관을 되살리자는 요구를 내세우려고 하는 편이다. 이런 경향은 내게 독일식 필로로기와 연관되는 먼지 앉은 학풍을 되찾자고 요구하거나 혹은 학Wissenschaft을 통해 획득한 그야말로 전형적인 내용 편집을 갖춘 문헌비교학philology을 요구하도록 만든다(비록 한때는 당연했던 이 재고품목들이 이제 와 나오기는 어렵겠지만 말이다.—독일 사람들조차도 자기네의 원천들을 추적하면서 정말 가차 없이 연구하기를 그친 지 오래다). 나는 논변의 전달에서 일종의 민주주의적 투명성을 옹호하면서도 학문적 수련을 소리 높여 요구해 버리곤 한다. 이런 태도, 이 파고드는 방식이 구식이라고 스스로에게 말하긴 하지만, 나는 이런 철 지난 활동을 계속해야 할 의무에 묶여 있다고 느낀다. 예전에 나는 니체식 행보를 취했고, [내 글의] 수사적 굽이마다 학자들로부터 돌아서곤 했다. 이들이 고립되고 고립시키면서 자기들의 작업으로 몸을 굽힌 방식과 대립하곤 했던 것이다. 이 시점에서는, 단조로 울리는 니체식의 [소수파적] 음색이 여전함에도 불구하고, 나는 학자적 정직성에 정치적으로 달라붙어 있음을 느끼고 있다.—딱 어느 지점까지이긴 하지만 말이다. 모든 사람이 기록보관소의 열병에 사로잡혔던 것은 아니다. 나는 단지, 권위 문제와 접촉했던 선행 연구들을 체계적으로 옮겨 놓은 산물을 사람들이 기대할 필요는 없다고 생각한다.—그러나 리비도가 투하된 입장을 너무 성급하게 단념하기를 원치도 않는다. 이번이 마지막일지 모르겠지만, 바로 이 문제에 대해 내 근거를 세워 보려 한다. 학술적이거나 철학적인 탐구의 계보를 무시하고, 다른 사람들로부터 특정한 문제 뭉치에 관한 불안의 어휘나 지침들을 마치 제공받지 않았던 양 그저 진행해 나간다는 것은 대체 어떤 의미일까? 전달 및 상속(상속은 루터에서 헤겔, 마르크스에 이르기까지, 그리고 독일 종교 개혁 전반에서 권위 문제의 되풀이된 초점이었다)이 담론상의 지배[권](지배는 되풀이된 또 하나의 전의체로, 지배와 예속에 대한 헤겔의 분석에서 정점에 이르렀다)를 점유하려는 미묘한 유희에서 곁으로 밀려날 때, 이 경우 권위에 대한 **질문이 갖는 권위** 자체는 어쩔 수 없이 불안정해진다

학문의 영지에 위치하건 비평적 실천의 자리에 위치하건 간에, 권위 연구는, 대개 앞선 원천과 기안에 대한 망각을 보장하면서, 권위의 역사라는 실체적 구획을 쳐내고 난 뒤에야 도움닫기를 시작하는 것처럼 보인다. 이는 마치 사람들이 권위 연구의 권위를 확립하기 위해 매번 새롭게 투쟁해야 하는 것과 같다. ─사람들이 도모하는 바란 끝없이 스스로를 반영하고 약화시키는 그런 주제를 다루는 저작 일의 권위에, 실은 일종의 자기만의 장면을 집어넣는 일인 셈이다. 아렌트와 코제브 둘 다에게는, 칸트의 해안가에서 벗어나거나 그들이 직면한 문제에 관한 버크[35]의 한결같은 주장으로 이루어진 가혹한 토양

---

35   [옮긴이] 아일랜드 출신의 영국 정치가 에드먼드 버크(Edmund Burke, 1729~1797)를 말한다. 버크는 무엇보다 자유주의의 원리를 정립한 보수주의 정치가로 알려져 있지만, 다른 한편 당대 영국 및 프랑스의 정치 상황과 관련해서 권위 문제를 지속적으로 사유한 사람이기도 하다.

으로부터 자기들의 논변을 우회시켜야 하는 문제가 있다.[36] 또한 이 둘에게는 루터와 칼뱅의 권위 형성적 침투를, 이 좌충우돌 골칫거리를 막아야 하는 문제가 있다. 옆으로 쓸려 난 모든 원재료 속에서, 우리는 아렌트와 코제브가 여러 심급에서 반복하는 내용의 반향 혹은 기원을 찾아낸다. 이유야 각각 다르게 진술되고, 모체가 되는 텍스트로 거슬러 올라가지 않은 채 내용이 반복되긴 하지만 말이다. 이 경우들 거의 모두에서, 세계는, 마치 자살하겠다고 위협하는 극적인 인물처럼, 권위의 영향력이 약화되기라도 한다면 모두 끝장이라고 으름장을 놓는다. 하지만 역사의 예리함은 동일성을 띤 발화를 변형시켜, 텍스트 반복의 의미가 무엇인지를 묻는 보르헤스식 이해방식에 가져다주는 한편, 이것이 예민하게 감각하는 영역들을 복제해 낸다. 아마도 권위를 다루는 질문에 모종의 질서를 도입하기 위해서는, 신학-철학적 친족 연결망이 파괴되어야 하는 것이리라. 설령 결과 중 어떤 것들이 끊임없이 서로에게 반향할지라도 말이다.

그들은 그랬다: 정치적 서명자로서의 학자. 그럼 우리의 원재료로 돌아가서, 우리의 주연배우들이 다시 문제를 띄워 올렸던 방식을 자세히 살펴보도록 하자. 지금 우리가 고찰하고 있는 미완의 작업에서,

---

36 버크의 작업은 아렌트와 코제브의 몇몇 성찰을 더 날카로운 초점으로 끌고 갈 맥락상의 견인력과 어휘를 제공한다는 점에서 그를 회피한 일은 특히 애석하다. 권위와 정치적인 것에 관해 미래에 숙고할 일을 위해 나는 버크의 이론들과 결부되는 일은 일단 남겨 두도록 한다.

그러니까 『권위의 관념』에서, 코제브는 미래 자체는 그 어떤 권위도 갖지 않는다고 언명한다. "순수한 미래는 어떤 권위도 없다(l'Avenir pur et simple n'a aucune Autorité)"(26). 모든 것은 제 앞의 미래를 가질 수 있지만, 이 사실이 어떤 식으로건 미래의 위신을 보장하지는 않는다. 미래가 권위를 행사하는 것은 오로지 **장**, 말하자면 전위, 이사진, 보스 혹은 지도자가 발의한 **투영**(과거에서 얻은 지식을 기초로 미래를 조망하면서 현재에 착상된 기획)의 형식으로 미래가 "선언되는" 한에서이다. 미래는 권위주의적 형식으로, 주관하는 자의 권위("장의 권위Autorité de Chef")로서 스스로를 "선언한다". 다시 말해 미래는 형이상학적 기초를 입수한 자의 권위로서 선언되는 것이다. 이 형이상학적 기초의 "사실상의virtual" 현존은 바로 현재(인간의 현재, 즉 역사적 현재), 말하자면 속세의 현실에 놓여 있다. 코제브는 권위에 대한 사유를 현상학, 형이상학, 존재론의 영지에 각각 분할했는데 이는 시간성에 그 뿌리를 두고 있다. 뿐만 아니라 휴머니즘을 무시하고 흔들어 대려는 그 틀림없는 경향에도 불구하고, [코제브의] 논변은 그 논점을 다루고 역사주의적 서사를 고수하기 위해 인간이라는 형상을 계속해서 유지한다.[37]

· · · · · · · · · ·

　　해설이 눈먼 길로 접어들기 전에 걸음을 멈추련다. 이로 인해 단

37　[옮긴이] 앞서 소개한 대로 코제브의 네 가지 권위 유형은 아버지, 장, 주인, 재판관이라는 구체적인 인물의 형상을 띠고 있으며, 이 네 '형상'은 비록 약어표기를 기본으로 하고 있긴 하지만, 코제브의 저작 전체에 지속적으로 등장한다.

지 권위의 붕괴에 접근하는 사람의 내적 투쟁과 곤경을 나타낸 것에 그치게 될지라도 말이다.

나는 내가 취했던 선택지에 관해 묻기 위해 스스로를 중단시킨다. 이런 일은 항상 일어난다. 매일같이 갖가지 방식으로, 거의 매분마다. 언제라도 모든 것이 허물어질 수 있다는 의미이며, 의심할 바 없이 권위의 종말이라 일컬어지는 사태의 부작용이다. 권위가 지워진 상태에서 글을 쓰는 일은 판돈[의 위험성]을 배가시킨다. 다른 사람들은, 자기네가 딛고 선 자리를 더 확신하고 있기에, 어떻게 이를 억제할지 아는 것 같다는 근심이 점차 커지기도 한다. 내 '대상$_{object}$'은, 탁월한 이론가들을 동반하여 이들의 중요한 유산으로 틀을 짜더라도, 이것이 보여 주겠다고 작정한 것으로부터 독립해 설 수 없다. 요컨대 권위의 종말은 그 균열의 가장자리에서 글을 쓰려는 기획을 잠식하지 않을 수 없다. 전제가 희박해지는 과정을 추적하는 동안에, 이 작업 자체가 위험에 빠진다. 이전 어느 때보다도 확신이 없는 데다가, 알아볼 수 있는 기호나 승인의 지시를 거의 못 받기에, 작업은 더욱더 파탄에 가까워진다. 그렇거나 말거나. 이 작업은 또 다른 전환점을 선택해서 단호한 거부의 자세를 취할 수도 있다. 비준 혹은 적법성에 대한 보증을 받지 않고 혼자서 해 나가는 것이다. 비록 내가 앞서 제시했던 해설에 도사리고 있던 이 구멍을 폭로하는 것이 다소 위험하다고 느낄지라도 나는 평온함을 가장한 포즈, 적법성의 그럴싸한 분위기를 깨뜨리고 나오는 것이야말로 바로 이 주제에 맞는 일이라고 생각했다. 자, 다시 시작해 보자. (이 좌충우돌을 양해해 주기 바랄 뿐. 이는 제멋대로의 휘청거림이 아니며, 권위가 퇴위한 채 경로를 유지하는 과정의 일부로 미리 처방된 것이다.)

왜 나는 코제브에게 불려 나와 이 기획에 착수하게 되었을까? 하필이면 지금 이때? 나로서는 버크와 더불어 버텨 볼 수도 있었을 테고, 본래의 날것을 향해 나아갈 수도 있었을 것이다. 그러니까 헤겔을 향해서 말이다. 버크를 재방문했더라면 내 입장을 보다 단단히 굳혀 주었을 것이라고, 중얼거려 본다. 더군다나 헤겔과 작업하는 일은 언제나 그에 걸맞은 보상을 해 준다. 내 말은, 정말로, 왜 **콕 집어**au juste 코제브일까? 이 질문은 자는 내내 나를 뒤척이게 만들었고, 깨어나 아침이면 나를 예민하고 열에 들뜨게 만들어 왔다. 내 우울한 느낌을 라캉이 부추긴다. 그는 코제브가 헤겔의 『정신현상학』[에 관한 논의]을 시작하는 지점을 짚으면서 이렇게 무미건조하게 진술한다. 주인과 노예의 여러 위치를 참조하고 주인 담론과 관련된 시사점들을 언급하면서 코제브는 "언제나 이런 것들이 생성되기 전에 선차적으로 그 자리에 있었던 것을 회피했다"는 것이다.[38] 물론 선차적인 것들을 밝혀 내는 일이 코제브의 전문 분야도 아니었거니와 그에게 맡겨진 임무도 아니었을지 모른다. 아마도 코제브는 계보학적 부담을 떠안지 않고 목

---

38   Jacques Lacan, "Interview", *Le séminaire de Jacques Lacan, Livre XVII, l'envers de la psychanalyse, 1969~1970*, Paris: Éditions du Seuil, 1991, p.167(*The Other Side of Psychoanalysis: The Seminar of Jacques Lacan Book XVII*, trans. Russell Grigg, New York & London: W. W. Norton, 2007).

적지를 향해 달려가는 중이었을 것이다. 오히려 우리가 요청받은 일은 그가 무엇으로부터 달려 나왔는지를 읽어 내는 것이며, 혹은 대체 어떻게 권위 있는 시작을 무시하는 코제브의 회피 행위가, 식별할 만한 출발 지점이나 원천도 없이 의미를 쌓아 올리는지를 읽어 내는 것인지도 모른다. 아렌트와 다르고 프로이트와 다르며, 신과도 다르게, 코제브는 창업 서사 혹은 우리가 그랬지 식의 감각을 참아 내지 못하는 것처럼 보인다. 설령 이런 것들이 프로이트의 인류학처럼, 단지 추진력을 얻기 위한 허구 이상은 아무것도 의도하지 않는다 하더라도 말이다.

코제브는 태곳적 과거에 무관심한, 일종의 계보학적 교란으로부터 자기의 논변을 쌓는다. 물론 그의 논변도 원초적 과거를 그려 낼 적에 이것을 작고한 아버지로 형상화하지만 말이다. 어쩌면 코제브의 비틀거림은 우리에게 교훈적일지도 모르겠다. 그는 부성적 은유의 숙명에 관해 더 많은 정보를 얻기 위해 정신분석을 조회하거나 선례들을 다그치지 않고도 전진할 수 있다고 생각했기 때문이다. 어쩌면 망각된 기원들의 권위가 코제브를 찾아와 그의 요충로에 장애물을 설치했던 것일지도 모른다. 코제브의 분투와 진지하게 마주하는 동안에는, 그의 혹시나 잘못되었을 출발에 대한 질문은 잠시 유예토록 하자. 결국 이 분투가 성공했는지 아닌지는 우리가 속한 분과학문에서는 사소한 문제이기 때문이다. ─ 계산이 불가능할뿐더러 알 수도 없는 문제라는 사실은 말할 것도 없다. 미완성이라고 할지라도, 소진에 끝이 없다는 사실을 발견하는 데 그칠 뿐일지라도, 여전히 나름의 몫을 다해야 할 필요가 있을지도 모른다는 사실을 전제할 때는 더욱 그렇다. 내가 의심을 표명했던 곳으로 되돌아가 보겠다. 거기서 절합된 내용은 내가 의심을 잠정적으로 해소했던 방식을 가리킬 테니, 적어도 저 중단된 탐사를, 코제브 자신의 제시 방법을 반복하는 탐사를 계속 진행하기에는 충분할 것이라고 생각해 본다.

이렇게 말할 수 있을지도 모른다. 나는 있을지도 모를 그 모든 경고를 무릅쓰고, 미래를 위한 정치 이론이자 미래의 정치 이론이 다루어지는 탁자에 코제브를 올려놓는 것이 중요하다고 여겼다. 나는 코제브가 발터 벤야민의 든든한 팔을 잡고, 불온하리만큼 인기 있는 카를 슈미트와 함께 경기장에 들어서면서, 그녀의 권위에 관한 작업이 본격적으로 통합되기를 기다리며 대기해 왔던 한나 아렌트 바로 곁에 자리 잡는 것을 보고 싶다. 그렇더라도 코제브라는 선택지는 과잉 결정된overdetermined 것이며 여전히 그러하다. 지금 나는, 이 연구를 자극해 왔던 보다 개인적인 요인들에 대한 설명을, 적어도 그 윤곽선의 일부라도 전함으로써 털어놓아야겠다고 생각하고 있다. 나는 주저하고 우왕좌왕하고 있다. 나는 권위의 종말에서 비롯된 어법에, 그것이 글쓰기에 가져온 결과들 속에 잠겨 있다. ─이 같은 사실은 최근 우리에게 허용된 것을 두고, 통행권 없이 [권위에 의해] 인증받지 않고도 아무나 들락날락하는 저 자오선 바로 위에서, 내가 주저하도록 만든다. 이제 간다. 아니. 저기, 잠깐만. 그래, 좋다. 가자. 하지만 이러려면 우리는 정황에 좌우되는 것들이 시의 역사에서 수행한 역할을 이해해야만 한다. 지금 나는 부분적으로나마 이것을 이론적 작업으로 옮겨 놓고 있다. 여기에서 나는 **즉흥시**[39]를 생각하는 중이다. 이것은 우연히 촉발된 어떤 정황에서, 아니, 분위기가 자아낸 것이거나 나아가서는 명령에 따른 것일망정 일반화될 수는 없는 특수한 정황에서 읊게 되는 시다. 코제브가 권위와 맞붙은 싸움이 내게 진지한 과제가 되었던 정황을 간략히 설명하면 이렇다. 몹시 힘들었던 시간에 나는 권위에 관한 코제브의 작업을 처음 읽었다. 데리다의 와병 중 가혹한 말기에 그의 곁에 앉아서 읽은 것이다. 내가 방문하면 그가 활력을 얻는 듯했다. 그래서 마르그리트 데리다가 조르는 대로 "약간 주의를 끌기 위해" 습관적으로 데리다의 마음속 교사를 불러내곤 했다. 나는 내가 읽은 것에 관해, 질문들을 꾸리면서 뭐든 이야기하려 했다. 지금 경우는 대략 이런 식으로. "코제브는 네 가지 순수한 권위 유형을—아버지, 재판관, 주인, 장의 권위를 제시합니다. 그런데 여기에는 어떤 의학적 권위도 없죠. 도합 예순네 가지나 되는 권위의 혼합 유형 중에도 의사 선생doctor은 전혀 보이지 않습니다!" 데리다는 듣고, 섬광과 같은 흥미를 보이면서, 동의하는 것 같다. 플라톤조차도 의사physician에게는 확고한 지위를 보장했다면서.

이제 그이, 데리다에게, 절망적으로 쇠퇴해 가는 그의 상태에서는, 인간적 질서order 중에 극히 적은 것들만이 자기 의사의 명령이 갖는 만큼의 권위를 띤다. 데리다가 약을 먹기 전에 그와 나는 "의사 선

---

39 [옮긴이] Gelegenheitsgedicht는 말 그대로 이런저런 상황에서 즉흥적으로 읊게 되는 시를 의미한다. 독일 문학사에서는 괴테와 헤겔이 즉흥시라는 형식에 관해 고평한 바 있다.

생의 지시ₒᵣdₑᵣₛ"라는 제도와 이것이 갖는 권위주의적 지배력에 대해 간략한 논의를 시작한다. 그러고 나서 우리는 내 눈으로도 알아볼 수 있는 진통제의 몽롱함 가운데서, 언어용법에 깃든 또 다른 처방적 [즉 권위를 띤] 날카로움으로 짧게 화제를 돌린다. 이 기억은 매우 개인적인 것처럼 보이지만, 읽어 낼 수 있거나 없는 여러 증상을 탐사하고 진단하는 존재 및 신체의 의사들과 회진 행위를 공유하고 있으므로, 사유를 환자처럼 대하려는 철학의 일반적 경향에서 전적으로 외부적인 것은 아니다. 우리가 의학적 시야에서 수사법을 배치하는 철학의 구역 속에서 우리 자신을 발견한 것이 그리 놀라운 일은 아닐 것이다. 우리는 철학이 건강을 사고하는 일이자, 의학이자 해석학의 관점에서 전체성의 재해득에 달려든 사고였다는 사실을 상기하게 되었다. 우리는 철학의 착실한 장소이자 빈번한 주제들에 관해, 그리고 종종 미약하거나 숨겨진 그 맥박에 관해 이야기했다.

어느 날 오후, 우리는 『고르기아스』 속의 의사 선생을 방문했다. 그러고는 전문가의 기술과 지식을 요구하는 경우로 제공된 사례 하나를 고찰했다. 이 경우에서는 수사학자가 **필요해** 보인다. [수사학자를 불러들이는] 이 호출은 소크라테스가 의사 선생과 다른 숙련가들을 구별한 바로 직후에, 수사학자를 애호가, 즉 비전문가로 간주할 적에 발생한다. —이것이 소크라테스가 기교 혹은 아이러니로 처리해 버릴 수 없었던 한 가지이다. 누가 의사 선생을 만나기를 거부할 때 무엇을 해야 하는가. 수사학자를 부르시오. 이 딜레마는 우리를 플라톤 속의 한 순간, 누가 타자에 대해 지닌 권위라는 관점에서 양떼에 대한 양치기의 관계 및 환자에 대한 의사의 관계를 가늠하는 순간으로 다시 데려가서 이를 전도시킨다. 수사학 선생은, 권위는 모자라지만, 그럼에도 난관을 해소하거나 장벽을 치워 내는 어떤 힘을 가하여 처방적 타개책을 촉진시킬지도 모른다. — 흠, 여기서 나 자신의 슬픔에 빠지려고 하는 건 아니다. 나는 다만, 토머스 드 퀸시나 요한 페터 에커만의 권위가 떠받칠 법한 어떤 분위기를 실어 나르려고 할 따름이다. 이들은 자기네를 이끌던 조언자가 운명을 수용한 마지막 나날에, 에커만의 경우에는 그 마지막 몇 년간, 증언자가 될 준비가 되어 있었다. 이런 문체상 침입을 정당하게 만들어 주는 원재료나 이런 일의 적법성을 인증해 주는 관청이 뭐건 간에 — 아마 결코 없으리라 — 나로서는 데리다와 나 사이에 있었던 대화를 보고하는 일이 내 편에서 어떤 고뇌를 끌어낸다는 사실을 부정할 수 없다. 나는 에커만을 생각한다. 나는 위대한 중독자, 드 퀸시를 생각한다. 나는 내 경험의 편린을, 마치 나 자신이 『시와 진실』을 다시 펴내듯이, 말해야 한다는 강박충동이 세계사적 긴급성과 이어져 있는 [괴테의] 그 자서전을 재발간하려는 듯이, 기록하는 일에는 주저하게 된다. 당연히 지금 경우는 『시와 진실』과는 다르다. 비록 자기중단의 필요성이 두말할 나위 없이 글쓰기의 역사성에 관련되는 문제이며, 그 비틀대는 걸음걸이 및 동요하는 권위에 관련되는 문제라고 할지라도 다르며, 또한 이 중단된 틈새가 굉장히 넓어질 수 있는 것처럼 보이거나 혹은 몹시 중요성을 띨 것처럼 보인다고 할지라도 다르다.

하지만 견실하게 해설을 해 내려가다 왜 방향을 획 틀었을까?

나는 [권위를 둘러싼] 논의에 참여한 한 사람일 수도 있었다. 짐작컨대 어떤 것이 내게 이를 개인적으로, 생채기나 욱신거림처럼 간직하도록 요청한 것 같다. 특히 요즘처럼 사태가 상세해지기를 그만둬서$_{departicularize}$ 흔히 쪼개지고 소거되는 때는—아니면 정반대로, 사태가 과잉으로 상세해져서$_{hyperparticularize}$ 사유를 몰아내고 사유를 붙잡기가 몹시 힘들어지는 때는 말이다. 이따금 나는 마치 재판을 받는 것처럼, 거의 모든 것을 이야기하는 일이 의무라는 생각이 든다. 거의 모든 것을 말하면서도, 왜, 또는 누구에게 말할 것인지는 말할 수 없다. 즉 말하기, 거의 강박충동에 가까운 이 일은 지속되는 책무이되, 다만 죄책감의 혐의가 약간 덜 한 것 같다. 나는, 나-쓰기를 수행할 적에 글쓰기를 하도록, 또 쓴 것을 흩트리도록 내게 강요한다고 느껴지는 조건과 압력들에 대해 **말할** 의무를 진다. 이런 일은 어리석은 실수로 보일 수도 있겠지만, 우리 사이에서 무엇을 계속 살려 둘지도 모른다.

코제브에게 도움을 구하여 그를 탁자에 올린 또 다른 이유가 있다(코제브가 헤겔과 맺은 풍요로운 결연관계를 착취하려는 목적에서, 아니, 내가 지켜보았던 광경처럼 그를 날것으로 삼키겠다는 목적에서 식탁에 올리는 것과는 다른 이유다). 사람들이 제대로 보았건 잘못 보았건 간에, 그러나 사람들에게 일관되게 영향력을 발휘하기에는 종종 충분하리만큼 바로 다음과 같은 상황을 관찰해 왔다는 것. 즉 부시 행정부 아래에서 미국은 헌법을 억누르고 정의에 대한 어떤 합리적인 감각도 수치스럽게 만들어 왔는데, 이 행정부의 명백하고 '지적인' 잠재 권력이 레오 스트라우스[40] 교수에게서 유래했다는 점이다. 학자로서 그리고 시민으로서, 스트라우스의 작업들로 되돌아가지 않을 수 있는 사람이 대체 누가 있을까? 이를 통해 실패를 학구적으로academic 중재한다고 칭해지는 장소에 그저 들를 뿐이라고 해도 말이다. 스트라우스의 저작은, 미국 대통령직 주변 집단이 밀레니엄 초창기 국가적 의사결정을 해온 최근 역사에 그 기초를 제공한다고 말해진다. 이 휘장 아래서 가해진 피해는 조지 W. 부시 행정부와 함께 사라졌다고 말할 수 없다. 혹시 가능하다고 할지라도 피해를 수습하고 정리하는 데는 오랜 시간이 걸릴 것이다. 무엇보다 오바마 행정부가 법에 대한 이 언어도단적 오독의 대부분에 그대로 머물러 있을 뿐만 아니라 심지어 갇혀 있기 때문이다. 스트라우스라는 이름이 담긴 일화와 연계된 혼란과 잔여 독성은 쉽게 증발하지 않을 것이며, 오히려 그 외설성이 잘 드러나지 않는 다른 형식과 포즈를 취하게 될 것이다. 크게는 부시-체니-로브-럼스펠드라는 이름으로 복귀하게 되는 이 피해에 대한 책임을 레오 스트라우스라는 학자 하나에게만 씌울 수는 없다. 그렇긴 하나,

40 [옮긴이] 레오 스트라우스(Leo Strauss, 1899~1973)는 유대계 독일인이면서 히틀러의 유대인 박해 때문에 미국으로 이민 온 정치철학자로, 그의 저작과 논점은 아들 부시 행정부의 신보수주의(neocon)에 영향을 미쳤다고 말해진다. 그는 정치철학자이지만, 철학이 아니라 정치를 훨씬 더 강조했으며, 이성의 원리에 기초한 정치가 아니라 삶의 경험에 기초한 정치를 수행해야 한다고 보았다. 또한 그는 자기 사유를 그리스 고전 철학들을 독해하면서 풀어냈다. 특히 그는 철학자들의 철학은 내부에 숨겨져야 할(esoteric) 내용을 담고 있다고 보았기 때문에 플라톤 독해에서도 정의는 더 강한 자의 편익이라고 말한 트라시마코스에게 진리가 있다고 읽어 낸다. 그는 하이데거에게서 배웠고, 카를 슈미트와 교제했으며, 코제브 및 마르쿠제와 동시대인이었다.

부식성腐蝕性 통치를 따라 이루어진 최근의 몇몇 일에는, 비록 사후에 한 것이긴 하지만, 이 선생이자 학자의 서명이 새겨져 있다. 이 이름과 연계된 여러 권리 침해에 관한 소위 레오 스트라우스의 영향력은 그에 대한 참조가 도달하는 범위 전반에 끈질기게 남아 있다. 그 피해는 결정적일지도 모른다. 나는 교수법에 관해, 저 학자의 서명과 정치의 과잉에 관해 기록한 문서철을 지금 펼칠 수는 없다. 이런 일은 우리를 먼 벌판으로 데려가게 되리라. 하지만 그럼에도 불구하고, 특히 **국가철학**Staatsphilosophie의 권위를 여전히 추구하는 바로 그 자리에서 이 학자의 힘이 쇠퇴했다는 점에 비추어, 이 문제를 고찰할 필요는 있다. 어떻게 해서 학자 레오 스트라우스는 사후에 국가철학자로 추대되었을까? 왜 그의 서명이 필요했을까?

누구는 이 문제를 단단히 붙들어 매기 위해 영화 해석을 경유해 볼까 생각할 것이다. 증오 범죄를 소재 삼아 교수법의 알레고리로 제작된 히치콕의 〈로프〉에서 지미 스튜어트가[41] 겪는 곤란을 떠올리면서 말이다. 영화 속에서, 쇠약해져 손을 떨면서, 손에는 위스키를 들고서, 선생은 자기의 서명이 범죄의 인장으로 사용되었다는 사실을 알게 된다. 히치콕이 제시한 이 경우에서, 스튜어트의 니체 강좌는 말을 자구대로 받아들인 그의 학생들, 나치와 동일시된 이 학생들에 의해 번역되어 살인이라는 결과로 나타난다. 도용된 철학 텍스트는 정치적 심

---

41   [옮긴이] 영화 〈로프〉에서 제임스 스튜어트는 단지 즐거움을 위해 살인을 저지른 두 젊은이의 선생 역할을 맡았다.

연과 윤리적 재앙을 여는 추동력을 제공한다. 니체 안의 무언가는 활짝 열린 채 남겨졌기에, 철학의 의미를 그처럼 납치하는 일이나, 저작을 흉포한 탈취와 막무가내 시행을 위한 성명서나 설명서로 일변시키는 일을 허용하기까지 한다. 또는, 스크린 밖에서, 우리는 철학 학부의 여전히 괴로운 역사, 독일의 대다수 철학 학부가 제3제국을 지지했던 사실로 되돌아갈 수도 있다. 역사적 실천을 향한 하이데거의 욕망과 그 실행은 **역운**歷運, Geschick이라는 — 운명의 표지라는 — 측면에서 고취되었으며, 이 욕망과 실행이 철학자들 사이에서 아직도 전례 없는 것으로 남아 있다는 사실에는 의심의 여지가 없다. 플라톤조차도 현실화된 국가와 일하기 위한 계약에 서명하지는 않았다. 철학자들이나 이들의 외주 업체, 소위 지식인들이 예비역조차 관둘 적에, 한때는 이들이 가차 없는 현업 전문가로서 활동했던 잔소리꾼 기능을 줄이게 된다면, 대체 무슨 일이 일어나는가? 이와 같은 취임 및 계약 과정은, 철학과 국가 사이의 열광적으로 합의된 기생 상태를 측정하기 위해 더 심화된 논의를 초대하고, 신중한 말씨의 어법을 불러들인다.

미국은 학문에 투자할 뿐만 아니라, 선생들이 정치적 지침을 내리는 일에도 투자해 왔다. 이와 같은 정치적 지침은 태평한 독서가들이 위임했던 것이거나 혹은 대개는 꿈꿨던 일이기도 한데, 아무튼 조국의 투자 문제로 되돌아가기 위해 최근 지도자들의 성적표를 가까이 들여다보도록 하자. 나는 칼 로브가 어떤 유의 학생인지, 폴 월포위츠가 관리한 평점이 어떤지 확실히는 알지 못한다. 하지만 우리 모두는 리처드 체니[딕 체니]가 대학에서 보기에는 글러 먹은 학동이었으며,

조지 부시는 자기의 C 마이너스에 만족했었다는 사실을 잘 알고 있다. 그런데도 한 집단으로서, 이들은 스트라우스의 가르침의 추종자이자 실현자라고 말해진다. 다시금 질문이 떠오른다. 정치조직이 강력한 학자나 철학자의 이름과 결부될 적에 충족되어야 할 요구조건은 뭘까? 정책 형성으로 넘어가는 교차결합은 구조적으로 재앙적 곡해에 결박될 수밖에 없는 것일까? 히치콕풍이나 하이데거식으로 말이다.

코제브의 경우를 보자면, 그는 언명된 텍스트의 여러 한계를 안팎으로 오가기를 꺼리지 않았다. [오히려] 그는 이 한계들을 한데 뒤섞으면서, 정치적 실천praxis의 여러 양식을 변환할 때 언제나 학자적 서명의 경계선을 재구축했다. 코제브는 1942년 저술 이후에, 행정적 위계 주위에서 활동하면서 유럽[연합체]의 건설을 촉진하는 일에 중요한 역할을 수행했다. 통치의 시민적 형식에 대한 코제브의 헌신, 행정적 관리라는 문제에 "소거할 수 없는 정의의 이념"을 도입하는 일에 대한 그의 공헌은 레오 스트라우스와 벌인 유명한 논쟁에서 특히 명료하게 발화된다. 레오 스트라우스의 『폭군정에 대하여』는 1954년 프랑스에서 『히에론 또는 폭군정에 대하여』[42]라는 제목으로 번역되어 출판되었다. 레오 스트라우스 텍스트의 프랑스어 번역문 뒤에는 코제브의 중요한 비판적 연구인 「폭군정과 지혜」가 붙어 있었다. 코제브의 텍스

---

42   [옮긴이] 스트라우스의 『폭군정에 대하여』는 크세노폰의 저술 『히에론』에 대한 주석으로, 프랑스에서는 『히에론』과 코제브의 「폭군정과 지혜」를 앞뒤에 붙여서 번역되었다. 『히에론』은 시라큐사의 폭군 히에론과 시인 시모니데스 사이의 대화 형식을 띤 저작이다. 여기에서 크세노폰은 폭군이 사인과 다름없이 행복에 접근할 수 없다는 주장을 편다.

트는 단지 레오 스트라우스만을 겨냥하거나, 지금은 신보수주의라고 지칭되면서 티파티[43] 출범의 어떤 측면을 부채질하는 운동의 태동을 공격하는 것만이 아니다. 우리는 여기에서 역사에 관한 코제브의 사유 또한 일별할 수 있다. 이 텍스트는 역사를 "'지식인이라는 중재자'의 도움을 받는 자들인" 철학자들이 인도하는 정치 행위의 연쇄로 이해하는 코제브의 사유를 보여 주기 때문이다.[44] 대체로 보아, 스트라우스가 그의 깡패 수련생들을 본격적으로 뒷받침한다고 간주하기에는 무리가 있다. 비록 이들이 공통적으로 공통성을 경멸하고, **데모스**에게 의혹을 품고 있다고 할지라도 말이다. 스트라우스는 진리를 말하는 것이 모든 이를 위한 것이었다는 사실을 믿지 않았다. 그는 오직 소수의 사람들만이 진리에 접근할 강건함을 가졌다고 보았으며, 그 내용이 진리란 없다는 것일지라도―그래서 [더욱] 이 공백의 상태를 아무나 다룰 수는 없다고 여겼다. 좀 더 최근에는 자크 랑시에르가 **데모스**에 대한 플라톤의 경멸을 다루었다. 랑시에르가 지적하는 것은 민주주의가 되풀이하여 벗어나야 하는 구렁인 [정치철학의] 잘못이라

---

43   [옮긴이] 본래 티파티는 미국 독립운동 때 보스턴에서 동인도회사의 차를 폐기시키면서 했던 저항운동을 가리키는 말이었다. 그러나 지금은 공화당을 지지하는 미국 보수파 중에서도, 미국의 정치적 자유주의 문화를 부정하고, 진리는 소수만 알아야 한다고 생각하면서, 국익(더 정확히는 미국 내 권력 엘리트의 이익)을 지키기 위해서는 거짓을 섞은 대중 선동도 불사할 수 있다는 생각을 가진 강경 보수 세력의 집단 운동을 가리키는 말이 되었다. 2016년 미국 대선에서 티파티는 공화당 후보로 테드 크루즈를 지지했다.

44   Victor Gourevitch & Michael S. Roth, eds., "Introduction", *On Tyranny* by Leo Strauss, ed. rev. and exp. edition, New York: Free Press, 1991, p.xvii. 이 책은 스트라우스와 코제브 사이에 교환된 서신을 포함하고 있다. 이하 참조한 문장들은 이 텍스트 여기저기에서 인용한 것이다.

는 위치default position다. 물론, 스트라우스의 거절은 다른 길을 찾는다. 그리고 부시 패거리도 확실히 정치에 관한 알튀세르식 성찰의 영향력 아래 있지 않았다. 그럼에도 불구하고, 민주주의적 충동에 고유한 오염은 레오 스트라우스의 시체[말뭉치]corpus를 경유하며 맴돌아, 어쨌건 이들에게 도달했고, 이들은 민주주의의 전망을 플라톤식으로 약화시키는 자리 부근에 착지하여, 적법한 발판을 부분적으로 얻어 냈다. 이들은 플라톤을 기다리거나, 스트라우스 방송국이 자기네의 경멸 혹은 파멸적 청사진을 현실화하기를 기다리지 않았다. 오히려 이들은 면허를 받을 길을 찾았다. 헌법과 민주주의적 정직성을 두고 오간 거래를 마무리 짓기 위해 학계의 인장을 얻으려 했던 것이다. 이 집단이 기워 놓은 법률의 가증스러움과 몇 가닥 학문의 보잘것없음에도 불구하고, 이들이 이죽거리며 저지른 파괴들에도 불구하고, 우리는 타락한 정치적 실천과 철학적 성찰을 단순히 대치시킬 수 없다. 이런 역사적 도착倒錯과 전유appropriation를 불러들인 것은 플라톤 속의 어떤 것, 스트라우스 속의 어떤 것이기 때문이다.

코제브와 스트라우스 사이의 서신 교환은 여러 번 이루어졌다.―출판된 판본에서 가장 앞선 날짜가 찍힌 것은 1932년 12월 6일의 편지다. 이 편지의 인사말은 "친애하는 코제브니코프 씨에게"였다. 몇 년이 지나 인사말은 "진심을 담아, 내 아내와 함께"라는 끝인사를 붙인 "친구에게"로 발전했으며, 1948년에는 "친애하는 코제브에게"가 되었다.―두 사람 사이에 오간 편지에서 스트라우스는 철학의 분리주의에 관해 이들이 불화하는 측면을 강조한다. 말하자면 스트라우스는 그의 편지 상대와는 달리 철학이 자체의 길을 지켜 나갈 필요가 있다고 간주한다. 그는 오직 철학을 위해서 필요한 정도만을 인정하며, [철학에 대한] 관용을 두고 국가와 협상하는 데까지만 나아간다. 국가는 드러내 놓고 적대적이지는 않더라도, 철학적인 분쟁 해결을 적어도 경계하기 때문이다. 빅터 구레비치와 마이클 S. 로스는 스트라우스가 "철학과 사회의 완전무결한 화해"라는 코제브의 입장을 어떻게 한마디로 거부하는지 보여 준다. "이런 것은 필요하지 않으며 바람직하지도 않다. …… 스트라우스가 판단하기에 [『히에론』에 대한—로넬] 검토는 철학과 사회를 화해시키려는 시도가 양쪽 모두에게 틀림없이 파괴적이라는 사실을 확인시켜 줄 뿐이다. 따라서 그 검토는 철학과 사회의 뒤얽힘을 솎아 낼—'해-체할de-construct'—필요성 및 그럼으로써 양편의 고전적 분리를 복구할 필요성을 다시금 확인시켜 준다"(xviii). 나는 이 따옴표, 저 저자들이 불러 온 작업 유형을 중화시키거나 무력화시키는 따옴표를 읽어 내려는 '해체-구축자de-constructor'의 유혹에 굴복하지 않겠다. 그보다는 나 자신을 제한하여 몇 개의 발언만, 폭군적 장악의 균열성을 포착하려 했던 정치 이론들의 실패와 제약에 대해서만 약간 언급하고자 한다.[45]

---

45 [옮긴이] 데리다가 말하는 해체(déconstruction)는 대상의 구성 요소를 낱낱이 분해하여 철거하는 것만을 이르는 것이 아니라, 해체 이후의 재구축을 포함한다고 이해되어 왔다. 이 말을 우리말로 '탈구축'으로 옮기는 경우가 있는 것도 이런 이유 때문이다. 그러나 구레비치와 로스처럼 하이픈을 집어넣어서 '구축'의 의미를 강조하게 된다면 철학과 사회의 완전한 분리를 강조하는 스트라우스의 논점을 반대로 이해해 버린 것이 된다. 여기서 로넬은 해체[구축]론자로서 자기의 정체성을 드러냄으로써 스트라우스와 코제브가 아니라 구레비치와 로스의 텍스트에 잠깐 개입한 것으로 보인다.

스트라우스의 출발 지점은 "우리의 정치[과]학"이 폭군정과 직면하지 못했다는 사실에 뿌리박고 있다. 정치학은 "과거의 가장 강력한 사상가들이 떠올린 가장 대담한 상상을 능가했던 폭군정 부류"와 직면하는 일에 실패했다는 것이다. 우리의 정치학이 다룰 수 없었던 초과분은 정치학 전반에 여러모로 영향을 미쳤다. 폭군정은 철학을 겨누어 이런저런 일들을 실행해 왔다. 스트라우스 말대로 "사회는 언제이건 사유를 [폭군적으로] 압제하려고 한다"는 의미에서 말이다. 그렇지만 스트라우스와 코제브는 공히, 철학과 사회 사이 충돌의 역사가 있다는 점에 대해 같은 의견을 보인다(어떤 스트라우스 지지자들은 '국가'와 '[시민]사회'를 분리하는 헤겔의 관점을 받아들였던 것처럼 보이지만 여전히 대중적인 고등학교 교과서 단어인 '사회', 오직 몇몇 맥락에서만 정당화되는 이 어휘를 [논의의] 거의 대부분에다 사용하는 것으로 되돌아가고 만다). 나아가 스트라우스와 코제브는 "철학 혹은 지혜가 목적들의 질서에서 최상위를 차지한다는 점, 즉 철학 혹은 지혜야말로 체계건축의architectonic 목적이거나 원리라는 점에 동의한다". 이들은 공평하지 않은 경기장에서 만난다. 그곳에서 철학은 영광을 차지하지만, 사회적 힘의 영향력으로 인해 약화되고 지속적으로 얻어맞는다. 사유는 스스로가 끊임없는 괴롭힘에 종속되어 있음을 알게 된다. 하지만 누가 괴롭힘을 시작했을까? 그리고 어째서 평화조약이 막후에서 좌우될 수 있는 걸까?

두 정치 이론가는 이 충돌이 해소될 수 있는지, 그리고 충돌이 해소되어야 하는지에 관해서는 의견이 일치하지 않는다. 사실상 스트라우스는 잘못된 것으로 판명될 뿐일 이런저런 해소 방안을 다 기피하면서, 충돌 중인 꽉 막힌 상황을 소중하게 여긴다. 사회적 신뢰를 공격하고 불가피하게 권위의 권리주장에 구멍을 내는 한, 철학은 주된 훼방꾼인 것처럼 보인다. 코제브와 스트라우스는 분쟁 중인 가치들 및 팽팽한 대립 상태의 가능한 완화 방안을 놓고 몇 건쯤 시합을 꾸린다. 이들 사이의 **쟁론**différend을 더 파고들 계제도 아니거니와, 여기는 이들이 목표들을 두고, 또한 넓게 보면 스트라우스의 플라톤과 코제브의 헤겔을 한 구덩이에 몰아넣는 '인정'이라는 문제를 두고 둘이 끝장을 보려는 상황을 구경할 자리도 아니다(비록 스트라우스의 플라톤은 갑자기 방향을 틀어 니체로 모습을 바꾸지만, 이 점은 당장엔 이렇건 저렇건 상관없는 문제다). 코제브는 기구機構들에 침투해서 철학과 혁명을 세계 역사의 절정이라 할 수 있는 것과 이어 놓는다. 그는 우리의 궁지에 함축된 굴욕과 패배를 계산함으로써 역사의 종말을 불러온 주범이었다. "'역사의 종말' 및 '철학의 종말'이라는 표현은 유행어가 되었으며, 이에 따라 실상은 속 빈 슬로건이 되었다. 우리 시대에서는 코제브야말로 이와 같은 표현들이 무엇을 의미할 수 있는지 진지하게 사고한 첫 번째 인물이다"(xiv). 스트라우스와 코제브는 서로를 존중하되 화해할 수는 없었던 둘 사이 차이의 드라마를 통틀어서 둘이 공유하던 조언자를 침묵 속에 감춰 둔다. 이 사람은 베일로 가려진 수수께끼이자 이론적 흉터이며, 지속적인 위험 신호로서 어디에나 현존한다. 스트라우스와 코제브 사이의 서신 교환 아래에 가로놓인 심연이 품고 있는 이름은 마르틴 하이데거다. 조언자로서 하이데거는 한

나 아렌트와 헤르베르트 마르쿠제에게도 가르침을 주었으며, 이 제자
들은 마찬가지로 사유의 폭군정에 사로잡히고 권위의 처소에 붙들리
게 되었다.

**우리의 근대성: 권위에 관해 누가, 무엇을, 왜 말했는가를 그려 낸 간
단한 담론 지형도.** 코제브가 스트라우스와 겨루던 때에는, 논쟁에 참
여한 철학자들 사이에서 권위 문제가 드러내 놓고 유통되지는 않았
다. 내가 보였다시피, 권위의 성격과 발생이 전혀 포착되지 않은 것
은 아니었"지만, 이 현상의 본질 자체는 거의 주목되지 않았다(mais
l'essence même de ce phénomène a rarement attiré l'attention)".[46] 코제브는 권위
를 은신처에서 끌어낸다. 코제브의 주장대로라면, 권위가 무엇인지 알
지 않고서 국가권력과 국가의 구조를 고찰하는 것은 불가능하다. 그
는 권위 연구가 국가의 문제에 관한 그 어떤 성찰보다 먼저 이루어져
야 한다고 여겼다. 확실히 보다 이른 시기의 여러 권위 연구는 권력
에 관한 성찰에 이어져 있었다. 이에 대해 코제브는 국가와 연관된 관
계 및 법적 관계의 핵심을 이루는 항목들에서 [권위와 권력 사이의 결합
이] 절연되는 것을 보기 원한다. 코제브가 전념한 종별적인 분리들을
필연적으로 불러일으키지 않으면서도, 일군의 사람들은 권력에 대한
권위의 관계를 검토했었다. 이들 중 특히 두 부류의 강한 결연 관계

---

46   Terré, Kojève, *La notion de l'autorité*, p.18.

가 두드러진다. 알렉시 드 토크빌에서 마르크스로 뻗는 가지가 한 부류이며, 나머지 하나는 에밀 뒤르켐에서 게오르크 짐멜까지 연장되는 관계이다.[47] 프리드리히 엥겔스와 막스 베버는 권위에 관한 이론을 산업 형태와 관료제라는 맥락에서 제시한다. 이들의 논변은 오랫동안 흥행했고, 또한 권위 문제를 건드려 온 어휘 목록을 마련한다. 이들의 저작은 풍부한 내용을 담고 있으며 도발적이지만, 코제브가 선 자리에서는 엄중한 한계에 직면했던 것으로 보인다. 지배와 복종의 관계, 권력과 종속의 관계 같은 것이 권위에 관한 이들의 담론을 조직해 왔다. 다만 코제브의 관점에서 보자면, 이렇게 언명된 관계들은 권위를 빠져나가는 것을—아렌트의 용어로는 권위가 **아닌** 것을—나열하는데 쓰일 뿐이다. 그럼에도 불구하고 이들이 권위 주변에 형성한 여러 선은 당장의 정치적 비통함을 진지하게 고찰하는 모든 작업에 영향을 미칠 뿐만 아니라 이런 고찰을 강화한다.

비통함distress은 근대성에 특수한 고뇌의 양식이다. 정치의 세계는 무엇이 움직이거나 이루어질 수 있는 장소, 보상이 기대될 수 있는 장소로서, 비통함은 이와 같은 정치의 세계에 대해 [근대인이] 맺는 예민한 관계를 드러낸다. 연계성의 이런 중심점은 심지어 '세계'와 '장소'가 축출되어 버린 자리에서조차 계속 유지된다. ['세계'니 '장소'니 하는] 그런 주소지들이 낡은 것이 되거나 믿을 만하지 못하게 되어 버

---

47   완전한 설명을 보려면 『권위의 관념』에 실린 테레의 글을 참조하라. 이하 참조한 문장들은 이 텍스트 여기저기에서 인용한 것이다.

린 자리에서조차 말이다. 하이데거식의 **염려**Sorge를 정치적인 것에 대한 근심으로 바꿔 놓으면서, **정치적인 것의** 줄어들지 않는 **고뇌**는, 새 성좌를 쫓아 계속 바뀌는 권위의 기준 교정과 배경 설정에서 정기적으로 연료를 얻어 타오른다. 관료제적 책임 전가와 관료제 지배의 항상 진화 중인 원소들을 제 속에 담으면서 말이다. 산업과도 묶이고 기술과도 묶이는 권위의 봉합선은 이곳저곳 균열이 새겨진 세계—하이데거와 그의 예전 제자들에 따르자면, 이제는 세계를 얻지 못하는 그런 장소—에 가교를 짓고 또한 그것을 불태운다. 우리가 고찰했던 텍스트들에 담긴 논변 중에서 몇몇은 이미 친숙한 것이 되었을 뿐만 아니라, 적대적이고도 우호적인 여러 담론 영토 사이를 빈번히 옮겨 다니면서 자유롭게 순환하기를 계속한다. 넓게 보아 이런 논변들을 처리하는 것은 카프카가 코딩한 영토를 규정짓는 문학적 확장 영역이다. 권위주의적 지배의 새로운 첨단을 마련하면서 말이다.

짚어 두어야 할 흥미로운 연구 하나가 떠오른다. 이 연구는 당대의 몇몇 사람 중에서 왼쪽에 앉아 있다(이러한 결정이 [이미] 정치적으로 분류된 집단 중에서도 여전히 충분한 의미를 띤다면 말이다. 물론 미리 말해 둬야 할 것은 있다. 이 작가[마르쿠제]는 부분적으로는 [공산주의와—로넬] 맺은 결연 관계에 대한 의혹 때문에, 뿐만 아니라 그가 정신분석에 깊이 관여했기 때문에 시야에서 가려졌다는 점이다). 나는 우리 주제의 질문 및 시야 범위에 중요하게 기여한 것으로서, 헤르베르트 마르쿠제의 1936년 저작을 논급하려 한다. 제목은 『권위와 가족에 관한 연구』다. 이 책은 1972년에 영어로 번역된 바 있으며, 버소 출판사에서 낸 '급진 사상가' 선집 중 한 권으로 2008년에 『권위에 관한 연구』라는 제목이 붙어 다시 출간되었다. 마르쿠제의 잃어버린 명예를 되찾아 준다거나, 변증법을 통해 그를 위해 특별한 자리를 만들어 내거나 하지는 않을 것이다. 다만 마르쿠제의 궤적 및 전망이 어떤 의미였는지 여기서 짚어 보고 싶다. 그의 작업은 틀림없이 권위주의의 지도 작성이 가진 마비시킬 정도의 속도에 관해, 그리고 이것이 코제브 및 아렌트와 교담하는 방식에 관해 앞으로 이루어질 성찰을 지도하고 변화시킬 것이기 때문이다. 마르쿠제는 이 자리에서 우리 관심을 끄는 논조와 모티프를 품고 있을 뿐만 아니라, 몹시 적절한 분석을 통해 자기의 관점을 제시한다. 그는 권위를 균일한 한 덩이 관념이나 한정할 수 있는 관념으로 간주하는 것에 만족하지 않는다. 따라서 마르쿠제는 권위 내부의 갈라짐, 즉 권위가 권위 자체 및 그것을 행사할 권리를 주장하는 사람들과 대립하는 방식을 눈여겨본다. 권위를 향한 권위의 호소는 급기야 루터로 하여금 일상적 자기고행을 창안하게 했으며, 칼뱅의 '저항권' 교리의 물꼬를 텄다. 권위는 어디에서 비롯되는가. 누가 신호를 보내며, 언제, 어디에서, 어떤 유형의 권위가 우세한가. 이런 질문들로 이루어진 탐사가 저 역사적 주제에 관한 마르쿠제의 사고를 이끈다. 그리스도교의 자기심문에 속한 내향적 회귀는 권위를 영구적인 논쟁 장소, 내부적인 숙고의 자리에다 가져다 놓았다. 여기에서 이견이 가다듬어지고 채비되어, 권위의 외부 가면과 마주하게 된다. 권위의 정확한 뜻에 대한 세속적 추정들은 '그리스도교인의 자유'라는 재앙의 도전에 직면하게 된다.─루터가 농민들에게 책략으로 내세운 것이 바로 '그리스도교인의 자유'로서, 이는 결국 자유의 기치가 농민들의 예속 상태를 시인하게 만드는 기능을 하게 했을 따름이다. 마르쿠제는 시선을 돌려 가족 규범의 보수적 전의체들에 주목하면서, "권위주의적 가족이 혁명에 맞서는 핵심 보루 중 하나가 되는" [의미 전변의] 정도를 조사한다. 프리드리히 율리우스 슈탈의 권위주의적 신정국가 이론─첫 번째 진정으로 권위주의적인 독일 국가철학─에 대한 마르쿠제의 해설은 이와 관련된다(Marcuse 76).

마르쿠제의 논변은 철학이 권위를 갈구하는 국가와 지속적으로 어느 정도로 보조를 맞춰 왔는지를 예증한다. 『법철학』에서[48] 슈탈은 슐레지엔 직조공들의 폭동[1844년] 이후 위협받고 있는 국가 및 사회 내 권위를 철학이 빨리 도와야 한다고 호소한다. 독일 3월 혁명[1848년] 3년 전에 말이다. 그런데 그의 호소는 "독일에서 철학이 수행하는 정당화 작용과 보수적 기능을 납득시키려는 문건이다. …… 철학은 '신께서 인간들 위에 세워 둔 모든 질서와 정부에 대한 존경을 육성하고, 신의 지도 아래 질서 있는 방식으로 생겨난 모든 [주어진] 환경과 법률에 대한 존중을 키워 내는' 위대한 과업을 떠맡아야만 한

---

48   [옮긴이] 슈탈이 쓴 『법철학의 역사(Geschichte der Rechtsphilosophie)』(1847)를 가리킨다. 이 책은 『역사적 관점에서 본 법철학(Die Philosophie des Rechts nach geschichtlicher Ansicht)』(1830; 1833; 1837) 1권의 재판이다.

다"(Marcuse 77). 권위주의 이론과 입헌주의[49] 이론은 "가족과 소유체제의 보호라는 공통 근거 위에서 서로 결합한다"(82). 반혁명을 여러 이론으로 따져 본 끝에, 마르쿠제는 권위를 프랑스와 독일, 그리고 영국의 정치 저술가들 사이에 [상존하던] 재산property에 대한 관심사와 결부시키게 되며, 그리하여 그는 유물론적 정신분석 유의 결론, 즉 "권위는 상당 정도 재산의 권위"(75)라는 결론에 도달하게 된다. 이런 결론은 실망스럽게 여겨질 수 있다. 지나고 나서 보자면 다소 예견 가능할뿐더러, 지나치게 강령에 맞춰진 것 같기도 하다. 하지만 마르쿠제가 자신의 소송 제출에 이용한 위의 저작은 눈에 띄게 통찰력 있는 논변을 산출한다. 뿐만 아니라 다른 때는 코제브가 말한 것처럼 다루기 몹시 어려운 그런 [권위라는] '관념'에 기동성을 제공하기도 한다. 마르쿠제는 에드먼드 버크와 조제프 드 메스트르 및 그 밖의 저술가들을 교묘히 집어넣어서 동시대 권위주의를 혹평하는 직조물을 엮어짜 낸다. 그와 함께 마르쿠제는 국가가 가족적 전달 체계에 의존함을 본다.

재산 상속의 이념은 이 이념을 보호하는 국가 및 사회 질서에다 가족을 묶어 놓고, 또 개인을 가족에다 묶어 놓는 가장 효과적인 요인 중 하나이기는 하다. 하지만 가족이

---

49   [옮긴이] 신권이나 왕권에 의해서가 아니라 헌법에 토대를 두고 주권의 근거를 마련하는 입장을 말한다.

국가에 사활적 문제가 되는 이유가 오직 이뿐만은 아니다. 권위주의적 전통주의는, 가족 안에서야말로 사회의 기초로서 그것이 제시하는 '독단dogma과 선입견prejudice'이 본래적으로 전승된다는 사실을 아주 잘 알고 있다. "우리는 조상으로부터 넘겨받은 도덕성이, 민족 이성이 채택한 독단과 유용한 선입견의 총체임을 안다."[50]

인간 본성 같은 것을 보는 확실히 기분 나쁜 시각이, 가족과 결합될 뿐만 아니라 권위주의적 전통주의의 접착제로 유지되는 재산 가치의 근거를 이룬다. 마르쿠제는 자신의 독서 목록에 포함된 저작들에서 인간의 본성적 악의wickedness를 향한 한결같은 귀환을 식별해 낸다. 본성에서 비롯된 이 대리보충물, 즉 악의는 권위주의가 침입해 들어올 문을 연다. 인간의 이런 "서글픈 본성"이 입증하는 바는 "비록 인간이 자기 자신의 손에 맡겨지더라도, 일반적으로 인간은 너무 사악하여 자유로워질 수 없다"는 사실이다. 인간의 본성적 악의는 인간의 이름을 품은 성좌에서 모든 본유적 자유"권"을 제거하는 역할을 한다. 이런 까닭에 반혁명의 이론은 "인간 이성을 전적으로 비방하는 일에 참여함으로써 소수 '주권자'에 대한 인간의 완전한 의존[성]"을 비

50   Marcuse, *Studien über Autorität und Familie*, S.76 및 Joseph de Maistre, *Considérations sur la France*, *Œuvres complètes*, Lyon: Vitte et Perrussel, 1884~1886, Vol.1, p.400.

준한다.[51] 마르쿠제의 논변은 인간 이성의 수호를 권위의 소모적 침탈을 막아 낼 한 가지 방법으로 볼 것이니, 논변을 관통하며 반짝이는 계몽Enlightenment의 빛줄기는 여전히 있다. 그렇지만, 희망에 찬 상태는 명이 짧다.

인간이라는 형상이 역사적으로 이루었던 것에 비추어 여전히 검토할 필요가 있는—또한 그냥 내버리지 말아야 할—어떤 관점을 드 메스트르는 제시한다. 그는 인간 이성을 "야수에 불과한 것"으로 간주하며, "그것의 모든 완력은 파괴력으로 환원된다고" 본다. "······인간 이성은 ······ 스스로를 [위대한 제도에—로넬] 말려들게 함으로써 이를 그르치고 파멸시킬 뿐이다"(71). 마르쿠제는 이성의 가치절하가 재유행하는 경향을 역사적으로는 루터와 연결시킨다. 루터는 유사한 시각을 세속의 여러 권위를 정당화하는 과정의 일부로 이용한 바 있다.[52] 루터와 드 메스트르는 공히 자기네의 전략적 도안과 전술적 침탈을 발전시킬 적에, '인간 본성'을 규정짓는 파괴적 면모를 확신하는 것으로 보인다. 드 메스트르는 이렇게 언명했다. "인간은 자기들이 행했던 것을 결코 존경하지 않는다." 이 문장은 인간 노력으로 이루어진 것이라면 아무거나 끌어들여 파괴 압박의 목표 지점이 되게 한다. 그리하여, "내가 만들었던 것을, 나는 파멸시킬 수도 있다". 인간의 파괴 능력이

---

51   Marcuse, *Studien über Autorität und Familie*, S.70.

52   이제 사람들은 단순한 중립성이나 순수함을 가지고서 이성의 자리를 옹호할 수는 없다. 뭐랄까, 우리가 이성의 어두운 면을 검토하는 시야를 얻자면, 이는 푸코가 선 자리로부터, 또한 직관을 쌓아 올리는 데카르트적 행위로부터 풀려나와야 할 것이다.

성장해 나오는 출발점은 인공적인 온갖 것에 대해 그가 내보이는 경멸이다. 이런 출발점은 나중에 블랑쇼가 파괴할 수 없는 것에 관해 보여 준 성찰의 시야범위에[53] 도달하는 것이 아니다. 뿐만 아니라 우리에게는, 인간의 대상과 세계, 보잘것없긴 하지만 자유의지에 따라 조심스럽게 돌봄으로써 자리 잡은 이런 것들을 **왜** 인간이 깨트리려는 충동에 빠지는지 그 이유를 알려 줄 이론도 없다. 쾌락원칙 너머의 것에 대한, 혹은 심지어 원칙이 되건 아니건 가능한 온갖 쾌락에 대한 집단적 반응으로서, 이와 같은 전前 프로이트식의 암시들은 고정불변의 정치적 해결책에 손을 내뻗으며, 이는 근절된 적이 없는 경향이다. 오로지 국가가 투입한 권위주의적인 힘만이 그처럼 명명백백한 파괴본능을 억누를 질서를 부여할 수 있다.

반혁명을 옹호하는 자들이 그럴듯하게 제시한 중점적인 가치들이 있었다. 이 가치들은 이후에 지하로 사라졌으나 정치적 실천의 장소, 자리가 바뀐 장소에서 튀어나온다. 선입견의 이용과 유용성을 옹호했던 버크와 마찬가지로, 드 메스트르는 인간에게 "선입견만큼 …… 중요한 것은 다시없다"고 강조한다. "선입견은 인간 행복의 현실적 지반이자, 제국의 파수꾼"이라는 것이다. 선입견 없이는 "종교도 없고, 인륜성도 없을 뿐만 아니라, 정부조차도 없다"(72)고 그는 단언

---

53   [옮긴이] 이후에 이 책에서 로넬은 파괴할 수 없는 것으로서, 그러나 그렇기 때문에 끊임없는 파괴의 대상이 되는 어린아이에 대한 블랑쇼의 언급을 소개할 것이다.

한다.[54] 선입견은 본성적으로 악의에 찬 세계 위에 여러 허구와 쓸 만한 억제를 포진시키는 또 다른 방식이다. 그러나 선입견이란 대체 무엇인가? 계몽[의 주장]도, 니체도, 공히 선입견과 싸워 이를 물리치려고 했으며, 선입견과 결별할 계획을 제공하려고 했다. 선입견이 낳는 나쁜 허구 및 호된 후유증에서 반드시 떨어져 나와야 함을 말하고자 했던 것이다. 드 메스트르는 애국심을 "유용한" 주요 선입견 중 하나로 꼽는다. 칸트는 선입견의 잠식에 맞서 이것을 밀어내는 일에 헌신했다. 개념으로서 선입견에 대하여, 이를 사려 깊게 선별해 꾸린 역사는, 칭송을 받을 수도 있고 조용히 사라질 수도 있겠으나, 판단의 문제와 나란히 놓여야만 할 것이며, 그리하여 권위주의적 동향의 연보 중에서 판단에 앞서거나 판단을 뒤엎는 것과 나란히 다루어져야 할 것이다. 마르쿠제는 그 나름으로 우리에게 권위에 대한 근대의 확신이 특정한 사건에서 유래함을 상기시키고 보여 준 최초의 이론가였다. 그는 특정한 사건으로부터 어떻게 권위가 지속적으로 필요하다는 근대의 확신이 이어지는지를 보여 준 것이다. 2장을 통과하면서 우리는 이 사건을 읽어 내려고 해 왔다. "권위는 실존함에 틀림없다. 그렇지 않다면 세속의 질서는 붕괴할 것이기 때문이다." 명확한

---

54   버크는 선입견을 덕성(virtue)과 의무라는 점에서 우선시할 뿐만 아니라, 정의의 핵심 협력자로서도 우선시한다. 다음을 보라. "선입견은 위급한 때의 대비에 적용되는 것이다. …… 이것은 정신을 지혜와 덕성의 차분한 절차로 미리 앞서 나아가게 한다. …… 선입견은 인간의 덕성을 그의 습관으로 만들어 준다. …… 인간의 의무는 바로 선입견을 통해서만 본성의 일부가 된다." Edmund Burke, *Reflections on the Revolution in France*, ed. Henry P. Adams, London: W. B. Clive, 1927, p.90.

의도를 갖고서 우렁차게 말해진 이 문장의 출처는 마르틴 루터다. 권위의 설치는 히스테리적 성찰에 ─ 그리스도교가 복음으로 선포하는 세계 종말의 선언 같은 것에 ─ 기초하며, 그렇기에 세속 질서의 미래를 저 위편의 칙령으로 보증하게끔 되어 있다. 루터는 자신의 세계 전체를 권위에 의존하도록 만들었다. 셀 수 없이 많은 면에서, 사람들은 여전히 루터의 영향력 아래에 있으며, 또한 루터의 서명을 인상 깊게 변용한 것들의 신세를 진다.

3장

근원애호증, 공황, 권위

아렌트와 코제브, 그리고 MVP들. 한나 아렌트는 저 루터교도 회합 혹은 당파의 노선을 대리하되, 전술적으로 대열 곁에 빠진 대표자다. 그렇기에 그녀는 관심사와 독해 관습이 약간은 상이하게 짜인 곳에서부터 참여한다. 한나 아렌트는 1958년 뒤늦게 모습을 드러내더니, 재단장한 의제를 제기할 준비를 마치고는 면밀한 에세이 「권위란 무엇인가」를 펴낸다. 그녀는 이어달리기에 가담하여, 권위의 도드라진 실종에 대한 고뇌를 토로한다. 권위의 도주 여정에 관심을 투자함으로써 아렌트의 검토는 상이한 여러 음색을 띠게 되며, 앞에 달렸던 사람들과는 다른 유형의 의도를 내세우게 된다. 그럼에도 불구하고 한나 아렌트 또한 다를 바 없이, 그녀의 총명함을 쏟아 권위를 소생시키려고 시도한다. 권위와 이론적으로 엮인 것의 역사를 훑었으니, 이제 우리의 접근법을 갱신하여 아렌트에게 가장 핵심적인 작업으로 향하자. 어떤 면에서 보자면 이 작업은 폭력에 대한 그녀의 관심에 선행했던 것이다. 전통적인 권위 형식들 거의 전부가 붕괴하는 중이라는 느낌이 아렌트를 몰아댔다. 그래서 그녀는 교육 및 자녀 양육의 구획까지, 즉 가장 일반적 의미에서 권위가 자연적 전제조건으로 나타났던 곳까지 거슬러 올라가 권위의 파괴를 추적한다. 권위에서 고장이 발생해 초래된 결과는 정치와 기성 문명에만 적용되는

걸음마 떼기,
이 끊임없는 파괴……

카프카가 머리를 쭈뼛 서게 만드는 제언과 더불어 무대에 등장하기 이전에, 어린시절이 관례적으로 불러일으키는 영속적 분란의 윤곽은 여러 가지 서로 다른 방식으로 그려졌다. 나는 19세기와 18세기에 이르기까지 건너뛰어 내려가려고 한 다. 그 모든 부류의 과잉결정된 이유와 이론적 필요성 때문에 어린시절이 창안되 었던 무렵까지 가 보자. 철학은 기억 및 인간 지성에 관해서 새로 출현한 철학의 정리定理 중 몇 가지를 정확히 집어내어 보여 주기 위해서 어린아이를 신규로 채용 했다. 나는 경험주의자들이 '백치와 도령'을 업신여길 필요가 있음을 면밀히 살펴 보려고 시도했을 때 이런 채용을 탐사한 바 있다.* 어리석음과 어린시절의 뒤얽힘 은 기본적으로는 성인의 반성적 기억 능력을 촉진시키기 위해서, 풍부하고 마음 에 와닿는 예상 밖의 방식으로 창조되었다. 어린시절은 애초부터 생생한 내용 수 신을─기억에 선행하는 이야기를─대신하는 것이었다. [기억에 선행하는] 이 이야 기가 어리석음에 대한 완전한 구속과 함께 보여 주었던 것은, 기억들을 되찾기가 불가능할 만큼 지낼 수조차 없이 좁디좁은 공간이었다. 어린시절의 구성적 어렴풋 함은 역사와 자서전이라는 팽창해 가는 담론의 제국으로부터 동떨어져 있어야 했

* 특히 『어리석음』의 '워즈워스 위성' 부분을 보라.

것이 아니다. 우리가 보살피면서도 환대해야 할 이들에게조차 그 결과가 미친다. 아렌트는 우리 중 가장 어린 이들과 가장 손상되기 쉬운 자들에 대한 관심의 엔진을 점점 세차게 돌리면서, 탄생성natality에 대한 사유를 다시 손본다. 작은 이방인, 아기는 자기네를 돌보는 사람들의 **권위에 의지할** 수 있게 될 필요가 있다. 권위의 적용 없이는 그 어떤 어린아이도 안정을 찾을 수 없다. ((이렇게 끼어드는 게 미성숙해 보일지 모르겠는데, 나를 도저히 억누를 수가 없다. 그녀가 정치적인 것을 개인적인 것에 개켜 넣었을 적에 그녀는 접속 코드를 내게 주었다. 한나, 제 말 좀 들어 봐요. 당신이 한 말 확신해요? ― 어쩌면 그녀는 자기가 어떤 종류의 면허를 발급 중이었는지 깨닫지 못했을지도 모르고, 깔끔히 정리된 어구들의 통로를 내가 어떻게 수사적으로 활용하게 될지 몰랐을 수도 있다. 한나? 짧게 끝낼게요, 전력을 다해 자잘한 비통함을 다루지는 않을 거예요, 그런데, 있잖아요, 아장거리는 아기 적에 저는 **그냥** 애 다루는 기술을 더 선호했을 것 같고, 약간만 배려해 주고 가끔 안아 주는 편을 더 반겼을 것 같아요, 절대로 부모가 짓는 권위의 포즈를 반기지 않았을걸요, 그건 항상 목표에서 빗나가고, 하나도 도움 주는 바가 없죠, 그 모든 의도와 목적에도 불구하고 어이없어 웃음밖에 안 나와요. 나를 돌봤던 사람들의 소위 권위라는 것은, 스트레스에 벌써 시달리면서도 내가 수행했던 교섭을, 급거 패퇴한 쾌락원칙과, 현실을 대표하며 우리를 박해하는 사절을 상대한 교섭을 망치는 역할을 했을 따름이지만, 그렇지만 이런 반박은, 특히 장 첫머리에서는 부디 제쳐 두고, 다만 내가 필요로 했다고들 하는 권위를 다시 설치해 보도록 하자. 나를 길러 내겠다고 한 사람들 사이의 몇 가지 기술 및 가정 내의 작은 평온함이 그 몫을 충분히 다하여 내게는 과분할 감시자들을 지탱했을지 모르는 그럴 때부터, 즉

다. 자기다움selfhood의 전개와 관련된 이론들을 위해서, 그리고 역사 생성에서 나타나는 자기다움의 유사형을 위해서 말이다. 더 일반적으로 조율된 윤리적 구조 및 가족 구조를 동반해서 어린시절에 대한 헤겔의 성찰이 밀려 들어올 즈음, 철학에서 어린아이는 다른 기능을 담당하기 시작했다. 유한자의 득점finitude's score을 정리할 셈으로 맡겨진 기능이었다. 이후로 어린시절은 [예를 들어 어리석음 같은] 동류에게 최후의 일격을 날리기 위해 소환되었다.

헤겔은 『정신현상학』에서 일종의 어린이집을 짓는다. 죽음까지의 시한을 잴 타이머를 설정하려는 목적에서다. [이 책에서] 결혼한 한 쌍은 어린아이에게 이식된 의식을 수단으로 해서 손실을 돌보고 처리하게 된다. 어린아이는 부모를 소진시키기는 하지만, 그러면서 또한 구세주로 태어난다. 이는 오래된 이야기다. 그러나 이 이야기가 설명해 주지 않는 것은 한 쌍의 부부가 무엇을 겪게 되는지에 관해서이다. 이 이야기는 부모가 자아ego와 함께 무엇을 겪게 되는지를 설명하지 않으며, 어린아이 생산의 핵심 근간에서 발로 차고 비명을 질러 대는 그 무엇을, 죽음의 덫을 설명하지 않는다. 결혼의 사변적 변증법에 자리 잡고 부모가 된 한 쌍은 어린아이를 통해서 자기네의 죽음을 생산한다. 어린아이가 자기를 낳은 생식행위자genitors의 죽음을 전달하거나 확정 짓는다고 할 수는 없다. 비록 이것이 약간 정도는 아기의 상징적 장소 체계 속에서 이루어짐을 인정하지 않을 수는 없지만 말이다. 오히려 데리다가 조심스럽게 지적하는 것처럼, "부모의 죽음이 그에 따라 어린아이의 의식을 **형성한다**(la mort des parents *forme* donc la conscience de l'enfant)".*

---

*   Derrida, *Glas*, Paris: Éditions Galilée, 1974, p.150.

맨 처음부터 나는 몹쓸 방식으로 권위를 필요로 했다는 것인데, 이 권위를 재설치 해 보자. 그러나 내가 사람들에게 물어보고 조사한 바에 따르자면, 이런 이야기는 당신들 중 몇몇에게는, 그러니까 아렌트가 당연시하고 단언한 것 같은 부모의 권위 바로 그 품속에서 긴장을 풀고 신뢰감을 갖는 사람들에게는, 쓸데없는 소리에 불과하다. 이제 제자리로 돌아오려고 한다. 나는 그리스인들과 로마인들이 선명하게 새겨 놓은 저 문화적 유아기의 장소로 향할 것이다. 용서해 줘요, 한나, 맹세컨대 당신과 함께 읽어 나가는 중이에요. 이런 저를 증명해 보일 수 있게 허락해 주길. 에헴.))

그리스도교가 이어받은 것으로서, 우리의 그리스-로마 상속 재산은 세 가지 핵심 요인에 의존해 왔다. 전통, 종교, 권위가 그것이다. 지난 몇 세기를 거치면서 전통과 종교는 위태로워졌다.ㅡ종교가 단말마 소리를 내는 바로 요즘, 근본주의를 죽은 것과 다름없는 역사의 마지막 경련으로 여길 수 있는 이런 때일수록 특히 더 위태로워진 것이라고, 군말을 붙일 수도 있으리라. 이제, 아렌트가 글쓰기를 하던 시간에, 전통과 종교의 회귀가 어떤 뜻을 가리키건 간에ㅡ죽을 지경에 처한 사람이 다른 이를 붙잡는 힘이 계속된다면 생기生氣로 착각할 수 있는 법인데, 이 억센 손아귀 힘 같은 것과 관계없이ㅡ권위가 전통이나 종교보다 더 안정적이라는 점은 입증된 바 있다. 그럼에도 불구하고 [아렌트가 글을 쓸 때] 권위 자체는 망각의 조짐을 보인다. 아렌트의 말은 다음과 같다. 서구에서 권위의 사라짐은 특정 형식의 권위와 관계를 맺을 뿐이며, 이런 권위 형식은 몇 세기 동안이나 풍화되어 마멸되었다. 바로 이런 시점에 이런 이유로, 우리는 권위 어린아이의 의식을 형성하고 의식에 새겨진 것은 부모의 이런 죽음이며, 어린아이가 이 죽음으로 향하는 길을 포장하는 것을 누구도 제지할 수 없다. 어린아이는 상속법을 검토하고 부모의 사라짐을 알린다. 이렇게 함과 동시에 아이는 자기들 자신의 죽음을 전유하라는 부모의 의뢰를 허락한다. 어린아이는 누구 자신에게 속한 죽음을 이렇게 전유해 준다. 다른 이의 죽음에 대한 이런 전유는 그렇게 나쁜 것만은 아니나, 이 전유는 마치 육상 선수의 우승 후 승리의 한 바퀴 같은 상황을 추동한다.—이는 일종의 지양 같은 것, Aufhebung 같은 것에 이르게 되어서, 관념화와 보존을 지탱한다. 다시 말해 죽음 가운데서 부모는, [어린아이에게서] 내면화되고 기념되면서, 자기네의 기간을 연장하고 권위적 지배력을 심화시키면서 [어린아이의] 평생 동안 의식에 매달려 있게 된다. 이와 같이 관념화하는 운동은 특수하게는 아버지에게 적용된다. 헤겔은 아버지를 선행적 존재로 여러 번이나 기입한 바 있다. 상속과 계승의 이런 논리에 의하면, 아버지의 죽음은 실상 어머니를 부성의 관념화 과정에 붙은 부속물에 불과한 사람으로 강등시키게 된다. (헤겔은 다양하게 바뀌거나 달리 나타날 수 있는 짜임을 가지고 어물어물하지 않는다. 가령 어머니가 선행적이거나 혹은 누이가 오라비에게 욕망을 가진다면 어떻게 될 것인지, 아니면 가족을 구성하는 목차 아래에서 모든 종류의 근친상간이 이루어진다면 무슨 일이 벌어질지는 헤겔에게 중요치 않다.)

[우리가] 헤겔의 여정을 뒤집어 읽건 아니면 추적 장치대로 명쾌하게 읽건 간에, 저 여정은 카프카를 매혹시켰다. 그리하여 카프카는 상속이 품고 있는 트라우마적 의미에 관해 몇 번이고 다시 논의하는데, 『아버지에게 드리는 편지』에서는 이것이 특히 선명하게 강조된다. 카프카 속에는 변증법적 뒤바꿈이 전혀 없으니 가족에 속한 전리품인 어린아이를 멀쩡한 상태로 가족에게 되돌려 건네주는 일도

가 진정 무엇인지 더는 알 수 없는 입장에 처해 있다. 곧 우리는 권위에 대한 파악 능력을 실천 영역에서나 이론 영역에서나 상실했다. 상황이 어떻건 간에 우리는 이제 이 문제에 대한 해답을 '권위 일반'의 본성이나 본질을 이러저러하게 정의하면서 찾아 나설 수는 없게 되었다고 아렌트는 이어 말한다.[1] 로마에서 우리는 가문과 가정의 기반에서 권위라는 말과 개념을 발견하게 된다. 아렌트는 여기로 거슬러 올라간다. 권위는 지리적 성좌를 이루고, 그럼으로 이제 [권위] 나름의 고향을, 역사를, 창업 계획을 갖게 된다. 다른 증언들을 한데 불러 모아 보자. 그래서 아렌트가 개시한 지도地圖편찬에다 추가해 보자. 이어질 이야기는 권위가 증언하는 위기 및 권위가 깊이 품은 상처에 관한 것이며, 바로 이런 권위의 유산을 마지막으로 쫓아 본 내용이다. 이어질 부분에서 나는 프라하와 파리를 여행하며 오갈 것이다. 물론 우리는 단기간 워싱턴 D.C.와 빈 사이를 계속 왕복하긴 할 것이지만 말이다. 이 여행 계획안은 바이마르 공화국, [이스라엘] 네게브 사막, 그리고 가자지구에 잠깐 들르기를 요청하는 것이지만, 이 일정표가 승인되기 위해서는 더 큰 권위에 종속될 필요성이 아직까지도 남아 있다. 일단 당분간은, 아렌트가 코제브와 조우하는 장소를 검토하기 위해 로마로 가 보자.

---

1   Hannah Arendt, "What Is Authority?", *The Portable Hannah Arendt*, New York: Penguin, 2000, p.21. 이하 참조한 문장들은 이 텍스트 여기저기에서 인용한 것이다.

없다.[*] 부성은 살아남는다. 이것은 관료제 기구에 스며들고, 소송을 제기하고, 스위치를 내리고, 연인의 포옹을 망가뜨리며, 관계들로 새어 들어간다.—짧게 말하면, 아무 데나 뻗치는 부성적인 것은 영원토록 유지되는 정지 화면 속에서 자아를-위협하는 어린아이를 짓밟는다. 인륜성을 공표하거나 국가권력을 북돋우기 위한 결혼 따위는 카프카 속에는 없다. 그렇지만 신을 빼앗긴 자로서 안티고네에게도 결과적으로 결혼은 없었다.[**]

헤겔이 낳은 어린아이는 손실loss과 동떨어진 것일 수 없다. 도착하자마자 이 아이는 낳은 부모와 자그만 후계자 양쪽 모두를 위협하는 손실의 연속에 빠져들기 때문이다. 그렇기는 하지만, 햄릿 같은 재앙적 결말이나 안티고네 같은 참혹한 낙오를 연기해 보려고 할 셈인 양, 맨 처음부터 손실은 다시 계산되고 가치전환에 종속된다. 서둘러서 일단 말해 두자면, 결국에 가선 손실이 나머지를 다 물리치며, 예기치 않았던 선택지에 의해서라도 손실은 이루어지게 된다. 요컨대 "부모는 어린아이의 성장[생성] 속에서 자기들의 변증법적 억압[지양]을 직관한다(Die Eltern schauen in seinem Werden ihr Aufgehobenwerden an)".[***] 부모의 관리감독이 의미

---

[*] [옮긴이] 이 부분에서 로넬은 헤겔이 『정신현상학』의 '정신' 장에서 다룬 비극인 안티고네 이야기를 참조하고 있다. 안티고네 이야기에서 누이 안티고네는 국가로부터 오라비의 시체를 넘겨받는다. 국가는 매장을 금하지만, 누이는 오라비의 시체를 매장하고자 한다.

[**] [옮긴이] 헤겔의 분석에서 안티고네는 신의 법, 여성 및 가족애를 대표하며, 안티고네와 대립하는 크레온은 인간의 법, 남성 혹은 국가권력을 대표한다. 이 둘은 고대 그리스 사회의 두 축으로서, 헤겔은 안티고네의 죽음이 크레온 자신의 파멸을 불러온다는 점에 주목했다. 헤겔의 주된 논지는 인간의 법, 남성, 혹은 국가권력이 신의 법, 여성 및 가족애를 억압함을 통해 필연적으로 스스로의 파멸에 도달한다는 것이다.

[***] [옮긴이] 이 문장의 원출처는 헤겔의 『예나 체계기획』이다. 이 문장은 코제브가 「헤겔 철학 속의 죽음의 이념」에서 재인용한 헤겔 구절의 마지막 문장이기도 하다. 코제브가 재인용한 부분의 전문은 다음과 같다. "—어린아이를 교육시키면서, 부모는 아이를 자기들의 이미 형성된 의식 속에 위치시킨다. 그러므로 부모는 자기들의 죽음을 발생시킨다. …… —교육 가운데서, 어린아이의 의식 없는

로마 도시의 신성한 건립, 가정에 대한 로마인들의 감각은 로마의 다양한 법률적 측면을 통해 권위 개념과 접속되어 있다. 사적 공간 및 가정 내 사법권 부문에서 아버지나 선생은 **아우게레**augere, 즉 '연장하다, 늘리다'라는 말에서 비롯된 **아욱토리타스**auctoritas를 행사한다. "그 하는 일이 인증 부여건 재가건 간에, [아욱토리타스는—로넬] 자신이 승인할 외적 활동이나 이질적 활동을 전제한다."[2] 나아가 권위는 "본래는 몸을 가진 한 인간에 부착된 속성……"으로 나타난다. 곧 권위는 "필요한 조건에서 로마 사람에게 귀속된 당연권right으로서, 타자들이 창조한 법률적 상황의 토대 역할을 할 특권"이 되는 것이다.[3] 프랑수아 테레가 주장하듯, 결국 권위는 그 어원이 시키는 대로 작동하면서 무엇보다 종교의 기반을 늘렸으며 [로마라는] 도시를 신화적이면서도 신성한 토대에 걸맞게 증대시켰다(23). 테오도어 몸젠에 따르면 권위는 법률과 다른 것으로서 "명령보다는 약하고 권고보다는 강하다". 권위는 자문 기구 역할을 초과하면서 지령에는 약간 못 미치는 것이다(24).[4] 권위는 규칙이나 규제와 같지 않은 것으로서—이런 의미로 보면 카프카가 법에 맡긴 배역에 보다 가까운데—권위가 확립되거

---

2   André Magdelain, *Jus imperium auctoritas: Études de droit romain*, Rome: École Française de Rome, 1990, p.685.

3   François Terré, Alexandre Kojève, *La notion de l'autorité*, Paris: Gallimard, 2004, p.23. 이하 참조한 문장들은 이 텍스트 여기저기에서 인용한 것이다. 이 밖에 Pierre Noailles, "Fas et jus", *Études de droit romain*, Paris: Les Belles Lettres, 1948, p.274를 참조하라.

4   또한 Theodor Mommsen, *Le droit public romain*, Paris: De Coccard, 1985, Vol.3, p.1034를 보라.

하는 바는 발생시키는 양자兩者가 생성becoming의 드라마를 보게 된다는 것이다. 이 둘은 어린아이의 타자-되기와 이 아이를 낳은 쌍의 타자-되기를 관람한다. 부모는 절대적 상실이라는 재앙 쪽으로 향하면서도 숙명의 경로가 꺾인 것을 보게 된다.—나름대로 좋은 일인데, 이렇지 않다면 아기는 오이디푸스처럼 묶여야만 할 것이기 때문이다. 아기는 바구니에 담겨 먼 곳에 버려지고, 라이오스 및 살인자 아버지 무리로부터 떨어져 있어야만 한다. 어떤 것이 시청 제한 칩을 사용해 아기의 생존 양식을 다룬 나쁜 뉴스를 통제하면서, 부친살해를 감행하려는 아기의 길을 살피는 부모의 시야를 가로막는다. 변증법적 지양은 절대적 손실의 절대적 재전유라는 경제법칙이 되어 부모의 편에서 일한다. 데리다는 절대적 상실의 절대적 재해득을 "가족의 개념"이라고 부른다.[*] 헤겔이 보기에, 부모는 자기들의 단순하고 간결한("gedrungenes") 대자존재를 지양한다. 이들은 손실 중인 경제를 호전시키지 않으면 안 되었다. 이들은 주입하고 배액하는 일종의 유압 장치에 얽매여 있다. 요컨대 부모가 자식에게 주는 것을, 부모는 상실한다. 또한 부모는 이들이 넘겨주는 것이 자기들 자신의 의식意識—아기의 첫 신용카드—인 만큼, 어린아이 속에서 죽는다.

통일은 변증법적으로 억압된다. 이것은 즉자적으로 절합되고, '형성되거나 교육받은 의식'이 된다. 부모의 의식은 어린아이가 자기 자신을 형성하거나 도야하는 관건이다. 아이에게 부모는 자기 자신에 대한 모호하고 알 수 없는 예감(Ahnen)이다. 부모는, 단순하고 간결한(gedrungenes) 어린아이의 자기-자신의-내적-존재를 변증법적으로 억압[지양]한다. 부모가 어린아이에게 주는 것을 부모는 상실한다. 부모는 어린아이 속에서 죽는다. 부모가 어린아이에게 주는 것은 그들 자신의 의식이다. 여기에서 의식은 어린아이 속의 또 다른 의식의 생성이며, 부모는 어린아이의 성장 속에서 자기들의 변증법적 억압(Aufgehobenwerden)을 직관한다."

*   Ibid., p.152. [옮긴이] 이 문장과 바로 앞 문장의 '절대적 상실'과 '절대적 손실', '재해득'과 '재전유'는 동일한 영어 단어 absolute loss와 reappropriation을 우리말로 서로 다르게 옮긴 것이다.

나 복종의 대상이 되는 데는 통제가 필요 없다. 반대로 권위는, 앙드레 마그들랭이 말한 대로 "적법성에 부합하는 권력"으로 이루어진다 (Terré 86에서 재인용). 권위라는 로마식 관념의 상속재산은 막스 베버가 기술記述한 카리스마적 권력으로 이어진다. 베버는 이를 아욱토리타스 개념과 관련지으며 **총통권**Führertum을 구성하는 통솔력의 근거와 연결한다(24). 코제브가 보기에 권위는 거의 심문된 적 없는 개념이다(코제브는 "관념"이라고 칭하므로, 권위는 개념성의 지위에 정당하게 등극하지 않은 셈이다). 이런 것으로서 권위 개념은, 권력이 아니며 힘과 다르지만 — 법을 곁으로 밀어내고 필요할 적엔 법을 곁에서 타격하기조차 하면서 — 타자들을 쥐고 흔드는 무엇에 도달하는 방법이다. 누구는 여기에서 안티고네가 국가권력과 법의 지배에 도전할 때 그녀에게 속한 권위를 고려할 수도 있으리라. 코제브는 상실을 헤아리는 아렌트와는 대조적으로, 권위의 유산이 오도됨은 아닐지라도 아무튼 자취를 감추어 감에 [아렌트와] 마찬가지로 당혹스러워 하면서도, 이를 구조적으로나 현상학적으로 보강할 수 있게 되기를 원한다. '관념'으로 줄어든 권위는 그 자신의 틀림없는 집행을 장담할 수 없다. 그렇지만 권위는 더 단호하게 홀로 서 있다. — 순수 상태sheer being에 이르기까지 분해되어서, 사람 하나를 통제 아래 두려고 위협하는 한 지역의 전全 경찰력만큼이나 확실한 것sheer being이 되었다. 코제브가 들고 있는 사례는 충분한 맥락 없이 놓이며, 잠재적으로만 채워져 있다. 코제브는 말 걸기의 양식으로 작동하는 권위를 집어 들면서도, [아래의 사례에서] 사람들이 말을 걺과 동시에 쫓아내는 개별적 대상이나 상황에 관해서는 충분한

『정신현상학』에서는 주인과 노예 간의 인정투쟁 이후에야 가족이 찾아온 다는 점을 밝혀 두는 것이 어쩌면 중요할지도 모르겠다. 어린아이는 죽음을 부정할 길을 찾으면서 목숨을 건 투쟁의 또 다른 장면을 제시하고, 완패한 자의 존재를 보존한다. 어린아이의 형상 또는 어린아이의 생산은 죽은 자를 살아 있게 만드는 일종의 이행을 허용했던 것이리라. 가족 내에 자리 잡지 않는다면, 의식은 그 자신과 연관되거나 하나의 총체로 그러담기거나 할 수 없으며, 따라서 대자적인 것이 될 수가 없다.―이런 것은 의식이 되지 않는다.* 여기에서야말로 단독성과 총체성이 서로 맞부딪치며, 또한 여기에서야말로 의식의 위계적 주로走路에 맞추어 단독성 및 총체성이 죽음 및 국가와 맺는 관계가 설립된다. 헤겔은 상해("Verletzungen"), 난폭함, 응축된 수준의 모욕("Beleidigung")을 탐사하며, 이런 것들은 아이가 접하는 가족 제도를 이룰 뿐만 아니라, 죽음으로 막을 내릴 뿐인 [가족 내의] 내재적 상충("Kollision")을 구성한다.** 그렇지만 이 운동의 속도를 좀 늦추면서 죽음 장면을 유예하도록 하자. 이 장면이 아기―가족을 출발시키면서 무너뜨리는 자식이자 동시에 낳아 놓은 문젯거리―와 함께 당도하므로, 맨 처음부터 벌어지는 것이기는 하지만 말이다. 이와 같은 사유의 인큐베이터를 뇌리에 품고서―이 인큐베이터들은 어린아이의 침입이 유발하는 분노와 저항을 일부 해명해 주고, 낳아 놓은 것들에 찍히는 숙명의 표지물을 설명해 주는 역할을 하는데, 이런 표지물에 관해 그토록 말할 것이 많았던 이가 메리 셸리였다―약간 다른 근거지라 할 곳, 출현의 다른 측면을 보여 주며 사변적 운동장이 뚝딱뚝딱 조립되는

---

* 이 운동을 적확하게 풀어놓는 데리다의 설명을 참조하라. Ibid., p.154ff.
** Ibid., p.156.

지침을 제시하지 않는다(코제브, 당신은 지금 연인에게 말을 거는 건가요? 아니면 침입자? 혹은 친구? 어쩌면 파리나 벌레?). 그는 권위가 어떻게 작동하는지 보이기를 원하며, 그렇기에 이 사례를 택한다. "누구를 내 방에서 떠나도록 만들기 위해 내가 힘을 사용해야 한다면, 나는 그 떠나는 행위를 실현시키기 위해서 나 자신의 행동을 바꾸어야만 할 것이다. 그럼으로써 나는 어떤 권위도 갖고 있지 않다는 사실을 내보이게 된다"(25). 만약 내가 경비를 불러야만 하거나 법석을 피우며 언성을 높여야 한다면, 내게는 권위가 결여된 것이다. 나는 달갑잖은 침입자에게 단지 시선을 두고 노려보는 것만으로 조용히 떠나게 만들 수 있어야 한다. 어쩌면 눈빛을 번득이는 일은 지나치게 강한 행위를 표시하는 것일지도 모른다. 사실, 적게 말할수록 권위는 커지며, 코제브는 이 점을 여러 번 지적한다.

이 '내 방' 사례는 공허하게도 사적인 것에 머물지만, 곧 코제브는 보다 공적이고 정치적으로 조율된 토론장에 들어선다. [사례는 이렇다.] 목소리 큰 사람이나 선동가는 시간이 흐를수록 권위가 줄어든다. 타자들로 하여금 이들의 언어를 씹어 넘기고 허술한 곳을 짚어내도록 강제하기 때문이다. 『법의 현상학 소묘』에서 나타나는 권위는 반작용을 불러일으키지 않고 타자들에게 영향을 미칠 수 있는 능력이다. 권위를 띤 자는 어떤 반응도 촉발하지 않으며, 권위를 쥔 사람을 흔들 수 있는 어떤 손상도 일으키지 않는다. ─ 타자들이 힘으로 대응할 능력이 현저하거나 저항 또는 거역할 능력이 두드러질지라도 말이다. 곧 "권위를 가지고 행함으로써 그 대리인_{agent}은, 앙갚음이 장소에 들러 보도록 하자. 배경으로는 헤겔의 경보체계가 번쩍거리며 비칠 수 있다. 잠시만 저기 어디로 (그렇게 근거 없는 어딘가의 위치를 마치 찾을 수 있기라도 한 것처럼) 나를 보내 주었으면 한다. 독일 사상가 장 파울이 선호하는 장난감은 모래였으며, 그에게는 모래가 그렇게나 많은 성과 상상적 샛길을 빚어내면서 그토록 적은 견고함의 책임을 맡았다는 점을[*] 기억하도록 말이다.

어린시절이 개시될 장소를 근대성 가운데 구축하는 일, 어린아이에게 내면성을 부여하고 어린아이로 하여금 역사의 발전에 필요한 능력을 갖추게 하는 일은 대체로 18세기의 맡은 바 책임이었다.─18세기는 초기 성년기를 역사상의 한 시기로 만들어 내고, 이 시기에 특유한 성장의 급등이나 명료한 발화 및 성향적 압박의 구별적 지위를 분리해 내는 일에도 상당한 역할을 했다. 이후로 어린시절은 새롭게 인정되는 정상적 시기가─비록 가망 없이 희석되고 의미론적으로 끈적하게 더럽혀진 채 읽어 내지 못할 배역을 주로 맡긴 하지만─되었다. 그리고 이렇기 때문에 어린시절은, 그 자체의 설명 체계와 규제적 격자표를 부여받은, 서사의 대리보충이라는 의상을 착용해야 했다. 그렇지만 어린시절이 그 개념파악에서 좀 다른 분할몫을 받고, 상궤를 벗어난 성적 특질을 채비하게 된 것은 프로이트가 등장한 이후였다. 어느 지점에 와서는, 이후에 나타나는 제약과 위상학적인 양상의 모든 부류가 유아기의 성적 특질에 대한 논란 많은 가설 속에서 출현하는 것처럼

---

[*] "그러므로 『레바나 또는 교육의 교의』[장 파울이 교육론을 다룬 책. 제목인 '레바나'는 새로 태어난 아이를 아버지가 자기 아이라고 인정하면서 아이를 바닥에서 들어 올릴 때 돕는 여신을 말한다]에서 최고의 장난감은 어린아이의 환상에 최대한의 자유로운 놀이를 부여하는 것이다. …… 실제로 모래는 장 파울이 선호한 놀이도구이자 장난감 중에서 가장 순수한 것이다. 무엇보다도 모래는 모든 가능성을 구현하기 때문이다." Paul Fleming, "The Promise of Childhood: Autobiography in Goethe and Jean Paul", *Goethe Yearbook 14*, 2007, p.37.

나 반격에 종속되지 않고, 바꿔 말해 이 행위작용 중에 자기 자신을 바꿀 필요 없이, 어떤 인간을 바꿀 수 있다"(25). 권위는 책동하는 "작인$_{agent}$"으로 형식화될 뿐만 아니라 인간으로 한정되는 것으로서, 반작용을 면하고 앙갚음 피해에서 차단되어 있다. 권위의 강한 견인력에 자기 스스로를 종속시킨 사람들에게 당연히 "인정"받았음에도 불구하고, 인간적 권위의 발산에는 그게 어떤 것이건 간에 이유나 대의가 있어야 하며, 혹은 그 실존을 정당화하는 토대가 있어야 한다. 코제브가 곱씹어 보는 지점은 바로 여기이다. 그는 인정이 왜 의식적이고 자발적으로, 타자들이 반응함 없이 권위에 굴복하는 일을 용납하면서까지 제공되는지를 묻는다. ('권위', 앞의 장들 내내 나는 권위와 아버지를 형상으로 나타내기 위해 첫 글자를 대문자로 표기하는 일에 시달려 왔다. 그래서 뭐가 무슨 제약과 어떤 귀속에 의해 대문자로 표기되는지에 관해 장 하나를 추가할까 싶어졌다. 나는 모든 명사를 다 대문자로 표기하고 영어$_{English}$와 독일어$_{German}$라는 식으로 영어를 독일어와 짝 맞출 생각까지 했었다.[5] 결국에 나는 **지양**$_{Aufhebung}$의 의미에서, 어쩌면 다음 번 작업이 될지도 모를 문법의미론적 $_{grammaticalsemantic}$ 주장이 전개될 판을 위해 보존하기로 하고 이 발상을 폐기했다. 좋아.)

코제브의 현상학적 검토 절차는 이 순종의 문제에 답하려고 하면서도 정말로 증거를 확립하거나 예증을 제시한 적은 결코 없다. 뿐

---

5   [옮긴이] 독일어는 명사의 첫 로마자를 대문자로 표기한다. 여기서 로넬은 영어로 쓰는 중인 텍스트에서 모든 명사를 독일어 철자법대로 표기해 볼 생각도 했었다고 말하고 있다.

보였고. 유아의 섹슈얼리티는 정신분석에서 가장 충격적인 추문을 던진 발견 중 하나였다.—당신 어머니랑 자는 일보다도 더 나쁜 발견 말이다. 우웩! 유아기의 성적 특질은 어린시절을 필멸성에 용접하고 청년 문화를 죽음충동의 좌석에 앉히는 일로 나아가기 위한 또 다른 암호였다.[*]

❂ ❂ ❂

역사적 지시대상 쪽으로 자국걸음을 내딛으려고 함에 따라 자서전은 원천을 향해 나아간다. 어떤 불연속의 현장, 곧 언어의 진입점에다 유아기의 위치를 잡으면서 말이다. 이것이야말로 세계 최상급의 자서전적 이야기 다수가 웅얼거림으로 시작하는 이유이자, 그런 이야기들이 이른바 말하기 주체가 오직 불편함만을 표명할 수 있는 장소, 몰이해로 그을린 자국을 향해 주춤거리며 진입하는 이유이다. 자서전이 걷는 노정이 시작할 때면 멈칫거리게 되는 증상은 이차적 수정을 통해 매끄러워지곤 하며, 혹은 이런 파편화는 특수하게 열거된 역사를 펼치는 신화적 성좌의 도움을 받아 한데 뭉치게 된다. 자기 인생을 스스로 추적하는 괴테의 이야기

---

[*] 크리스토퍼 핀스크는 필멸성에 노출되는 위상학적 장소 쪽으로 조금 다른 시야에서 접근한다. Christopher Fynsk, *Infant Figures: The Death of the 'Infans' and Other Scenes of Origin*, Stanford, Calif.: Stanford University Press, 2000. 그리고 조르조 아감벤도 참조하라. 그는 *Infancy and History: On the Destruction of Experience*, New York: Verso, 2007[『유아기와 역사: 경험의 파괴와 역사의 근원』, 조효원 옮김, 새물결, 2010]에서 유아기를 언어의 선험적 원천으로 규정하며, 또한 유아기를 언어의 역사성 일반의 (비)근거로, 즉 인류 역사의 (비)근거로 규정한다.—핀스크는 이런 식의 추론을 "철학의 잔여(이자 철학에 남은 것)"으로 간주한다. Agamben, *Infancy and History*, p.94.

만 아니라 그는 권위의 이중적이고 애매한 정립 권력에 의문을 제기하지도 않으며, 권위가 이성이나 대의 혹은 정당화에 근거를 두는 것에 관해서도 묻지 않는다. 권위가 말도 필요 없이 공격적으로 응시해서 당신을 기죽일 수 있다면, 합리적인 뒷받침이 반드시 필요할까? 오히려 권위의 침습 능력은 발터 벤야민이 제시하는 것처럼 사실 신화의 보증과 신화적 통제 형식에 의존하지 않나?

코제브는 사회적으로 조율된 현상학을 열심히 따르면서도, 이성의 근거를 보다 가까이 한다. 그는 사태를 다루기 위해 권위의 네 유형을 서로 구별한다. 이 유형들은 "단순하고 순수하거나, 기초 원소인"(26) 것으로서, 각각의 유형은 이론적 원천 및 위계적 연계성 형식에 이름을 붙이게 된다. 어린아이와 관계된 아버지의 권위, 노예와 관계된 주인의 권위, 무리와 관계된 장, 심판받는 자와 관계된 재판관이 곧 네 유형에 해당한다. 주인의 권위는 헤겔의 노작으로 되돌아가면서 권위의 일반 이론을 제공한다. 이 일반 이론은 코제브가 이끌어 냈던 다른 유형의 권위, 즉 아버지나 장이 휘두르는 권위 유형은 전혀 언급하지 않는다. 후자의 권위 유형이 결정적인 것이 되는 경우는 아리스토텔레스가 권위에 관해 제시했던 궤적을 다시 고찰할 때이며, 이에 반해 플라톤은 또 다른 방향으로, 즉 재판관의 권위로 이끈다. [플라톤에게] 모든 권위 형식은 정의 혹은 공평Equity에 기초하기 때문이다. 코제브는 플라톤이 언급한 권위의 무너짐을 대단히 강조하면서, 이에 기초하여 독립된 사법부를 위한 동시대적 성찰을 쌓아 올린다. 재판관이라는 형상은 가장 신뢰할 수 있는 권위 형식을 도입할 방

같은 경우에서처럼 말이다. 우리의 언급을 독일 문헌에서 중요한 두 편의 시작 지점으로 한정한다면—물론 [영국 문헌인] 『트리스트럼 샌디』 같으면, 의도상 불가능할지라도 탁월한 시작 지점을 제공해 줄 수도 있었겠지만—괴테와 장 파울이 자서전을 꾸리려고 할 적에, 둘은 공히 자기 이야기를 명확히 하려고 다른 원原자료들을 뒤적거렸다는 사실을 우리는 알아채게 된다. 이들은 어린시절의 기억이 담긴 책을 되찾기 위해 많은 것들에 청한다. 친구, 제자, 각양각색의 상기 담당직이, 그밖에도 자기의 기억 은행 산하의 관련 지부들이, 태반이 비어 있는 이들의 이야기 계정에 첨부되기 위해서, "이들에게 정보, 기억, 묘사 및 이들의 삶과 주변 상황에 대한 통찰을 제공하기 위해서" 불려온다.[*]

자기 어린시절 태반을 특징짓는 기억의 빈칸을 처리할 필요에 직면하여 괴테는 그의 자서전 격 작품을 『시와 진실』이라고 불렀다.[**] 자기 벌충에 수반되는 허구라든지 담론상의 두서없는 뒤틀림을 용인하면서도 말이다. 괴테가 '그 자신의' 어린시절과 맺은 관계는, 젊었던 나날의 번쩍거리는 기억 영역과 영상들에 그가 접근했건 아니건 간에, 허구에 의해 부풀려져야 하는 것이었다. 이를 제대로 수행하기 위해서는, 그러니까 맨주먹으로 시작해야 하는 데다가, 결코 기억을 통해 자연스럽게 되찾지는 못할 것을 발굴해야 한다는 사정으로 인해, 어린아이 하나가 발명되어야만 했으리라. 이런 어린아이는 그저 날조될 것이 아니라, 개연성 있

---

[*]   Fleming, "The Promise of Childhood", p.1.
[**]   [옮긴이] 자크 데리다는 괴테의 이 책 제목(Dichtung und Wahrheit)을 '허구와 증언(Fiction and Testimony)'이라고 바꿔 부른 바 있다. 로넬이 이 부분에서 참조하고 있는 플레밍의 글에 따르자면, 괴테가 '작시'라는 단어를 쓰면서 염두에 두었던 것은 꾸며 낸 이야기로서의 시, 곧 아리스토텔레스의 『시학』에서부터 지속적으로 논의되었던 대상으로서 허구 이야기다.

법을 제시하며, 공정한 정체政體를 위한 기초를 제공한다. 정의와 권위 [의 문제]에 부닥친 위태로운 균형은 이 [재판관이라는] 형상에 달려 있다. 재판관은 불편부당, 객관성, 사심 없음을 주장함으로써 어떤 경우에나 권위를 장악하고 얻는다. 이런 의미에서 보자면 권위는 앞서 말한 성질을 소유한 모든 사람에게 부착된다. 말하자면, 정의롭거나 정직한 사람은 재판관 자리에 앉아 있지 않다고 할지라도 권위를 장악하게 되는 것이다.

지정된 다른 유형들과 비슷하게 아버지의 권위는 그 본질에 신성한 요소가 있으며, 전통 및 과거로부터 파생될 뿐만 아니라 유전적 전달에서 비롯된다. 아버지에게서 유래한 권위는 치명적으로 쇠퇴했기에, 이제 억압되거나 감추어진 채 잔존하며 따라서 더 깊이 조사할 필요가 있다. ─ 특히 유사가족적 질서의 여러 구조가 되돌아오는 일과 관련해서 말이다. 부성적 권력의 표현은 결코 권력 자체의 선언이 아니었거니와, 수면 아래로 숨어 버린 이 권력의 표현은 세계가 정렬되는 방식에 훼방을 놓는다. 코제브는 흔들리는 권위가 물러남으로써 발생한 치환 효과를 추적하고, 또 대체의 연쇄를 따라가면서[6] 유력한 다수가 순차적으로 아래에 압력을 떠넘기면서 소수자들을 지배하는 방식을 짚어 낸다. 그리하여 사장은 직원에게 으스대고, 남성은 여성

6   [옮긴이] 여기에서 로넬이 사용하는 '대체'나 '대리'와 같은 단어는 (데리다적인) 의미론 혹은 언어 이해와 연결될 수 있다. 로넬이 강한 의도를 갖고 이 단어/개념을 쓴 것 같지는 않으나, 다만 코제브에 대한 해석과 이 해석을 표현한 문장 자체에 그녀가 '데리다적인 흔적'을 남겨 놓으려 한 것만은 분명하다.

게—자서전적 기획을 마련하는 아슬아슬한 역설로서—구성되어야만 했다. 괴테에게 **아우토스**autos[자신]의 자율성autonomy은 언제나 의문의 대상이었다. 아주 어린시절의 여러 인형극에서부터* 헤겔을 포함한 당대인들 및 실러와 나누었던 핵심적인 대화에 이르기까지, 그에게는 늘 이것이 질문거리였으며, 나중에 에커만과 대화하며 만들어 낸 공동작업에서도 이는 마찬가지였다. 덧붙이자면 요한 페터 에커만은 결론에 해당할 여러 장을 마무리하면서 부분적으로는 결론부 구성의 항목들을 불러 주기도 했던 바 있다. 스승master을 위해 그의 삶을 써 내려감으로써 말이다. 작시 또는 허구라는 일차적 의미를 차치하고 보자면, [『시와 진실』이라는 제목에 사용된 단어] **시**Dichtung는 **받아쓰기**dictation에서 온 말이기도 하다. 이 경우 이 말이 알려 주는 바는 근본 없는 어린시절의 기억들이 어른이 된 시인, 성공한 정치가이자 학자인 사람에게 받아 적을 내용을 불러 주고 있으며, 그동안 이 사람은 잃어버린 역사를 재구축하거나 혹은 틀림없이 포토샵 처리에 과장까지 하려고 애쓰고 있다는 사실이다. 제목을 보면 **시**Dichtung가 먼저 나오고, **진실**Wahrheit이 그 뒤를 따르기는 한다. 그런데 이는 괴테가 가치의 위계를 세울—허구가 최고의 영예를 얻고 진실보다 앞서는 한에서, 어쩌면 니체를 기쁘게 해 주었을지도 모를 기표구성을 조직할—생각이 있었기 때문이 아니라, 괴테 안에 깃든 시인이 애초의 제목 '바르하이트 운트 디히퉁Wahrheit und Dichtung'에서 반복되는 d를 참을 수 없다고 여겼기 때문이다. 시적인 체제개편이 결국엔 첫째 지위를 차지하게 되며, 이는—그 자체로도 의미심장한 사건으로서, 진리값의 고압적 권리주장에 대해 시

---

*   [옮긴이] 괴테는 어린시절에 파우스트 박사에 관한 인형극에 매료되었으며, 인형극 도구들을 선물받기도 했다고 한다.

을 지배한다. 이데올로기의 요새에 틀어박힌 인물 형상들은 자기들의 압제적 방식을 계속 유지한다. 마치 우리가 어찌해 볼 도리 없이 고전적 주권자들에게 묶여 있으며, 이 고전적 주권자들이 권위의 네 가지 지배 유형 및 그 예순 가지 혼합형으로부터 계속 부활하는 것같이 여겨질 정도이다. 뿐만 아니라 코제브는 권위의 가동에도, 그 전달 수단에도 관심을 보인다. 선출, 지명指名, 유전遺傳, 포고布告가 그 수단이다. 이런 **전달**transmission 가능성이야말로 특수한 개인 또는 단독적인 개인 없이도 권위가 실존하나, 권위의 전송과 정착은 임명 및 이전移轉이라는 특징적 논리에 따라 이루어진다는 점을 가리킨다. 영속적 권위로부터 세속적 권위를 떨어뜨려 놓을 필요성도 있다. 이는 시간의 부정否定과 연관되며, 건립[7]이라는 형이상학적 부분집합에 의존한다. 때로 권위 유형들 중 하나는, 비록 쉽게 오염되고 포개어지기는 하지만, 자기가 고립되어 있음을 깨닫는다. 재판관이 [사태의] 관망 지점을 상정하기 위해 홀로 나아가야만 할 때가 그런 순간이다. 그렇지만 각각의 권위 유형은 의식이나 행동의 무대로서 나타나며, 여기에 이끌려 알맞은 반응 또는 책임이 유도된다. 무수히 많은 것이 말해질 수 있으리라. 발화 행위나 명제의 지위에 관해서나, [코제브의] 이 유형학이 전제

---

7   [옮긴이] 프랜시스 베이컨은 『대혁신(Instauratio magna)』(1620?)이라는 필생의 역작을 서술한 바 있다. 잘 알려진 『신기관(Novum Organum)』은 이 구상의 세 번째 책이다. 베이컨에 따르면, 존재의 최종 근거를 따지는 일은 신학의 문제가 아니라 자연철학의 문제라고 할 수 있지만, 이것은 자연학(physics)이 아니라 형이상학(metaphysics)에 속한다. 건립(instaration)이라는 단어는 최초의 원인을 만들어 내는 행위를 뜻하므로, (종교적 설명을 배제하는, 합리주의적인 입장의) 베이컨식의 형이상학에 부분으로 포함된다고 말할 수 있을 것이다.

인의 귀가 우세함을 보여 주지만—어린시절을 옮겨다가 상정된 원천의 자리에 되돌려 놓았던 일과 꼭 마찬가지인 데다가, 그런 일의 진실성이 대개는 직조되었으며 몇 겹이나 매개되었던 것과 꼭 같다. 매개된 것들과 기억 길잡이들이 엮인 그 물망을 통해 어린시절이 보강될 필요가 있다면, 그 이유의 일부는 자서전 탐색에 나선 괴테 및 다른 사람들에게 어린시절이란 이미 침몰되어 되살릴 수 없는 대상이었기 때문이다. 이것의 충만이라고 말해지는 것은—일종의 황금시대로서 어린시절은 줄곧 이를 풀 열쇠였던 것인데—상징[계에서]의 병변病變을 수반하며, 이런 병변에는 허구가 필요하다. 상처에 붕대를 감고 이를 역사에 밀어 넣기 위해서 말이다.

괴테가 시[허구]를 가져다가 어린시절의 숨겨진 진실을 복원하기 위해 씌워 두는 것은 아니다. 그렇기는 하지만, 그의 제목 짓기는 기억의 궐여에 대한 대응이면서도 동시에 어린시절의 전망과 약속이 황폐해진 현장을 메꾸는 일종의 충전재이기도 한 것으로서 시[허구]가 끼어들 필요성을 설명해 준다. 어린시절이란 수사적으로 꼭 들어맞는 용어로서, 괴테가 보기에 어린시절은 망가져 버리게 되는 약속 단계를 제시한다. 어린시절을 축조하는 과정에서 모든 것은 약속의 균열적인 지반을 바로잡고 그 거듭되는 붕괴를 수습하는 일에 달려 있다. 어린아이는 그가 지킬 수 있는 것보다 더 많은 약속을 하(고 약속을 받)곤 한다. 어린시절의 다채로운 충만함은 약속의 구조에 의지한다. 약속은 내재적 필연성에 의해 성취되는 것이고자 하며, 활짝 열려서 온갖 **가능성들**로 넓어지게 된다. 그렇지만 약속은 이 가능성들을 이해하지도 않을뿐더러 기억하지도 않으리라. 다시 말해 괴테가 제대로 본 바와 같이, 사실 "치사한 장난질"을 저질러 왔던 것은 자연이다. 그토록 많은 전망과 약속이 아이들에게 부여됨에도 결국에는 거의 아무것도 이루어지지 않는다는 하는 언어적, 언어 외적extralinguistic 여러 분야에 관해서 말이다. 이 여러 분야에는 **복종**obedience의 여러 양식이나 수동성의 여러 단계가, 그리고 권위의 발휘를 통해 표가 나는 압제의 질서들이 포함된다. 권위의 경우, 코제브에 따르면 이것은 관계가 낳[기도 해)는 공허감 속에서는 작동할 수 없지만, (힘 및 권력과는 달리) 어느 정도 상호적인 집착과 특정 수준으로 유지되는 반응성을 바탕으로 한다. 권위에 몸을 굽히는 사람들, 곧 권위의 원리와 그 파급 범위를 존중하고, 권위의 요구에 맞서 분명히 투쟁하지 않고 항복해 버리는 사람들의 문제가 있다. 뿐만 아니라 영예로운 채찍을 간절히 바라는 우리 중 몇 사람을 완전히 잊어버리지는 말도록 하자. 권위를 욕하는 사람들조차도 그 영향력은 확실히 수긍한다.

자, 그래서 나는 어쩌고 있는 걸까? 권위가 위태로운 입장에 이르게 된 것을 우리가 봐 왔나? 다른 종류의 접근법은 권위를 관통하는 사유의 필요성에 더 소용될 수 있을까? 해명 및 분석을 앞두고, 다시 말해 예견 및 **염려**Sorge의 절합과 관련하여, 지금은 정신을 더욱 바짝 차려야 할 때일까? 아니면 냉정함 정도를 슬쩍 늦춰야 할 때일까? 내가 해 온 몇 가지 선택을 이어서 설명해 보고자 한다.

이제껏 내가 몇 가지 중요하게 담론화된 것들을 멀리해 왔다는 점을 나는 인정한다. 서로 공유되는 정치적 하부구조마다의 '문장체제', 우리가 공통 관심이라는 문제를 다루는 방식을 지배하는 불안이 그런 것이다. 통상적으로는 [우리가 겪는] 괴로움을 몇 가지로 좁히는 일은 승인된 정치적 논의 형식들이 수행하는데, 나는 터무니없는 점에서 말이다.*

아이들의 발전이라는 관점에서 보자면, 이들은 내내 낙담시키게 된다고 괴테는 주장한다.—아이들은 자라면서 우리를 실망시킨다. 이들의 본래적 천재성과 예술적 창의성 및 과학적 호기심은 심지부터 잘려 나가고, 시시각각 회수된다. 성장은 단순한 발전 혹은 전개와 혼동되어서는 안 될 일이라고 괴테는 『시와 진실』에서 경고한다. 각양각색의 활력과 흐름이야말로 성장 중의 인간 존재를 구성하되 최종적으로 그는 쪼개어지게 될 것이기 때문이다.—이들은 서로를 뒤따르고 억압하면서 서로를 잡아 뜯으며, 또한 [이전과는] 다른 기능 쪽으로 전환하고, 그럼으로써 성인기가 되면 초기의 여러 능력은 그 흔적이 거의 안 남거나 완전히 없어진다. 어린아이를 쓰러뜨려 희망이 제거된 장소에 맞춰 넣는 저 운동은 세분될 수 있다. 성인기로 접어들며 이루어지는 선명한 쇠퇴를 표시하는 단계들이 최초의 도약 이후에 있다. 괴테에게 어린아이는, 즉자대자적으로 보자면, 애초에는 "모든 예측을 뛰어넘는다. 즉 어린아이는 매우 영리하고, 아주 낙낙하며, 그토록 발랄하다".** 하지만 체계의 결함과 유기체의 태업이 신생한 어린시절의 약속[과 전망]을 끝낸다. 괴테는 인간의 발전과 초목의 발전에 관한 사유 가운데서 둘 사이에 원리적 판이함의 쐐기를 밀어 넣음으로써 명료한 유비를 제시한다. 초목의 완성태[엔텔레케이아]는*** 외부의 위력에—날씨, 토양, 식물영양에—부서지는 반면에, 인간 존재 및

---

* 폴 플레밍은 어린시절의 고약한 장난질 문제에 관해 괴테가 말한 내용을 굉장히 자세하게 논의하고 있다. Fleming, "The Promise of Childhood", p.4.

** Ibid., p.30.

*** [옮긴이] 엔텔레케이아는 아리스토텔레스가 말한바 질료가 운동 끝에 목적으로서의 형상에 도달한 상태를 가리키는 말이다. 엔텔레케이아는 가능태(뒤나미스)가 현실화된 현실태(에네르게이아)와 유사한 의미가 있지만, 운동의 가능성과 과정을 강조하기보다는 질료가 그 목적에 도달하여 완성된 상태임을 더 확실하게 드러낸다는 차이가 있다.

비통함을 가라앉히는 일을 더 잘 해낼 수도 있었으리라. 몸을 풀기 위해서는 우리의 분과학문을 속박하는 것으로서, 알아보기 쉬운 주제나 정체 식별이 가능한 논변을 동원할 수도 있었다. 우리가 으레 복귀하는 가설 유형 쪽으로 우리를 안전하게 몰고 가는 주제를 가져오고, 우리가 서로에게 이야기하는 방식을 떠받치는 논변을 사용할 수도 있었던 것이다. 더 탄탄한 근거를 가진 절차였다면 더 솔깃했으리라. ─ 어림없는 이야기지만, '방법론'이 뒷받침된 논의 과정이었다면. 그랬으면 적법성을 위한 다툼도 전혀 없었으리라. 내적 감시가 이루어지거나 더 외적으로 통제되었다면 말이다. 마지막으로, 나는 이런저런 공식적 이유로 삭제되어 온 저작들을 드러내고 이것들을 대신하기 위해 일군의 힘 있는 조언자들의 협력을 바랄 수도 있었을 것이다. 그렇지만 나 자신에 대해서는 이 정도만 말할 수 있겠다. 나는 혼자 힘으로 돌파해 왔다고 주장하는 사람들과는 다르고, 집단 편성을 고수하면서 오발탄이나 생경한 전제 또는 거슬리는 주장을 배제하는 사람들과도 다르다. 나는 내가 선택한 여러 저작을 폭넓게 읽어 오되 이를 반사하듯 투영하지는 않았고, 이런 여러 저작의 강력한 적법성들을 포기해 왔다. 부분적으로는 이런 것이야말로 이 책에서 정치 이론을 수행한다거나 정치학을 복구한다고 자처하는 이야기를 전혀 꺼내지 않았던 이유다.

철학적인 것과 정치적인 것의 상호귀속. 대신에 나는 대부분의 초점을 철학적인 것과 정치적인 것의 상호귀속에 계속 맞추어 왔다. 나

골격은 내부의 분란에 민감하다.* 전적으로 우발적인 초목 생장life의 완성태는 인간의 삶life과 서로 다르게 짝지어진다고 폴 플레밍은 주장한다. 인간의 삶에서 완전한 성장은 (이를 엄정하게 평가할 수 있는 사람이 있겠냐마는) 우발적이면서도 동시에 내적으로 고유하다는 것이다. 인간 존재는 교육이라는 수단을 통해 이와 같은 취약성에서 빠져나와야 할 필요가 있다.

그럼에도 불구하고, 나는 [초목과 인간에 대한] 괴테의 묘사에서 짚어 둘 만한 오염작용이 발생하고 있다고 본다. 가령 교육이 분재 재배와 흡사해질 적에 말이다.―분재에는 빈번한 가지치기와 교정 및 축소miniaturization가 있으며, 카프카를 인용하자면 이런 짓은 살아 있는 존재를 내리눌러 "작게 성장grows down"시키는 것으로서 카프카는 자기를 "눌러기른" 것에 관해 이렇게 말한 바 있다. (카프카가 관찰한바, 그와 또래들은 키워졌던 게 아니라 눌렸던 것이다.) 어린아이와 마찬가지로 초목은 가혹하게 묶이고 혹독하게 다뤄지며, 거의 윤리적일 정도의 겉모습을 갖도록 끄트머리가 잘려 다듬어짐으로써, 곳곳이 체계적으로 통제된다. 재배cultivation 및 문화culture를 겪는 존재로서, 어린아이와 초목은 가학증이 적용된 흔적들을 피하기가 거의 불가능할 정도로 품고 있다.―프로이트의 파기할 수 없는 현실원칙 같은 무엇이, 쾌락이 주어질 적마다 저편에서 모습을 드러내는 것이다. 초목은 쾌락원칙에 민감할까? 우리의 식물 주민들은 태양빛을 투여받고 수분을 채워 내는 기쁨에 벅차오르지 않을까? 이 모두는 살펴보아야 할 것으로 남아 있으며, 특히 자연이 재배 법칙에 복종하면서 몹시 종별적인 훈련 프로그램들에 따르도록 만들어지는 자리에서 그러하다. 교육받고 가지치기됨으로써, 제약된 개체entity는 존재의 전

---

* 괴테가 Wachstum과 Entwicklung(성장과 발전)을 서로 구별 짓는 것에 대해 플레밍이 논의한 내용을 참조하라. Fleming, "The Promise of Childhood", p.30ff.

는 이 둘이 상호적으로 관련된다는 관점을 견지하기에, 정치적인 것을 철학적 결정으로 설명한다. 그렇다고 해서 철학적인 것이 단순히 정치적인 것에 선행하고 정치적인 것보다 우세하다고 말하려는 것은 아니다. 철학은 권위를 어떻게든 진지하게 조사하기 위해 정신분석의 이웃에 셋집을 얻는다고 해야 할 것이다. 그 주소가 유효하지 않거나 등기되어 있지 않아도 말이다. 만약 "철학에 정신분석이라니. 고맙지만 사양합니다. 필요 없습니다"라고 생각 중이라면 당신은 정치의 전적인 지배라는 습관에 빠져들어 있는 것이다. 이런 습관은 모든 비판을 몰아내며 불가피하게 전체주의적 성질을 취한다.

> 정치적인 것에 대한 질문을 철학적인 것 쪽으로 이렇게 '되불러 오는' 일은—사람들이 생각할 법한 내용과는 반대로 철학에 대해 어떤 확약도 상정하지 않는 일로서—단순히 비판적이고 '부정적인' 몸짓이 아니다. 오늘날에는 그 어느 때보다도 다음과 같은 담론들과 관련하여 경계가 확실히 필요하다. 철학적인 것으로부터 독립해 있음을 가장하는 담론, 또한 이에 부응하여 정치적인 것을 별도의 자율적인 영역으로 다루는 (아니면 별 차이는 없겠으나, 앞서와 다른 경험적 영역이나 국한된 영역과 결부되어 있거나 그런 영역에 종속된) 담론들에 대해 주의해야 하는 것이다. …… 정치학 또는 정치이론의 기획은, 그것이 안고 있는 사회인류학적 부담 (및 그 귀결로서 철학적 전제조건들) 전부에도 불구하고, 자체의 비판

투를 대비한다. 따라서 『시와 진실』에서 어린시절에 바쳐진 부분인 1부를 아우르고 지배하는 문구는 이러하다. "혹사당하지 않는 자는 교육받아 도야될 수 없으리라."*

어린아이라고 지정되는 삶의 초기에, 착상된 풍성함의 첫 단계에 뒤이어서, 공식적으로 핍박이 개시된다.—달리 말해, 고단함이 공식적으로 전개되며, 제도적인 기미를 띠게 된다. 죽음충동이 정밀 점검을 받게 되는 것은 학교라는 형식을 통해서이며, 알다시피 **교육**Bildung 즉 도야의 기관으로서 학교는 칸트뿐만 아니라 헤겔과 괴테 속에서도 천재적 재능이 중단되고 떠나 버린 지점을 넘겨받는다. 높은 수준으로 도야된/혹사당한 사람 중 몇몇은, 가령 괴테 자신이나 모차르트 같은 사람은 학교에 입학할 필요가 없이, 그 아버지들이 큐레이터로서 관리한 가정 수업 프로그램을 수료했다. 중간쯤 되는 어린아이는, 어찌 되었든 이내 전망[과 약속]을 잃고 제 근거지를 내주기 시작하며, 애초에 있던 천재성의 젖살이 빠지게 된다. 요컨대 어린아이는 홀쭉해지고, 갑작스레 기운이 빠진다. 괴테가 강조하다시피 약속이란 예외 없이 깨지고 만다. (수학적 천재성이나 음악적 천재성은 여기서 다소 다른 청구서 및 통지표를 참고하는 것으로 나는 상정한다.) 다른 무엇보다도, 이렇게 무산된 기대가 의미하는 바는 어린아이가 벌써 끝장나 버려졌으며, 학교 교육이 시작될 즈음엔 너무 나이 들었다는 점이다. 담임교사의 생활지도와 저학년 학교 과제가 개시될 때가 오면, 이 어린아이는 왕년에 고갈되지 않을 것 같던 기금의 잔재에 불과하다는 사실이 널리 드러난다. 반짝거리던 재기는 소멸했으며, 잠깐 가능성을 보였다가 일순간 탕진되었던 것의 가냘픈 흔적만 남아 있다. [본성적] 자연이 결정하는

---

* 플레밍에 따르면 괴테의 자서전 기획을 이끈 것은 메난드로스[고대 그리스 아테네의 희극 작가]의 엄한 애정(tough-love)에 대한 신조라고 한다. 이에 대한 하나의 해석으로 Ibid., p.31을 참조하라.

및 이런 기획의 정치적 기능에 대한 비판을 그 어느 때보
다도 바로 지금 필요로 한다.[8]

바로 이런 때였기에, 낭시와 라쿠 라바르트는 모종의 경계 상태
를 진작시키기를 원한다. [그러나] 이런 조심은 비판 장치apparatus 및 비
판의 실행을 통해 충족될 수는 없다. 어쩌면 비판은 [현실의] 사태로부
터 권한을 빼앗거나 혹은 사태를 변동시킬 힘을 잃어버렸는지도 모른
다. 이런 것으로서 어떤 경우에서건 비판은 "아마 너무 급히 아주 무
력하게 인류학의 거의 완전한 지배에 직면한 것이리라"(109). 이와 같
은 고찰은 이 두 사람을 철학적인 것에 의지하도록 이끈다. [그러나] 이
들이 철학적인 것을 교묘하게 다루어 위세를 갖게 하려는 것은 아니
며, 혹은 철학적인 것을 담론들 사이에 벌어진 원거리 싸움의 승자로
선언하려는 것도 아니다. 이들이 목표한 바는 철학적인 것과 정치적
인 것의 본질적인 (또한 우연하지 않고, 그저 역사적이지 않은) 상호귀속을
분명히 하는 것이다. 이런 "되불러 옴recall"이 철학적인 것의 지배를 강
화하는 것으로 여겨져서는 안 될 것이다. 이 "되불러 옴"은 보다 원천
적인 상호귀속의 공간을 여는 것으로, 즉 서로 다투는 여러 담론구성

8   이 텍스트는 장뤽 낭시, 필립 라쿠 라바르트 명의로, 정치철학연구소 개소식 연설(inaugural
address)로서 1980년 12월 8일 파리에서 발표되었다. 이 연설문은 「개소식 연설」이라는 제목으
로 『정치적인 것의 후퇴』에 실렸다. "The Centre: Opening Address", *Retreating the Political*, ed.
Simon Sparks, London & New York: Routledge, 1997, p.109. 『정치적인 것의 후퇴』를 참조한 이하
의 문장들은 이 텍스트 여기저기에서 인용한 것이다.

바는 이러하다. 괴테에 의하면 말이다. 광채는 측정되거나 무언가를 의미할 만하기도 전에 끝나 버린다.ㅡ연패의 흐름은 맨 첫 단계부터 마련되지만, 이런 연패가, 결코 의도되지 않았던 무엇을 언뜻이나마 불러들이지 않을 수는 없다. (프로이트라면 시계를 훨씬 더 뒤로 감으려고 할 것이며, 멜라니 클라인도 물론이다. 그녀는 인간의 대실패와 자위 증세[자기 오염] 보고서의 진정한 선구자였으니 말이다.)

　　장 파울에게 상황은 동일하지만 약간 다르다. 그는 어린시절을 인간의 발전 혹은 전개의 정점으로 간주하기에, 이를 원천이자 목표라고 판단한다.[*] 어린시절에 뒤따라오는 것은 몰락 혹은 추락이며, 어린시절은 **이상적 인간**Idealmensch을 내포한다. 도야[혹은 교육이]란 이런 이상을 자유롭게 만드는 데 있다. 곧 어린아이를 "묶인 데서 풀어"놓고, "풀어놓는 양육(die entfaltende Erziehung)"을 후원하는 데 있는 것이다.[**] 그렇기는 하지만, 괴테가 그렇듯 장 파울도 청년 문화라는 시각에 매달린다. 그 역시 "인간성이 그 정점에 도달하는 시기는" 잠재력을 통해 규정되는 "청년기"라고,[***] 즉 외부의 침식이 욕망 및 예기된 성취를 뭉개 버리기 이전 시기라고 단언하는 것이다. 허물어뜨리는 이 움직임을 장 파울은 일상적 파괴라고 기술하며, [복종하는] 주체가 필요의 영지에 가까워짐에 따라 주체 가운데 깨부수고 압도하는 비율이 시시각각 늘어나는 것으로 묘사한다.ㅡ꼬맹이들은 압력을 가해 오는 인간적 권리주장 또는 인간의 공격성에 복종함으로써, 메마른 존재의 점

---

[*]　"인간이 최정상에 도달하지 않되, 그로부터 하강하면서 다만 되돌아 올라가는 이유는 이 때문이다 (Daher kommt eigentlich der Mensch nicht zum Hoechsten hinauf, sondern von da herab und erst dann zurueck empor)." Fleming, "The Promise of Childhood", p.16에서 재인용.

[**]　Jean Paul, *Sämtliche Werke. Historisch-Kritische Ausgabe*, ed. Eduard Berend et al., Weimar: H. Boehlaus Nachfolger, 1927ff, W.5, S.504.

[***]　Fleming, "The Promise of Childhood", p.6.

discursivity들이 계속 떠들어 대는 바람에 거의 안 들리게 된 대화를 개시하는 것으로 생각되어야만 한다.

권력을 박탈당하고 빈번하게 권위를 빼앗긴다고 할지라도, 철학이 정치의 거수巨獸와 그 야수적 기질에 대고 지향사격이나마 할 수 있다는 점은 의심할 바 없다. 언젠가 칸트가 강력히 권고한 대로 철학은 이래야만 한다. 자율성을 강조하는 저 담론상의 실천과 학구적인 실천들을 경계해야 한다. 혹은 억눌린 철학 기반에 중요성을 부여하는 일이 관건이 될 때는 어떻게든 부인否認을 존속시켜야 할 것이다. 독립적으로 인정되는 정치 영역이라는 환상 때문에 형성된 진술들 속이야말로 이런 점이 가장 분명해지는 자리다. 우리 겁내지 말자.

낭시와 라쿠 라바르트는 정치철학연구소Centre de Recherche Philosophique sur le Politique 개소식 연설에서 정치적인 것[9]의 철학적 본질을 고찰한다. 이들이 주목하는바, 정치적인 것이 관건이 될 적에 철학[적인 것]은 스스로가 권위를 상실했다는 사실을 어쩔 수 없이 알아채게 된다. 철학과 정치의 이런 만남과 관련된 어떤 것은 철학이 사태를 장악하는 힘을 눈에 띄게 약화시킨다. 우리에게 세계에 관해 말해 주거나 미래를 창안하는 철학의 능력을 감소시키는 것이다. 동시대의 많은 정

---

9   [옮긴이] 프랑스어에서 le politique(남성명사)와 la politique(여성명사)는 동일하게 정치행위를 가리키는 말이지만, 약간 다른 뉘앙스를 가진다. la politique는 현실 가운데서 이루어지는 구체적인 '정책'을 가리킬 때 주로 사용되고 le politique는 추상적인 관념으로서 정치 자체를 가리킬 때 주로 사용된다. le politique는 영어로 the political이라고 옮겨지는 경우가 많은데, 이 책에서는 이 영어 단어를 기존 우리말 번역의 관례에 따라, 그리고 이 단어가 품고 있는 추상적 의미를 드러내기 위해 '정치적인 것'이라고 옮겼다.

점 늘어 가는 지배를 따르게 된다. 결국에 가서 장 파울은 괴테보다 훨씬 비관적인 전망을 취하게 되는데, 괴테는 어린시절의 약속이 사라지고 남은 불똥 가운데서 비록 단 하나일지라도 구제할 가능성을 보고 있기 때문이다.

장 파울이 보기에, 어린아이에게 깃든 모든 희망은 이내 제거되면서 이와 더불어 장래를 걷어 낸다. 반대 내용의 진술이 한가득이지만 괴테는 다음과 같은 가능성을 감안함으로써 숨겨진 채널을 열어 놓는다. 상실이 다반사인 어린시절이 과거에 흘리고 간 금전을 성인기의 어떤 괜찮은 면이나 마음을 끄는 측면이 대갚음해 줄지도 모를 가능성 말이다. 어쩌면 결국에 어린아이의 미래는 어린시절을 정당화하는 데 사용되거나, 아니면 그 자신에게 어린시절을 들고 와 건네주든지 혹은 되돌려 주든지 하는 것일지도 모른다. 다 자란 곳에서 과거에 빛을 비추어 보면서, 그리고 모종의 허구 만들기를 통해서. 어린시절이 의미를 갖는다 할 때, 의미는 성인기에 시작한다. 메타렙시스*를 통해 떠받쳐지고, 조건에 따라 기억되는 것이다. 이런 점에서 보자면, 루저 어린아이에 기초를 둔 이론가로서는 장 파울이 더 엄격하다. 사람들이 단지 어린시절의 그랬을—법했던—상태로 돌아갈 수 있을 뿐이지, 그 여러 가능성의 영역이 진짜로 지탱되거나 실현되기로 했던 적은 결코 없다는 판단감각을 그는 줄곧 유지하기 때문이다. 어린시절은, 그 이상이 접혀 있는 채로, 단지 "전반영된 무한성(vorgespiegelte Unendlichkeit)", 즉 "앞서 비춰지거나 가장假裝된, 꾸며 낸 것이라고도 할 만한 무한성"을 제시할 뿐이다. 그러니 "어린시

---

* [옮긴이] 메타렙시스(metalepsis)는 관례화된 기존 문구를 흔히 사용하지 않는 다른 맥락에 끼워 넣어 사용하는 경우를 가리키는 용어이다. 이 용어가 소설의 서술상황을 연구하는 서술학으로 넘어오면, 특정한 시공간에서 이야기 줄거리를 전달하는 서술자가 그로서는 전달하는 일이 불가능한 시공간에 속한 인물의 말과 행위를 서술하는 경우를 지칭하게 된다. 여기에서는 어른이 되어서 어린시절을 재구성하는 경우를 가리키기 위해 사용한 것으로 여겨진다.

치적 말하기의 형식에서, 그리고 정치의 이론적 탐사 형식에서, 정치와 철학을 얽어매는 일은 이제 더 이상 실행될 법하지 않다. 그럼에도 불구하고 짝으로서 정치와 철학은, 비록 무대 뒤에서였기는 하지만, 서로에게 의지해 왔다. 가령 고대 그리스-로마 사람들 사이에서 철학적인 것과 정치적인 것은 떨어뜨릴 수 없는 한 쌍을 당연히 형성한다. 가문 모임과 외부 원정을 위해 [정치와 철학은] 서로가 서로를 수행하고 지지하기를 요구하기 때문이다. 현재 이 둘은 단절된 쌍을 표상한다. 철학과 정치는 금이 간 덩어리로서, 그 갈라짐의 역사는 계속해서 그 자체로 중요하다. 둘을 떨어뜨려 놓는 차이와 거리를 모두 무시하려고 해도 근절할 수 없는 모양은 남는다. 담론들이 산산이 흩어지는 경향을 전제하더라도 제거될 수 없는 무엇이 남는 것이다.

부성의 정치적 허구. 거의 불변하는 **부성의 입력**paternal input에 주목해 보자. 정치적인 것이 표시되었거나 작동하는 장소에 여전히 이것은 침입해 들어온다. 신경통처럼 쿡쿡 쑤시는 이 지점이야말로 내가 도달하려는 곳이다. 사회의 정치적 충동으로 식별 가능한 것이 짠 계획표를 따라 변화가 수행되는 자리에서조차, 아버지의 세속적 활력 및 가족의 참을성과 관계있는 어떤 것이 여전히 남아 있다. 부성이 필연적으로 쇠약해지는 것을 우리가 대할 때나 이것이 허구적으로 소모되는 것을 다룰 때, 바로 이럴 때야말로 앞서 언급한 연루된 것은 완강히 자리를 고수한다. 적어도 플라톤 이래로, 철학의 강한 활력 증진제이자 힘센 정치적 허구로서, 부권의 시행은 수없이 많은 절에서 지속적인 중요성을 띠는 것, 그리고 어린시절에서 우리가 기억하는 것은 본래 그랬던 것이 아니라 그랬을 법했던 것이다. 다시 말해 앞서 비춰지고 무한한 미래로 투영되었지만 결코 결실을 맺은 적은 없었던 무엇인 셈이다".[*]

장 파울에게 어린시절의 내적인 시간 분열은, 다시 말해 이상적인 것과 관계를 늘 끊는 일은 겪어 낸 체험을 증언하지 않으며, 안정성이나 현존을 요구할 수 있는 [시기로서] 자기다움이 발달해 가는 시기를 증언하는 것도 아니다. 요컨대, 어린시절의 궁지는 언제나 이 조그만 주체로 하여금 자기 앞쪽으로 뛰어들게 만들고, 선 자리에 머물기보다는 전방을 지향하게 만든다. 실로 어린시절은 그 자신에게만 가능한 무한이라는 헛것을 향해 내내 몸이 쏠려 왔으며, 앞으로 기울인 자세 또는 준비 태세였다. 이 모두는 그 자체로 쾌락을, 예감에서 오는 큰 기쁨을 주었다. 그리하여 "사람들이 기억하는 것은, 자기가 느꼈으되 현실 속에 들어오지 못했던 예감의 정동적 강렬함이다.—우리는 아직껏 현재를 관통하는 미실현된 가능성들을 기억한다".[**] 어린시절의 쾌락은 마치 생성의 이런 실패에 기대는 듯하다. 쾌락이 이처럼 근거지 없이 뿌리내리는 일은 박탈 가운데 욕망이 싹튼다고 본 라캉의 시각과 이어질 수 있겠다.—욕망을 이루지 **않는** 경험이야말로 우리로 하여금 계속해서 앞으로 나아가게 만드는 것이다. 가서 아무에게나 물어보라. 다만 무소유의 강력한 원동력과 무위의 가차 없는 추동력을 완전히 망가뜨리지 않은 사람에게 물어보라. 아무튼, 어린시절에 관한 장 파울의 되새김 속 쾌락이 매달리는 대상은 어린시절이 투영된 공간 바깥에서는 절대로 찾을 수 없는 것이다. 이 쾌락은

---

[*]   Paul, *Sämtliche Werke*, W.4, S.202; Fleming, "Promise of Childhood", p.9.

[**]   Fleming, "Promise of Childhood", p.9.

결정적 기능 역할을 해 왔다. 이것은 어디에나 있으며 개념상 진부함에도 불구하고 여전히 데리다가 「플라톤의 약국」에서 전개했던 방식으로 심문될 필요가 있다. 데리다의 이 글은 말하기$_{Logoi}$[10]를 부권의 금지 명령과 연결할 뿐만 아니라 이를 특수한 돌발 및 글쓰기와 엮어 놓는다.

또 다른 암구호를 사용해서, 코제브가 부성의 기능을 배제하면서도 유지한다는 내용으로 잠깐만 되돌아가 보자.─그는 두 가지 서로 다른 일을 동시에 수행해 낸다. 코제브는 아버지를 없애고 보존하며, 아버지의 이런 권위를 인정하지 않으면서 매달리니 말이다. 라캉은 코제브가 [아버지에 관한 중요 논점을] 건성건성 지나친다고 지적했다. 아버지를 존재로 도약하게 만들어 주는 버팀대 자체에 대해서는 자세히 다루지 않는다는 것이다.─아니면 열을 좀 식히고서, 그냥 코제브가 부성의 존재-적법성에 끌려들어 가기를 꺼린다고 말하자. 몇 가지 이유 때문에 코제브는 거기로 가지 않을 것이며, 되돌아볼 수 없을 것이다. 아무렴, 이 구역 및 이 구역의 우위를 코제브가 고분고분하게 받아들이지 않는 상황을 해명한답시고, 끝도 없이 새로 계정을 열기 위한 약호를 그저 입력하고만 있을 수는 없다. 그렇긴 하지만, 잠깐 중단하고 라캉의 비판이 가리키는 걸림돌을 고찰하는 일은 쓸모

10 [옮긴이] 「플라톤의 약국」이라는 제목을 이루는 말인 '파르마콘'은 치료제로 사용되는 것을 의미한다. 치료에 사용되는 것이므로 그 성분은 약일 수도 있고 독일 수도 있다. 『파이드로스』에서 플라톤은 현전과 연결된 말하기(Logoi)와 대비하여, 부권의 부재 상태인 글쓰기를 비판하고 있다. 플라톤이 보기에 글쓰기는 파르마콘이며, 약일 수도 있지만 독일 수도 있다.

진짜로는 절대로 근거지를 마련하지 않았던, 약에 취한 듯 덧없는 각성의 무대를 확보하려는 것이기 때문이다. 어린시절 이후에 오는 것이 과연 보다 견고하게 현재the present에 맞추어질지 아닐지는 또 다른 문제이다.

여기에서 내 관심을 끄는 것은 리오타르의 시야를 통해 진술될 수 있겠다. 어린시절은 결코 과거에 단순히 자리 잡은 것이 아니며, 어떤 발전 또는 성장 연표의 허울뿐인 첫 단계에 위치하는 것이 아니다. 어린시절은 근거할 토대로서나 자기-제시적인 것으로서 그 구역을 확립하려는 경향을 절대로 갖지 않으면서도, 수월하게 사라지지도 않는다. 어린시절은 재현이나 목소리의 가능성이 붕괴하는 순간에 갑작스레 모습을 드러낸다. 누가 자신의 축받이를 상실하거나, 거의 법률적인 듯한 방어 체계를 박탈당하는 순간에 말이다.—이 순간에 우리는 '의존 상태'라는 단어로는 미처 둘러대지 못할 불공정의 불안한 조건에 사로잡히게 되어 상실감에 사로잡혀 갈팡질팡한다. 보다 어른스럽고 견고한 부분들이 설령 뿌리박고 있다고 할지라도, 어린시절을 향한 퇴행은 그런 부분들을 침묵시킬 채비를 한 채 언제든 되돌아갈 용의를 갖추고 있다. 더욱이 우리가 어린시절이라 부르는 것은 담론상의 견고한 응고물 속에 파고들어 숨을 수 없다. 어린시절의 형상이 정지 화면으로 재생되면서 현재에 일어날 수도 있었을 어떤 것을 비춰 낼 수 있건 아니건 간에, 이 형상은 계속해서 여러 문제를 제시하고 서사*의 손아귀를 빠져나간다. 그럴더라도 어린시절에 의지하는 일은 자서전적이고 역사적인 충동을 지탱하는 기초로서 전면에 나선다.

장 파울의 입장에는 이론적 함의가 풍부하게 담겨 있다. 그런데 이럴 뿐만

---

*   [옮긴이] 완결되어 재현 가능한 체계로서 이야기.

있을지도 모르겠다. 요컨대 라캉이 파생된 것이라고 본, 정초적 주인의 입장보다 먼저 왔던 것에 행여나 코제브가 관심을 가졌더라면, 이 철학자는 대체 어떤 경로를 따라갔을까를 궁금하게 여겨 보는 것이다. 더 한정된 [사람들에게나 의미를 가질] 경로로 질문을 끌고 나간다면, 누구는 라캉이 위와 같은 미싱링크를 불러들일 적에 무엇을 중심 관건으로 삼는지 궁금해할 수 있을 것이다. 아울러 이런 관건이 라캉이 자신의 논변을 풀어 나가는 데 어떻게 작용하는지도 의아해하리라. 어쩌면 라캉은 주체의 장場을 계속해서 통제 아래 두려고 하는 것인지 모른다. 이 장은, 라캉 자신이 하이데거, 루터, 데카르트를 경유하여 길을 찾아 감에 따라 붙박인 것으로 남게 된다. 이 경로를 따라 놓인 그 모든 경고 신호와 여러 돌파구에도 불구하고, 라캉은 결코 주체를 포기하지 않는다. 하이데거의 전 작품을 횡단할 때조차도 말이다. 이처럼 라캉 편에서 끈질기게 맺고 있는 주체와의 교섭은, 코제브가 규정한 부성의 위치에 라캉이 관심을 투자했던 이유로 향할 실마리를 우리에게 던져 준다. ─ 부성의 위치는 주체를 확립하고, 주체를 초과한다[는 점에서 그렇다]. 코제브는 헤겔이 선취한 짜임보다[11] 선행하는 것으로 '퇴보'하기를 거부한 바 있다. '퇴행'에 대한 이런 거부의 성질은 바로 프로이트 본인의 천착 속에서야 밝혀지게 된다. 코제브의

---

11   [옮긴이] 헤겔은 주인과 노예 사이의 변증법적 관계의 짜임을 규정한 바 있으며, 이 짜임은 권위 관계가 변증법적으로 작동하는 과정을 보여 준다. 로넬이 언급하고 있는 것은 코제브가 주인과 노예이건, 아버지와 아들이건, 헤겔이 선취한 권위 관계의 변증법적 짜임보다 더 앞선 것으로 거슬러 올라가지 않으려고 했다는 사실이 아닐까 싶다.

아니라 이루지 못한 어린시절과—손에 잡히지 않는 미래를 위해 시간표가 주입된 시절과—장 파울이 맺은 관계는, 자서전 쓰기가 관건이 되었을 적에 그를 참으로 척박한 황무지에 속수무책으로 데려다 놓았다. 당신이라면 대체 어떻게 그와 같은 기획을 받아들일 수 있겠는가? 정동affect의 조야한 역사가 박힌 편린들, 되살린 기억의 무익한 반짝임만을 남긴 채 계획의 첫 단계가 틀림없이 취소되었다고 했을 적에 말이다. 근거지의 상실에 대한 예측들이 역사의 생성을 다루는 어떤 연구에도 주제상의 느슨한 버팀목을 제공하는 것은 맞다. 뿐만 아니라 어린시절 그 자체는 대부분의 경우, 수복 불가능한 상실과 맺는 관계에 기초해서 시작부터 탈선하는 것도 사실이다. 그 자신이 굴러가기 위해서, 어린시절의 거짓 응고물은 그야말로 익숙한 모든 부류의 수사학적 술책 및 가족적인 비유에 의존한다.—가족은 자연적 토양 없이도 수형도樹形圖를 그린다. 몇몇 경우에는, 헤겔이 『안티고네』를 독해했던 경우와 같이, 남매 관계가 가족 개념 자체를 파괴하는 데 이용되어 가족 개념의 본질적 공허를 노출시키는 데 이를 수도 있다. 데리다가 주장했던 것처럼 가족은 무인간적인anhuman* 어떤 것으로 나타난다. 가족이 그 계통 서술 하나하나에서 존재신학적 근거지에 의존하는 한에서는 말이다. 자연에는 그 어떤 '가족'도 없다. 형제도 없고, 누이도 없는 것이다. 그러니 인간이라는 종의 극적 사건은, 관습과 계약을 대규모로 써 대면서 만들어지는 이 드라마는, 대체로 우리 자신의 소

---

* [옮긴이] 데리다는 '비인간적(inhuman)'이라는 단어와 '무인간적(anhuman)'이라는 단어를 분명하게 구별해서 사용한다. '무인간적'인 것은 데리다가 동물적인 것에 관해 논의할 때에 사용하는 용어이며, 리오타르적인 '비인간적'이라는 단어가 인간적인 것의 부정을 가리키는 경우와 달리 인간적인 것 너머에서 인간과 비인간의 경계 이전의 것을 가리키기 위해 사용하는 용어이다. 어찌 보면 '무인간적'이라는 표현은 인간에게 책임이 부여될 때 개입하는 완전한 타율성(heteronomy)을 나타내는 것일지 모르겠다.

거부가 어떤 성질을 띠는가는, 프로이트가 아버지보다 선차적인 무엇
[이 있다는 입장]을 고수했으며, 이상의 수많은 성찰이 의존하는 대상으
로서 주체 부류를 예견하는 무엇을 강조했다는 사실 속에서야 알려
지는 것이다.

프로이트는 부성의 정립으로 향하게 되는 불화와 파손을 강조
한다. 이것이 의미하는 바는 라쿠 라바르트와 낭시가 「정치의 공황」
에서 제출한 관점에 따를 때 최고로 명료하게(농담하는 게 아니다) 이해
될 수 있다. 두 사람의 이 글은 『모세와 유일신교』의 저 구절, "아버지
또한 한때는 아이였음을 상기해야만 한다"는 문장을 떠올리게 만든
다.[12] 프로이트는 다음과 같은 바를 언제나 강조해 왔다. 주체의 출현
을 거슬러 올라가 "다른 주체들이나 어떤 담론-주체에(이 담론-주체
가 타자로부터 비롯된 것이건 아니면 동일자로부터 비롯된 것이건 간에, 아버지에
게서 비롯된 것이건 아니면 형제에게서 비롯된 것이건 간에) 가닿을 수는 없으
며, 오히려 [주체의 출현은] 비주체 혹은 주체 아닌 것들로 거슬러 올라
간다"(6)는 것이다. 이렇게 비주체라고 지정되거나 명명될 수 있는 한,
우선성은 "권위-없는-것" 또는 "아버지-없는-것"에게로 떨어진다.
초자아-없는-것은 — 그렇기에 자아-없는-것은 — "모든 일반 원칙
보다 앞설 뿐만 아니라 모든 제도에 선행한다. 이것은 그 어떤 회귀도

---

12   Sigmund Freud, *Moses and Monotheism: Three Essays*, Standard Edition of the Complete
Psychological Works of Sigmund Freud, London: Hogarth Press, 1975, Vol.23, p.110. 이 문장은
Lacoue-Labarthe & Nancy, "La panique politique", *Retreating the Political*, p.6에 재인용되어 있다.
이하 참조한 문장들은 라쿠 라바르트와 낭시의 텍스트 여기저기에서 인용한 것이다.

행이다.—말하자면 늦은 오후까지 뭉그적거리기 위해서 우리가 만들어 낸 침대인 것이다. 우리 필멸자들에게 어린시절은 그저 상실하고 만 것이 아니다. 어린시절은 몇 번이고 우리가 잃어버려야만 하는 어떤 것이다. 충분히 자주 일어나는 일이지만, 글쓰기는 이런 상실을 우리가 움직일 수 있게 돕는다. [상실을 이리저리 움직이는 글쓰기가] 어떤 것을 불러들이되 우리가 명령하는 척할 수 있게 만드는 **포르트/다**[*] 술책의 일부에 불과할지라도 말이다.

크리스토퍼 핀스크가 『유아의 형상』에서 쓴 내용을 클로즈업해서 자세히 보여 주는 것으로 이제까지의 예비적 성찰을 매듭지을까 싶다. 그럼으로써 붕괴한 권위와 루저의 복귀에 관한 내 연구의 중심 내용이 분명히 진술될 수 있을 것이다. 어린시절은 무의식에다 독특한 [자기] 구역을 두며, 바로 이런 점에서 그 극복의 항상적 감행에 관한 물음이 떠오르게 된다. 이 극복 행위의 주력 부대는 아직도 굳건히 형이상학에 의존하며, 그렇기에 단순한 설명에서 훈계 및 권고로 옮겨 갈 적에는 살금살금 조심스레 나아가야만 할 것이다. 어린시절—안정될 리 없는 바로 그것으로서 매듭지어진 것이거나 상기된 것—의 극복을 여전히 곰곰이 사유해야 할 것으로 여긴다면, 이 극복은 괴테, 파울, 카프카, 블랑쇼, 그 밖의 제법 많은 사람이 서로 일치된 작품군에서 들어 올렸던 붉은 깃발을 여전히 따라야 한다. 어린시절이 소환 불가능하다는 조건은 숙명적인 것으로 입증된다. 핀스크는 세르주 르

---

[*] [옮긴이] 프로이트가 「쾌락원칙을 넘어서」에서 자기 손자의 놀이에 관해 소개한 유명한 일화와 관련된 표현이다. 혼자 있을 때 한 살짜리 손자가 실꾸리를 던지면서 '포르트(fort)'(없다), 실꾸리를 다시 자기 쪽으로 당기면서 '다(da)'(있다)라고 옹알거리며 놀았다고 한다. 이 아기는 엄마의 부재와 현존을 실꾸리의 부재와 현존과 연결시킨 것이고 실꾸리는 엄마의 상징이라고 프로이트는 해석했다. 본문에서 로넬은 글쓰기가 이 일화와 마찬가지로 자기 마음대로 안 되는 타자(엄마)를 대신해서 자기 마음대로 할 수 있는 텍스트(실꾸리)를 만들어 내는 '술책'이라고 간주한다.

적합하게 도달할 수 없는 그런 선차성을 띠며", 기초를 만드는 그 어떤 행위작용보다도 "더 광범위한" 기반을 가진다. 이 비주체는 "정신분석과 정치적인 것의 공동한계"를 형성한다(6).

버틸 수 없는 주체. 라쿠 라바르트와 낭시의 탐사 대상은 정신분석과 주체가 권력에게 도전받을 적에 이 둘이 공유하는 한계이며, 그 권력이 정치적인 것의 윤곽을 따라가는 방식이다. 여기서 이들이 주장하는바, 정신분석은 "형이상학만큼이나 오랜 것인, 이중적 질문의 공통 한계지로 우리를 즉각 데려간다"(6). 프로이트는 그 자신의 한계를 "애매하고, 완강하게, 거듭해서" 탐색하며, "패배 혹은 미완성을 인상 깊도록 꾸준히 시인함"과 더불어 나아간다(이들이 프로이트의 체계-유사물을 고찰할 때는, 이런 일련의 시인을 그의 저작이 보여 주는 "[거짓/참의—로넬] 중도中道이자 과장된 용의주도함"[7]이라 칭하기도 한다). 프로이트에게서는 두 가지 근본적 질문이 되풀이해서 나타난다. 이는 주체가 어떻게 스스로를 버티는가를 묻는 것이다. 여기서 제기되는 문제가 특히 결정적으로 되는 경우는, 주체 곧 실체가 **버팀대**여야 하며 그렇기에 이제 이렇게 되기 위한 지지가 필요해 보인다는 점을 고찰할 때다. 이 질문 중 하나가 권위의 전개 경로를 따라 작동한다는 점은 의미심장하다. 이것은 권위의 부성적이고, 정치적이며, 정신분석적인 차원을 연루시키며, 그럼으로써 권위에 관한 그 어떤 사유 속에도 자리 잡고 있는 기초적 교란, 말하자면 "권위가 어떻게 스스로의 권위를 인증하는가?"(6)라는 술렁거림으로 우리를 되돌린다. 프로이트가 『문명 속의 클레르의 『누가 애를 죽여요』에 잠시 초점을 맞춘다. 이 책에서 블랑쇼는 "아무도 몰랐거나 결코 겪지 않았던 것으로서 위협을 가하는 과거의 또 다른 형상"[*]을 찾아낸다. 이와 관련한 논의는 최초의 자기애적 표상과 더불어 시작되며, 블랑쇼의 어휘로 말할 때 이 표상은 "우리를 만들었고 우리가 탄생하는 것을 지켜본 사람들(부모, 사회 전체)의 꿈과 욕망"으로부터 형성된다.[**] 핀스크는 이런 어린아이를 표상의 형상이거나 대리물로—"프로이트와, 그리고 라캉이 프로이트를 쫓아 **표상대리** Vorstellungsrepräsentanz라고 부른" 것으로—간주한다. "정신 영역에서 [어린아이라는] 표상대리물을 고수하는 짓은 욕망이 [직접 스스로] 말하기를 수행하러 오는 상황에서는 반드시 관둬야 한다.—[그러나] 그 표상이 무의식적인 한, 관두는 일은 끔찍하게 어려운 과업이다. 블랑쇼가 말하길, 어린아이는 기필코 제거해야 한다."[***] 블랑쇼가 강조하는 것은 이런 [어린아이를 대상으로 한] 파괴 공작에 관한 다음 사실이다. 이 작전은 계속 진행되는 것이며, 절대로 그 임무를 즉시 처리하지 않는다는 사실 말이다.—이 작전은 "결코 일거에 이루어질 수 없었다". 왜냐하면 "특정 순간에는 절대 완수되지 않고, 조작 불가능하게 굴러가는" 것으로서 이 작전은 "시간을 제거해 나가는(지워 내는) 바로 그 시간"에 자리 잡았기 때문이다. 이 작전은 "지워 냄이거나 파괴이며, 아니면 선물처럼 주어진 것으로서, 어떤 말해진 것이건 그 바깥에 있는 한 마디 말의 세차운동 속에서 언제나 이미 스스로를 공언했다". 어린아이의 파괴는 "정해진 기간 없이 영속적인 것이 된다. 파괴를 알아차릴 수 있게 만

---

[*] Fynsk, *Infant Figures*, p.53.

[**] Maurice Blanchot, *The Writing of the Disaster*, trans. Ann Smock, Lincoln: University of Nebraska Press, 1986, p.110(프랑스어판은 *L'ecriture du désastre*, Paris: Gallimard, 1996).

[***] Fynsk, *Infant Figures*, p.53.

불만』의 저술에 이를 즈음이 되자, 실질적으로 그의 사유에는 "(특수하게는 정신분석을 통한) 사회의 확고한 개선이라는 발상을 체념했던 표가 난다. 그는 이전의 여러 텍스트에서(특히 『농담과 무의식』에서) 나타났던 것 같은 발상들을 체념하게 되었던 것이다."『문명 속의 불만』의 종반부는 미래의 연구조사를 어렴풋하게 암시하면서 언젠가는 사회 치료에 착수할 것을 희망한다. 그러나 "이런 과업을 맡을 적에 극복해야 할" 실천적 장애물은 "그와 같은 치료법을 집단(대중Masse)에 적용하기 위해 필요한 권위라는 걸림돌일 것이다"(7). 라쿠 라바르트와 낭시에게 강조점은 이런 질문으로 수렴된다. "정신분석은 스스로에게 이런 권위가 있다고 어떻게 믿을 수 있을까? 이 권위가 어떻게 분석될 수 있을까?" 여기는 정치적인 것이 그 한계와 마주치는 것으로 보이게 되는 자리다. 여기서 권위는 정신분석과 정치의 접촉 지대를 거쳐 권력 및 적법성에 대한 한계-질문을 그러모은다.

지정된 접촉 지대에 꼬리표를 붙여 서로를 구분하는 또 다른 방식은 다음의 두 단어로 이루어진 말을 포함한다. 집합적 신경증이 그것이다. 우리는 바로 이 두 항목['집합'과 '신경증']으로 인해 정치적인 것과 마주치게 되는데, 이를 북돋는 증상론은 사회 이론적인 프로이트의 조사와 더불어 출현하면서, 다음과 같은 경우에 나타나는 결락과 균열을 식별해 낸다. 곧 사태를 심리적으로 질서 짓는 가운데 발생하고, 또한 사회 치유의 이미 결정된 유형에 맞게끔 충분한 권위를 끌어모으는 일의 어려움을 명명하는 가운데 발생하는 파열을 식별하는 것이다. 라쿠 라바르트와 낭시는 사회적 정신 활동과 자기애적 정신

들어 주는 중단 가운데서조차 말이다".[*]

　블랑쇼의 성찰 및 핀스크의 주석이 담고 있는 의미와 맞서 다투는 일 없이—비록 그런 충돌이 불가피해 보이기는 하지만—[어린아이에 대한] 이 지속적인 파괴와 접촉할 자리에 우리를 데려가 보고자 한다. 이 파괴의 긴 실오리는 대개는 무의식적으로 자아내는 것이지만, 그러면서도 사람들로 붐비는 세계 속에서 지낼 가능성과 이어져 있고, 비록 잠정적일지라도 생생하게 우리를 지지하고 또 책망하는 세계 속에서 살아 나갈 가능성과 연결되어 있다. 니체식 척도를 따라서 여러 유형의 파괴가 있다고 말하는 사람도 있으리라. 선한 파괴와 악한 파괴가 있으며, 긍정할 수 있는 파괴의 종류도 물론 있다. 이런 파괴는 가령 고통스러울 정도로 부도덕한 대통령이 쫓겨나게 될 적에, "겨우 치웠네!"라고 말하는 실존의 전율과 함께 앞길을 연다. 파괴와 황폐화를 구별했던 하이데거—그는 황폐화는 장래를 위해 어떤 여지도 남기지 않으며, 이 속에서 모든 것은 말소되고 파멸당한다고 보았다—에게로 되돌아가 생각하자면, 어린아이의 파괴라는 문제를 이 파괴가 다양하게 억제되고 변경되었다는 관점에서 바라볼 필요가 있다. 이 관점이야말로, 제멋대로 번창하는 미국식 인포머셜[즉 의도를 숨긴 정보제공]과 같은 여러 문화 및 **교양** Bildung-형성물들이 맞상대하지 않으려고 하는 대상이다. 이런 문화 및 교양-형성물들이 어린아이의 파괴를 청년 문화의 폭동으로 덮어 가리려거나, 벌써 삭제된 것의 대역인 디즈니랜드의 증설로 그 파괴를 벌충하려 할 적에 말이다. 비록 단기 체류에 불과할지라도, 니체와 함께 지내기 위해서는, 생의 긍정이 생을 없애는 데서 결코 멀리 떨어져 있지 않다는 점을 기억할 필요가 있다.

---

[*]　Blanchot, *Writing of the Disaster*, p.116. 또한 Fynsk, *Infant Figures*, p.71도 보라.

활동 사이의 대조Gegensatz에 ─ "정신분석의 한계 내에 떨어지는 사회적인 것과 개별적인 것 사이의 대조"(9)에 ─ 대한 논의를 동여매어 한 마디로 정돈한다. 이 진술은 맥락을 짓는 것이면서, 이들 논변의 기저를 이룬다.

> 프로이트의 학學은 당연by rights 문화의 학이며, 따라서 정치[과]학이다. 심지어는 바로 이 당연함이야말로 커다란 어려움과 게다가 엄청난 무질서를 야기하며 …… 정치의 공황이라는 위협적 상황을 초래한다고 밝혀질지라도 말이다.
> (9)

프로이트는 관례대로라면 정치학이 임대받아 차지하는 공간에 자리 잡지만, 이렇게 정착한 곳에서조차 그는 퇴거 통지를 받거나, 사회과학 형식으로 곧잘 인정되는 이 지역을 벗어나도록 안내된다. 프로이트의 침투는 서로 상이한 색조의 공황을 유발하면서 격변을 야기한다. 프로이트와 코제브가 용어 및 사법권을 공유하는 바로 이런 자리에서 코제브는 프로이트를 쫓아내는가? 코제브가 권위에 관한 그의 사유를 약술할 적에, 그것이 정치[과]학으로 확인되는 담론임을 그가 내세우거나, 또는 그가 정치[과]학 담론과 결부되기를 원하는지는 분명치 않다. 이뿐만 아니라, 우리가 느끼기에 저 분과학문을 둘러싸고 구축된 정본 형성물canonical formation을 소환한 것이 바로 정신분석과의 만남에 따른 과장스럽게 불길한 어려움들에 의한 것인지도 확실하지

무엇이 아버지라고 불리는가?
(가족주의에 새겨진 균열)

어느 순간에 가서 프로이트는 가부장제의 승리에 의구심을 품는다.─그는 말하기를, 가부장제는 아직껏 우리가 맞싸워야 할 어떤 것이라 한다. 지금 나는 싸우는 중이다. 그러나 겨우 해내고 있다. 이 시점에서 내 방향을 카프카의 작업을 향해 맞춰 본다. 그중에서도 부성의 길고 깊은 크레바스 위에 놓인 카프카 작업의 시작점과 끝점을 향하고자 한다. 카프카가 끝맺지 못한 기획이 하나 있다. '아들들'이라는 제목이 붙은 이 미완의 기획이 수용할 셈이었던 존재들은 **부주의한 아버지들**의 손에 맡겨져 중단 없는 파괴를 겪고 일어날 수 없던 루저 아들 무리였다. 약하게 가미된 순수함이, 일종의 무의식적 동력원이 되어 부성 기계를 돌리는 것처럼 보였다. 카프카가 가지는 긴장의 주된 성격이 놓인 자리는 바로 여기이다. 카프카가 검토하는 아버지들을 보자면 어느 정도 이들은, 얼마나 못살게 굴었건 간에, 전이 환상에 영향을 받지 않은 채였다. 군림하는 CEO, 즉 심리적 약탈을 가하고 문서를 뒤바꾸는 데다가, 끊임없이 가족을 핑계로 정치적으로 사취하는 그런 사장 이미지로 전이된 환상과 동떨어져 있었던 것이다. 오히려 이들은 폭군의 상을 투영한 여러 내용을 물리치면서, 자기네를 좋게 포장하여 다정다감한 최고 권력자의 기능을 발휘하게 만듦으로써 환상을 운영한다. 이 야수들의 여러 실천행위에 위해를 가할 의도는 없었을 것이며, 이후에 이들이 어찌 되었건 촉발했던 것

않다. 정신분석을 회피함으로써 ─ 혹은 헤겔의 면모 중에서 정신분석의 침투에 취약한 부분조차도 피해 감으로써 ─ 코제브는 공황 대비용 비상 단추 누르기를 단념한다. 그러면서 정신분석이 정치학이나 철학과 대결하는 자리인 정신분석의 사회학적 권위에 대해서조차도 탐사할 필요를 느끼지 않은 채 그는 가던 길을 그대로 간다. 정신분석이 취할 법한 방식과 관련하여 코제브는 어떤 타협도 포기한다. 정신분석은 자아 속에 **사회적 인간**socius을 위치시킬 수도 있고, 자기애를 사회적 형성물의 한계 지점으로 표시할 수 있을 뿐만 아니라, 자기애를 격자표로 나타내서, 이 때문에 정신분석이 동일시를 사회적인 것의 불안정한 토대라고 간주한다고 생각할 수도 있다. 코제브는 이 중 어떤 방식도 받아들이지 않는다. 그러나 동시에 코제브는 권위에 관한 자기의 작업을 끝낼 수 없었다. 결말을 상상하려는 유혹, 나아가 코제브와 우리를 위해 결말을 창안하기조차 하려는 유혹은 참 강력하다. 더군다나 이런 유혹이 내 장기인 작업 목록, 곧 다른 사람들이 내버려 두고 떠난 자리를 골라내는 내 습관을 위태롭게 만드는 것도 결코 아닐 것이다. 코제브의 사유를 완성하는 작업은 다른 사람들에게 맡기겠지만, 그러나 미완성은 어떤 발상을 철저하게 규명했다는 그 나름의 표지임을 이해하고 있기에, 우리의 작업을 다른 결말로 이끌도록 하겠다. 결말에 이르는 우리의 목적지가 서로 갈라져 나가기 전 어디쯤에서는 합치할 것이라는 점을 잘 이해하고서 그렇게 하는 것이다.

코제브와 프로이트 두 사람 모두에게 두통거리를 안겨 주었던 정치적인 것의 모델로 되돌아가 보자. 이들이 직면한 문제들 중 하나

보다는 이런 실천행위가 훨씬 덜 피해를 입히기도 했다. 카프카의 아버지들은 자기 아이를 두들겨 패려고 하지 않으며, 고대의 조상 라이오스가 아기 오이디푸스를 고의로 내버려 죽게 했을 적에 아마도 그랬을 것처럼 아이들을 죽음의 왕국에 보낼 생각도 없다. 카프카의 아이들은 다른 식으로 치명적인 정황에 놓여 있다. 이 정황의 정도를 측정할 때 의도의 문제나 단순한 권력 유희는 좀 덜 작용하며, 또한 이 정황은 소위 생존을 위한 본능에도 좀 덜 좌우된다. 그럼에도 불구하고 이 아이들은 맹렬한 언어폭력의 무게에 눌려서 으깨지는 상황을 피할 수 없으며, 설령 비유적인 자리를 차지한 것이라고 할지라도 점차 불어나는 부친의 몸집에 압살당하지 않을 수 없다.

카프카 가족의 경우에는 넣을지 뺄지를 성별이 결정한다. 몇 명의 여자애들은 빠져나갔거나, 어쨌건 더 강하고 더 반항적이거나, 아니면 더 잘 적응하여 가족의 규칙에 의지한다. 남자애들은 맨 처음에 제거되었거나—어린 프란츠를 홀로 둔 채 부권의 난폭함과 싸우도록 내버려 둔 형제들에 대해, 자기보다 먼저 떠난 두 죽은 남동생에 관해 카프카는 언급한다—아니면 시간이 갈수록 동력이 나가 버리는 경향을 띤다. 마치 전원이 나간 것처럼 존재가 갑작스레 고갈되고 텅 비어 버리는 것이다. 소년들의 운명이 아버지가 여기저기 드리운 그림자에 예민하게 반응한다고 할지라도, 넓게 보자면 불운한 이 [아버지라는] 피조물이 계획하거나 디자인한 대로 그 숙명이 정해지는 것은 결코 아니었다. 카프카가 주장하기를 대부분의 경우 이 피조물은 특별한 효과를 갖추고 있다. 이것이 가진 특징은 청산으로서, [아버지에게서는] 죄의식이 사라지고 모든 잘못이 제거된다. 카프카의 세계에서 부성[의 회로에] 권력이 급등하는 일은 어떤 면에서는 부주의로 인해 발생한다. 이 부성 권력의 과전압은 물질적-가족주의적인 주변 환경 가운데서 유일하게 순수함

는 정치와 아버지를 막무가내로 동일시하는 일과 관련이 있다. [정치
와 아버지의] 이런 동일시는 정치적인 것 내부에서 정치적인 것에 동요
나 분란을 일으킨다. 프로이트의 무진장한 통찰에 깃든 여러 비틀림
과 차질을 지금 파고들 수는 없고, 다만 라쿠 라바르트와 낭시의 논
변, 그리고 라캉 및―새뮤얼 웨버, 주디스 버틀러, 로런스 리켈스를
포함하여―몇몇 다른 사람의 주의 깊은 노고를 언급하고 따라가는
데 만족해야만 하겠다. 요컨대 권력-아버지Power-Father라는 모델은 프
로이트에게서조차 이미 유지될 수 없었다는 것이다. 프로이트는 동일
시에 관한 미완의 처치에 기초를 두고서 아버지의 권력 효과를 지우
고 이에 한계를 부과하기 시작했다. 커다란 골칫덩이로, 혹은 소요의
현장으로 나타나는 사람은 다윈이다. 그는 프로이트로 하여금 끈질기
게 아버지로 돌아가게 만들었던 근원애호증적archeophiliac 통로에다 내
려질 일 없는 [통행금지의] 붉은 깃발을 세웠다.

경외해야 할 사람 다윈은 약호를 뒤죽박죽 휘저었고, 프로이트
(와 우리)를 진창에 빠뜨렸다. 그는 변치 않는 인간 존엄성이라는 가
상을 모조리 때려눕혔다. 그가, 곧 프로이트가, 사회 재해득[이라는 발
상]의 근거를 동일시에 대한 사고에 두었다 한다면, 가계가 고릴라로
까지 거슬러 올라간다고 할 적에 대체 누가 그런 발상이 유효하기를
바랄 수 있겠는가? "아버지의 형상은 다윈식 파생물인『토템과 터부』
에서는 유지될 수 없었다(이 책은 마지막까지 줄곧 발생모체 역할을 맡게 될
것이다). 왜냐하면 고릴라는 아버지가 아니기 때문이며, 아버지가 존
재할 수 있게 되는 것은 오로지 필멸자의 서거 '후에' 일어나는 사건

의 신호를 제공한다. 요컨대, 카프카가 이 세계에 긁어모은 아들들은 다른 무엇에 비해서건 최고도로 니체적인 명령으로 인해 고통을 겪는다. 명령의 내용은 이러하다. 어떤 **르상티망**의 작동도 결코 허용하지 말라. 박해자를 증오하고 그에게 원한을 품으며, 상속을 거부하고 방해하는 일은 쉬운 일이다. 유한자의 복수심에 찬 칼날을 이용하는 일은 말이다. 하지만 카프카는 다르게 펼쳐 보인다. 그는 프로이트가 가진 양가성의 바깥 한계에서 중요한 득점을 기록한다. 끊임없이 잠식해 들어오며 정기를 빼앗는 자 앞에서 이 자를 격퇴하려는 충동을 억제함으로써 말이다. 이와 같은 전법, 아니 전법의 폐기는 팔팔한 아버지를 만드는 역할을 한다.

가부장제에 반대하는 표현주의 주인공들과는 달리, 카프카의 아들 제군은 아버지에 맞서 무장하기를 거부한다. 반대로 이들은 윙윙대는 전기톱이 달린 기계, 자기네 육신에 서서히 죽음을 선고하는 부성의 기계에 손발이 묶여 있음을 깨닫는다. 카프카가 '아들들'이라는 제목으로 묶어 내려고 했던 작업물 중에서는 『아버지에게 드리는 편지』가 가장 유명했다. 이것은 카프카가 글쓰기에 적용했던 지시대상 분리라는 그의 버릇과 단절해 있으며, 실제로 작품이라 할 만한 어떠한 안정적 개념과도 동화되기를 거부한다. 아들들로 계획된 책에는 『편지』가 포함될 수 없었고, 이 계획에서 『편지』를 발표할 수도 없었다. 전통적인 갈래 이론의 관점에서 그 위치를 잡아 주기 어려운 대상으로서, 『편지』는 말 걸기의 상상계와 상징계 각각에 꽂힌 폴대 사이를 이리저리 회전하며 활강한다. 『편지』는 그것 자체가 연루되어 있는 서간문 관습의 힘을 약화시킨다.—이 편지의 괴로움이 서간문의 발생 전부가 겪어야 할 숙명을 표시하는 것이 아닌 한 말이다. 어쩌면 모든 편지는, 어느 정도나 근본적으로 우회했건 아니면 얼마나 그 주제 내용이 번져 지워졌건 간에, 제 고유의 방식으로 "아버지, 어찌하여 저를 버리셨나이까?"를 묻는 것인지도에 뒤따라서이기 때문이다"(「공황」 15). 원천을 고릴라로 치환하는 일은 프로이트의 서사로 인하여 그리고 그의 서사 속에서 자기애의 심대한 붕괴를 발생시켰다. ─ 이 붕괴는 너무도 심각하고 중요하여, 급히 덧붙여 보자면, 동물들에 대한 오늘날의 전례 없는 학대, 즉 '부성'의 부인에 접목된 일을 부분적으로 설명해 준다. 연후로 원시인 무리와 [무리의] 아버지라는 신화는 받아들여지지 않는다. 다윈식 검색엔진에 첨부된 것을 도로 물릴 수 없기에, 그런 신화는 라쿠 라바르트와 낭시에게는 그냥 작동하지 않을 뿐이다. 자기애가 받은 이 충격은, 어떤 의미에서는, 진화보다는 '창조론'을 후원하는 일 따위의 신비화가 왜 창궐하는지에 대한 한 가지 이유일 수도 있다. 이런 신비화는 다윈이 약술한 페이지들을 건너뛰기 위해 논의에 오르며, 이 페이지들에는 신의 고결함을 뒤흔드는 한편으로 부성의 면허를 약화시키는 내용이 담겨 있다. 그러나 우리는 여전히 아버지 살해라는 근원애호증적 대저택에 갇혀 있으며, 이 구성물은 오늘날을 겨냥한 여러 광범위한 공격에 대해 권력의 영향력을 행사한다. 철학의 책임과 신학의 권위라는 보조 문제들을 야기하면서 말이다. 이 건축물의 끈질긴 영향력 중 한 가지는 유대교를 아버지의 종교로(아들의 종교인 그리스도교와는 두드러지게 반대로) 자리매김하는 일을 수반한다.[13] 비록 카프카가

---

13   Lacoue-Labarthe & Nancy, "La panique politique", *Retreating the Political*, p.24를 보라. 내가 덧붙이고자 하는 바는 부인된 부성이라는 모티프가 알려진 반유대주의의 여러 형식과 서로 엮여 있다는 점이다. 물론 부성의 부정과 반유대주의 형식 사이의 이런 관계가 게릴라[이 단어 guerrilla는 고릴라(gorilla)를 의도적으로 잘못 쓴 것이리라] 혈통이라는 충격에서 발생한 부성의 부

모른다. 또한 부성적인 것을 바꾸어 폭군으로, 저 엄청난 탈취자[사탄]의 추종자로 만드는 미스타고지[신비교육]에 모든 편지가 참여하는 것일 수도 있다. 모든 연애편지는, 부성이 관할하는 지역에서 어느 정도나 동떨어져 있을 작정이었건 간에, 최초의 결핍에 대해 유사하게 탄원하는 일과 연관될 수도 있다. 이 최초의 결핍이 아버지라는 주소지와 분리된 것으로 여겨지건 아니건 간에 말이다.

실패가 숙명이었던 특수한 작업으로서 카프카의 『아버지에게 드리는 편지』가 제기하는 여러 질문을 나는 굳이 살펴보려고 한다. 이 작업이 '아버지'라는 관념 자체를 못 쓰게 만드는 방식, 또 그러면서 불가능한 말 걸기를 강조하는 방식을 면밀하게 살피기 위해서이다. 이 방식은 불가능의 위치를 고수함으로써 우리가 이를 종잡을 수 없게 만든다. 그리고 불가능의 위치만 놓고 보자면, 『편지』의 방식은 아버지로 하여금 필연적으로 탈취자로서 상상되도록 만드는 것이기도 하다. 아버지의 환상은 이 아들을 망가뜨리게 되며, 아들들에게 보호 및 관리를 제공하려고 할 법한 책이나 존재라면 어떤 것에게든 갖가지 피해를 유발하게 된다. 사태가 나빠질 적에 아버지의 역할은 숭고한 권위에 부여된 일, 곧 죽음을 돕는 작업을 이행하는 것에 있다. 카프카는 자기의 문서세절기에다 편지를 쓰기로 결정한다. 배달 불가능한 것인 데다 개념상 중단된 것으로서, 말 걸기 할 수 없는 아버지에게 호소하는 이 탄원서가 반송되는 일은 필연이다. 그럼에도 불구하고 『편지』에는 독특한 개성이 있고 심리적 생동감이 있으며, 동시에 『편지』는 그 미도착의 역사를 공식적으로 정리하려고도 한다. 두려움과 불안 사이에 위치하여, 『편지』는 모든 순간마다 공동존재Mitsein와 타자의 논리 사이에서 머뭇거린다.─과실過失의 세계(법이 전제되고 조율되는 세계)와 책임의 세계(의무가 법에 선행하고 법을 초과하는 세계) 사이에서 주저하는 것이다.

다리를 놓고 있기는 하지만, 전적으로 다른 등록부상에서는, 부성의 부인이 관료제의 위험천만한 확산 및 [관료제에 찍힌] 잔혹함이라는 특별 상표를 주관host한다. 이 다른 등록부상에서 부성의 부인은 관료제의 규칙에 얽매이는 경향의 숙주가 되기host도 한다. 부성의 전의체계에 스며들어 일주하는 이런 경향의 분석을 위해서는 여전히 별도의 적발 시스템이 요구될 것이다.

낭시와 라쿠 라바르트에 따르면, 권력–아버지는 "프로이트식의 정치적인 것"과 맺은 관계를 떨쳐낼 뿐만이 아니라, [나아가] 그 형식 전부에서 권력–아버지는 "동일시[혹은 정체성 형성]에 관해 수행된 미완성 처치가 여기저기에 침투한 결과"(15)로서 발생한다. 프로이트 속에서 동일시에 대한 분석이 미완으로 남는 한, 유예된 채일지라도, 이것은 정치적인 것에 대한 이해를 계속해서 추동할 맹점을 또한 구성하기도 한다. 프로이트는 정치적인 것에 대한 정신분석의 독해를 붙들어 매는 매듭을 인정함으로써, 말하자면 그의 맹목성을 지키기 위해 종잡기 힘든 여러 전략을 시행한다. 요컨대 **근원애호증**은 너무도 강력하여, 자신이 재생산하기를 결코 멈추지 않는 모순을 보지 못한다". 프로이트는 [최초의] 시작을 "'집단 외부의 개인과 통상적으로 맺는 다정한 결속' 가운데" 위치시키는데, 프로이트의 이런 맥락 짓기는 "군중과 개인을 전제하는 것이며, 그것은 무엇 하나 설명해 주지 않는다. 적

인과 완전히 동일하지는 않지만 말이다. 그런데 이렇게 억압된 관계들의 양상은 거의 리히터 척도에 가깝다[즉 수준이 하나씩 내려갈수록 그 파괴력이 기하급수로 증가한다].

카프카가 이 『편지』를 [대상 있는] 두려움과 [대상 없는] 불안 사이에 위치시키고 있다고 진술할 때 나는 이 둘을 구분하는 프로이트의 이해 방식을 따르고 있다. 그 방식대로 보자면 이렇다. 그 대상은 즉각 알려진 상태이며 이는 두려움의 경우와 같다. 그러면서도 이 대상이 가리키는 바는 아무것도 없는데 이는 불안과 같은 셈이다. 이 편지의 서명인은 공동존재와 타자의 논리를 이렇게 대비시키고 있다. 한편으로 공동존재는 고약한 일이기는 하지만 돌이키는 일이 불가능한 시련으로서 아버지와 [자기가] 근원을 공유하고 있는 상황에 대비된다. 다른 한편 이와 동시에 편지의 서명인은 부자 관계에 신학의 지평을 설치하고 언제나 거의 선험적인 아버지에게 간청하면서 타자의 논리에 깔린 올가미의 유혹에 걸려들고 있다. 카프카의 세계에서 당연하게 여겨지는 것은 거의 하나도 없다. 이 세계에는 복잡하게 얽혀 있는 수많은 관계가 마련되어 있으며, 이 얽힌 관계들은 다루기 힘든 것으로 드러나는 만큼 붕괴하기도 쉽다. 아버지가 무엇인지 알 수 있을 것 같지 않고, 그의—혹은 그녀의, 즉 우리가 부성의 은유라는 관점에서 라캉의 다시 쓰기와 프로이트의 핑크색[동성애적] 말실수를 받아들인다고 할 적에 그녀의—힘의 정수를 구성하는 것이 무엇인지를 알기도 쉽지 않다. 이 애매한 사정은 니체와 마르크스, 프로이트를 포함하여 당대에 [부권의] 규모를 축소했던 주요 인물들의 꼼꼼한 독서가였던 카프카에 관해 다음 사실을 인식할 때 특히 잘 나타날 것이다. 카프카는 증명될 수 없는 것, 인식될 수 없는 것을 포기하고 양도하는 싸움에서 나름의 역할을 수행했다. 이 증명될 수 없거나 인식될 수 없는 것이야말로, 말하자면, 아버지의 권위이다.

카프카는 형이상학의 변경이 쪼그라들고 있다는 점을, 그 힘이 줄곧 초월화와 반대로 작용하는 별개의 압력 지대가 있다는 점을 예민하게 알아채고 있었다.

어도 이런 형식의 무리의 역사는 아무것도 설명해 주지 않는다. 단지 정치적인 것이 동어반복으로 자기설명될 뿐 아무것도 말이다".[14] 그러나 다른 경우와 마찬가지로 여기에서도 프로이트는 "그의 편에서, 어떤 쿠데타를 들쑤시고 저지르기를 끈질기게 고집한다. 이와 같은 타격, 즉 **장에 대한 타격**le coup de chef은 전형적으로 정치적인 것이다". 라쿠 라바르트와 낭시가 강조하는 바는, 프로이트에게는 애초부터 우두머리가, 지도자가 있어야만 한다는 점이다. 그가 이 논점에 관해 얼마만큼을 유보했든지 간에, 프로이트는 **한 시작점**을, 혹은 "형이상학적(이고) 정치적인 욕망의 정수 자체를 형성하는 **근원애호증적** 욕동 혹은 열정"에 찬 머리를 **원한다**. 프로이트가 그리는 궤적이 몹시 모호하고, "뒤쫓기 너무나 어려우며 …… 결코 완성되지 않는 것"이라면 그 이유 또한 이러하다. 즉 라쿠 라바르트와 낭시가 명시하기로, 근원애

---

14   [옮긴이] 여기에서 '동일시'라고 옮긴 identification은 다르게 옮기자면 '정체성 형성'이라고 할 수도 있다. 본문에서 로넬이 몇 번이나 지적했던 바와 같이, 정체성을 형성하는 과정, 즉 개별적인 주체를 확립하는 과정이 어떻게 해서 (말하자면 원초적 아버지 혹은 타자와의) '동일시'로 이해되는지에 관해 프로이트는 완전한 설명을 제공하지 않았다. 그녀가 참조하고 있는 라쿠 라바르트와 낭시의 텍스트에 따르면, 여기에서 문제가 되고 있는 '동일시'라는 개념은 내가 동일시할 대상으로서의 타자를 전제한다. 프로이트는 개인 심리와 관련된 영역에서 동일시의 문제를 완전히 정리하지 않은 채, 『토템과 터부』와 같은 문명론 혹은 인간 기원론으로 옮겨 왔다. 앞서 정리한 동일시의 전제를 인간 기원론에 적용할 때, 동일시할 대상은 이미 인간으로서 형성되어 있는 존재에 대한 동일시가 되기 때문에 기원 혹은 근원에 대해서는 아무런 해명도 이루어질 수 없다. 프로이트는 『토템과 터부』에서, 폭군적인 가부장을 살해한 형제 무리를 상상함으로써 자신의 기원애호증 혹은 근원애호증을 유감없이 드러내고 있으나, 개인과 무리, 아버지와 형제를 대조시키는 것만으로는 어떤 근원도 해명되지 않는 것이다. 라쿠 라바르트와 낭시는 '아버지 살해'보다는 '공동 식사'에 주목할 때 정치적인 것의 의미를 재해득할 수 있을 것이라고 말한다.

그리하여 그는 바로 벤야민, 카를 크라우스, 프로이트, 마르크스 및 니체 같은 동지들이 포석을 깔아 놓은 곳에 가게를 마련한다. 하지만 초인Overman 따위의 누구혹은 무엇을 확립하기 위해 권력 도구를 빌리지는 않았으며, 뿐만 아니라 카프카는 사례 연구들이나 그 한계범위에 설치된 신경증적 제약의 무시무시한 합병증에 언제나 신경을 곤두세우고 있지도 않다. (결국 카프카는 프로이트주의자나 니체주의자보다는 마르크스주의자에 더 가까울지도 모르겠다. 그는 작업의 형이상학과 싸울 뿐 아니라, 생산 주체의—기술관료 시대에는 [호명된] 주체의—영향력 행사에 맞서기 때문이다. 그렇다고 하더라도 카프카는 가설로라도 안전한 경우를 전혀 제공하지 않는다. 비상착륙 상황이나 좋은 전망의 투영도 없다. 의심을 전문으로 하는 동료 몇몇은, 몹시 염세적인 예리함을 띠고 있기는 하지만 아무튼 이런 경우를 감안하는데도 말이다. 그런데 어느 시점에 가면 이들은 크건 작건 인간을 포기한다.)* 카프카는 사태 중에서 소진되고 고갈되는 편에 시야를 둘 뿐 아니라, 비주류의 형이상학적 낙오자 집단과 보조를 맞추면서, 시들고 있는 제도를 탐지하는 것들과 함께 일한다. 이런 언어를 사용하는 사람들이 함께 지내는 구역은 대체 어떻게 생겨 먹었을까?

이 집단은 자기네가 부각시킨 문제에 약간 다른 각도에서 달려든다. 동일한 발견에서도 독특한 측면을 가리키거나 특정한 방법과 구문에 의거해 이를 작동시키면서 강탈을 위한 담론상의 레버를 조작하는 것이다. 인간의 본질 또는 잠재력 자체에 어떤 일이 발생하였으며, 이에 따라 하이데거는 자기 관심의 방향을 현존재Dasein 쪽으로 돌리게 되었다. 뭐, 그렇다. 어쩌면 이런 식은 무슨 일이 일어났는지 제대로 설명하지도 않고 피해의 총계를 산정하기 위해 속도를 늦추지도 않은

---

*   Lacoue-Labarthe, "In the Name of…", *Retreating the Political*을 보라.

호출은 "외부적인 것으로부터, 프로이트 가운데의 어떤 이데올로기적(형이상학적) 잔여물로부터 기인하지만은 않"기 때문이다. "아버지의 정치는, 이것이 정신분석의 내부적인 한계, 곧 동일시라는 한계와 마주치기 때문에, 외부적인 한계로서 도입된다." 동일시와 더불어 어떤 것이 정신분석에 일어났다. 일종의 "사고事故, 한계[면]의 절개"(16)가 발생한 것이다. 이는 "정신분석의 정치적 한계면에서 정신분석에 발생하기에, 결국 정신분석의 한계에 대해 원인이자 결과 둘 다인 것임이 밝혀진다"(16).

지금 이 작업에서 유지하려고 해 왔던 초점을 두고 보자면, 다만 나는 이 기술記述에서의 파손으로부터 발생하는 동일성들의 폭력적 무질서를 지적하는 데까지만 나아갈 수 있을 뿐이다. 이것들 중 무엇 하나도 자기정체성Identity이 아니지만, 이들 각자는 "그럼에도 불구하고 타자들을 배제함을 통해서만 스스로를 정립"하며(21), 이 때문에 각각[의 동일성]은 스스로가 선 자리에서 물러났음을 알게 된다. 원천이나 봉우리도 아니고, 기슭도 아닌 곳에 자리 잡은 "각각의 나르키소스 속에 판Pan은 없다.¹⁵ 이들 속에는 어떤 **근본원리**Arche도, 어떤 시초 권력도 …… '무정부anarchic'건 '일인정'¹⁶이건 그 어떤 **정체**[의 지배]

---

15   [옮긴이] 에코는 나르키소스의 목소리를 흉내 내어 동일화되고, 자기를 쫓아다니던 판에게 살해당한다. 그러나 나르키소스에게는 자기와 동일화된 에코도 판도 모두 다른 사람의 일에 불과하다.

16   [옮긴이] 일인정(monarchic)은 전제적인 통치자 한 사람이 구성원 전체에 대해 자의적인 권력을 행사하는 형태의 정치체제를 가리킨다.

채 인간의 운명을 속성으로 제조하는 짓일지도 모른다. [그러니] 약간 다른 방식으로 말해서 다른 쪽 결산 내역이 적힌 영수증을 계상해 보겠다. 이제 인간은 이론적으로 각광받는 내용들을 훑어보는 일에 의기양양할 수 없으며, 존재와 역사성에서 최고의 성질을 성취하는 일에 크게 기뻐할 수 없다. 인간은 가장 혹독한 입찰자에게 낙찰되고 말았다. 인간은 이제 더는 '신의 아들'이 아니거니와, '자연의 목적'이나 '역사의 주체'도 아니다. 지금 시점에서 인간은, 도로 물릴 수 없는 통찰을 수행한 적어도 네 명의 별자리 안내자*가 분할해서 나눠 갖는 대상으로서, 이제 더는 의미가 아니거나 의미를 띠지 않는 자(혹은 것)이라고—이제 더는 의미가 표현된 것으로 파악될 수 없는 무엇이라고—여겨진다. 앞으로 '인간'이란 노출된 존재이자, 방기된 존재이며, 팽개쳐진 존재이고, 아래에 놓인subjected 존재이다. 이런 말들은 장뤽 낭시의 사유에 귀속된 용어로서, 낭시의 사유는 외존(ex-pose)과 비워 냄의 여러 형식에 관심을 가져 왔다. 낭시의 작업이 제공하는 관점을 따라갈 적에, 동료 '주인 담론'들이 이용하는 방법을 따르면서도 카프카는 동일성을 제거한 애착이라는 자기만의 문장형성 엔진을 활성화시키고 있다는 점을 우리는 곧 깨닫게 된다. '인간' 개념의 사라짐을 다루면서 카프카는 형상이나 대용품으로 성좌를 구성하며, 이 형상이나 대용품은 미리 부여된 동일성같이 실체 있는 것을 이제 더는 가리키지 않는다. 반대로 카프카가 이용하여 성좌를 구성하는 이런 것들은 낭시가 말하는바, [타자를 향한] 노출에 수용적인 존재, 떠밀림[추방]의 표지가 찍힌 존재를 가리킨다. 아무리 흩어지고 분산되어 있다고 해도, 이 형상들은 인접해

---

*   [옮긴이] 데리다가 『마르크스의 유령들』에서 언급한 코페르니쿠스, 다윈, 프로이트, 마르크스를 가리키는 것으로 보인다.

archie도 없는 것이다. 담론의 **정체**政體, 곧 로고스나 말하기의 **정체**조차도 존재하지 않는다. 이런 것들은 이미 나르키소스 군중을 다스리고 있었겠지만 말이다"(21). 우리에게 다소 남겨진 것은 태곳적의 부친살해라는 잔인무도한 옛이야기며, 프로이트는 이에 대해 불충분하게 해명해 줄 따름이다. 아무튼 프로이트가 받아들여 표현한 내용은 그럭저럭 끈질기게 남아서, 그의 세계뿐만 아니라 공유된 우리 세계들의 저류에 맞물려 있는 여러 상이한 영역 및 구조 가운데 존속한다. 낭시와 라쿠 라바르트는 절대적 나르키소스의 불가항력적 초연함과 더불어 그것의 불가능성을 집어낸다. ─ "(**집단심리학**Massenpsychologie이 묘사하는 것 같은) 절대적 나르키소스로서 아버지는, 한마디로 불가능하다"(21). 그러면서 이들은 「정치의 공황」과 개소식 연설 두 텍스트 모두에 담긴 섬세하고 복잡한 논리를 수단 삼아, 끊임없이 부성의 우선권을 배분하는 프로이트의 행위로 전진한다.

타자Other가 물러나고서야 아버지는 준비를 갖춘다. 그러니 "이제 우리가 아버지란 어머니Mother의 명명될 수 없고 현시될 수 없는 진리라는 사실을 이해한다면"(29), 아버지는 프로이트에게 부성의 권리를 제한하도록 강요한다. [이처럼] 언제나 물러남으로써, 사랑의 물러남이자 얼굴의 물러남으로서, 어머니의 진리가 의거하는 바는 "관계가 없는 관계(비관계의 관계)"(29)이다. ─ 어쩌면 가장 두려워하는 것이기에, 권력 아버지로 간단없이 복귀하는 일은 이것을 덮어 감춘다. 권력 아버지는 관계를 날조하고 정치적인 것을 압도하면서, 정초행위에 거의 의지하지 않고서도 특권적 위치를 점령한다. 관계에 대한 질문과 모성 있는 인간의 대용품을 향해 연결선을 꺼내 서로 잇는다. 이후로 존재는 '~와 함께'로부터 동떨어져 있지 않다. 또한 존재는 '단독성들' **사이**에 있으면서 '단독성들'과 **함께**인 것으로서 자기 자신을 [노출시켜] 바깥에 세운다. 카프카의 텍스트들은, 소설과 서신의 목록 전체를 통틀어서, 외존하는 존재, 전달될 수 없고 팽개쳐진 존재가 처한 궁지를 향해 조금씩 조금씩 나아가는 것처럼 보인다.

카프카의 세계에서 당연하게 받아들여지는 것은 거의 하나도 없다. 부성의 안정장치는, 불쾌하고 불가피한 대로, 특별한 방식으로 스스로를 없애 나간다. 아버지들의 전능함을 나름대로 대비하지만, 우리는 결코 아버지들이 무엇인지 확실하게 알지 못하며, 아들을 [아들로서] 식별하는 것을 꼭 끄집어낼 수 있는 것도 아니다. 카프카는 공유할 수 없는 것을 불가피하게 공유하게 되는 장면을 보여 주면서, 되풀이해서 우리를 아무 준비가 없는 상태로 만들어 놓는다. 한편에서 공동존재와 반대편 시야에서 타자의 논리를 서로 분별하는 일의 불가피성을 무대에 올릴 적에 말이다.—공동존재와 타자의 논리의 구조는 비록 외삽된 것이기는 하지만, 카프카의 글쓰기에서 끊임없이 그 나름의 역할이 있음을 내세운다. 카프카의 작품들에 서식하는 피조물들은, 아니면 그 속의 '동물animots*'과 형상들은 타자에 묶

---

* [옮긴이] 데리다가 동물에 관한 짧은 에세이("L'Animal que donc je suis", 한국어 번역은 「동물, 그러니까 나인 동물(계속)」, 최성희·문성원 옮김, 《문과과학》 76호, 2013)에서 만든 조어로, 'ani-'(움직임)와 'mots'(말)를 결합한 표현이다. 데리다는 이 단어를 통해 인간과 동물을 구별하는 철학의 전통적인 방식(인간은 말하는 동물이라는 정의에서 언어는 동물성을 부정하기 위해 인간에게만 귀속되는 개념이 된다)을 해체하고자 한다. 그는 '동물'이라는 이 새로운 말을 통해 인간의 언어사용은 동물성을 부정하지만 동물성으로부터 완전히 벗어날 수 없으며, 반대로 동물에게서는 언어가 부정되지만 모든 동물에서 언어를 제거할 수 없음을 보이고자 한다. 프랑스어 'animots'와 'animaux'(동물의 복수형)는 같은 소리를 내므로, 이 책에서는 이 의도를 살리기 위해 아래아를 넣어 '동물'로 번역했다.

에 관련된 굴절은 개소식 연설에서 다시 합쳐진다. 이 글에서는 공동체로 향하는 통로에 대한 질문이 제기되는데, "그러나 이런 질문은 같은 정도로" 자기-만족self-sufficiency과 전제정을 떨쳐 버리는 "주체로 향할 통로에 관한 것이기도 하다"(118). (공동체로, 주체로 건너가는) 관계에 대한 질문은 프로이트 텍스트 전반에 널리 퍼져 있다. "원천적 동료의식sociality이라는 문제구성부터 시작하여, 양성애, 동일시 또는 오이디푸스기의 선사先史 문제에 이르기까지 말이다." 그렇지만 프로이트의 담론이 애초에 기재된 등록부에서 관계[라는 어휘]를 쥐어짜 내기는 힘들다. 프로이트의 첫 시기 등록부는 "전체주의적" 존재인 나르키소스의 자급자족을 특징으로 삼으면서, 국가처럼 "혹은 독재"와 같이 구조화된 무의식에 대한 성찰을 제공한다. 그럼에도 불구하고 프로이트는 "이런 정치와 주체의 규범성에 깃든 갖가지 약점과 균열"을 허용하고, 이는 원칙상, 그리고 그 원리에서 관계에 대한 사고를 그 자신에게 강제함으로써, 결국에는 "자기-만족과 전제정의 지위를 배제하게 된다".

요컨대 프로이트는 관계에 대한 질문을 다루면서, "해법이 주체 내에 있건 아니면 공동체 내에 있건 간에, 관계의 해법을 미리 상정하는 일의"(118) 불가능성이라는 관점에서, 이를 **문제로 삼아**, 일종의 한계 질문으로서 제기한다. "사회적 유대"는 너덜너덜해져 공격받기 쉬우며, 가뭇없이 사라지는 동일시에 기초를 둔다. 이러한 것으로서 "사회적 유대"는 (정신분석으로부터 나온 것은 아니더라도) 이에 주어진 선물 같은 것이며, 어쨌든 프로이트가 일종의 소여로 제시하는 무엇이다. 이런 "사회적 유대"를 가지고 라쿠 라바르트와 낭시가 의미하고자 하여 있거나 함께-있음being-with의 얽힘에 귀속되어 있으며, 이에 따라 이것들은 실체적 척도가 결여된 세계 속에 공#현존함의 윤곽이 어떠한지를 보여 준다. 우리가 맡게 된 『편지』에서 이 '공'에 걸린 판돈은 다름이 아니라 프란츠가 카프카 어르신과 교섭해서 얻으려고 하는 바로 그것이다. 프란츠는 끊임없이 '공'에 할당된 공간들을 가늠한다. 이런 공간은 [아버지와 아들로서] 이 두 사람이 존재하는 채 프란츠의 성격을 규정하며, 언어는 바로 이 공간들 주변에서 구축된다. 아들은 사이 및 함께로 인해 좌절해 있다. 이런 사이 및 함께는 깨지지 않는 애착의 장면을 지배하고, 상호작용하며 서로를 질식시키는 역사를 [두 사람이] 기이하게 공양육함을 드러낸다.

카프카의 글쓰기가 내보이는 것은 제약의 막중함이다. 또한 이 글쓰기는 그의 궐석 증언 조서[이자 아버지에 대한 폐위 선고]로 인해 부각되는 **책임성**의 싸움을 보여 주기도 한다. 대부분의 경우에 카프카는 사유 그것인바 저 책임성에 찬동한다.—니체와 낭시가 각각 다른 방식으로, **아님**에 속한 책임성이라고 지목했던 것 말이다. 가령 자기 자신을 의미의 움켜쥠에 내맡기지 않기, 의미와 동일시하지 않기, 의미를 결정적으로 할당하거나 구현하지 않기, 의미를 형상화하거나 구체화하지 않기가 이에 해당한다.* 나를 압도하는 방식으로, 게다가 이따금은 나도 모르게, 카프카는 거듭해서 우리를 완전히 새로 시작하게 만들고 또한 말썽 많은 원천 지역 쪽으로 뒤돌아서게 만든다. 카프카가 의지하는 것임에 틀림없는 형상 및 기능들은 균열시키는 성질을 띤다. 이런 균열성이야말로 카프카의 텍스트가 단호하

---

* 나는 전에 책임성 있는 자기-입법(self-legislation) 및 서명하의 끝맺음에 내포된 니체식 '아님(nicht)'을 논했던 바 있다. *The Test Drive*, Urbana & Chicago: University of Illinois Press, 2005.

는 바는 "그 모든 것에도 불구하고 프로이트가 **자기 자신에게 선사한** 것이자, 철학 전체가 그렇게 하듯 프로이트가 **상정한** 것으로서, 관계"이다. 말하자면 [이들이 보기에 사회적 유대가 의미하는바] "아버지의 형상 내부에서 주체가 주체성 자체와 맺는 이런 관계는, 그 기원에서, 혹은 기원으로 가장하고서라도, 이 관계의 **탄생**(정확히는 관계라는 **선물**)이 필요함을 의미한다". [이와는 다른] 비슷한 탄생이라면 그것은 "주체도 아니요, 대상도 아니고, 형상도 아닌 것의 후퇴"를 시사한다. "사람들은 이런 것을, 잠정적으로 간명하게, '어머니'라고 부를 수 있으리라"(118~119). **폴리스**라는 초월적인 것[17]에는 '어머니'라는 백묵 표시가 잠정적으로 칠해져 있다. 하지만 이것은 원시적 조화 상태나 공동체 친교를 낳을 능력을 띤 히스테리[18]로 이어지지 않을 뿐만 아니라, "기능과 차이들의 분배 같은 것으로 이어지지도 않는다"(119). 그저 무정부상태로 이양되는 것도 아니다. 이것은 "**아르케**arché 그것 자체의 정체政體−없음an-archy이다(지시대명사 '그것'이 여전히 초월적인 것의 어휘에 해당될 수 있다고 치고서 말이다)". 후퇴의 본질은 데리다가 에세이 「인간의 <u>끄트머리</u>」 및 다른 어딘가에서 흔적the trace을 다룬 내용과 연관될 것이다. 후퇴[라는 개념]의 본질은 우리에게 요청을 보내어 데리다의 작업이 여전히 그 한 원인이 될, 놓인 자리에서 벗어난 모든 종류의 것을 재검

---

17 [옮긴이] 칸트의 맥락에서 초월적인 것(the transcendental)은 경험을 넘어서 있는 것이면서, 경험의 조건을 이루는 것을 지칭해 왔다. 여기에서는 폴리스가 인간의 정치적 경험의 조건을 이룬다는 입장을 가진 사람이 폴리스를 바라보는 시각을 가리키는 것으로 여겨진다.

18 [옮긴이] 병적인 심리적 흥분 상태를 지칭하는 히스테리의 어원은 '자궁'이다.

게 강조하는 어떤 것이다. 하지만 바로 이런 것들은, 즉 항상 결여되어 있으며 소멸 직전에 놓인 형상들은 겉보기에 여러 세계를 공결정할뿐더러 우리를 바깥으로 데려가게 된다.

닻을 내린 이 형상들은 영속적인 복잡성을 띤다. 이렇게 정박한 형상의 복잡성이 정치의 문법에 작용하며, 이 경우 정치의 문법은 한정을 위한 단어들의 의미를 마치 우리 모두가 알고 있는 양, 또한 이 단어들이 참조하는 지시대상의 반경이 명기될 수 있기라도 하는 양 작동한다.—마치 세계의 물질적 습관이 아직도 이런 옛 이름paleonym들의 확고부동함에 의해 변동할 수 있기라도 한 것처럼 말이다. 어느 편인가 하면 확실히 카프카는 급진적인 형상파괴에 의지한다. 이럼으로써 그는 근대적 가족을 무너뜨리고, 가족주의가 꾸준하게 정치적 전의사용에 강요해 왔던 의미 보장의 부담을 걷어치운다. 카프카 이후로는 당연하게 여겨질 수 있는 것이란 거의 없다. 그리고 카프카 이후로는 아들로 자리 잡는 일조차도 늘 해 왔던 대로 전용될 수 없다. 요컨대 사이비-신학적 방식으로 밀어붙여져서, 아버지라 불리는 것에서 비롯되었다고 말해질 수 있었던 양도물 혹은 재능을 [아들이라는 위치가] 재현한다고 말 바꿀 수 없게 된 것이다.

프로이트의 경우, 그는 존속살해와 관련된 분노의 무의식적 역사를 깊이 파고들면서 우리로 하여금 오래전의 **부친살해**Vatermord 이야기를 시작하도록 만들었다. 카프카는 프로이트가 장치해 놓은 토템과 터부들에 주의를 기울이면서, 자기 아이들을 없애 버리고 파괴하는 아버지들에 관한 이야기, 억누르기 힘든 이야기토하게 만든다. 시작은 정치적인 것에 대한 질문을 새롭게 모아 놓은 단호한 예리함으로 이루어져야 한다.

관계가 단수單數형태로 말해질 수 있는 것인지조차도 분명치는 않다. 그래서 후퇴는, 혹은 통용되는 말을 이루지 못하는 비체계성 nondialectivity은 관계의 관계를[19] 제시한다. 어머니는 이를 대신해 서 있으며 — 그리고 이로부터 서서히 떨어져 나간다. "관계의 본성이(도대체 이것이 본성을 가진다면야) 항목들 상호 간에 이루어지는 후퇴인 한에서"(119) 말이다. 후퇴는 관계에 대한 칸트의 윤리적 처방과 예술작품에 대한 하이데거의 문제구성을 환기시키며, 이들의 논의에서 질문거리가 되는 것은 정치의 후퇴이다. 후퇴 행위가 제기하는 논점, 즉 후퇴하면서 떨어지려는 대상을 되짚어 간다[re-treat]는 사안은, 낭시와 라쿠 라바르트를 "분리 또는 분란에 대한 질문"으로 되돌린다. "이런 분리 또는 분란은 정치적인 것 자체보다도 정치적인 것에 더 본질적이다." 모성의 후퇴는 지도편찬의 구상을 제시하거나 제국 건설이라는 결과가 되고 만다. 이에 대해서는 내가 어디에선가 좀 더 완전하게 논의해 보려고 했던 적이 있다. 그것은 자리를 빼앗긴 모성의 힘에 관한 전쟁 및 논쟁 — polemos 및 polemics — 이라는 면에서, 말하자면 진행 보고서를 제출한 것이었다. 최근 몇십 년간 그랬듯이, 예를 들어

---

19   [옮긴이] 여기에서 로넬은 존재의 존재(being as being)라는 말과 동일한 표현법을 쓰고 있다. 관계의 관계라는 말은 결국 관계라는 말의 가장 본질적인 바탕, 혹은 관계 그 자체를 가리키는 것이리라.

를 지어내 세상에 기여했다. 카프카와 프로이트는 같은 통찰을 공유한다. 그리고 둘은 공히 자기들의 검색 엔진을 돌리기 시작해서 원原충돌의 범죄 현장을 택하게 된다. 누구의 살인 충동이 이 행렬을 시작했는지를 결정해 보려는 노력은 어쩌면 사소한 문제일 것이다. 누구의 잘못인지를 궁금해하는 일, 때로는 유치하지 않나? [아버지와 아들 사이에] 전도나 투영 혹은 전치를 촉발했던 일과 관련해서, 아니면 살상 무기를 숨겨 놓고 있는 일과 관련해서 상정된 역할 중 어느 쪽에 주저 없이 책임을 물을 수 있는지 누가 알까? 어쩌면 우리는 전략적 생존기술이라는 전문 지식이 그 대상을 통해서 어떻게 단련되어 왔는지를—혹은 몇몇 증거에 따르자면 어떻게 백지화되어 왔는지를—조사해 볼 수 있을지도 모르겠다. 아직껏 옥죄는 심리적 유산의 망각되는 역사anahistory에서 무슨 일인가 일어났다. 그리고 이는 누구로 하여금 부성적 은유의 잔류 독성과 접촉하도록 이끈다. 우리는 물질적 결과를 낳는 불길 위에 이런 여러 형상을 올려놓고 있는 상상계의 잠금장치를 뜯어내야 한다. 이 작업이야말로 카프카의 유산에서 여실하게 남은 부분이리라.

미국이 "모든 전쟁의 어머니"[20]와 마주쳤던 때처럼, 모성의 힘의 물러남은 영토와 언어를 잡아채는 행위로 도로 튕겨 돌아온다.[21] 하지만 당분간은 모성의 튕겨 돌아옴이라는 이 논점은 중단해야 하겠다. 이는 사유의 신경을 날카롭게 만드는thought-frayed 또 다른 전투의 장으로 우리를 이끌기 때문이다.

정치의 결정에 붙들리지 않는 계산 불가능한 것. 권위에 관한 질문을 마감하고, 다른 억양과 수단에 의거하여 이것이 어딘가 다른 곳에 다시 도래하거나 새롭게 선보여지기를 희망할 때가 왔다. 부성으로의 고집스런 복귀는─권한이 해제된 곳에서조차 부성은 죽치고 시간만 보낼 뿐이다─권위 혹은 권위의 본질적 견인력을 전형적으로 보여준다. 그놈의 권위.

우리가 권위를 필요로 하는지 아니면 이로부터 도망치려고 하는지도 우리는 알지 못한다. 도망가기 위해서 권위가 필요한 건지, 그 텅 빈 본질에 질문하겠다는 목적으로 동력을 유지하기 위해 필요한 건지

---

20   [옮긴이] 1991년 미국과 이라크 사이에 전쟁(걸프전)이 발생했다. 이후 사형당한 사담 후세인 이라크 대통령이 걸프전의 원인이 된 쿠웨이트 침공 당시 행한 연설에 포함된 말이 "모든 전쟁의 어머니"(움 알─마아리크)이다. "위대한 결전이 시작되었다. 모든 전쟁의 어머니가 수행된다."

21   내 책 *Finitude's Score: Essays Toward the End of the Millennium*, Lincoln & London: University of Nebraska Press, 1994에 실려 있는 "Support our Tropes: Reading Desert Storm"과 "Activist Supplement"를 읽어 보라. 그 밖에 다이앤 데이비스가 편집하고 서문을 쓴 *Reading Ronell*, Urbana & Chicago: University of Illinois Press, 2009에 실린 톰 코언, 질 아니자르, 토머스 페퍼, 엘리자베스 웨버의 걸프전과 관련된 글들을 참조할 것.

말이다. 뒤돌아보지 않거나 내려다보지 않는 출발지로서, 환상으로 만들어 낸 지렛대로서, 부성은 여전히 권력을 지배한다. 이것이 형성된 방식에서건 정당화되고 사용되는 방식에서건. 부성은 동일시의 환상과 손을 잡고 나아간다. ─ 낭시가 제시하길, 이와 같은 환상은 일인정및 그 밖에도 거룩하게 임명되는 형식을 띠고서, 동일시에 기여할 이양을 요구하는 체제들로부터 넘겨받은 것이다. 부성적 실체와 결부되어 있기는 하지만, 이런 관습은 오늘날의 민주주의 형성물 속으로 쏟아져 들어온다. 이와 대조적으로, 민주주의의 다형성multiformity 쪽으로 렌즈를 열면서 민주주의에는 니체류 구명줄을 놓아 둘 공간이 있다고 상상해 보자. 그리고 민주주의 스스로가, 정치의 결정을 빠져나가는 계산 불가능한 것을 위한 ─ 헤아림이 불가능하도록 환희·시·즐거움이 들어와 있는 좁은 만瞞을 위한, 또한 창조성의 광범위한 수용을 위한 ─ 비非형상적 열림이라고 단언할 수 있다고 상상해 보자. 이러한 것들은 상궤를 벗어난 이해불능의 과도함이 만들어 낸 물결로서, 대개의 경우 이 물결은 **과소평가**undervaluation라는 수단을 통해 (혹은 수단의 결여를 통해) 정치의 길 곁으로 떨어져 나갔던 성질을 포함하거나 또는 그리로 떨어져 나갔던 실천에 귀속된다. 이런 물결은 과소평가되거나 아니면 **무가치하게**nonvalue 되었다. ─ 따라서 낭시의 경우에는 **과소가치**를 회복하기 위해서, 등가성에 대한 자본의 집착이 있건 없건 간에 측정하지 않으면 안 될 것으로서 마르크스식 잉여가치[22] 관념을 다시 다룬다. 자, 이와 같은 민주주의는 ─ 니체의 속력이, 그리고 시상詩想의 경제성 없는 급등이 발사한 것이며, 음악이 실존을 찢고 들어갈 적에 이용하는 포기가 끌어가는 것이자 과소평가된 채로 남은 것들의 범람을 부르는 것이다. 이런 민주주의가 단호하게 **동일시를 거부한다**는 점을, 부성의 점착성과 가치평가 패턴이 갖는 강압적 견인력을 거부한다는 점을 이해하도록 하자. 과소평가는 가치전환의 사유와 나란히 작동한다. 낭시의 어휘 용법 가운데서 이 용인된 물러섬은 치하받는 성질에 가까워질 뿐만 아니라, 실천에 대한 일종의 파격적 인증 해제에 가까워진다. 이것이 초월적인 권위 제거건, 아니면 완고하고 확실하게 경험적인 권위 제거건 간에 말이다.

　낭시는 동일시의 주요 스펙트럼이 해산되었거나 체념되었음을 지적한 바 있다. [그런데] "동일시는 왕, 아버지, 신, 나라, 공화국, 인민, 인간이 낳을 수도 있고, 인간성이나 심지어 민주주의가 낳을 수도 있지만, 어쨌건 간에" 이것의 해산 혹은 포기는 오히려 "동일시에 대한 요구와 전연 모순되지 않는다. 제각각의 모든 사람이 공동−존재being-together의 상황 속에서 어떤 장소나 역할 및 가치 — 이들 각각은 측량할 수 없는데 — 와 동일시될(요즘 우리가 선호하는 말로는 '주체화될') 가능성이 있다는 의미에서 말이다"(50). 동일시는 결코 완전히 지워지지 않은 채, 실체의 교체진이나 인식할 만한 골대가 없더라도 여전히 제 나름의 경기를 뛴다. 민주주의는 형상을 띠지 않는다. 아니 오

22　[옮긴이] 마르크스의 잉여가치 개념의 핵심은, 등가교환이라는 외양을 띤 관계임에도 불구하고, 노동이 생산한 가치 일부가 그 대가의 지불 없이 일방(자본가)에게 전유되고 만다는 사실에 있다. 등가성은 환상이고, 가치는 (어떤 권위의 회로를 거쳐) 일방적으로 전유된다는 점에 낭시는 (혹은 그를 경유한 로넬은) 주목하고 있는 것으로 보인다.

히려 민주주의는 "어떤 운명 또는 공통 진리의 형상을 짠다는 가정을 버린다"는 의미에서, 그 본질상 형상적이지 않다. 하지만 민주주의는 공통 공간을 짜 낼 필요성을 부과한다. 이를 위한 방편으로 민주주의는 우리의 적극적 긍정, 성명聲明, 외침, 욕망의 형상들을 지탱할 무한한 간극의 열림을 허락하는 것이다. '계산 불가능한 것의 나눔(Partage de l'incalculable)'[23]이라는 제목을 붙인 절에서, 낭시는 실존이 의지하는 대상으로서 과도한 일 또는 무위, 즉 "plus-que-l'œuvre ou un désœuvrement"을 요청한다. 이게 무엇을 의미할까? 우리는 교환 가능한 상품의 질서에 엄청나게 고착되어서, 교환가치를 빠져나가는 것, 가령 교환 불가능한 것이나 가치 없는 것들의 손상에 이르렀다. 우리가 교환 불가능한 것들에 초점을 맞출 용기를 불러낼 수 없게 되어 버렸다면, 이유는 단순하다. 가치 없는 것이 측정 가능한 모든 가치의 외부에 있기 때문이다. 요컨대 "가치 없는 것의 몫은— 계산 불가능한 것을 나눈 후에 남는 것이므로, 엄격히 표현하자면 나눌 수 없는 것은— 정책을 초과한다(La part du sans-valeur — parti du partage de l'incalculable, et donc à strictement parler impartageable — excède à la politique)"(33). 자본과 민주주의가 서로를 가둬 놓은 장소에서는 측정

---

23 [옮긴이] 여기서 '나눔'이라고 옮긴 프랑스어 'Partage de'와 관련된 어구를, 로넬은 영어로 "The Share—Or Division—of "라고 썼다. partage가 '공유'라는 뜻과 '분할'이라는 뜻을 둘 다 포함할 수 있음을 드러내기 위해서였을 것이다. 그런데 진태원이 랑시에르의 책 『불화』를 번역하며 밝힌 바와 같이, 우리말로 '나눔'은 공유한다는 뜻과 분할한다는 뜻을 둘 다 가질 수 있다. 그를 따라서, 그리고 번거로움을 피하기 위해, 여기서는 곧바로 '나눔'이라고 옮겼음을 밝혀 둔다.

가능한 결정에 대한 과대의존이 발생한다. 여기에서 상정하는 문화는 실존의 모든 측면(또는 구석, 또는 차원, 또는 단편)마다에 과대평가의 요구를 결부시키거나, 또는 측정이나 평가 혹은 분배할 몫 아래 모든 것이 복종해야 하며 복종할 수 있다는 신념을 체결해 놓은 그런 문화다.

그러면, 계산 가능한 것, 또는 양화 가능 수익의 인식 격자표나 체계를 모조리 피해 가는 사태 혹은 사건을 어찌 볼까? 이 자리에서 야말로 정신분석이 만들어 놓은 '가치절하 방식'의 견실한 명세가 쓸모를 발휘한다. 정신분석이 잣대를 들이댈 때, 이것은 민주주의 정치가 흔히 의존하는 머릿수와 가치평가를 불가피하게 축소하거나 분란에 빠뜨린다.[24] [그러면] 이제부터 셈을 수행하는 것(그리고 잘못 세는 것)은 양가성이나 미뤄 놓기, 혹은 강박충동과 우여곡절 및 불만 같은 성질이 제기하는 더 뾰족뾰족한 논리에 따라야만 할 것이다. — [신경을 날카롭게 만드는 이런 논리 속에서] 무질서한 공리, 깨진 범주, 아포리아들은 피가 젖듯 명세표에 스며들어서 정치적 무의식이 계산되는 난과 허용된 각양각색 실천들이 계산되는 난에 기재되어 있었을 법한 것을 흔들어 깨운다. 동시대의 이론과 행동습성 속에서 '정치적인 것'을 개략적으로 셈해 올라갈 적에, '정치적인 것'을 방해하거나 무시하는

---

24   다수자(majorities)에 대한 데리다의 손꼽기(count-off)와 해체에서부터, 민주주의의 오산[잘못]이라는 랑시에르의 관념에 이르기까지, 숫자와 수치화는 오늘날 철학이 정치적 실존을 저울질하는 과정 속에 들어가 있다. 제삼자와 일자라는 기표 또한, 비록 이것이 사르트르부터 레비나스까지를 통틀어 서로 다르게 할당되기는 하지만, 정치가 어떻게 헤아리는지 그 의미를 새롭게 표시하려고 시도한 것이다.

것 대부분은 그 명세표에서 빠져 있다.

정치적이라고 아직은 동일시될 수 있는 것과 얌전히 머물러 있기에는 내 시야범위가 좀 분주하다. 강박충동 때문이건 아니면 학문적 습관 때문에건, 나는 계속 파헤쳐야만 한다. 그러니까 점진적 약화에 가까워질 뿐이거나, 내가 조사 중인 바로 그 영역에 가로막혀 있는 것 같은 요청 거부에 다가갈 뿐이더라도, 독해의 인증된 규약의 결을 누누이 거스르는 조사를 나는 계속할 필요가 있다. 어쩌면 여기에 권위 근방에서 솟아오르는 질문 중 몇 개를 위치시킬 법도 하다. ─정확히 짚자면 동일시의 새로운 규약이나 새로운 처방을 제안하기를 주저하는 맥락 속에다 말이다. 그렇기는 하나, 혁명의 모든 운동 또는 혁명의 모든 호칭이 ─개혁, 반역의 대의, 항명, 불복종, 무반응, 항의, 반란 등을 포함한 것들이 ─ 개시되는 일은, 혁명이 의도하는 입장과 혁명의 눈에 띄는 효과를 새로운 기표로 나타내려는 희망을 품고, 불변의 권위에 맞섬으로써 이루어진다. 따라서 역사에 '68년'이라고 남은 반항, 어쨌든 무산된 반항이 오늘날 우리에게 주는 함의를 분석하면서 (그리고 날짜를 통해 어떤 사건 혹은 강림을 명명하는 것이 의미하는 바를 분석하면서) 낭시가 살펴보는 점은 68년이 새로운 형상이나 새로운 방도를, 무엇보다도 새로운 권위를 전혀 도입하지 않았던 내침來侵 혹은 분란으로 구성되었다는 사실이다. '반反권위주의'의 요구를 밝히는 일은 당시의 관건이라 말하기 어려웠다. 오히려 68년의 결정적 양상 중 하나는 '권위'(낭시는 이 말을 따옴표에 넣어 내건다)가 아무런 선차적 인증 행위 혹은 권위부여 행위 없이도 규정될 수 있다는 사실을 보여 준 데 있었다. [68에서 '권위'는] 제도적이거나 정규적이거나 규범화된 인증이 없었지만 규정될 수 있었다. 다만 '권위'를 규정할 수 있었던 것은 어떤 욕망의 표현, 즉 표현 가운데 인정된 욕망을 표현하는 행위였을 뿐이다. 낭시는 이런 정치적 욕망에서 심리적 측면이나 주관주의를 계속 비워 낸 채, 이것을 오히려 존재의 진정한 가능성을 풀어냄으로써 존재의 참된 힘을 ─ "진정한 가능성의 표현이므로 존재의 참된 잠재력(l'expression d'une vraie possibilité et donc d'une vraie puissance d'être)"인[25] 것을 ─ 회복하는 문제로 만든다. 강력한 데다가 어쩌면 힘을 불어넣기조차 하는 잠재성의 위치를 찾아내거나 또는 순전한 존재의 풍성함을 확인하면서(권력 정치로 미끄러져 들어가거나 자기 및 혈연적 행위작용을 보강하지 않은 채) 낭시는 자기 사유의 방향을 민주주의와 권위의 서로 얽혀 있는 운명에 맞춘다. 만약 민주주의가 어떤 의미를 가지고 있다면, 이는 틀림없이 권위의 각인이 찍힌 것에 관한 의구심을 실행하고 보여 주는 일과 연결되어 있을 것이다.

민주주의의 의미는, 우리가 알아볼 수 있는 어딘가의 도장이 찍힌 그런 의미생성 작용에다 권위를 부가하는 일을 우리 스스로가 주저할 수 있음을 보여 줄 적에 발생한다. 민주주의의 의미에는 욕망의 등록부 이외에는 어떤 등록부건 다 수록되어 있으며, 기대의 등록부마저 포함되어 있다. 민주주의가 연루된 사고 속에서는 **모든 관계자에**

---

25   낭시는 [68년] 40주년을 기념하는 여러 성찰의 결을 거슬러서 1968년을 읽어 낸다. *Vérité de la democratie*, Paris: Galilée, 2008, p.29를 보라.

게, 다시 말해 각각의 사람 모두 다에게 존재의 진정한 가능성이 표현될 수 있고 인정될 수 있다. 아마 그만큼 관대한 가능성의 정도, 흥겹도록 끝이 없고 급진적으로 배분되는 가능성의 범위야말로, 어떤 경우에는 혁명의 약속에 대한 열광에 기름을 끼얹었을 것이다. 논의 탁자에 민주주의가 올라올 적에 열정이 치워지게 되는 것은 왜인가? 물론 지나치게 많은 열광은, 니체가 경고하듯, 니체마냥 지나치면, 좋은 것이 아니다. 열광의 앙양함은 어리석음이나 이데올로기적 오류에 가까워질 수 있다. 그렇지만 왜 민주주의는 그토록 많은 섬세한 정신에 의해 꽝으로, 몹시도 따분하여 결정적 용기를 붙들 수 없는 것으로 다루어져야만 하는가? 어쩌면 민주주의가 언제나 굴복하는 현실성 검증을 민주주의가 통과하지 못할 때, 이것은 **데모스**를 고갈시키고, 더 이상은 민주정으로서 그리고 민중의 풍성한 드러남[외존]으로서 인식될 수 없는 것인지도 모른다. 그리고 누구는, 민주주의의 이름 속에 떨렸던 환상이나 약속 또는 봉기들이 밝혀낸바, 그것이 있지 않은 곳에 자리한 민주주의에 대한 열광을 또한 탐사해야만 할 것이다. 우리는 행로의 차이를 기억해야 한다. '민주주의'가 자기 편에 불러왔던 창백한 변호진과 비교하여 '공산주의' 및 '사회주의' 같은 단어들이 역사적으로 동반했던 [민주주의와] 거의 모순되는 백열을 기억해야 하는 것이다. 민주주의는 스스로를 심각한 진퇴양난에 밀어 넣으면서, 공포증에 의한 것은 아니더라도 일종의 안이한 전환과 더불어, 자신이 감싸 안고 있는 공동체성 부분을 너무 황급하게 폐기해 버렸다. ─ 이렇게 된 부분적 이유는 민주주의가 경영, 회계와 계산, 소득 집계, 현상 유지 및 손실에 과도하게 발목 잡혔기 때문이다. 욕망을 빼앗긴 공간 속에서 말이다. 누가 오늘날의 소위 민주주의 형성물 속에서 욕망의 맥동을 느낄까? 버락 오바마의 당선과 더불어 이런 종류의 무엇은 세계 전반에 번졌다가, 그러고는 다만 문제적 통치의 욕망 없는 기계들이 만들어 내는 음울한 공간으로 소멸해 버렸다. 낭시는 그의 순환주기 중에 이따금씩 돌아오는 들뢰즈적 국면에서, 내가 옹호할 수 있을 정도보다 좀 더 욕망을 중시한다. 만성적으로 민주주의를 괴롭히는 정동의 탈수현상에 관해 질문함으로써 나는 리오타르가 수행한 정동에 대한 비판 작업 정도에나 가담할 수 있을 뿐이다. 낭시가 욕망을 떠올릴 적에 무엇을 옹호하려는 중인지 나는 이해하고 또한 이 전환에 공감하지만 이런 이해와 공감에는 조건이 있다. 곧 낭시가 옹호하고 있는 이 무엇이 착잡한 채 남아 있음을 전제한다면, 그리고 우리를 쾌락원칙 너머로 이끌려고 깜빡이는 신호들이 고비마다 이 무엇을 위험과 실패에 노출시키면서도 이를 분명히 몰아세우는 중임을 전제한다면, 나는 이해와 공감을 표시한다. 우리의 여러 민주주의가 무위험 상태를 유지하려는 자리에서 이것들은 가장 큰 위험을 안게 되므로, 이런 의미에서 욕망은 결여와 마주치기 위한 동력원을 제공할 것이다. 결여란 민주주의가 필요로 하고 또한 민주주의가 지탱하는 것이다.

혁명의 약속과 민주주의의 실천. 자 이제 우리는 68년의 교훈을 정치와 권위에 관한 우리의 성찰에 통합할 수 있을까? 명확한 점이 있다. 반항이라고 보자면, 프랑스에서 일어났건 아니면 일본이나 미국에서 일어났건 간에 우리가 68년으로 부르는 사태는 멈췄으며, 장벽 몇 개를 무너뜨리기 전에 무산되었다는 것이다. ─ 이는 헤겔에게서 혁명이 혁명 자체에 도달하기 조금 전에 그 발걸음을 흩뜨리면서 멈추었던 경우와 상당 부분 비슷하다.[26] 실천 측면에서 보자면, 68년이 브레이크를 당겼던 때는, 그것이 움츠러들지 않고 오히려 자기 자신의 침탈 잠재력과 깜짝 놀랄 협약을 맺을 뻔했던 순간이다. 하지만 정치가 읽어 낼 수 있는 수준에서 보기에, 68년은 일단의 새 경영자를 데려옴으로써, 새롭고 다른 통치 모델 혹은 이제까지와 다른 권위의 수행을 가져옴으로써, 스스로를 중단시켰다. 그럼에도 불구하고, 반역 직전 사태의 짓이겨진 역사를 관통하여 무언가가 도달했다. 말하자면 68년은 그 모든 온갖 동일시로부터 스스로를 해방시켰던 단언을 내놓을 수 있었던 것이다. 요약하자면 68년은 권위를 조여 두었던 끈을 약간 풀어 주었다. 68년은 권위에 제한을 ─ 법 강제 기계 곁에 대기하는 처형인이나 편파적 이익 집단 같은 속박을 ─ 갖지 않은 자유 통행증 따위를 끊어 주었다. 비록 비구체적인 방식이기는 하나, 이는 '권위'에 새로운 얼굴을 준다. 낭시는 우리가 역사적으로 권위와 연관 짓곤 하는 심한 제한성 중 몇 가지를 물러나게 만든다. 그러면서 그

---

26   혁명에 관한 헤겔의 성찰에 반항(rebellion)이 부족하다는 리베카 코메이의 논의를 참조하라. Rebecca Comay, *Mourning Sickness: Hegel and the French Revolution*, Stanford, Calif.: Stanford University Press, 2010.

는 이 세계에 공존하는 우리 삶을 활성화시키기 위한 일종의 보급이라는 면에서 권위의 맥락을 형성한다. 그는 권위를 존재의 강력한 확장제enhancer와 나란히 놓는다. 권위를 욕망의 표현이라는 위치에 두고, 실체적 운명의 어떤 형상, 즉 인민, 종교의 부가물, 확정적 동일성으로 실존을 후퇴시키거나 축소시키지 않고서도 실존을 운동시키는 헌신적 참여의 위치에 권위를 두는 것이다.

데리다-경유-니체에 더 가까운 측면에서, 우리는 권위의 책임에 대해 물을 수 있다. 또한 마찬가지 측면에서, 권위가 어떻게 실존의 활성화된 의미에 중요해지는지를 묻고, 어떻게 민주주의가 빚을 지고 있는 모든 사람, 즉 민주주의를 해명하고 민주주의를 너그럽게 돌보겠다고 제안한 사람들에게 권위가 발송되어 영향을 미칠 수 있게 되는지를 물을 수 있다. 여전히 우리는, 딴것도 아닌 민주주의의 실천 중에 누가 또 무엇이 정치적인 것으로부터 버림받게 되는지를, 말 걸기라는 관점에서 고찰할 필요가 있다. 권위가 답할 수 있는 대상으로서, 그리고 권위가 도출되는 근원이자 질료로서 '누구나 모두' 혹은 '각 사람 전부'라는 계산 불가능하나 엄밀한 암호가 있다. 강조점이 이 암호에 놓일 적에는, 지금까지는 우리 중 대다수를 셈에서 빠뜨렸던 기계와는 다르게 설계된 계산 기계가 필요해진다.

이하의 질문이 내 동료들이나 나 자신을 편하게 만들 리는 결코 없을 것이다. 하지만 나는 얼마나 억제된 것이건 어떤 행위나 재시작을 제안한다는 것이 무엇을 의미하는지 물어야만 하며, 계산 혹은 '비계산'을 수행할 상이한 방법을 계획함으로써 우리가 어떻게 일에 착수할지를 보여 주는 또 다른 명세서를 청원하는 것이 이즈음 대체 어떤 의미를 띨 수 있을지 물어야만 한다. 본질적인 재작업을 청원한다는 것이 말이 되기—에 충분하기는 혹은 넘치기—는 할까? 그러한 청원이 오늘날 우리 시대에 있음직하기는 한 것일까? 이 **있음직함** feasibility의 순차연산에 맞추어 이제껏 너무도 많은 것의 등급이 꾸준히 깎여 왔기에, 이런 관점에서 누구는 이 모든 일이—민주주의라는 문젯거리를 다시 펼치는 일, 각 사람 전부의 권위에 매인 민주주의의 밧줄을 더 강화하는 일이—작업 가능하지 않다고 이의를 제기할 것이다. "작업 가능하다!"고 나는 말한다. 어쩌면 여기가 우리가 갈라서는 지점일 것이다. 아니, 어쩌면 지금이 우리 사이에서 어떤 우정을 상상할 수 있는 순간일지도 모른다. 왜냐하면 작업 가능한 것으로 지금까지 확립되었던 것에 대한 의심을 내가 키우고 있기 때문이다. 작업 가능한 것에 머물려는 이런 경향은 창안하는 진출을, 이런 진출이 사변적인 것이건 아니면 실용적으로 다뤄지건 간에, 작업 불가능하다고 묵살하는 구조의 한 부분이다. 작업 가능한 것에 대한 의존은—내 보기엔 작업 가능한 것이라는 환상이겠지만—계산할 수 있는, 알 수 있는, 이해할 수 있는, 교환할 수 있는 무언가를 보는 한정적인 시야로 끌려 내려옴을 필요로 한다. 이런 의존은, 내가 사고하는 방식에서는, 박살날 필요가 있다.

자, 이렇다면 우리는 어떻게 되는 걸까? 이제 우리는 이 책의 쪽수를 채워 왔던 내용들과 꼭 같은 관심 분야를—뭐, 당연히 각각의 사안 전부가 동일할 수야 없지만—스스로 맞아들일 각오를 했던 카프카와 리오타르 및 그 외 사람들의 분투 쪽으로 향할 셈인데 말이다. 이제 보게 될 부분에서 내가 스스로에게 납득시키고자 하는 내용은, 우선은 카프카는 어떻게 해서 이와 같은 수수께끼들을 받아들일 책무를 짊어지게 되었는가라는 것이다. 그러고 나서 카프카와 교점이 없지는 않지만 그와는 다른 시야에서, 나는 리오타르를 붙들어서 그가 여러분에게 자기 손에 든 패를 보여 주게 만들고, 가부장적인 과부하가 대부분의 이유를 차지하는 역사의 교란에 대해 가졌던 그의 예리한 관심사를 끝까지 진행할 수 있게 만들고 싶다. 권위와 씨름해 온 과정은, 내가 희망하는 바이지만, 우리의 쪼개진 세계들을 괴롭혀 왔던 도발 및 비통함과 다른 식으로 만나기 위한 길을 열었다. 그렇지만 따라갈 다른 경로가 아직 남아 있으니, 곧 권위의 손길이 함축하는 몇몇 쓰라린 결과를 탐사할 다른 길이 있다. 우리는 권위의 부식성 팽창, 권위에 내재하는 몰염치에 관한 성찰을 종결하지 않았다. 이런 문제들은 권위를 조절한다고들 말하는 장치에서 계산 불가능한 차원의 전원을 꺼 버리게 되자, 권위가 아버지의 부지에서 떠나 버림으로써 발생한 것이다. 이런 문제들에 대한 성찰이 끝나지 않았다 할 때, 이 비종결은 여전히 프로이트의 논쟁 상대인 부성의 존속에 대해 우리에게 말해 주는 바가 있다. 대안적 사유를 촉진하기 위해 부성의 작용에 괄호를 치는 일을, 부성 기능의 법이 명령하는 행위로서 부친을 살해하려는 의도를 품은 몸짓과 대체 어떻게 분명하게 구별하겠는가?

❉ ❉ ❉

추기 ─ 청컨대, 부성父性의 기표 곁을 한 번만 더 돌아보면서 이에 얽힌 문제와 이것의 호출을 내가 확인해 볼 수 있게 해 주길 바란다. 왜냐하면, 카프카와 리오타르를 믿는다면, 사람들은 결코 아버지의 '장악mainmise' ─ 손에 넣거나, 쥔 손을 조이기 ─ 또는 신 및 지도자의 작동정지와 관계를 끝내지 않을 것이기 때문이다. 이 기표와 관련된 사람들의 고초를 보여 주는 그 밖의 서사들이 아직 있다. 이 사람들은 [부성이라는] 기표를 상정한다. 그리고 자기네가 매복에 당했음을 알게 된다. (최소한) 아브라함의 전통과 함께 시작하는 이것의 권리주장이 이들 주위에 매복해 있었던 것이다. 그 후에 이들은 부성의 불안정한 천성을 참아 넘긴다. 레비나스는 부성의 증명서류를 두고 그다지 논의라 할 만한 것을 하지 않는다. 그럼에도 불구하고 그는 트라우마를 남기는 부성의 첨예함과 괴이함에 대한 확신에서부터 진행해 나간다. "아이와 맺는 관계는 …… 절대적인 미래, 또는 무한한 시간에 대해 맺는 관계를 수립한다." 이런 관계가 수립되는 자리, 확실한 무궁무진함의 자리조차도 이렇게 불행히 굳게 잠긴 부자 관계의 트라우마를 함유한다.[27] 더 나아가, (최소한) [오이디푸스의 아버지] 라이오스 왕이 그의 차례를 맞이하자, 사태를 보는 또 다른 각도가 시작되었다.

27   Emmanuel Levinas, *Totality and Infinity: An Essay on Exteriority*, trans. Alphonso Lingis, Pittsburgh, Penna.: Duquesne University Press, 1969, p.268.

즉 괴물 같은 자기의 '아들'과 마주했을 때, 지정된 아버지가 갖게 되는 부성적 공포를 보는 시야각이 있다. 혈연 속의 어떤 반영성에 대해서, 확실하게 써 내려가지는 않더라도, 레비나스는 적고 있다.

> 아버지의 아이 소유는 부성 안에서 성취되는 관계의 의미를 모조리 밝혀내지 않는다. 여기에서 아버지는 자기 자신을 아들의 몸짓 가운데서만 발견하는 것이 아니라, 아들의 실체와 독자성 가운데서도 발견한다. 내 아이는 이방인이다(이사야서 49절). 그러나 나의 이방인인 것만은 아닌데, 그의 이방인은 **나이기** 때문이다. 내 아이는 나라는 사람 자신에 대해 이방인이다.[28]

아버지는 모든 것의 기원으로 여겨지는 관계 자체에 의해 착취당하고 몰수당한다. 아버지는 언제나 승리자ᵥᵢ𝒸ₜₒᵣ로서 — 프랑켄슈타인, 다시 말해 빅토르ᵥᵢ𝒸ₜₒᵣ 프랑켄슈타인 박사로서 — 그 자신이 되지만 오직 아들에게서 낯설어질 뿐이다. 나는 결코 사태를 단순화시키기를 의도했던 것도 아니거니와, 어쨌든 흔히 억압적 효과를 발휘하며 지배를 실행하는 이런 관계를 구성하는 항목들을, 어디에 혹은 어떻게 위치시키는지조차 누구는 알고 있다는 점을 시사하고 싶었던 것도 아니다. 우리가 인식의 지렛대를 갖고 인정할 수 있게 기술하면서

---

28 Ibid., p.267.

부성에 달려들어 이를 장악할 수 있건 없건 간에, 줄곧 되돌아가게 되는 곳은 유한한 존재의 이런 석화된 형상의 짜임이다. 정확히 밝히자면 마치 이것이 유한자의 제약으로부터 우리를 탈출시킬 수 있기라도 하는 듯이 말이다. 라캉은 부성적인 것의 파면, 감축, 퇴출의 몇 가지 경우를 검토한 결과, 최악이라고 할지라도 결국 아버지는 아마 있는 게 없는 것보다는 나으리라고 제안한 바 있다. 최종적으로는, 우리가 배경과 인물을 좇을 적에, 우리는 père 또는 pire(아버지 또는 최악)을 떠안게 된다. 이 모든 것들이 내게 가리키는 바는 당신이 최악을 향해야 하며, 최악을 감수해야 한다는 점이다. 자, 이제 무기를 골라 보라.

4장

훌륭한 루저

카프카가 아버지에게 서신을 발송하다

"아이들이 뭘 알아! Was wissen die Kinder!"
  – 카프카, 『편지』

"조르는 아이들 Bittendes Kind"
  – 슈만, 작품번호 15, 〈어린이 정경〉

한 치의 어김도 없이, 어린시절이 규약으로 요구하는 순종을 향해서 글쓰기는 되돌아갔다. 항복 경험은 첫날부터 제동이 불가능하도록 아찔한 속도를 띠었고 매일같이 나날을 지배했다. 이러면서 항복의 경험은 어린시절이 갖는 [순종의] 평준화 효과가 정치적 다수가 됨을 이해했다. '생성들'에 대한 사유는 애초부터 내동댕이쳐졌다. 아이들은 발달에 지장을 겪었다.ㅡ아마도, 이따금씩 돌연 엄습하는 변신과정만 빼고서 말이다. 어찌 되었건 프란츠의 경우에, 이 저술가는 똑바로 서 있기 너무도 힘겨웠고, 강철같이 그를 움켜쥔 것을 뿌리치지 못해서 쩔쩔맸다. 움켜쥔 이 손아귀는 위로부터ㅡ아니 어쩌면 안으로부터ㅡ그를 몰아붙이는 것 같았다. 하이데거의 저작에서 소리 없는 목소리가 그런 것처럼 의무를 지우며 엄습하는 위협은 **내 너머 위에서 오고 내 안으로부터** 오는 듯하다. 당신은 들을 수 없지만 그것이

거기에 있다는 사실을 안다. '거기'가 어디이건 간에 말이다. 그리고 당신은 그것이 위로부터도 기원하고 안으로부터도 기원한다는 사실을 안다. 나는 이미 나 자신을 되풀이하는 중이다. 위에서 또 안에서, 위에서 또 안에서. 스스로를 되풀이하는 짓은 선생질의 버릇이지만, 이 버릇이 글쓰기로 옮겨질 수 있는 것은 아닐까 나는 의심해 본다. 벌써 나 스스로를 되풀이하다니 — 그것도 맨 첫 단락에서부터! (때때로 나는 너무 빠르게 앞으로 나아가는 바람에 뒤에다 잔상과도 같은 흔적만 남기곤 한다. 이 텍스트로 말하자면, 나로서는 명확해지고 싶으니 질주하는 글쓰기 속도를 늦추고자 한다. 되풀이는 좋은 것이다. 이것은 종종 필요한 것이기도 하다. 모든 것이 말해지고 행해진 뒤에, 의미심장한 무언가가 발생하기를 당신이 바란다면 말이다.) 자, 하이데거에서는 — 우리는 지금 『존재와 시간』에 관해 말하고 있는 중이다 — 저 너머와 내부로부터 동시에, 이중의 출처에서 기원하는 어떤 부름이 당신에게로 온다. 그렇지만 카프카가 책상에 앉아 글을 쓰게 되자, '내부'에 해당하는 쪽의 정확한 위치는 더 이상 확인하기 어려워졌다. 카프카는 마음먹고 내면성을 파기했다. 그러고 나서 그는, 갖가지 방식으로 난도질되어 대부분 알아보기 힘들게 건네진 여러 경향의 자기, 다양한 자기의 새로운 운영 방침에 따라 작업을 수행하는 중이었다. 공정해지도록 하자. 하이데거가 제 차례가 되었을 적에, 그도 역시 자기self의 내면성을 그저 북돋기만 한 것은 아니었다. 하지만 나로서는 부름에 대한 하이데거의 여러 모티프에서 어린 시절의 트라우마를 보여 주는 증거를 충분히 찾기 어렵다. 아마 한 가지 예외만 빼고서 말이다. 요컨대 다소 극적인 잔재로서, [자기와 연결된] 전화선 저편에서 영원히 대기 중인 헤어진 친구라는 모티프만이 예외가 될 수 있겠다. 카프카의 경우는 그가 응답해야 했던 부름에 대해 이와 다른 전달 방식과 이야기 흐름을 보여 준다. 물론 카프카가 그 피해를 다룰 능력을 갖추었는지 여부는 또 다른 이야기일 것이다.

카프카의 경우 그는 이리저리 얽힌 수동성의 횡단로에서 벗어나지 못했다. 어린시절의 단호한 제약들에서 거의 빠져나올 수 없었던 것이다. 어린시절은 존속할 수 있도록 조정되어 이 작가의 마음가짐에 덧입혀졌다. 사람은 요컨대 허리를 구부리고 다른 사람의 명령에 따라 글쓰기를 수행한다. 항상 복종할 채비를 하는 것이다. 『아버지에게 드리는 편지』라고 불리는 글은 이와 같은 복종의 역사를 다시 반복한다. 그리고 내가 틀린 것이 아니라면, 카프카의 작품에서 거의 대부분은 성년기 관련 주제들이 암시될 적마다 이해의 한계에 봉착한다. ― [어른임을 인지하는] 중요한 생일, 성적인 교제, 직업, 남자다워지는 순간과 남자로서의 책임감, 법적 성인이 되는 일이 이런 주제에 해당한다. 성년기라 할 법한 시기로 넘어가는 유일한 방법은 결혼 서약을 맺고 가족을 만들어서 아버지가 되는 것이었으리라. 카프카의 여러 텍스트 밑바닥에서 꿈틀대는 결정적 서사는 위와 같이 진행된다. 아버지 되기의 딜레마를 사람들은 피하고 싶어 하지만, 카프카에게는 때에 따라 혹은 순간순간의 관심사에 따라 이런 딜레마가 그의 고통을 갑절로 늘려 주거나 환희를 배가시켜 주었다. 카프카는 모종의 지시 사항의 지배하에 있었다. ― 이 지시 사항은 그 자신의 정언명령으로서, 돌파할 수 없는 아포리아 및 파괴적 모순에 매여 있는 것이었다.

아버지의 법은 항상 카프카를 궁지로 몰고 있었다. 카프카를 조롱하면서, 그러나 그 모든 것에도 불구하고 넘겨주겠다는 유혹을 제시하면서 말이다. 빠져나가기 위한 유일한 방법은 들어가는 것이었다. 받아들이는 것이었다.

뭐, 이런 전략 입안은 프란츠 카프카에게만 한정되는 것도 아니거니와, 자식이 품는 양가성의 목록 문서를 이 전략이 제대로 출력했던 것도 아니다. 그럼에도 불구하고 카프카는 다른 누구와도 다르게 이를 처분했다.

❂ ❂ ❂

카프카는 기생하는 실존을 클로즈업해서 비춰 주었지만 역설의 추세를 부여해 이것을 보여 주었다. 빠르게 빙글빙글, 이 기생체는 포식자로 뒤바뀌고, 그러면서 기생체의 지옥으로 되돌아가기 전에 모든 실체성을 벗어던진다. 환영받지 못한 배설물 같은 것, 카프카 속의 기생체는 죄의식으로 부풀어 오르고 수치심을 빨아들여, 포식하는 과잉으로서 스스로를 경험한다. 그럼에도 불구하고 기생체로서의 정력은 충분한 채비를 갖춘 것으로 판명된다. 글쓰기로 이해되는 흔적들의 체계에 와락 달려들어 북북 긁어 대다가 이 체계 속에 빠져들기 위한 준비가 되어 있는 것이다. 실존적이기에 회피할 수 없는 것으로서 이 기생체는 특정 지점에 표시를 한다. 여기에서 글쓰기는 시작되고 글쓰기는 예감이 속한 갖가지 내부적 영역에서 삶을 빨아들인다.

나중에 리오타르가 그랬듯이, 카프카가 가르치는 바는 모든 어린아이가 포식자 부모의 영아 살해라는 헛것에 시달리는 기생체로 무대에 등장한다는 사실이다. 가까스로 인간적인, 실존의 출발선[이라는 개념]이 의미했던 바는 다른 무엇보다 다음과 같은 것이다. 우리는 위와 같이 참담한 앎을 모면하기 위해서 어린아이를 신격화했고 그를 초월적 구역으로 띄워 올렸다는 사실. 어린아이를 신과 천사인 양 만들어 내면서 말이다. 카프카는 변증법의 스위치가 들어오기 직전에 출현해서 어린아이를 실존의 최저 지위로 끌어내린 채 둔다. 만약 당신이 엄격하고 확고한 상태라는 표상을 여전히 끌어안고 있다 해도, 또는 당신이 여전히 미스터 카프카의 편, 즉 프란츠의 아버지나 그 밖에 위기에 처한 권위주의적 여러 형상의 편을 들고자 한다 해도, 어린아이는 (그러니까 첫 번째 이주민은) 도착할 잠재력을 띠고 있다. [모든 일이] 시작되는 순간부터, 소름 끼치는 포식자로서, 불운한 부모에게 침략해 들어와 기생하면서 말이다. 정리해 보자. 모든 어린아이가 가족을 파멸시키기 위해 도착하는 일은 여전히 가능하다. 이미 헤겔이 알고 있었던 것처럼.

프란츠 카프카는 기생체와 포식자의 양극에서 빠져나오기를 원한다. 그처럼 끈질기게 달라붙는 시련에 외부가 있을 수 있다면 말이다. 아버지가 되는 일이 포식하는 기생체 또는 기생하는 포식자의 억압적 수렁에서 자신을 빼내 줄 수 있을 것이라고 그는 상상하고 또 상정한다. 몇 번이나 카프카가 지적하듯, 아버지임을 받아들이는 것은 도착지에 당도했음을 의미할 수 있을 것이며, 도착지로서의 운명과 일치하여 운명을 붙잡았음을 의미할 수도 있으리라. 아버지였다면 그는 온당한 죽음과 일치할 수조차 있었을 것이다.—도착지와 죽음이 "종말final destination"이라는 표현에서 누설되듯 언제나 서로를 함축하는 한에서는 그렇다. 아버지라는 호칭the address은—헛것이자 수사적 관행 또는 생물발생학의 명제로서—문학의 목표지향적 불안을 드러내는 것으로 자리매김된다. 다시 말해 아버지의 주소지the address는 시인들이 말해 왔고 수사학자들이 문제제기해 왔던 귀향 모티프로 설정되는 것이다. 아버지[라는 호칭, 아버지의 주소지, 아버지에게 말 걸기]는 오디세우스가 제우스를 불러 말 걸었던address 때로부터 오늘날의 여러 작업에까지 이어져 왔다. 『오늘을 잡아라』에서 솔 벨로가 보여 주는 주저앉음으로, 데니스 쿠퍼가 자기 작품에서 만들어 낸 아빠를 향한 호소들로, 캐시 애커가 오이디푸스 상황을 구성할 때 나타나는 아빠의 호소로, 엘렌 식수가 보여 준 공포를 뒤집는 메두사의 웃음으로 등등 계속 이어져 왔으며 앞으로도 계속될 것이다. 자기 작업 속에서 아버지의 자리 찾기가 갈수록 복잡해진 만큼 그는, 프란츠 카프카로서는, 아버지라는 정거장에 결코 도달하지 않으려고 했을 것이다. 바로 이렇기에 편지는 그 등기된 도착지에 도달할 수 없는 것이지만, 그러면서도 카프카는 부성의 허구가 스스로 붕괴되는 것을 결국에는 허용한다. 도착하지 못한 이 편지의 실패, 다시 말해 드높이 벽을 쌓은 변경을 돌파하지 못한 카프카의 실패는 몇 가지 왜곡을 수반하며, 이런 굴절들은 문장literature의 숙명에 결정적이다. 프로이트는 '숙명Fate'과 '아버지Father'가 무의식에서 동일한 구조를 공유한다고(FAThEr) 진술한 바 있다. 이 진술을 염두에 두면서 우리는 이 둘이 카프카 안에서 뒤섞이는 여행 일정을 추적할 셈이다.

자, 독립된 한 권의 책으로서 『아버지에게 드리는 편지』는 외상적인 개입의 역사를 추적한다. 이 책은, 하이데거라면 말했을 법도 하지만 결코 실제로 말할 수는 없었던 대로, 우리가 보기에는 일종의 운명이다. 예정된 여러 예단을 이 책이 망치는 한에서, 그리고 절대 도달 불가능하고 상정될 수도 없는 부성의 표지물들 주위로 문학으로 하여금 새로운 경로를 뚫게 만드는 한에서, 이 책은 운명이다. 허구는 견딜 수 없는 부성의 상처를 관통하여 빠져나간다. 이 책은, 허구가 이점으로 삼는 것들, 또한 결정적인 삐걱거림과 장애들 중에서도 무엇보다 끈질기게 기생체를 배출하는 일에 대해 기록하고 있으며, 이런 점에서는 여전히 전례가 없는 기록이다. 이 편지는 현현될 수 없는 운명을 감싸 안고 있다. 도착 관련 조항들이 그 계정에서 삭제되었고 비합법적인 것이 되었던 게 이유일 뿐이라도 말이다. 그토록 여러 방식으로 『편지』는 그 불가능한 여행 일정에 대해 우리에게 말해 준다. 또한 『편지』는 어떤 글쓰기 유형을 지우는 역할을 하면서 스스로를 이런 글쓰기를 대체하는 것으로 설정한다. 몹시 사적이고 내밀한 것으로서, 『편지』는 그 주체[혹은 주제]를 밝히거나 역사의 장부를 펼쳐 보이기를 거부한다.

엄격히 수사적인 이유로 인해 이제 카프카는 온전한 형태의 전기傳記를 편찬할 능력이 없다. 비록 이 『편지』가 전기 관련 질료를 도리 없이 그러모아 게시할지라도 말이다. 카프카는 말할 수 있는 것의 한계선을 향해 조금씩 나아가며, 이럼으로써 역사 및 역사 주위를 맴도는 여러 서사는 철저하게 소진된다. 어쨌건 기억은 언제나 의문에 붙여진다. 역사에서의 [기억] 시도가 내내 가짜 기억과 분란, 탈선 및 이차적 수정의 먹잇감으로 전락하고, 이 외에도 불가피한 지직거림 static(프랑스어에서는 이것을 '기생체'나 '허깨비'라고 지칭한다) 같은 다른 여러 전파상의 문제들에 사로잡히기 때문이다. 역사 또는 발전의 그 어떤 흔적이건 간에, 이런 흔적은 아버지가 기치를 건 경험의 박탈에 짓밟히고 말았다. 카프카의 단편 「판결」에서처럼, 가부장은 우정과 사랑을 강탈하는 경험을 감히 지지한다. 예를 들어 [「판결」의] 아버지가 러시아에서 — 게오르크 벤데만의 상상 속 지도 작성과 편지 쓰기의 결정적인 도착지에서 — 친구를 없애 줄 적에 말이다.¹ 아버지가 [게오르크의] 친구를 격렬하게 공격할 때, 그는 게오르크의 보급선을 잘라 내고 탈출로를 차단한 것이다. 뿐만 아니라 그는 [게오르크의] 삶을 지탱하는 도착지를 제거한 것이기도 하다. 이 도착지는, 비록 지리상의 동떨어짐이라는 변질된 형식 — 먼 거리의 약속 — 으로서일 뿐이라 하더라도, 게오르크에게는 어떤 가능한 역사의 느낌을 주었다. 게오르크는 부성이 잠식해 들어오는 것을 방어하고 부성이 사악하게 짜 놓

---

1   [옮긴이] 「판결」의 주인공 게오르크 벤데만은 러시아에 있는 친구에게 정작 중요한 경험(자기 사업의 성공과 결혼)을 감춘 편지를 쓰고, 러시아의 친구는 곤궁한 처지이기에 이 편지를 부칠지 말지 아버지에게 허락을 받으려고 한다. 아버지는 아들 게오르크에게 사업을 물려주고 이제는 뒷방 늙은이 신세의 가장이다. 아버지와 게오르크의 대화 중에, 아버지는 그에게는 러시아에 간 친구가 없다고 말하기도 하고, 러시아에 있다는 친구가 실은 아버지 자기의 마음에 드는 아들일지도 모른다고 말하기도 한다.

은 지원 프로그램으로부터 보호받을 필요가 거의 없었다. 멀리 떨어진 지리상 조건 덕분에, 지시 대상이 넘쳐흐르는 전의체들이 그를 압박하지 않게 되면서, 이런 전의체가 제대로 작동하지 않는 세계에서 어쨌건 계속 지낼 수 있었기 때문이다. 전기傳記 및 역사는 내적인 변형을 함축할 뿐만 아니라 특정 유형의 운송력을 내포하는 법이다. 그런데 아버지의 고압적인 팽창은 전기도 역사도 딱 멎게 만들고, 또한 이런 아버지에 상응하는 아들의 무력화, 즉 부성의 부속물로부터 분리될 수 없는 아들의 무능력함도 전기와 역사를 정지시킨다. 다시 말해, 아버지는 공간을 차지하면서 자기 것이 아닌 형상들을 빼앗아 가는데, 그가 가로챈 이런 형상들이야말로 분리된 실존을 표시해 주거나 혹은 독립적 원동력을 띤 경험을 나타내 줄 수 있었던 것이다. 어찌 되었든, 『편지』가 말해 주는 것은 경험의 배출이다. 『편지』는 전前세대 아버지에 의해 차츰 평탄해진 삶, 빈곤해지면서 기생체가 붙은 삶에 대해 말해 준다(이 아버지는 그저 전임자predecessor에 머물지 않는다. 그는 흡혈귀처럼 미래를 고갈시키기 때문이다. ─ 그는 **석세서**suckcessor, 빨아들이는 후임자다). 이제 극소수의 사태만이 경험으로 번역될 수 있다. 이렇기에 [카프카 작품들 속] 아버지는 마치 쇼핑몰과 정서적 상관관계를 띤 것 같거나, 승강기에 갇혀 있는 시간의 정서적 상관물 같다. 혹은 아버지는 교통이 정체될 때 솟아오르는 분노 같은 것을 일어나게 만드는 중이리라. 교통이 정체된 상황에서 사람들은 영속적 침체 가운데서 천천히 황폐해진다. 앞쪽으로 움직이는 척하거나, 삶이 진전되는 듯이 행동하면서 말이다.

헤르만 카프카를 아버지로 맞이하게 되었기에, 카프카는 **헤르만뉴틱스**[즉 헤르만 해석학]에 착수한다. 이 일은 프란츠를 제자리에서 계속 뛰어다니게 ─ 또는 그가 종종 쓴 바대로 살금살금 기어 다니게 ─ 한다. 발터 벤야민에 따르면 참전 병사들은 마모된 채 전투로부터 귀환하며, 경험을 비워 냄으로써 이제 이야기나 역사를 쌓아 올릴 수 없는 상태로 되돌아온다. 참전병들이 그러하듯[2] 프란츠도 경험을 권위와 교환했다. 비록 이제 초월적 의지처를 비워 내기는 했지만, 권위는 역사가 비우고 떠났으며 경험이 마지못해 넘겨준 공간에다 스스로를 떠받쳐 세운다. 권위는 규칙 밖의 것, 섬뜩하도록 스며드는 것이 되었다. 이리하여 권위는 입증되거나 제시될 수 없거니와 쉽게 번복하는 짓조차 못할 것이 되었지만, 그런데도 일종의 위력으로 부과되며, 약해지고 쇠퇴한 경험으로서는 이제 떼어 놓을 수 없는 힘이 되었다. 역사로부터 방기되었을 뿐만 아니라 경험의 풍문상의 견고함도 빼앗긴 존재로서, 아들은 경험이-빠진 공간 속 소리 죽인 제 목소리의 증명만을 내놓을 수 있으며, 경험이-빠진 공간에서 자기가 위축된 포즈를 취하고 있다는 증거만을 제시할 수 있다. 이야기를 개시하거나 세계를 새로이 번창시키는 문젯거리, 혹은 어떤 모험을 개시하는 질문 따위는 전혀 없다. '모험'조차도, 가능한 경험이라는 측면

---

2   조르조 아감벤이 『유아기와 역사』에서 벤야민의 「이야기꾼」을 다룬 부분을 참조하라. *Enfance et histoire: Dépérissement de l'expériènce et origine de l'histoire*, trans. Yves Hersaut, Paris: Éditions Payot, 1989, pp.19~25.

에서는 행위작용의 과부하를 함축한다. 아들은 기껏해야 반작용적으로 분노하거나, 응답하되 구석에 틀어박히는 일 사이에서 자기 입장을 협상할 수 있을 뿐이다. 프란츠는 헤르만이 점령한 데다가 프란츠로부터 가로막은 역사의 구석 자리에서 떠들어 대기를 택한다. 그의 편지는 마치 걸려 온 전화 혹은 부름에 응답하듯, 인용으로 시작한다. 이렇게. "전에 언젠가 제게 물어보셨지요, 어째서 제가 아버지한테 두려움을 갖고 있다는 말을 하느냐구요(Du hast mich letzthin gefragt warum ich behaupte, ich hätte Furcht von Dir)"(9).[3] 계속되는 텍스트. "그때 저는 여느 때처럼 아버지께 무슨 대답을 드려야 할지 몰랐습니다. 한편으론 제가 아버지께 느끼는 그 두려움 때문이었고요(Ich wusste Dir, wie gewöhnlich, nichts zu antworten, zum Teil eben aus der Furcht, die ich vor Dir habe)……"(9). 아버지의 면전에서 이야기하는 것은 불가능하고, 아버지로부터 걸려 온 부름에 생생하게, 아버지가 수신할 수 있는 범위 안에서 대답하는 것도 불가능하다. 대신에 프란츠는 대답을 글로 써서 보낸다. 물론 이 역시 아버지의 요구가 갖는 무게하에 바스러질 염려가 있지만 적어도 한번 해 볼 수는 있는 것이다. 두려움 때문이라고 말하면서도 프란츠는 약간 반등하여, 자기를 마비시키는 바로 그것과 접촉하는 일을 감내한다.

---

3   [옮긴이] 이재황이 번역한 『아버지에게 드리는 편지』(문학과지성사, 2007)의 문장을 될 수 있는 한 그대로 옮기되, 몇몇 특별한 부분만 수정하도록 하겠다. 이후 본문에서 『편지』의 문장 인용 뒤에 표기한 숫자는 한국어 번역본의 쪽수이며, 로넬이 영문 텍스트의 쪽수를 표기한 경우에는 한국어 번역본의 쪽수를 콜론 뒤에 표기하도록 하겠다.

프란츠 카프카는 기생체로서 대작가이다. 따라서 말 걸기의 정치를 실행할 수 있으나, 오로지 죽은 듯 정확한 자세로만 그리할 수 있다. 이런 자세는 글쓰기가 명령하[여 받아쓰도록 하]는 지연의 논리에 어쨌든 고유한 것이기 때문이다. 아버지에게 말을 걸고자 하는 노력들조차도 글쓰기의 일종으로 귀결되며, 이런 글쓰기는 기술적으로 구성된 웅얼거림에까지 이른다. [웅얼거림의 글쓰기 기술이] 알아들을 수 있는 말로 녹아드는 일은 절대로 없다. 잘해 봐야 카프카의 말하는 동물들이 신경질적으로 내뱉는 끽끽 꽥꽥거림을 흉내 내는 것이다. 카프카는 폭력에 대해 따져 물으면서 폭력을 되풀이하는 질문에 당황하고 있다. 그리고 기억에 떠올린 재촉이 갖는 특징적 애매함을 보이면서 중단되었던 대화의 중계를 잇기로 한다. 카프카가 말한 대로라면, 아버지는 "너는 왜 나를 두려워하느냐?" — 이런 질문은 가능한 답변 목록을 가진 특정 언어규약을 품고 있을 것이다 — 라고 물었던 것이 아니라, "어째서 너는 그런 말을 하느냐behaupte?"라고, 혹은 "어째서 너는 나한테 두려움을 갖고 있다고 단언하느냐behaupte?"라고 물었다. 달리 말하자면, 이 질문은 그 표면상의 대상을 뒤쫓는 것과 마찬가지로 언어 자체를 뒤쫓는다. 곧 이 질문은 비난을 제기하고, 어떤 입장을 넌지시 뜻하면서, 질문수신자addressee의 수사학적 이중성을[아들이 두려움을 표명함과 동시에 자기를 비난한다는 사실을] 확실하게 말한다. 또한 이 질문은 어린아이가 갖는 두려움의 정당성과 어린아이가 그 말을 할 권리의 정당성에 관해 묻는다. — 마치 두려움에 질리기를 단념했어야 할 뿐만 아니라 단념할 수 있었다는 듯이, 마치 어린아이가 권리포기 증서에 서명했어야, 즉 특정 유형의 진리주장을 포기했어야 마땅하다는 듯이 말이다. "나를 두려워한다고 주장하거나 그런 척하기를 그만두거라, 나를 배신하고 나와 싸우려는 그런 식으로 언어를 사용하기를 그만두거라."『편지』를 통해 소생한 아버지의 질문은 정동-심리학적affective-psychological이거나 존재론적인 힐문이라기보다는 철학적인 기소이다. 그런데도 가슴에 와닿는다. "어째서 우리는 우리가 두려움에 질려 있다는 말을 하고maintain 있는지"를 그의 아버지는 알고 싶어 한다. 이보다 더 정신분석적으로 비튼 "두려움의 원재료는 무엇인가?"라든지, 더 간명하기까지 한 "너는 왜 나를 두려워하느냐?"가 알고 싶은 것이 아니다. 아버지로 하여금 "너에게 두려움을 주입하려면 나는 무엇을 해야 하느냐?"라고 묻게 만들었을지도 모를 다른 가능한 질문의 판본들 쪽에 가까이 가지는 않도록 하겠다. 이런 식의 재기술redescription은 부성의 관심사로 만들어진 것이되, 이 문장이 어느 방향을 겨누냐와 관련해서는 자칫 그 아버지로 하여금 카프카적 궁지의 한계범위로부터 미끄러져 벗어나게 만들지도 모른다. 그럼에도 불구하고 카프카는 이런 식이기에, 가능할 법한 부성의 관심사를 나타냄으로써 아버지의 실수를 유도하기도 한다. 아버지가 아버지 자신의 약점과 미혹을 진술하지 않는다고는 그 무엇도 보증해 주지 않기 때문이다. 아버지는 도대체 어째서 자기 아들이 두려운 척하는지, 그토록 수단 좋고 재능 있으며 불행한 아비의 허를 찌르기에 충분한 아들이 대체 왜 두려움을 가장하는지 궁금하게 여길 수 있다.

『편지』의 서두에서 프란츠는 두려움의 기록을 제시한다. 이 기록

이 진전되는 양상은 마치 아나세미아적[4] 서사의 경로를 따르는 것 같다. 응답의 범위를 지배하되, [고정적으로 규정되지 않고] 서로 엇갈리는 의미를 두려움의 기록이 드러내 보여 주기 때문이다. 아버지가 으름장을 놓던 제일 이른 시기의 기억은 텍스트 속에서 꽤 일찍 재발견된다. 어린아이는 그로 하여금 두려움을 말하도록 만들었던 여러 일화 목록을 작성해 나가기 시작한다. 어린아이는 처벌받던 기억들을 하나씩 검토하고 표시한다. 첫 번째 원장면primal scene은 아기 프란츠가 내놓았던 초기의 욕망 혹은 요구demande를 돌이켜 떠올린 것이다. 이 장면은 물Wasser이 철벅거리고 목마름을 가장하는 일로 벌어진다.[5] 물을 달라는 프란츠의 요청은 공격성을 통째로 띤 회선교환기를 열어 버리게 된다. 이는 화를 돋우는 최초의 언어 공격이다. 끊임없이 말 걸어 달라는 듯한 저 요청은 어린아이가 아버지에게 가행하는 신경 소모의 하나로서 회로를 순환하며, 이어서 어린아이는 이 때문에 트라우마로 남는 처벌을 받는다. 이 장면은 모종의 결과를 낳는 두 가지

---

4 [옮긴이] anasemia는 정신분석학자 니콜라 아브라암(Nicolas Abraham)이 제시한 개념으로, 기호의 의미를 비규정적인 방식으로 문제 삼는 과정을 가리킨다. 이를 '반(反)의미작용', 또는 '의미 거슬러 오르기'라고 이해할 수 있을 것이다. 기호의 의미를 규정하는 과정이기는 하지만 더 나은 기표나 명칭을 통해서 의미를 규정하는 것이 아니라, 작동하지 않는 의미작용을 통해 의미행위를 작동시키는 것이기 때문이다.

5 [옮긴이] "어느 날인가 제가 한밤중에 일어나 물을 달라고 계속 칭얼대며 징징거린 적이 있었지요. 분명 목이 말라서는 아니었고 다분히 한편으로 아버지 어머니의 화를 돋우기 위해서, 또 한편으론 그냥 이야기가 하고 싶어서였던 것 같아요. 몇 차례 호된 위협을 퍼부었으나 소용이 없자 아버지는 저를 침대에서 들어내 빠블라취로 끌고 나가 그곳에 저를 한동안 속옷 바람으로 혼자 세워 두셨지요." 『아버지에게 드리는 편지』, 25쪽.

발단 사건으로 이루어진다. 그러니 곧장 말을 쏟아 내지 말고 잠깐만 참아 보자. 물 관련 일화가 있건 없건 상관없이 과연 헤르만은 견딜 만했을까?

나는 편지 서두의 위치를 글쓴이 편에서 두려움에 질린 말조심의 표명에 두고자 한다고 주장했다. 그런데 사실 이 편지는 인사말 및 호칭과 관련해서 특징적으로 시작한다. 어떻게 안부를 물을까를 두고 고심하면서 말이다. 카프카의 편지 원고manuscript 는 여기에서 어떤 주저함을 보인다. 결국 카프카는 "친애하는 아버지Lieber Vater "가 아니라 "제일 친애하는 아버지Liebster Vater "에 머물게 된다. — 친애로 할까 제일 친애로 할까? 제일 친애하는? 친애하는 아버지? 호칭을 두고 훈고학적 해석의 소동 속으로 들어가기를 바라지는 않지만, 어떻게 이 함의에 귀를 기울이지 않을 수 있을지 모르겠다. 이 호칭과 이것이 허용하는 애매한 다수의 밑바탕에는 더불어 나타나는 여러 해석적 어려움이 깔려 있다. "제일 친애하는"이 자극하여 불러일으키는 가정은 다른 무엇보다도 이러한 것이다. 카프카는 모든 아버지 가운데 제일 친애하는 아버지를 모셔 왔다는 것. 그러니까 덜 친애하는 다른 이들 중에서 제일 친애하는 한 사람을 불러왔고, 요컨대 카프카는 편지 자체가 향하는 이로서 여러 가능한 아버지를 쪼개 놓고 있다는 것. 나는 이 촉발 순간을 반드시 '과잉독해'하기를 원하지는 않는다. 그저 이 호칭이 이미 그 자체로 문제를 일으킬 여러 잠재성을 불러일으키는 김에 나로서도 꽤 많은 단락을 소비할 수 있었다는 점을 드러내고 싶을 뿐이다. 카프카가 아버지를 부르는 호칭은 아버지를 해체해 내는 방식으로 아버지를 쪼개고 배가하거나, 아니면 최소한 그를 아버지의 상정된 단일성으로부터 끌어내리기에, 그 자체로 골칫거리이다. 카프카의 세계란 이러한 것이라서, 누구는 사태가 제대로 시작하기도 전에 동요할 권한을 얻는다. 어쨌든 카프카는 어떤 종류의 도움닫기건 허용할 뿐만 아니라 문장구성의 법칙 앞에서 기운이 꺾이는 것을 용인하지 않는다고 가정해 볼 수 있는 것이다. 카프카는 호칭을 두고 고심했으며, 그의 아버지들 가운데 **제일 사랑받는** 아버지를 불러내기로 결정했다. 이 스마트 미사일[6]은 그런 주소지를 찾게 될까?

프란츠는 헤르만 카프카를 견뎌 낼 수도 있었을 것이라고 주장한다. 그가 아버지를 친구나 사장으로 알고 지냈거나, 삼촌이나 할아버지쯤으로, "아니면 (이건 좀 주저스럽긴 하지만) 장인어른쯤으로"(16)[7] 알고 지냈다면 말이다. (헤르만 카프카를 장인어른으로 만들 가설적 결혼에 대해 프란츠는 주저함을 표시한다. 가설적 결혼이라는 아이러니는 현기증 나는 해석적 계산으로 이끌지만 우리는 이것을 한쪽 편에 치워 놓으련다.) 카프카는 덧붙인다. "아버지일 때에만 아버지는 저한테 너무 강한 분이셨습니다." 아버지의 권위는 너무 가깝고 너무 강하다. 아버지의 권위는 두 남동생의 죽음으로 인해, 카프카의 누이동생들은 한참 터울로 태어났다는 사실로 인해 더더욱 굳건해지며, 카프카를 너무 이른 나이에 자립하

---

6   [옮긴이] 목표물만을 선별적으로 파괴하는 미사일. 걸프전을 통해 일반에 알려졌다.

7   Franz Kafka, "Letter to Father", *The Sons*, trans. Ernst Kaiser & Eithne Wilkins, New York: Schocken Books, 1989, p.117. 이하 참조한 문장들은 이 텍스트 여기저기에서 인용한 것이다.

Schlesen 1

Liebster Vater,

Du hast mich letzthin einmal gefragt, warum ich behaupte, ich hätte Furcht vor Dir. Ich wußte Dir, wie gewöhnlich, nichts zu antworten, zum Teil eben aus der Furcht, die ich vor Dir habe, zum Teil deshalb, weil zur Begründung dieser Furcht zu viele Einzelheiten gehören, als daß ich sie im Reden halbwegs zusammenhalten könnte. Und wenn ich hier versuche, Dir schriftlich zu antworten, so wird es doch nur sehr unvollständig sein, weil auch im Schreiben die Furcht und ihre Folgen mich Dir gegenüber behindern und weil die Größe des Stoffs über mein Gedächtnis und meinen Verstand weit hinausgeht.

Dir hat sich die Sache immer sehr einfach dargestellt, wenigstens soweit Du vor mir und, ohne Auswahl, vor vielen andern davon gesprochen hast. Es schien Dir etwa so zu sein: Du hast

「아버지에게 드리는 편지」의 첫 장 친필 사본. 보다시피 첫 줄에 지우고 다시 쓴 흔적이 남아 있다.

도록 내버려 둔다. "아버지일 때에만 아버지는 저한테 너무 강한 분이 셨습니다. 특히 남동생들은 어려서 죽고 여동생들은 한참 뒤에야 태어났기 때문에 처음 겪게 되는 충격은 전적으로 저 혼자만의 몫이었고(ich also den ersten Stoss ganz allein aushalten musste) 그러기엔 제가 너무도 약한 아이였습니다." 프란츠는 첫 번째 충격을 전적으로 혼자서, **전적으로 혼자**ganz allein 감당해야만 했다. 엘렌 식수는 '전적으로 혼자all alone'라는 과장된 배가doubling에 대해 연 세미나에서 한 가지 독해를 제안했던 바 있다. 그녀는 프루스트가 보여 주는 '전적으로 혼자tout seul'의 맥락 가운데서 이렇게 묻는다. 혼자라는 것이 더 격화된 성질을 띠는데 어째서 **전부**ganz라는 총체성을 가져와야만 하는가? 카프카의 경우 '전적으로 혼자ganz allein'가 지적하는 잉여 총체성은 프루스트와는 다르게 작동하는 것 같기는 하다. 프루스트에서는 '전부'가 조금씩 우주적 고갈을 향해 감으로써 혼자로 나타날 수 있는 것의 총량을 배가하기 때문이다. 프루스트의 경우에는 '전부'를 앞에 더해 '혼자'의 성질을 규정하는 일이 일종의 삭감을 내포하고, 혼자임의 경험을 증대한다. 카프카에서 '전부'는 덧붙이기를 암시한다. 송두리째 카프카의 입장에서 보자면, 카프카는 마치 환영幻影의 회담을 꾸린 것처럼 보인다. 아버지에게 말을 걸 적에, 산 자와 죽은 자 **전부**를 포괄한 회합을 마련한 셈이다.

어린시절 프란츠가 **전적으로** 혼자임을 알게 되었다면, 이는 그들 **전부**가 거기에 있었고 혼자 있는 프란츠 속에서 붐볐기 때문이다. 다시 말해 그는 그저 혼자 있었던 것이 아니라 환영幻影이 되어 떠도는 죽은 동생들과 함께 있었다. 두 작은 아이는 그보다 앞서 갔지만 이룬 것이 없었고,[8] 프란츠를 강하게 만들면서 — 과연 그랬다 — 동시에 약하게 내버려 두었다. 약화된 프란츠는 스러진 형제들이 퇴화한 것의 일종이거나 이들이 기생하는 잔여물이 된다. 프란츠는 이들이 어떻게 죽었는지 혹은 왜 죽었는지 말하지 않지만, 이들의 사라짐을 아버지의 가학적인 힘과 동렬에 둔다. 동류company에 대해 자유로운 정신을 창안한 또 다른 외톨이는 니체다. 니체는 『이 사람을 보라』에서 죽은 형제를 지나가며 언급하지만, 그 책에 나오는 아버지는 기억에 얼핏 떠오르는 정도의 성질을 갖고서, 실존에서 만나고 지나쳐 가는 사람의 자리에 위치한다. 그런데 여기에서 아들은 아버지에 대항하여 시체들을 쌓아 올리는 중이며, 게다가 이 시체들은 아들이 살아남을 여지를 잠재운다. 프란츠가 죽은 형제들과 한 몸으로 합쳐지게 되었는지가 완전히 분명하지는 않다. 프란츠는 지금 죽은 형제들을 위해 그들의 명령대로 하는 걸까? 그는 죽은 자들을 위해 무료로 업무를 보는 중일까? 오늘날의 고전이 된 애도장애 이론이나 애도병리학의 관점에서 보았을 때, 프란츠는 원상회복을 적극적으로 요구하는 중인 것일까? [죽었는데도] 애도해 줄 수 없는 형제들은 『편지』가 진행되는 통로에 장애물을 생성한다. 프란츠는 쇠약해지고, 애도해 줄 수 없다

---

8   [옮긴이] 프란츠 카프카의 남동생 게오르크는 1885년에 태어나 1886년에 죽었고, 하인리히 는 1887년에 태어나 1888년에 죽었다. 덧붙여, 프란츠 카프카는 1883년 7월에 태어나 1924년 6월에 죽었다. 프란츠의 여동생들은 나치가 지어 놓은 라거에서 사망했다.

는 제한에 정기를 빨리듯 붙들린다. 약함에 대한 그의 경험은 동생들의 죽음과 직접 이어져 있다. "**전적으로 혼자**"라니 — 이 과장된 잉여에 관해 어떤 생각이 드는가? 어째서 우리는 **전적으로 혼자**인가? 그냥 혼자로도 충분히 힘들지 않나? — 이 심화된 홀로됨의 범주가 의미하는 바는 프란츠가 마치 형제들과 **더불어**with, 이들의 제거된 실존의 흔적과 **나란히**with 완충지대에 서 있다는 것 같다. 그는 부성의 벽에 직면해 맞서 있다. 프란츠가 선 자리는 그를 **더불어/없이**같이 닳아빠진 개념에다 묶어 놓는다. 이리하여 그는 뭐도 없이, 미성숙한 죽음들의 자리에 막혀 있다. 어린애들의 이 죽음은 프란츠가 아슬아슬하게 길러졌음을 표시하는 것이며, 또한 그가 줄곧 죽은 자들 가운데서 일어났다는 사실을 애초부터 가리키는 것이다.

내버려지고 노출된[외존하는] 자로서, 산송장의 숨죽인 역사의 일부로서 프란츠 카프카는 혼자 헤쳐 나가야만 한다. 그는 아주 어릴 적에 생존자 혹은 기생체가 되어 시작하고, 역설적으로 — 무엇보다도 그의 연약함과 최소주의적인 삶 때문에 — 충분히 강해져서 첫 번째 표지물을 기어 통과한다. 그의 생존 구조는 태곳적으로 거슬러 올라가는 잘못을 아버지와 자기 자신 사이에서 공평하게 나누는 그런 식으로 되어 있다. 사태를 양가적으로 불분명하게 유지함으로써, 누가 누구에게 무엇을 했던가에 대한 그의 감각은 때때로 설득력 없는 그대로다. 기소장도 증인도 없으며, 소환장이 발부된 증거도 없이, 있는 것이라곤 구조가 주는 암시뿐이다. 즉 형제들은 죽임당해 없어졌고/프란츠는 어떻게든 빠져나왔다는 구조. 살아남았지만 그는 제거된 아이들보다도 더 죽은 사람 같거나 아니면 적어도 더 취약하다. 동시에 프란츠는 그의 기생적 실존의 **완력**을 가늠한다. 그가 갚을 수 없는 빚을 진 죽은 형제들에게 기대 살면서 말이다. 프란츠에게는 서사를 청산해 내는 자기 방식이 있다. 프란츠가 『토템과 터부』에서 다루어진 영토를 넘나들며 검토하고 있으므로, 그의 서사 청산 방식은 문제에 프로이트-데리다적인 방향을 설정해 준다고 하겠다. 형제들 무리를 **빼앗겼기**에 그에게는 아버지를 거꾸러뜨릴 기회가 전혀 없었다. 부친살해 의례를 뒷받침해 줄 원초적 동맹 또는 안전한 혈족이 없었던 것이다. (요약하자면, 『토템과 터부』는 부친살해의 법칙과 민요를 수립하고, **부친살해**Vatermord를 진지하게 성찰하는 모든 작업의 신화적 중핵을 확립하되, 불가결한 형제애fraternity라는 관념에 의존한다. 데리다는 이 관념을 줄곧 거슬러 올라가 **형제애**fraternité, **자유**liberté, **평등**égalité의 위계체제에 입각한 정치 구조에까지 이른다.) 누이들은 늦게 왔고 형제들은 치명적 일격을 당해 버렸다. 프란츠 카프카는 멸절된 형제들 패거리가 주는 충격을 검토하지 않는다. 다시 말해 그는 반쯤 발사된 글자들을 주제상 내리누르는 고정부담 혹은 죽은 자의 무게를 검토하지 않는다. 다만 그는 그의 노출된[외존하는] 고독을 잃어버린 형제들과 못 박아 연관 짓기에 충분할 정도까지만 나아갈 뿐이다. 살아 있는 형제애가 없다면 부친살해의 판은 깨지고 만다. 어느 편인가 하면, 오히려 형제들은 프란츠 카프카가 분투해 왔던 노력에 대해 **그에게** 이자와 세금을 부과한다. 고독한 계승자로서, 형제들과 함께이지만 형제들 없이, 혼자서, 전적으로 혼자서, 아버지로부터 노상 참칭자라는 의심을 받으며 지낸 그에게 말이다. 그의 형제들 중 한 사람 게오르크는 이름으로 귀환한다. 게오르크는 아버지에게 기나긴 설교를 듣고는, 「판결」의 결말부에서 자살을 감행하기에 이른다. 또 다른 동생 하인리히는 복구하기가 좀 어려운 흔적을 남기고 있다.

프란츠가 부성의 옥좌의 참칭자였건 아니면 이후에 시늉~pretence~ 세계의 대열에 합류하건 간에 — 뒤를 돌봐 주는 형제자매가 없었으므로 그는 필사적으로 이를 꾸며 내야만 했으리라 — 프란츠는 무엇인 체하기를 가르치는 학교에 이름을 등록한다. 그는 진리 및 남근의 정력 넘치는 요구들에 맞서게 투입되어, 스스로를 여자애같이 되어간다고 여긴다. 아버지는, 몇 번이고 얻게 되는 정보로는, 시늉의 세계를 견디지 못한다. 시늉과 책략 및 기생생활의 가치들, 그리고 언어 조작이 프란츠 쪽 편에 금세 차오른다. 아버지는 진리와 연합하고 진리의 대리물이 되어 시늉을 부인한다. 데리다는 이 텍스트에 관한 에세이에서 시늉을 feindre(가장하다 또는 무엇인 체하다)라고 번역한다. 카프카의 아버지는 자기를 용감한 사람이라고 생각하며, 가족 안에서는 흉허물 없이 정중함이나 그 외 잉여분의 고상함을 내다 버릴 수 있는 사람이라고 여긴다. 헤르만 카프카가 밀어붙이는 주장을 인용하여 말하자면, 다른 아버지들은 관심을 가장하고 정중한 시늉을 내며, 솔직함이라는 때때로 야수적인 지침에 따라 판단하거나 행위할 용기를 결여하고 있다. 잘 알려진 이 논리는 무례한 압제와 사이비 대화("나는 솔직할 뿐이었단다")를 관례적으로 감추는 것이다. 수사에 불과한 이런 고립을 자세히 살펴보도록 하자. 그리고 삶에 위협을 가하는 그 날 선

모서리를 검토해 보도록 하자. 부성의 솔직담백함은 프란츠가 세계와 더불어 선 자리에 절개한 자국을 새기면서 법칙의 대열에 합류한다. 『편지』는 이것들 사이의 관련의 심연 속에 어떻게 빠져드는가? 『편지』는 어떻게 부성적인 것을 법[칙]의 사절로 형상화하는가?

편지가 해결을 시도하는 첫 번째 논쟁 중 하나는 아버지의 단언과 관련이 있다. 오직 "다른 사람들처럼 나 자신을 가장할 수 없"는 (116:16) 한에서 자기는 다른 아버지들과 다르다는 것이다. 프란츠는 편지에서 이렇게 답한다. "아버지가 자신을 가장할 수 없는 분이라는 건 옳은 말씀입니다만……" 이 반응이 보다 복잡해지는 것은, 전체 내용에서는 아버지가 잘못을 따지지 않고 빠져나가려고 한다는 사실이 적시되고 있기 때문이다. 프란츠는 이런 탈출을 용인할 수 없다.—물론 어느 편도 책임을 쉽게 벗어나지 못하지만 (혹은 결백하지 않지만) 말이다. 프란츠가 책략으로, 즉 시늉 변호사나 무엇인 체하기의 왕자로 나타난다는 사실을 우리가 알고 있다고 할 때, "다른 아버지들"이라는 창의적인 확장이 내 흥미를 끈다. 속된 말로 헤르만이 구사한 수사는 자기 아들들의 응석을 받아 주고, 칭찬을 가장하고 자랑스러움을 꾸며 내며, 꾸며 낸 이야기들에 거품 칠을 하는 등등을 할 법한 아버지들 집단 전체로부터 동떨어진 자리에 자기를 가져다 두는 역할을 한다. 이 맞싸움에서는 또 다른 논리가 금방 떠오르게 되는데, 아버지라는 관념이 요란하게 달궈지기 때문에 특히 그렇다. 혹은 아버지라는 관념이 무시 못 할 시늉이나 창조성 및 건축의 문제가 되기 때문에 그렇기도 하다.

헤르만이 [자기는 다른 사람들과는 다르다고 하면서] 언급한 다른 아버지는 프란츠일지도 모른다. — 그는 허구의 현 챔피언이자 허구의 아버지이며, 제 아비를 허구에 집어넣은 자인 데다가, 헤르만의 경우에는 거듭 멀리하는 시늉을 그의 경우엔 감행하니 말이다. 헤르만과 프란츠는 불평의 이유를 밝히기 위한 목적을 띤 전장을 서로 다르게 두고, 각자의 활동을 다른 전장에 제한한다. 프란츠가 아버지와 싸우기 위해서는, 아버지의 이름을 무너뜨릴 계획을 짜야만 한다. 아니면 최소한 다음 판을 대비해서 아버지의 이름을 짊어질 계획을 짜야 한다. 프란츠는 죽은 남동생들과 아직 뚜렷이 나타나지 않은 여동생들 사이에서 길러졌다. 이리하여 그는 고유명의 전쟁에 참전하게 된다. 생존했다는 사실을 알려 주는 기호 바로 그것 — 이름 — 과 연결된 고리를 벗겨 냄으로써 말이다. — 이름이라는 표지는 그 소유자가 손쉬운 사멸을 극복하고 살아남을 것을 보장하려고 만들어지는 법이다. **카프카라는 이름에 누가 진짜로 속하는가?** 이 이름 속에서, 이 이름으로서 살아 나가기 시작하는 존재는 누구 혹은 무엇일까? 다른 한편으로, 저명한 성姓 혹은 아버지 이름에 의지해 사는 기생적 히치하이커 배역을 얻는 것은 누구인가? 이름이라는 것은 주체적 자유의지나 우발적 작인에서 비롯되는 그 어떤 행위와도 별개이며, 원리상 아버지로부터 아들에게 함부로 건드리지 못하는 상속분으로서 건네지는 것이다. 그렇지만 옮기는 중에 어떤 일이 발생한다. 젊은 카프카 선생은 자기 아버지 이름을 가짜 ID로서 불편하게 걸치고 있다. 그는 이 가짜 ID에 대해 오직 곤란을 예상할 뿐이다. 바로 이 지점에서 시늉과 허구―그가 저질렀다고 아버지가 고발하는 바로 그 문제―가 그를 돕기 시작한다. 자기가 주장하기를, 그의 이름은 단지 가장일 뿐이기 때문이다. 따라서 [이름인] 카프카는 그에게 부적절한 이름이자, 진정한 아버지의-이름으로 밝혀진다. "반면에 아버지는 힘, 건강, 식욕, 목소리, 언변, 자기만족, 자부심, 끈기, 순발력, 이해심, 그리고 어느 정도의 아량 등 어느 모로 보나 영락없는 카프카 집안사람이십니다. 물론 그런 장점들에 따르게 마련인 결점과 약점들도 두루 갖추고 계시지만 말이에요. 격정적이고 때론 불끈거리시는 성품 때문에 아버지는 그런 결점과 약점들을 쉽게 드러내시곤 하지요"(117:18). 이 편지의 서명자는 자기 이름을 완전한 것으로 받아들이지 않는다. 진짜로 구속력 있는 서명이 가능한 한에서는 말이다. "한마디로 말해 저는 카프카 가문의 바탕에 뢰비 가문⁹의 피가 섞인 사람이지요. 그런데 저의 행동은 카프카 가문의 특성이라 할 강한 생활력, 왕성한 사업욕, 끊임없는 정복 의지보다는 뢰비 가문의 자극적인 피에 의해 좌우되고 있는 편입니다. 그 자극은 제게 더 은밀하고, 더 수줍게, 그리고 아주 다른 방향으로 작용하고 있지요. 그러다가 종종 멈추기도 하고요." 여기에 『편지』의 손수 작성된 놀라운 파문이 있다. 요컨대 카프카는 카프카가 **아니다.**

우리가 그동안 카프카적이라고 이해한 것이 실상은 뢰비적인 것으로 뒤바뀌거나, 혹은 프란츠의 일부로서 카프카 수준에 도달하는

---

9   [옮긴이] 프란츠 카프카의 외가 성(姓)이 뢰비였다.

데 실패했던 그런 부분으로 뒤바뀌게 된다. 하지만 아버지가 썼을 그 이름의 본래적 진정성을 카프카가 쉽게 주장할 수 있었을 성싶지도 않다. 그의 아버지가 이름과 맺은 관계에서 이미 흠결이 나타남으로써, 아버지의 이름은 잘못된 선을 따라 위태로워진 혈통을 통해 전송되며, [이름 경쟁의] 참여자들 각자에게 부담스러운 감정의 발작을 불러일으킬 뿐이다. 결정타는 없다. 여기에서 아버지의-이름을 가부장적으로 넘겨주는 와중에 부성의 보유자를 배반하고 괴롭히지 않는 경우는 없는 것이다. "아버지를 필리프 삼촌이나 루트비히 삼촌, 아니면 하인리히 삼촌과 비교해 볼 수 있는 한에서는" 아버지 자신이 충분히 성장하여 [카프카라는] 이름에 이른 것도 아니었다. "그건 이상한 일입니다. 제가 잘못 보고 있는지도 모르지요. 하지만 삼촌들은 모두가 아버지보다는 더 유쾌하고, 더 활기 있고, 더 자연스럽고, 더 서글서글하고, 덜 엄격하신 편입니다"(117:19~20). '카프카'의 정수는 결국 카프카에게 발현된 정수로부터 벗어나고 만다.

아버지와 아들은 공히 카프카로서의 필수적 전제조건을 충족시키는 데 실패한 탓에 자기들에게 두드러진 특질을 띠게 된다. 이들이 카프카로부터 벗어나는 바로 그 지점에서 카프카의 특유성이 시작되는 것이다. 이제껏 전적으로 카프카적인 등기부에 등록되어 자리 잡았던 몇몇 성향은—엄격한 아버지, 불안에 떠는 아들, 벌을 주는 관료제, 한밤의 오한, 세계적 파리함은—역사로부터, 혹은 그 이름이 축적한 실체적 주성분으로부터 미끄러져 벗어난다. 나아가 되풀이됨으로써 알아챌 수 있었던 특질이라는 점에서 그것이 지녀 왔던 의미를 포기한다. 프란츠가 제대로 들어맞지 않는 이름을 설명할 때, 자기가 쓰기로, 그는 오직 한마디로 말해서만 제시할 수 있다. 카프카의 독서가라면, 이름에 대해 [한마디 말로] 축약된 관계의 아이러니를 알아볼 것이다. 카프카의 방대한 소설들을 헤치며 방랑하는 K들과 관련해서 말이다. K들은 압축 변형되어 결코 완전히 알 수는 없는 이름을 가리킨다. 또한 K들은 짤막한 이야기들의 연쇄를 분해된 문자들처럼 헤치고, 더 거창한 프로그램이나 사라진 프로그램의 불완전한 머리글자처럼 이 연쇄를 뚫고 나아간다. 아버지의-이름의 완력은 저하하고 있으며, 흠결을 띠고 하향하는 여정 중에 있는 것 같다. 그러나 설령 헤르만 카프카가 카프카의 이름을 완전히 자기 것으로 만들 수 없거나 그 이름에 합당하게 살 수 없다고 하더라도, 프란츠가 남몰래 아버지의 이름에 밀항자로서 지낼 동안 그는 이 이름을 여전히 의문 없이 끌고 간다.[10]

이 감춰진 무허가 운송은 그로 하여금 단 한 번 확실히 축소될 기회를 준다. 그에게 꼬마용 생존 도구를 제공하는 것이다.[11] 즉 뢰비

---

10   카프카는 암셸(Amschel)이라는 [자기의 유대식] 이름을 어머니의 외조부와 연결 짓는다. 이 이름의 히브리 혈통을 예리하게 읽어 내는 텍스트로는 Werner Hamacher, *Premises: Essays on Philosophy and Literature from Kant to Celan*, trans. Peter Fenves, Cambridge, Mass.: Harvard University Press, 1996과 Michael G. Levine, "Spectral Gatherings: Derrida, Celan, and the Covenant of the Word", *Derrida and Democracy,* a special issue of *diacritics*, Spring-Summer 2008, Vol.38, pp.64~91을 참조하라.

11   [옮긴이] 카프카는 편지에서 "수시로 나를 지배하던 그 '아무것도 아닌 존재'라는 감정은(또 어떻게 보면 값지고도 유익한 감정이기도 했)"다고 말한다(26).

로서의 카프카는 보다 은밀하고, 소심하며, 더욱 볼품없다. 이런 의미에서 그는 자기의 숙명으로 제기되었던 아버지의 이름을 몰래 빠져나간다. 운동장이 평평하지 않기에, 그는 충돌도 공모도 피하면서 숙명적 결전의 불가피성을 우회한다. 그 이유는, 밝혀진바, 프란츠가 배후에 숨은 그 이름이 ― 은폐와 비밀 및 소심함 그 자체의 이름이 ― 어머니의 이름, 뢰비, 즉 암사자Löwin이기 때문이다. 프란츠는 이름을 이쪽저쪽으로 전환하고 부성의 약호들을 뒤섞는다. 비카프카unKafka로서 그는 이제, 유리한 본거지를 아무튼 벗어나 있는 추정상의 아버지에게 더는 압도당하지 않을 수 있다. 소규모의 여러 접전에서 무승부 대치가 지속되었음에도 불구하고, 소위 말하는 아버지의 권위는 철저하게 논박당해 왔다. 프란츠는 자기가 어머니를 더 많이 닮았다고 말하는 것이 아니라, **자기가 뢰비**라고 말한다. "저는, 다 빼고 한마디로 말해, 뢰비이지요(Ich, um es sehr abgekürzt auszudrücken, ein Löwy)."[12] 수사적 전달방식이라는 면에서 보자면, 프란츠는 진술을 중간에 자르는데 ("저는, 뢰비") 자기 자신을 도려냄으로써("다 빼고 한마디로 말해") 이렇게 한다. 그는 도려낸 것을 제시하면서 아버지의-이름에서 몸을 빼쳐 달아난다. 카프카의 바탕을 ― 프란츠로 하여금 완전한 부인을 미루도록 해 주는 얼룩 또는 환영幻影을 ― 유지하면서도 말이다. 프란츠는 이

---

12   [옮긴이] 한국어 번역본에서 이 부분은 "한마디로 말해 저는 카프카 가문의 바탕에 뢰비 가문의 피가 섞인 사람이지요"이지만, 로넬 논의의 맥락을 살리기 위해 문장을 수정했다. 본문의 논의에 필요한 경우에는 이후에도 수정을 하되, 가능한 한 단어를 교체하는 일은 삼가도록 하겠다.

름을 실체로 삼기를 거부하기에, 어떤 경우에도 "저는 뢰비로 **존재합니다**"라고 말하지 않는다. 그는 한마디로 축약해서 이름을 말함으로써 스스로를 도려내어 작은 크기로 줄인다. "저는 …… 뢰비"라고 말이다. 아버지의-비非이름이 제공한 은밀한 샛길은 프란츠에게 특유한 생존 기술 및 생존을 위한 암호를 부여한다.

카프카식 아이러니의 뒤틀림이 더해지면서, 카프카라는 이름과 관련된 아버지와 아들 사이의 차이는 그 자체로 위험하다는 사실이 드러났다. "아무튼 아버지와 저는 그렇게 달랐고, 다르다는 점에서 서로에게 위험했습니다. 그래서 만일 조금씩 느릿느릿 성장하고 있는 어린아이로서의 저와 이미 장성하신 어른으로서의 아버지가 가령 서로를 대하는 자세가 어떠할지를 미리 예측해 보고자 했더라면, 아버지는 나를 간단히 눌러 버릴 것이고 내가 가진 것이라곤 아무것도 없다는 것을 충분히 짐작할 수 있었을 텐데 말입니다. 그건 지금의 생각일 뿐이고, 또한 살아가는 것을 예측할 수는 없는 일이지요. 어쨌든 결과적으로는 더 안 좋은 일이 일어난 것 같습니다"(117~118:21~22). 예측할 수는 없었지만 프란츠는 제거를 면했다. 그러나 아버지가 아들을 내리누를 그런 숙명과 살아남았다는 이 사실은 완전한 절멸보다도 더욱 나쁜 일에 그를 노출[외존]시킨다. 그가 계산 불가능한 것의 영구한 먹잇감이 되도록 만드는 것에 프란츠는 노출되는 것이다. ─프란츠는 비非죽음을 가지고서 아버지의-비非이름과 직면해야 한다. 카프카가 이 지점에서 명시적으로 진술하는 바는, 그들의 핵심적 논쟁이 ─그의 혹은 아버지의─ 유책성 문제가 되는 것이 아니라 통제될 수 없는 영향들에 이르게 된다는 점이다. 카프카는 그의 아버지가 그에게 미쳤던 영향 뭉치를 의도가 없는 것으로 간주하고 또한 비의도적인 것으로 분류한다. 이는 어떤 주소지든 허용하는 추정으로 남아야 할 것이다. 뿐만 아니라, 카프카 자신의 주장이나 비방을 포함해서 두 사람 사이에서 일어나는 어떤 일이건 악한 것으로 받아들여져서는 안 된다. 즉 두 사람 사이에 무슨 일이 일어나건 간에, 그것을 아버지의 **영향들**로 인해 그가 두려움에 질려 응답한 것이라고 간주할 수는 없다.

그는 소심한 어린아이였고, 이제 와서 추측하기에 모두가 그를 인정해 주지 않는 중에라도 "다정한 말 한마디, 조용히 잡아 주는 손길, 한 번의 따뜻한 눈빛"(118:22)으로부터 도움을 받지 못했으리란 법은 없다. 이런 투덜거림을 자세히 들여다보도록 하자. 이것은 엄격한 부성의 눈길과 짝을 이루며 거둬들인 손짓에서 비롯되어 이루어진다. 그 손놀림은 불평을 늘어놓는 데 결정적인 것으로 판명되며, 사변적 실정성을 띠고 여기에 나타난다. 고요하고 차분하게 뻗은 손길을 [텍스트에] 투영하면서 말이다. 이런 손길은 순교자연하는 어린아이를 안심시켰을 수도 있다. 손들의 운명이 많은 것을 결정한다. 그리고 『편지』는 다양한 손의 위치 혹은 실행으로 꽉 채워져 있는데, 이 중 여러 경우는 목적은 다르나 데리다가 하이데거의 손들에 관한 작업에서 탐사한 것이다. 카프카에서 손은 거둬들였거나 내민 것이다.─손은 결혼식에서 내밀 수도 있고, 쳐들어 위협할 수도 있다. 손은 쥐어서 악력Griff(118)을 가늠하기 위한 것일 수도 있고,[13] 혹은 그 아버지가 "네가 하고 싶은 대로 해라! 난 알 바 아니니 네 마음대로 해! 넌 이제 성인이야. 내가 너한테 해 줄 말이 뭐가 있겠니"(126:44)라면서 몹시 나무랄 적에는, 법 자체를 어린아이에게 혹독하게 적용하는 방식을 결정하는 일에 착수할 수도 있다. ─ 손이라는 것은, 사용 중이거나 접근 금지 상태거나, 아니면 거둬들이거나 흔들거나 간에, 의미를 질책하는 것이며, 어린아이의 기억 속에 처벌로서 두들겨 넣어지는 것이다. 설령 손을 들고 있을 때라고 하더라도, 다시 말해 손을 떼고 발톱을 감춘 형상을 하고 있을 때조차도 말이다. 카프카가 누설하는 섬찟한 부분은 이렇다. 당신은 불량한 교육이라는 관점에서 무엇이 더 나쁜 것인지 말할 수가 없다. ─ 너에게 손을 댈까, 아니면 반대로, 네가 손을 마음대로 하게 둔 채 너만의 작은 지옥을 감당하지 못하는 국면에서도 너를 놓아둘까. [위의 인용문에 바로 이어] 서술은 계속된다. "그러면서 이 모든 말을 잠긴 목소리로 하셨는데 그 저변에는 치미는 분노와 가차 없는 비난의 어조가 깔려 있었지요. 그 섬뜩한 어조를 들을 때마다 저는 요즈음에도 몸이 떨려 옵니다만, 그래도 어렸을 때보다는 덜 떨리는 것은 단지 어린아이로서 제가 전적으로 느꼈던 죄책감이 부분적으로 희미해지고 그 자리에 아버지나 저나 둘 다 어쩔 수 없는 사람들이라는 깨달음이 들어서게 되었기 때문일 뿐입니다."

「법 앞에서」라는 우화에서 카프카는 법이 어떻게 [사람의 손을] 마음대로 하게 두는지 보여 준다. 데리다가 이 텍스트를 독해하며 지

13　[옮긴이] "아버지의 가르침"의 움켜쥠(Griff)을 "저는 피하지 않았습니다. …… 아버지의 손과 저라는 재료가 서로에게 그토록 이질적이었기 때문입니다"(47).

적하다시피, 법은 애초에 억제자이거나 금지하는 빗장인 것이 아니라, 당신을 지나가게 두고서는 당신 자신이 치명적인 잘못을 저지르게 한다. 어린아이와 어른 사이의 차이는 저 구절에서 해명되기를 상호 대등한 무력감[어쩔 수 없음]에 대한 인식이 된다.—**도움 없는 상태** Hilflosigkeit에 대한 경험이 되는 것이다. 이 순전한 무방비함은 프로이트에게 매우 중요한 것이 되며, 그러고 나서 리오타르와 라캉이 집어든다. 어느 정도 고정적인 총분석의 한 측면이 의지하는 바는 다음 사실에 대한 이해이다. 즉 **대타자** Autre에 문제가 발생하고, 분열되고, 그래서 기호 *A*가 되는데, 이는 대타자로 하여금 그 자체의 상상된 충만함에 대한 접근을 막는다는 사실 말이다. 『편지』 배후의 어른 서명자…… (나는 여기에서 나 자신을 중단시킬 필요가 있다. 왜냐하면, 터놓고 말해, 이 용어들은 하나같이 불안정하기 때문이다. 카프카는 아버지에게 신경을 끌 것인데다가, 대체 누가 서명을 하는지, 누가 성년기에 이르거나 혹은 누가 어린시절로 되돌아가는지는 확신을 갖고 말할 수 없으며, 이런 입장들이 안정될 수 있는지 아니면 일관되게 오염에 시달리는지도 장담할 수 없다. 그러니까 이것은 카프카의 소행이지 내가 한 일이 아니다. 나는 그저 내 일을 하려고 하며 그의 논리에 근접하려고 할 뿐이다. 그의 지도指導를 따르면서, 온갖 유혹물, 거짓으로 가리킨 것, 떡밥 및 해석상의 미끼들에 주목하면서. 그러면 이제 세세한 항목들에 대한 확고한 의식을 갖고서 이 중단이 결코 발생한 적 없다는 듯이 이어 나가 보도록 하자.) 『편지』 배후의 어른 서명자는 아버지 편의 약점을 어린아이와 공유하는 아버지의 고통을 존중하면서도, 부성의 끊어 냄을 일관되게 인정한다. 그럼에도 불구하고 부성의 손은 어린시절의 기억에 겹쳐 서명하는데,

이 기억은 결코 지워질 수 없는 그런 것이다. "[단 한마디도] 말대답하지 마!'라는 아버지의 위협적인 말과 그와 동시에 쳐드신 아버지의 손이 저를 늘 따라다녔지요"(126:45). 실제로, 치켜든 손의 환영幻影은 위협이자 [어린아이 주변에 늘 펼쳐진] 지평으로서, 더듬거림에서 시작해서 완전히 입을 닫기에 이른 어린아이의 하강(혹은 반등)에 책임이 있다. 이 아버지의 손은 『편지』의 위쪽 편에 들어 올려져 있다. 말하기를 대체하여 시작되었던 이 텍스트의 상공에 말이다.

> 아버지 탓에 저는 — 아버지는 자신의 일에 관한 이야기만
> 나오면 즉시 청산유수가 되었던 반면에 — 아버지를 보면
> 말이 막히고 말을 더듬게 되었습니다. 그 정도는 그래도 말
> 을 많이 하는 거였어요. 급기야는 아예 입을 닫고 말았지
> 요. …… 아버지 앞에 서기만 하면 아무런 생각도, 아무런
> 말도 떠오르지 않았어요. (126:45)

프란츠는 계속 이어 간다. 으름장을 놓는 손과 이에 수반되는 "[단 한마디도] 말대답하지 마!"는 아버지와 아들 사이의 관계에서 주된 권력 쟁탈전의 이유였다. 또한 "그 말의 효과는 저한텐 너무도 강해서 저는 너무 순종적인 아이가 되었지요. 저는 벙어리처럼 완전히 입을 다물었고 아버지 앞에서 설설 기[면서 아버지로부터 숨었습니다. 아버지의 힘이 — 적어도 직접적으로는 — 미치지 못할 만큼 아버지한테서 멀리 떨어질 수 있게 되었을 때에야 비로소 저는 감히 기를 펴 볼 용기

를 냈습니다"(127:47). 헤르만 카프카는 손과 동시에 발언을, 위협과 동시에 명령을 합치시키는 충돌 작업을 수행해 왔다. 그의 방식은, 신체와 공동작업함으로써 치명적 후려침을 가하는 언어의 능력을 장전하고서는, 언어가 혹독할 정도로 충분히 능력을 발휘하게끔 만드는 것이었다. 어린아이를 입 닫게 만드는 일("단 한마디도"), 이처럼 언어 가운데 끼어드는 일은 틀림없이 말대답과 항의를 수반하고 권위와 마찰하는 일을 불러일으키지만, 아버지는 어떻게든 언어와 현존 사이의 연결을 끊고 통로를 닫게 된다. [『편지』의] 글쓴이는 아주 이른 시기에 말하기에서 물러나 앉는다. 말하기는 패배 중인 로고스 편에서 속임수로 기를 펴는 것에 불과하니 말이다. 나는 이 점을 분명히 밝혀 볼 셈이다. 당분간은, 카프카가 슬그머니 글쓰기의 공간에 움직여 들어가는 동시에 위축되고 굴욕적인 침묵을 기술하는 이런 방식을 염두에 두도록 하자.

프란츠는 자기 코너에 선 채, 헤르만이 맺은 것과는 다른 관계를 언어와 맺고 있다. 이것은 흉내와 **요구**demande로 이루어진 또 다른 체계다. 의도와 의미가 하나로 수렴되도록 만드는 일은, 지시대상[및 참조과정]을 걸어 내는 일이긴 하지만, 어린아이가 처음으로 내뱉는 파국적 언어 용법과는 큰 관련이 없다. 어른이 된 카프카의 원原충돌 등록부서에 남아 있는 자료라고는 하나의 기억뿐이다. 오로지 이런 이유만으로 이 기억은 지대한 흥미를 불러일으킨다. "그 시절에 있었던 한 가지 일만은 아직도 제가 뚜렷하게 기억하고 있습니다"(119:25). 카프카는 편지 초반에 이 기억을 다룬다. 이것은 유일하게 기생체도 없고 이차-수정도-없이 전모를 상기해 낸 것으로서, 어른 서명자가 온전한 소유권을 주장하는 기억이다. 따라서 그는 편지 수신자가 같은 기억을 공유할 것이라고 상정하기까지 한다. "아버지께서도 아마 기억나실 겁니다." 어린시절이라는 관념 자체가 어느 정도나 서술된 기억에 의존하는지를 누구에게든 일깨워 줄 필요는 없겠다. 리오타르가 진술하다시피, 그런 서술의 원출처는 대개 어른이다. (리오타르는 서사성을 강조하는 비평적 경향에는 관심이 없다. 일련의 연구 방식은 언어가 입은 피해를 벌충하기에는, 다시 말해 표면상의 어린시절에 군데군데 비어 있고 흐릿한 부분을 다루기에는 지나치게 직설적이라는 점이 입증되기 때문이다. 하지만 이건 또 다른 이야기이다.—아니, 어쩌면 이 이야기의 일부와 마찬가지일지도 모르겠다. 서술의 가능성 자체가 아동기의 되찾음이라는 한정된 국면에서 지속적으로 잘려 나가 중단되고 줄어든다는 점에서는 말이다.) 이어 나가자면, 그러므로 여기서 우리는 오직 직격탄과 마주한다. 조작이 없는 다큐드라마를 만나게 되는 것이다. 이 점에 대해 글쓴이는 추호도 의심이 없다. "어렸을 때 있었던 한 가지 일만은 제가 뚜렷하게 기억합니다(Direkt erinnere ich mich nur an einen Vorfall aus den ersten Jahren)"(독일어판 11). 그 기억은 칭얼거림, 즉 문장체제의 부분에서 자라 나오는 것이지만, 가까스로 언어 게임의 월드컵 결승에 도착하기에 이른다. "어느 날인가 제가 한밤중에 일어나 계속 칭얼대며 징징거린 적이 있었지요(Ich winselte einmal in der Nacht). 물을 달라고. [지금 확신하기에] 분명 목이 말라서는 아니었고 다분히 한편으론 아버지 어머니의 화를 돋우기 위해서, 또 한편으론 그냥 [기분을 풀고] 이야기가 하고 싶어서였던 것 같아요(um mich zu unterhalten)"(25).

"[지금 제가 확신하기로] 분명 목이 말라서는 아니었고"라니. 유일무이하고 불순물 없는 어린시절의 기억을 서명자는 이런 문장으로 말한다. 이 문장은 최초로 언어와 관계 맺은 밤을 공표하고, 원요청의 징징댐이나 곁눈질을 고지한다. 요컨대 칭얼거림은 양가성에 의지하고, 대상 혹은 욕구$_{need}$ 없이 욕망을 내민다. 칭얼거림은 타자의 신경을 거스르는 한편, 외톨이 어린아이가 기분을 풀려는 (혹은 [이 어린아이로 하여금 이야기하게 함으로써 자기를] "유지하려는") 것이었던 셈이다. 설령 **요구**의 형식으로—타자에게 간절하게 제기된 것으로—구성된다고 할지라도, 칭얼거림은 결여$_{want}$에서 비롯된 것이 아니며 출현해야 할 지시대상을 바라지도 않는다. 아무것도 없는 데서 지시대상이 물질화되기를 기대하지 않는 것이다. 물을 달라고 청하면서도, 이 어린아이는 물을 원하지 않는다. 또한 이 어린아이는 갈증을 알기 위한 경험론자도 아닐뿐더러 철학의 원초적 인간도 아니다. 단지 그는—혹은 이것$_{it}$이라 할까? 발달해가는 '나'는 칭얼댈 뿐이지 명시적으로 이야기하지는 않으니 말이다. 물론 이어지는 문장에서 알게 되다시피 이것은 이미 이중언어 사용자이기는 하다—그는, 다시 말해 이것은, 즉 **아동**$_{das\ Kind}$은, 언어의 원천이 되는 곳에서 그럼에도 불구하고 루소의 거인 괴물[14]과 마주치게 될 것

14 [옮긴이] 루소와 '거인'은 여러 맥락에서 연관 지어 이해할 수 있다. 루소의 『사회계약론』에는 외눈박이 거인 폴리페모스가 인간을 자기의 먹이로 삼기 위해 기르는 『오디세이아』의 일화가 나온다. 이 신화에서 인간은 거인의 관리하에 편안하게 살아간다. 또한 루소는 자연상태에서 인간이 각각 거인과 난쟁이로 서로 다른 능력을 갖고 태어난다는 비유를 즐겨 썼다. 『인간 불평등 기원론』에는 자연상태에서 각각 거인과 난쟁이로 태어난 사람들이 교육을 통해 더 불평등해진다는 비유가 있다. 마지막으로, 니체는 루소 자신을, 즉 루소식의 계몽적 인간형을 거인으로 규정한 바 있다.

이다.[15] 어린아이는 물을 달라고 징징댄다. "계속해서(immerfort)." 어린아이는 자동으로 칭얼거리면서, 자기의 멈출 수 없는 **요구**를 상대하러 올 위협을 무시한다.

이처럼 지시대상 없이 진행되는 '물어서 갖다줘!' 놀이는 카프카의 세계에서 첫 전쟁이 시작된다는 신호를 내비치면서, 언어 사용에 대한 논쟁의 불을 붙인다. 아들을 아버지로부터 복구할 가망 없이 떨어뜨려 놓게 되는 논쟁이 시작되는 것이다. 그 첫 번째 직격은 아버지를 화나게 하고, 아들의 기분을 풀어 주거나 [말함으로써] 아들을 유지시킨다. ─ 여기에서 누구는 블랑쇼의 끝없는 대화[및 유지]를, 즉 그의 책 『무한한 대화』를 떠올릴 수도 있겠다. 아들의 타격은 언어를 퍼부어 날리고, 공포탄[즉 여백]을 쏘아 대며, 무의미한 것들을 자기의 발화 행위 장소로 이용한다. 사실 첫 번째 직격은 직접 타격이 아니다. 이것은 그저 가짜 정립의 **주이상스**에 지나지 않는 것을 원하는 타격이며(정말 그렇다. 이 어린아이의 첫 사격 연습을 그려 보라. 어린아이는 의미 및 지시대상의 과녁 범위에 대고 난사하는 쾌락을 누리고 있다. 그는 겨냥하는 것이 아니라 요령부득을 지원하고 있을 뿐이다), 언어의 소음 및 허무를 말하는 타격이고, **맘마 줘**나 **쉬야 마려** 또는 **엄마**가 아니라, **물**이라고 거의 아무렇게나 고른 단어를 내뱉고 있는 타격이다. 하지만 이 녀석은 어쩌면

---

15   [옮긴이] "그로부터 몇 년이 지나고 나서까지도 저는 고통스러운 관념 속에 시달려야 했습니다. '어느 날 밤, 거인이, 내 아버지가, 절대적 권위가 거의 아무런 이유 없이 나타나서는 나를 침대에서 들어내 빠블라취로 끌고 나갈 수도 있다. 그만큼 나란 존재는 아버지에게 아무것도 아닌 존재이다'라는 관념이었지요"(26).

어린 존재론자일지도 모르겠다. '물'을 정제하면 독일어 **바서**~Wasser~라는 아나세미아적[16] 기초가 된다. 이런 점에서 '물'은 어쩌면 정수~essence~에 대한 질문, Was er 즉 '무엇(인가) 그(는)?' 하고 따져 묻는 질문일지 모른다. 인용한 단락은 물에 대한 **요구**가 어느 면에서도 갈증이나 대상을 계기로 삼아 이루어진 것이 아니라는 점을 강조한다. 언어적 도착 倒錯은(언어의 정수는) 무허가 즐거움의 무대장면을 설치하면서, 아버지가 관여할 것 같은 데까지 계속 나아가도록 어린아이를 이끈다. 그러니까 만약 실체 혹은 의미의 문제였다면, 어린아이는 망할 놈의 자기 물을 받고 닥친 뒤에 진정했을 것이다. 어른들은 자러 돌아갈 수 있었을 것이다. 하지만 무슨 일인가 일어나는 중이고, 부모가 수행하는 관리감독은 비본질적인 원성을 높이지 말거나 비의미의 **주이상스**를 멈추기를 요구한다. 순수한 흉내로 인해 잠들지 못하는 밤, 언어로 된 찢는 소리의 밤은 그만둘 필요가 있었다. 아버지는 집안의 주황색 경보에 반응하여, 아이의 징징대는 강습에 위협으로 반격한다. 최초의 기억된 위협의 밤, 어린아이가 고분고분하지 않던 밤은 차츰 폭력으로 바뀌어 간다. '외교적'이지만 힘으로 뒷받침되는 그런 문구에 고장이 발생했음을 내보이면서 말이다. 이 장면은 흡사 프란츠가 끼워 맞춘 트라우마 기억들의 덩어리에 가까운 것이지만, 언어 및 아버지의

16   [옮긴이] water에서 독일어 Wasser를 끌어내고, 또 여기에서 '그는 무엇인가(Was er)?'라는 질문으로 나아가는 과정이 의미를 거슬러 올라가면서 기존의 고정된 의미를 지우는 과정이 되므로, 이를 아나세미아적이라고 지칭한 것으로 여겨진다.

이름과 관여하는 정치적 관건을 배가시키고 확장한다. 모든 칭얼거림은 테러 경보를 터뜨리며, 가정에 법을 가져와서 칭얼거림의 대표이자 표상들과 대치하는 상태를 불러일으킨다.

아버지는 실력 행사에 들어간다. 방을 박차고 들어와 아들을 내쫓는 것이다. "몇 차례 호된 위협을 퍼부었으나 소용이 없자 아버지는 저를 침대에서 들어내 **빠블라취**[17]로 끌고 나가 그곳에 저를 한동안 속옷 바람으로 혼자 세워 두셨지요"(119:25). [반복하건대] 이 일화는 둘 관계의 역사로서 수정주의적인 의도가 없는 최초의 역사로 공증받은 것이다. 많은 카프카식 우화와 묘사들이 그러하듯, 이 일화는 라캉이라면 "고통의 건축양식"이라고 불렀을 법한 구조를 가리키며, 집 안의 여러 공간이 떨어져 나오도록 설계된 박해의 투시도면을 보여 준다. 아버지는 체코에서는 내부 쪽의 외부로 지정되는 공간으로 어린아이를 내보내면서, 내밀한 이질성이라는 겹친 꼴을 만들어 내거나, 혹은 친숙하게 들어가 지내기 힘든 기표의 이질적인 친숙함이라는 이중성을 형성한다. 빠블라취는 프라하 주택의 안뜰에 면한 발코니를 가리키는 체코 말이다. 건축 도안을 따르자면, 그 아이는 바깥으로 쫓겨나 갇히고 문은 닫아걸린다. 그는 외부로 내보내진 채 최초의 퇴거 통지

---

17 [옮긴이] 빠블라취(pavlač)는 20세기 초중엽까지 체코 프라하의 주택 건물에 설치되어 있던 작은 발코니이다. 빠블라취는 ㅁ 자 건물의 안뜰에 면해 있으며, 그렇기 때문에 집 안도 아니고 집 바깥도 아닌 공간, 안(뜰) 쪽의 문 밖인 공간이다. 빠블라취의 본래 용도는 안뜰을 공유하는 이웃들과 얼굴을 보면서 서로 이야기하는 것이었다고 한다. 이웃을 가리키는 foreign의 라틴어 어원이 '문 밖'에 닿는다는 점을 고려할 때, 이 공간은 로넬이 내밀한 이질성(foreignness)을 두고 해석을 짜 나가기에 참으로 적절한 공간이다. 첨언하자면, 로넬 역시 유아기를 프라하에서 보냈다.

를 받는다. 하지만 여전히 집에 너무 가까이 있기 때문에 달아나거나 스스로를 자유롭게 하기는 어렵다. ─ 달아남이나 자유는 어린아이에게는 어려운 개념이다. 그럼에도 불구하고 이 어린아이는 해방의 도주 말고는 거의 아무것도 생각하지 않는 경우가 종종 있다. 수많은 일이 여기서 일어나고 있다. 어린시절 기억의 되돌릴 수 없는 감금을 시행하면서 말이다.

언어가 존재의 집이라면 이 어린아이는 언어 바깥으로 내던져졌고 언어의 주변적 구조물에 수감되었다. 여기는 장벽이 설치되면서 외부와 내부가 동시에 하나로 접힌 공간이다. 그가 추방되어 자리한 곳은 ─ 닫아걸린 문 바깥으로 쫓겨남과 동시에 그 안에 갇힌 곳은 ─ 언어들을 변환하고, 채찍질처럼 작용하거나 언어상의 어렴풋함 역할을 한다. 딱히 외부라고 말하기도 힘든 위치에 매달린 그곳에는 이질적인 외국어foreign 자막의 안개가 자욱하기 때문이다. 당신께서는 저를 빠블라취로 보냈습니다. 소수[미성년] 문학이 위치한 다른 편 혹은 다른 장소로. 찰랑대는 소리가 ─ 자, 여기 물이다 ─ **쁘취**ptche, **쁘블르취**pvltche거리는 타자의 장소로. 하지만 이 체코 말은 거의 우주적인 [아]**빠**pa를 둘러싸고 정렬하면서 부성의 강역으로 흘러내리고, 부성의 체코포인트Czechpoint에 흘러들어 가기도 한다. 어린아이가 막무가내로 칭얼대며 졸랐던 지시대상 없는 물에 관해 말하자면, 어린아이 그 자신이 눈물을 쏟아 낸다. 글썽거린 자기 언어의 희생물인 것이다(그의 불평에는 수성水性의 일관성이 있다. 수많은 장면이 물에 가깝거나 물에 잠겨 있거나 물을 만들어 내고 창피함의 해일이 엄습한다. 이 장면들에는 초조한 불안이 밀

프라하 건물에 설치된 빠블라취의 모습. 이 공간이 집 외부이자 동시에 내부임을 한눈에 알 수 있다.

려들고, 축축해진 이마에는 증류되어 오싹한 물방울이 맺힌다. 수영장에서 벗은 몸으로 두려움에 떠는 작은 몸집의 아이는 잔뜩 눈물을 삼키거나 흘린다. 그가 보여주는 행진 대열에는 주룩주룩 비가 내린다). 행여 누가 정신분석적으로 재기술하기 위해 이런 급수시설을 저인망으로 샅샅이 훑겠다면, 적시기, 쏟아 내기, 언어의 흘림과 망침을 서로 잇는 그런 의심스런 결합을—이 모든 것이 귀결되는 부성의 처벌, 즉 잊을 수 없을뿐더러 구조를 조직하기도 하는 회초리 다발을—더 깊이 조사할 것임이 명백하다. [다른 한편] 『편지』의 서명인에 대해 보자면, 그는 탓하지는 않지만—"아마 당시에 밤잠을 주무시기 위해서는 다른 방도가 없으셨을 거라고도 생각됩니다"(119:25)—기억된 한밤중의 드라마를 "아버지의 [어린아이] 교육 스타일과 그것이 저에게 미쳤던 영향을 단적으로" 제시하는 것으로서 가져와 입에 올린다. 빠블라취 처벌은 성공했다. 그래서 "아마 그 후 저는 곧 고분고분해졌겠지요. 하지만 그로 인해 저는 내면의 상처를 갖게 되었습니다".

바깥으로 쫓겨난 어린아이는 내면적으로 타격을 입었다. 복종하도록 길러지게 되었기 때문에, 아니 오히려 기가 죽어 복종하게 되었을뿐더러, 뢰비라는 이름을 가진 성경 역사 속의 한 형상으로 축소되었기 때문이다. 레위 지파는 심부름하는 사람들이니[18] 하인의

---

18 [옮긴이] 뢰비, 즉 레위는 야고보의 셋째 아들로서, 성경 속의 레위 지파는 그를 시조로 만들어 졌다. 모세가 시나이산에 올라갔다 내려와서 그 사이에 우상숭배한 사람들을 칼로 쳐 죽일 때 이들이 살해자 역할을 맡았고 이후에 율법을 지키고 성소와 제사를 관리하는 일을 도맡았다. 이들은 오직 이 일만을 맡았기 때문에, 다른 지파들과는 달리 이주한 곳에서 지내고 관리할 땅을 받지 못했다.

하인이며, [율]법에 따라 종속적이고 고분고분한 자세를 받아들였다. [비非의미로서] 터무니없는 수작과 처벌의 동시적 작용은 어린아이에게 지워 낼 수 없이 끔찍한 테러의 기초를 창조한다. "물을 달라고 졸라 댄다는 것이 터무니없게도 보이지만 저로서는 너무도 당연한 일이었다는 것(Das für mich Selbstverständliche des sinnlosen Um-Wasser-Bittens), 그리고 그만한 일로 집 밖으로 끌려 나가야[19] 한다는 것(des Hinausgetragenwerdens)이 참으로 끔찍한 일이었다는 것, 저로서는 [제 천성이 그렇듯] 이 두 가지를 어떻게 연결시켜야 할지를 몰랐습니다"(119:26). 인용문에 밝혀 놓은 독일어는 이 테러의 원장면이 서술하는 본질적 괴리 속으로 번역문보다도 어쩌면 더 깊이 파고든다. 우선은, **지시대상 없는**irreferential 화법이라고나 할 분위기로 실체 없는 물을 달라고 터무니없이 졸라 대는 일이 어린아이 자신에게는 "selbstverständlich"한 것, 즉 자명自明한[스스로 이해되는] 것이다(『편지』의 영어판에서는 "당연한 것"으로 번역되었다). 자기다움과 지성이 동반해서 나타나는 형세는 최초의 분리를 경험하는 일에 핵심 관건으로 여겨진다. 터무니없음을 [당연하다고] 최소주의적으로 해석하는 방법은 처리 및 처벌을 거창하게 해석하는 방법과 맞서게 된다. Hinausgetragenwerdens[밖으로-옮기게-되다]는 "끌려 나가다"라고 알맞게 번역되었다. 이 독일어에 담긴 강세와 어조는 쓰레기처럼 끌려 나

---

19   [옮긴이] 한국어판 번역에서는 "쫓겨 나가야"이지만, 이후 로넬의 논의를 고려하여 "끌려 나가다"로 바꾸었다.

간다는 뜻을 강하게 내포한다.―이렇게 끌려 나가는 일은 카프카의 글쓰기에서 거듭 나타나는 두려움이며, 되풀이해서 그려진다. 그레고르 잠자의 몸뚱어리가 그 시련의 끝에 예의고 뭐고 인정사정없이 처리될 때처럼 말이다. 어린아이는 음식물 찌꺼기와 같이 혹은 찌꺼기로서 내버려졌다. 그는 부친의 제국 바깥-안쪽으로 옮겨져 말하자면 쓰레기 소년이 된다. 생각건대, 잊지 않아야 할 중요한 점은, 부모의 계략이 누구를 침묵시키기 위해 수행되었다는 사실이다…… 프란츠 카프카 말이다. 하지만 그를 끝내 버리기는커녕 이 축출 행위는 또 다른 작전을 완수했다. 새로운 **문학**litteraure의 출발, 새로운 시대의 여명이라는 작전이었다. 참으로 긴 밤이었고, 터무니없는 발화들은 글쓰기 유해들의 쓰레기통에 그 밤 내내 던져 넣어졌다.

트라우마로 남은 떨림은 안쪽으로-쫓겨 나간 성가시도록-터무니없는 어린child 시인에게 계속 남아 있었다. 그러나 전적으로 퇴행-단정적인 무언가가 배타적 삽입구들로 붐비는 공간[20] 속에서 발생한다.―무엇이, 삽입구의 감독하에 탄압하고 에워싸는 벽들로부터 폭발해 나오는 것이다. 첫째로, 프란츠는 자기가 깨고 나오기도 전에, 어릴 때의 언어 실천들이 갇힌 감옥을 일반화하고 거의 초월하면서까지, 원트라우마의 시간을 싹 정리한다. [하지만] 그 트라우마가 풀려날 리는 없다. "그로부터 몇 년이 지나고 나서까지도 저는 고통스러운 관

---

20   [옮긴이] 바로 아래에 로넬이 인용하고 있는 문장을 보라. 쉼표를 과다하게 사용한 이 문장은 배타적 삽입구가 우글대는 문장이다.

넘 속에 시달려야 했습니다. '어느 날 밤, 거인이, 내 아버지가, 절대적 권위가 거의 아무런 이유 없이 나타나서는[21] 나를 침대에서 들어내 빠블라취로 끌고 나갈 수도 있다, 그만큼 나란 존재는 아버지에게 아무것도 아닌 존재이다'라는 관념이었지요"(119:26).

시한장치는 헛것을 보게 하고 부친의 허깨비가 귀환토록 설치되었다. 자기 아들을 찾아서, 그 아들을 끌어내어 아들놈 자신의 아무것도 아님, 즉 무nothingness로 이루어진 허공 속에다 던져 넣기 위해서, 으깨고 내장을 뽑아낼 수 있는 죽은 고깃덩이 같은 그놈 존재의 허공 속에다 던져 넣기 위해서 말이다. 그놈은 재판권 관할 바깥이지만 안쪽에, 어떤 권리도 의지할 데도 없이, 갇혀 복역 중인 억류자다. 허깨비의 습격은 아무런 때 아무런 곳에서나, 대략 아무런 이유를 들면서 — "fast ohne Grund", 사실상 아무런 근거도 없이 — 일어난다. 절대적 권위는 아무런 근거도 없이 — 아니, **거의**almost 아무 근거 없이 — 납치를 행한다. 그와 같은 [권위] 행사에 담긴 반어와 이중맹검성[22]에 주목하지 못해서는 안 된다. 우리는 이런 권위 행사에서 동시대적인 오싹한 감정을 느끼는 수준을 뛰어넘어야 하는 것이다. 결국엔, "거의 아무런 이유 없이"라는 말은 이유를 셈에 넣게 만든다. — 폭력을 가

---

21   [옮긴이] 한국어 번역을 로넬의 맥락에 맞도록 바꾸었다. 이하의 인용에서도 한국어 번역을 맥락에 맞게 바꾸되, 따로 알리지는 않도록 하겠다.

22   [옮긴이] 이중맹검법(double-blind experiment)은 투약의 효과를 검증할 때, 무작위 환자에게 약과 위약을 투여하되, 효과를 객관적으로 확인하기 위해 환자와 의사 양쪽 모두에게 사실을 알리지 않는 실험 방법을 가리키는 용어이다.

하는 **무슨**some 이유가 여전히 있다. 아니라면 편지의 글쓴이는 "거의"를 걷어치울 수 있었을 것이다. 그러기는커녕, [''거의fast''라는] 근접의 표지는 학대받은 자의 떨림을, 소진된 자의 고해를, 고분고분한 자의 굴복을 전한다.—"거의"라는 선창에 적재된 어떤 양보를 보여 주는 셈이다.

이와 동시에, 불평의 수사 가운데서 교차배열법적 전환이[23] 일어난다. 전체 일화는 "거의 아무런 이유 없이fast ohne Grund"라는 표현을 똑똑히 말함으로써 ― 정립의 근거 없음을 밝혀냄으로써 ― 생성되었다. 그러니까 이 일화는 그 어떤 근거지도 지나오지 않은 물을 길어 내어, 아버지가 관리감독하는 언어용법에 물을 대 주고 이 언어용법을 자극하면서 생성되었던 것이다. 역사적 전통과 철학적 전통에 따라 이 어린아이는 이성reason을 박탈당했고, 그러니 물을 달라고 외칠 이유reason를 **거의** 갖지 못했다. 트라우마의 자취를 뒤쫓는 이 일화는, 전반적으로는, 제한 없는 권위와 결합한 언어의 자의적 펌프질을 테러에 가깝도록 계시하는 일 속에 깃들어 있는 것처럼 보인다.—무제한의 권위와 결합한 언어의 자의적 펌프질은 가족-기반의 미국 공화당이 휘두르는 수단이며, 이들은 이 방법을 통해 구성적 권력 남용을 활용한다. 아들의 언어는 실체로 통한 파이프라인의 시늉을 내

---

23   [옮긴이] 교차배열법(chiasmic switch)은 수사학의 한 방법이다. 여러 개의 항목(의미나 품사)을 같은 순서로 반복 배열하는 것이 아니라, 순서를 교차하여 반복 배열하는 방법을 가리킨다. 요컨대 의미나 품사를 ABAB식이 아니라 ABBA식으로 배열하는 것을 말한다. 본문의 경우에는 아이의 이유 없음이 아버지의 이유 없음으로 위치 전환되는 것을 가리킨다.

는 것만 타고서 방울 맺히며, 징징거리고, 똑똑 떨어진다. 공격 헬기마냥 꼬맹이 위를 맴도는 아버지의 언어에는 전략적 결정과 돌발적 정치 행위가 들어차 있다. 아버지의 언어는 꼬맹이를 내리 덮쳐서 그를 징역살이시킬 우리 속에다 던져 넣는데, 이 우리는 체계 바깥에 있지만 단단히 제 자리를 잡고 있다. 또한 아버지의 언어는, 리오타르가 **장악**mainmise이라고—혈연 및 언어에 대해 (손으로 연결된) 직접적 관계라고—부르게 될, 건축을 통한 움켜쥠을 강화하기도 한다. 그 밤에, 틀림없이 어떤 난간이 있었거나 문이나 기둥 같은 것들이 있었을 것이다. 카프카의 등장인물들은 이런 건축물에 가서 부딪친다. 죄다 끝나버리고 이들이 스스로를 타박할 적에—혹은 「법 앞에서」의 시골 사람처럼 맹목적인 데다가 지쳐 있는 바람에 이들이 항복하고 쓰러질 적에—말이다. 이 난간은 카프카의 낙서에 그려져 있다. 낙서에서 당신의 눈길을 피하는 작대기 모양 인간을 [움켜쥔 듯] 저지하는 난간이 바로 이것이며, 이 그림은 그의 이야기들을 펴낸 책 다수의 표지에 실려 있다.

서술된 이 일화는 언어의 상실과 두려운 앙갚음이라는 카프카식 세계를 출범시킨다. "당시에 이건 작은 시작에 불과했습니다"라고 서술자는 쓴다. "당시에 수시로 나를 지배하던 그 '아무것도 아닌 존재'라는 감정은 …… 다분히 아버지의 영향에서 비롯된 것입니다"(120:26). 어린아이는 "약간의 격려와 약간의 따뜻한 정"을 사용할 수 있었고, 이에 더해 "제 길을 조금 열어 두는 정도"의 일을 할 수 있었을 텐데, 오히려 아버지는 이를 가로막아 버렸다. "물론 저는 다른 길을 걸어야 한다는 좋은 뜻에서였겠지만 말입니다." 아버지는 카프카가 남자가 되기를 바랐다. 아버지 자기 같은, 아니, 아버지 자신이 열성당원이었던 규율 잡힌 정력의 이마고 같은 남자가 되기를 원했던 것이다. 프란츠는 홀로 군사 대형을 짜고, 절도 있게 경례를 붙이며 씩씩하게 거실을 오가는 법을 배웠다. 또 그는 한눈팔지 않고 식사하도록 주의를 받았다. 식사에 곁들여 맥주를 마시도록 재촉받았다. 그는 아버지가 즐겨 쓰던 표현들을 마구 지껄이게끔 되었다. ─ 이 모든 장면은 쓸데없는 함입[체내화]incorporation 수업이다. 음식을 급히 삼키고, 하찮은 언어를 토해 내고, 넘겨 버리라고 꾸준히 강요받던 타자의 언어에 목이 막힌 채, 프란츠는 그의 아버지가 방을 가로질러 혹은 탁자 건너로 보내 준 자기애적 보급품을 입수토록 훈련받았다. 그 보급품들은 식구의 핵심성분 결핍증의 보충용으로서, 언제나 헤르만의 필요품이 쌓여 있는 부친의 창고로부터 왔다. 프란츠도 마찬가지로 그랬다. 그 어린아이는 아버지가 되도록, 아버지의 기대에 합당하게 살도록 부추겨졌다. 요컨대 부친이 도르래를 조작함에 따라 입을 열고 닫도록 말이다. 이런 식은 당신들 대부분에게 정상적 양육 방식처럼 여겨질 것이다. ─ 이 방식은 불량배의 자기애 보급로와 통합되고 경쟁하는 교육법이자, 받아먹게 하고 동일화시키는 교육법이다. 대개는 어느 지점쯤 되면 이런 양육 사업은 크게 성공하게 되며, 사람들은 부계父系의 다소 유능한 수출입 지점이 된다. 프란츠 카프카에게도 어느 정도는 일어난 일일 것이다.

맞다, 나는 인용구를 말줄임표로 쪼개 놓았다. 당신을 지나쳐서

카프카가 그린 그림 중 일부. 카프카는 1907년에서 1908년 사이 제네랄리 보험사에서 일할 적에 50여 장의 그림을 그렸다. 카프카가 펠리체 바우어에게 보낸 편지에서, 그는 위대한 스케치 작가가 될 수도 있었으나, 학교에서 배운 데다가 거기서 엉망인 여자 화가의 지도를 받았기 때문에 재능을 전부 잃어버렸다고 토로했다.

무언가를 몰래 챙기기 위해서였다(뢰비의 책략 같은 것이다). 거슬러 올라가서 그 말줄임표의 점들로부터 내가 약간의 물을 끌어오게 해 주길―숭고the sublime의 지역에서 가져온 고산지대의 샘물을 떠오도록. 우리는 프란츠가 아무것도 아니라는 감정("Gefühl der Nichtigkeit")을 붙들고 있게 내버려 두었다. 저 암호화된 원일화, 그 작은 시작("kleiner Anfang")은 오히려 크고 변경할 수 없는 것이며, 글쓴이의 뇌리에 거듭 밀려오는 칸트식의 **감정**Gefühl을, 혹은 리오타르가 철학은 결코 실제로 다룰 수 없다고 말하는 적어도 그런 종류의 감정을 남긴다. 산산이 바스러지는 감정은 주기적으로 되돌아온다. 또한 이것은 지배하고 억압하며, 바로 당신인 쓰레기를 가져다 버린다. 당신을 압착해서 당신이 아무것도 아닌 지점, 즉 무無에 이르도록 하는 것이다. 맞다, 충분히 정상적이다. 거의 모든 꼬맹이는 압축기 한 상자가 딸려서 온다. (비록 요새 어떤 사람들은 그 상자를 구비하지 않게 되었으며 결코 필요하지도 않았다고 주장하고, 자기들이 근사한 어린시절을 보냈고 등짝에 어떤 오이디푸스적 흔적도 없으며 "짊어진 응어리"는 거의 없다고 강변한다 하더라도, 이들은 내게는 미지의 땅에서, 저칼로리-어린시절의 지역에서 온다. 나는 정말로 이해할 수 없다. 어쩌면 **부인**Verneinung이리라. 이들에게는 부인해야 할 일들이 턱밑까지 가득 차올라 있다. 심지어 생의 잔뜩 부푼 희망을 망쳐 버렸던 조소도 없나? 배신을 일삼은 꼬마 훼살꾼 친구들, 노기 띤 얼굴, 일을 관둔 보모가 없나? 당신이 생일 파티를 빼먹게 만든 낭패스런 감기가 과연 없나? 당신에게는 굶주림이나 구역질 나는 음식이 이제까지 단 한 번도 유한자의 부엌으로부터 나오는 교훈을 가르친 적이 없나? 앞서 말했다시피 나는 이해할 수 없다.―나는 진짜로 이해할 수가 없었다. 신화인 듯 행복한 어린시절을. 이따위 것은 주안점이 아니니, 위에서 말한 점 여섯 개, 즉 말줄임표로 내가 되돌아가도록 해 주길. 저 말줄임표는 나를 편집실에 가둬 두고서는 기록 테이프를 이어 붙이고 어린시절의 단편들을 재검토하게 했다.) 아무것도 아니라는 지배적 감정의 문제가 있다. 내면의 협곡이 갈라 지듯 저 문장을 열어젖히면서 또 다른 관점이 나타난다. 문장이 삼켜 버린 어떤 것이다. 자, 편집하지 않은 문장이다. 나는 "감정"부터 볼 것 이다.

> 그런데 수시로 나를 지배하던 그 '아무것도 아닌 존재'라는
> 감정은 (또 다른 면에서 보면in anderer Hinsicht 틀림없이 값지고도 비
> 옥한 감정이기도allerdings auch edles und fruchtbares Gefühl 했지만) 다분
> 히 아버지의 영향에서 비롯된 것입니다. (120:26)

낙하산처럼 들어간 이 삽입구는, 어딘가 다른 데를 겨냥한 것 이 아니거나 이것을 끝까지 밀어붙이는 무언가 철학적인 부력을 부 추기는 것이 아니라면, 맥 빠진 것일 뿐만 아니라 말썽만 일으키는 것 에 불과하다. 요컨대 이것이 적어도 부분적으로나마 알아볼 수 있고 그럼으로써 어떻게든 읽어 낼 수 있는 것이 아니라면 말이다. (그렇지 만 카프카에서는 다른 어디에서보다도 더욱 집중적으로 읽어 낼 수 없음이 지배한 다. 그러니 읽어 낼 수 없음은 어떤 경우라도 배제될 수 없다.) 이 원구절에서 테 러는 숭고를 산출함이 드러난다. 자기-상승하는 주체가 아무것도 아 니라는 감정의 무게에 압도됨이 드러나는 것이다. 칸트에서 이것은 (그

의 후계자들이 강하게 느끼는 공포감 저편으로) 휘돌아 굴러서 의기양양해 하는 설명[24]이 된다. 숭고가 멋들어지게 저지한 손실을 이것이 복구하면서 그렇게 된다. 멍하게 만드는 심연에 마주하게 되자 카프카는 칸트처럼 뒷걸음질 쳐서 급히 물러나기로 결정한다. 그는 이 장면을 새로 쓴다. 또 다른 경로가 있었을 것이다. 그러니까, 카프카가 깔아 놓고서는 그 위에 칠을 하는 경로 말이다. 한마디로 말해, 카프카는 윤리적 숭고를 확장하는 데 가닿기 위해 부권적 잔인함의 터널을 뚫어낸다. 삽입구라는 수단을 통해서, 즉 부모[라는]-삽입구parent-parenthesis 혹은 부모[의]-반명제parent-antithesis를 통해서 말이다. 저 감정은—그런데 이것은 **도대체**überhaupt, 어떤 식으로든, 감정인가?—"또 다른 면", 또 다른 관점을 가진다. "아무것도 아님"은 값지고도 비옥하다는 감상感想에 길을 내어 준다.—"auch edles und fruchtbares Gefühl", 즉 거의 소거될 지경까지 압도된 이후에—제3비판서[『판단력 비판』]를 읽어 보라—어떤 것이 되돌아와서 스스로를 바로잡고, 값지다는 감각을 부여하는 생존의 장場으로 옮겨 간다.

쓰레기는 니체식으로 재활용됐고 승급했을("나는 추하다'가 미를 창조했다"—이번 경우에는 ["나는 아무것도 아니다"가] 숭고로 승급했던 것) 뿐만 아니라, 유기물로 전환되었다. 프시케[심령]에 대한 가차 없는 공격은 이 어린아이를 값지**고도** 비옥하게 만들었다. 말했다시피, 어떤 면에서

24　[옮긴이] 간단히 말해, 칸트는 인간이 감성적으로 압도하는 것 앞에서 한계를 느끼지만 이로부터 초감성적인 능력이 일깨워져서 생겨나는 것이 숭고함의 감정이라고 설명한 바 있다.

보자면 이것은 어린아이 교육법을 숭고 정치의 판본으로 고쳐 언명하는 정상적인 양육의 이야기다. 카프카는 그러나 자기의 시야를 다른 곳에다 둔다. 저 텍스트는 그 나름의 방식으로, 이제 수사적 보상을 받는 시간이 왔음을 공표한다. 그리고 모든 사람 모든 것에 등을 돌리면서까지 저 텍스트는 검토 요청을 제기할 것이다. [저 장면이] 공들여 그려지는 동안 내내 아버지와 아들 사이의 전체 드라마는 프란츠 카프카의 씨 뿌릴 능력에 달려 있다고, 다시 말해 이 드라마가 그의 "비옥함Fruchtbarkeit"으로 응축된다는 점이 말해진다. 프란츠의 구원은 그의 **비옥함**Fruchtbarkeit에 달려 있으며, 아버지의 식민 사업으로부터 자기를 출생시켰을 번식상의 용맹함에 달려 있다. 하지만 이제 우리가 알다시피, 비옥화 처치[임신촉진치료]로는 단 한 가지가 있을 뿐이며, 이것은 기억해 낼 수 있는 훈육 장면을 둘러싸고 유기적으로 구성된다. 이해 불가능한 처벌은 결실을 맺었다. 그를 값지게 만들었으며 능력을 부여했다. 부분적으로는 아무것도 아님……의 권력 대리보충물 때문에 말이다.

어린아이는 자랐다. 지워짐과 동시에 길러진 어린아이는, 소유의 자부심 등에 관련해 곤란을 겪으면서도, 자기 길을 간다. ─작은 시작("ein kleiner Anfang") 혹은 꼬맹이의 시작은(독일어는 ─ 뭐, **나의** 독일어는 ─ 이렇게 전환되는 신축성을 허용한다) 곧 작음의 시작, 다시 말해 카프카에서는 가정을 무너뜨리는 그 모든 미세한 자국과 얼룩들의 시작이다. 카프카의 텍스트에 들르다 보면 당신은 알아채게 될 것이다. 공격을 가하기 위해 카프카는 언제나 보잘것없이 작아지고, 지배자의 제국을 풀어헤치는 작은 실마리나 매듭을 언제나 표시해 둔다. 카프카의 병법은 이런 작은 조각에 의존하며, 이 조각은 문학적 초월과 형이상학의 집을 더럽힘으로써 부친이 만든 은유를 얼룩지게 한다. 언제나 부스러진 뭔가가 있다. 엄청 투자한 재산property에서 온당함the proper을 끌러 흐트러뜨리는 **넝마**조각, 신문지 한 장, 찌든 얼룩이 늘 있는 것이다. 카프카는 자기의 전의체tropes 혹은 병사들troops을 부풀리지 않는다. 반대로 그는 공격 방법을 성기게 솎아 내거나 희석시킨다. 우리의 시원始原이 되는 아버지("족장Erzvater") 아브라함은 한 톨의 먼지가 되도록 해체되어 스러진다. 카프카의 우화[같은 이야기]에서 아브라함의 권위는 **티끌을 매개로 삼아** 산산이 흩어진다.[25] 카프카가 세운 방어 계획에는 전략적 탄성이 있다. 이것은 테러 장면을 움츠러뜨리는 그 계획의 능력에 의해 이루어지는 것이다. 다시 말해 이것은 숭고한 테러의 잠식에 대해, 즉 계산 불가능한 적수의 침략에 대해 극소-대응을 내놓음으로써 이루어지는 것이다.

---

25 [옮긴이] 먼저, 아브라함과 티끌의 연결에 관하여, 성경에는 "아브라함이 말씀하여 가로되 티끌과 같은 나라도 감히 주께 고하나이다"(창세기 18:27)라는 문장이 있다. 그리고 아브라함과 카프카에 관해 말하자면, 카프카는 로베르트 클롭슈토크에게 보낸 편지에서 '다른' 아브라함을 상상해 이야기한다. 아브라함이 만약 아무것도 갖지 않았고, "그가 집을 정돈하지"(성경 인용) 않았다면, 장자 이삭을 번제에 바치지 않아도 되었을 것이라고 말하는 것이다. 아브라함은 늦은 나이에 자식을 낳고 가장(아버지)으로서 일가를 이루었다. 만약 그가 모든 것을 갖지 않았더라면 장자를 바칠 필요가 없었으리라는 것이 카프카의 생각이다. 여러 아브라함을 상상하는 이 장면에 대해서는 이후에 로넬이 다시 언급할 것이다.

카프카식 충돌의 세계는 언짢게 하는 세부로 구성된 기계장치가 돌린다. 이 기계장치는 [권위로부터] 인증받지 못한 서사들과 적법성의 경계에 선 항의들로 웅성거리는 대군을 생산한다. 그런데 이것이야말로 헤르만이 ― 헤르 만Herr Mann, 미스터 맨, 즉 남자 헤르만이 ― 구현했던 주인 서사와 정면으로 대치하는 카프카의 방식이었다. 다시 말해 프란츠 카프카는 자기의 아무것도 아님을 올라타 다루었고, 실존의 부스러기를 받아들였으며, 유연히 흐르는 선을 조각과 맞바꾸었다. 그는 가정 내의 지지율 하락을 감수했으며 크기의 감축을 받아들였기에, 실패에 수여하는 세계 수준의 계관을 최초로 획득한 사람이 되었다. 카프카는 우리에게 어떻게 질 것인지, 어떻게 헤아릴지를 가르친다. 잃는 일losses이 당연한 것임을 어떻게 하면 셈해 둘지를 가르치는 것이다. 그는 숨은 보상이나 살아나갈 초월적인 구멍, 혹은 마지막 순간의 반전을 기대하지 않는 법을 가르친다. 카프카[의 세계] 속 온순한 사람들은 대지를 상속받은 것이 아니라 그저 땅에 속할 뿐이다. 요컨대 이들은 먼지투성이 황무지를 다스린다. 이 점을 올바로 이해해 보자. 이들은 아무것도 다스리지 않는다. 각별히 좋을 적에 기껏해야 먼지구덩이에서 뒹굴 따름이다. 이들은 거의 아무것도 받지 못한다. 광맥 있는 황무지도 받지 못할뿐더러, 족보에 들어갈 입장권도 받지 못한다. 상속 그 자체는 너무도 장대한 서사라, 전달될 수가 없다. 카프카는 상속을 잃어 가는 일에 관해 책을 썼다. 카프카가 쌓아 올리는 그 모든 죄의식에도 불구하고, 그의 등록부의 기재 항목에는 오직 불이익과 손실의 책임을 따지지 않는 무과실 경제 활동들만 자리

잡을 수 있다. 그러면서도 동시에, 손실을 처리하면서 그는 소문자로 적어 넣은 미세한 이익보충분을 장부에 올린다.

카프카가 테러에서 얻는 이득을 삽입구로 넣을 적에, 그는 회복시키는 삭감을 끌어들이는 칸트식 몸짓을 따라 할 뿐만 아니라 감사를 표하기까지 하면서, 어떻게든, 자기의 '거세'를 애써 받아들인다. 상징적 파괴라는 이런 **감정** 또한, 삽입해 보자면, 값지고도 비옥한 감정으로서, 이 순교자의 제한 있는 자기애를 만들어 내고, 누가 타자와 직면할 때 그 사람 자신의 수용력이 감소한다는 점에 대한 정언긍정categorical affirmation을 가능케 한다. 그런데 어떤 지점에서나, 값지다는 감정은 그 자체를 초과할 수 있으며, 김을 내뿜는 복수심의 고양으로 전환될 수 있다. 카프카에서, [값진 성질, 즉] 고귀함nobility은 **감정**에 한계를 부과하나 그럼에도 불구하고 **감정**을 나타낸다. 좀 더 괴테풍으로 말하자면, 고귀함은 체념을—감정이 갖는 몰입한 잠재력 없이 작동하는 감정을—함축한다. 괴테의 언어로 체념은 Entsagung이라 일컫는다. 일종의 말함 없이-말하기Ent-sagung인 셈이다. 이런 상상이 가능하다면, 이는 『편지』에서 말하지 않음에 대한 카프카의 여는 문장에 조응한다. 편지는 체념 가운데서 시작했다.—저는 말할 수 없습니다, 저는 겨우 쓸 수 있을 뿐입니다, 저는 이길 수 없습니다. 편지는 가능한 중단이라는 진리, 일종의 휴전협정의 진리를 추구할 뿐이다. 요컨대 편지는 교전 중의 적에 대해 다른 논리를 추구하는 것이다. 이 논리는 체념에서 길러졌고, 시작부터 끝날 때까지 숙명에 두들겨 맞지만, 따기도 어려울 승전금에서 귀퉁이 개평이나마 얻어 볼 수 있는 논리다. 편지는 클라이스트의 유명한 텍스트 『Die Hermmansschlacht』— 헤르만의 살육 혹은 '헤르만 전쟁'[26] — 의 또 다른 판본을 제공한다.

『편지』는 선전포고와 짝 맞춰진 화해 선물로서, 근거가 무너지고 있는 지대로부터 이륙한다. 편지는 볼품없는 평화를 수립하거나 허약한 평화만 제도화하기를 추구할 뿐이다. 이런 평화는 군사력을 철수함으로써 만들어지지만 기껏해야 영속적인 교착 상태나 희망 가능하다. 이런 교착 상태를 카프카는 **화해**Versöhnung, 혹은 일종의 불가침조약이나 융화 시도라고 부른다(어딘가 다른 곳에서, 독일의 다른 학자들과 나는 Versöhnung이라는 단어 속에 들어 있는 Sohn[아들]에 대해 지적했던 바 있다).

계속 살펴볼 또 다른 문제가 있다. 만약 아버지의 야간 구타가 재앙일 뿐만 아니라 어떤 면에서는 비옥하면서도 값지게 만드는 것이라면, 카프카가 기술한 내용은 어쩔 도리 없이 수태 장면에 가입하게 된다. 카프카가 그 만남의 결실을 품고 있다고 말하고 쓸 적에 말이다. 바로 이런 점이야말로, 이렇게 다른 층위에서 보자면, 그가 편

---

26   [옮긴이] 하인리히 폰 클라이스트가 1808년에 발표한 5막 구성의 희곡. 그는 나폴레옹 전쟁에서 프로이센이 프랑스에 패배한 후에, 고대 게르만족이 튜턴 숲에서 로마 군대를 전멸시킨 전쟁을 기억으로부터 소환하여 희곡으로 만들었다. 『헤르만의 전쟁』은 게르만 민족 중 하나인 케루스키족의 왕자 헤르만이 로마군의 장군 바루스와 맞붙어 튜턴 숲에서 승리하는 과정을 그리고 있다. 튜턴 숲의 전투는 19세기 중반에 이르기까지 독일 사상가들에게 계속해서 소환되었다. 이 시기에 소환된 튜턴 숲의 전투는 민족 혹은 혈족 간의 전쟁일 수도 있고, 구체제 세력과 새로운 혁명 세력 사이의 전쟁일 수도 있다.

지letter 속에서 뢰비가 되어야만 하는 이유이다. 말하자면 글자letter 그
대로 카프카는 아버지의 '아내'가 되어야만 하는 것이다. 하지만 이 모
든 과정은 이미 언급했다시피 꽤 정상적이다. 비록 그가 아버지의 낯
을 깎는 반려가 되었고 쓰레기나 개처럼 내쫓겼다고 할지라도, 카프
카는 자기의 운명을 속이는 것이 아니라, 판명하게 괴테 같은 방식으
로, 자기 운명을 값지게 만들기를 겨냥한다. (이 한밤중의 은폐 기억에 등
장하는 포르노 연구에서나 주목할 것 같은 배역에 관해 숙고하도록 나를 내버려
두기를 바랄 뿐이다. 더불어 괴테를 데려다가 각본에 집어넣는 일도 양해해 주길
[나 자신을 변호하기 위해서라도 적어도 이 점만은 말해 둘 수 있겠다. 괴테는 클
라이스트와 더불어서, 카프카가 총애한 슈퍼스타 작가 중 한 사람이었다 — 로넬].)
트라우마가 된 저 일화는 이렇게 말해 준다. "당신께서 제게 하셨던
일은 제가 아무것도 아니라는 점을 제게 밝혀 주시는 것이었습니다."
그의 아무것도 아님에 대한 폭로는 물이 합류하는 지점을 서술함으
로써 이루어진다. 점액질 논리를 담은 장면에 넘쳐 나는 듯한 무엇으
로부터 발원하여 왈칵 솟구치면서 상처 입히는 물바다의 합류점을
서술하는 와중에 폭로가 진행되는 것이다. 아버지의 몸은 사방에 흩
뿌려져 있다. 카프카는 그를 붙잡아다 시체[같이 아무것도 아닌 몸] 쪽으
로 몰아붙이고, 그의 살을 세계 거의 전반에 퍼뜨린다. 다른 일화들
이 보여 주는 어린아이는 이렇다. 그 아이는 아버지의 벗은 몸을 — 예
를 들면 수영장에서 — 자랑스러워하면서, 그러면서 동시에 자기 자신
의 몸뚱어리가, 그 부러질 것같이 초라한 몸집이 밝게 노출되는 것을
겁먹을 정도로 부끄러워한다.[27] 부친의 몸이 자아내는 이끌림과 숨

막히는 위협, 갈망과 포만, 욕망과 공포로 인해 생겨난 멈칫거림이 미묘하게 텍스트를 타고 흐른다. 이런 식의 구절 해석이 취했던 전환을 나로서는 별달리 만족스럽다고 느끼고 있지는 않지만, 그래도 대부분은 떳떳하다. 나는 제한된 주제구성 경로에 머물 수도 있었으리라. 프란츠가 먹잇감이 되었던 냉대와 집요한 괴롭힘만을 다루면서 말이다. 나는 학대가 주기적으로 되풀이해 생성하는 양가성과 동요를 다룰 수조차 있다. 그럼에도 불구하고, 카프카가 기술記述이라는 틀 속에다 파괴적인 강변強辯을 배열하는 방식은 누구를 진 빠지게 만들고 기어 지나가게끔 한다. 그 누구는 새로이 억압하는 공간들 아래 짓눌리게 되는 것이다. 우리의 편지 글쓴이가 아니었더라면 나도 이런 식으로 웅크리고 긴장하도록 강요받지 않았을 것이다. 그가 값진 감정과 비옥함에 관한 단편적 삽입구를 집어넣음과 동시에 배제함으로써, 완벽하게 평온한 겉모양을 띠고 있었을 터인 의미의 장을 뒤집지 않았더라면. 의미의 장을 뒤흔듦으로써, 만남의 불균등한 결합력을 폭로하고 만남에 외삽되어 거슬리는 표현법을 노출시키지 않았더라면 말이다.

27　[옮긴이] "그 한 예로 아버지와 제가 종종 같은 수영장 탈의실 안에서 함께 옷을 벗었던 기억이 납니다. 저는 깡마르고, 허약하고, 홀쭉했고, 아버지는 강하고, 크고 어깨가 떡 벌어지신 체격이었지요. 탈의실 안에서부터 이미 저는 제 자신이 초라하게 여겨졌었지요. 아버지 앞에서만이 아니라 온 세상 앞에서 말입니다. …… 또한 저는 아버지의 번듯한 신체가 자랑스럽기도 했답니다"(30~31).

아버지의 부인이 되기를 그리는 아들의 환상이 있다. 이런 환상은 슈레버 박사와 쥐인간을 우리에게 데려왔던 그 문화에서 비롯된다.[28] 그 자체로 볼 때—그리고 이 판타지가 욕망의 교란이라는 판돈을 보다 넓은 맥락의 문화 환경에 놓고 본다는 점을 고려하면—이런 배경설정은 비정상적인 것이라곤 하나도 시사하지 않는다. 프란츠가 이따금 간구하는 모친의 뒷받침은, 잘 이루어질 때조차도 연약하게 개입한다. 어떤 경우, 카프카의 어머니는 부친의 초은하군에 잡아먹히고, 그리하여 모성은 종적을 감추거나, 계속 보조적일지언정 구조상으로는 승급한다[곧 부성과 결합한다]. 프란츠가 어머니의 대리가 되거나 그 자리를 채운다. 이 치환의 논리는—어머니는 그가 모친 위치와 누이 위치에 들어가거나 거기에서 나오는 데 맞추어 왕성하게 돌아다닌다—바로 프란츠가 허용함으로써 성립하는 것이다. 그리고 프란츠는 모종의 서술적 조명 기법하에, 아버지가 그저 한 마리 경찰견처럼 보일 적에도 어머니는 감춰진 법의 입장을 맡게끔 한다.

그러나 대부분의 경우에, 어머니는 보호구역에 숨어 있음으로써 아버지의 권력을 강화할 뿐이다.—그녀는 아이들을 자기 쪽으로 끌어들여 아버지가 이들을 궁지로 몰 수 있게 만들어 주는 유혹물 역할을 맡는다. 어머니는 어린아이에게 덫이자 올가미다. 그녀는 새로

---

28   [옮긴이] 프로이트의 정신분석 사례에 등장하는 슈레버 판사와 쥐인간은 둘 다 아버지와의 관계에서 동성애적 소망을 품게 되었다고 해석된다. 이들은 엄한 아버지로부터 엄한 가정교육을 받았다. 이들은 어린아이 아들의 신체와 정신을 교정하지 않으면 안 된다는 문화의 산물인 셈이다.

개선된 양가성 등록기register를 설치해 낼 뿐이다. 어린아이는 안식처를 찾았다고 속으로 생각하지만, 그러자마자 어머니가 또 다른 가면임이 밝혀지게 된다. 한마디로, 아버지의 가면인 것이다. 그녀는 해롭다. 그녀가 집 안의 해 없는 아늑함이라는 환상 가운데서, 온화한 눈짓으로, 순종적인 분리구역[29]을 억누르는 듯 보이니 그렇다. "어머니는 자신도 모르게 사냥에서의 몰이꾼 역할을 하셨습니다"(132:60). 어머니는 후방 전선 담당이다. 어머니는 가정 전선에서 자가면역 실험실[30]을 꾸리고는, 행여나 어린아이가 개발해 냈을지 모를 방어용 암호를 무력하게 만든다. 어린아이는 방어 배치를 짜고, 방심하지 않는 명철함과 적진 정찰을 통해 탄탄한 태세를 갖출 수도 있었으리라. 어머니가 그녀의 병동을 혼란시키고 약화시키는 데 소용되는 방해 기구를 조작하지만 않았더라도 말이다. 이렇게.

있을 법해 보이는 일은 아니지만 아버지의 교육 방식이 어쩌면 저에게 반항심, 혐오감 혹은 나아가 증오심을 불러일으킴으로써 제가 혼자 힘으로 일어서는 데 도움이 될 수도 있었다면, 어머니는 저를 마냥 잘 대해 주시고, 이치에 맞

---

29   [옮긴이] '순종적인 분리구역'이라고 옮긴 discreet district는 discrete district를 참조한 것이다. 이 말은 분리된 구역을 가리킨다. 게토 같은 경우를 떠올릴 수 있겠다. 로넬은 여기에서 소리가 거의 같은 discrete와 discreet를 바꿔 씀으로써 의미를 중첩시키고 있다.

30   [옮긴이] 자가면역이란 자기 신체의 조직 성분에 대해 면역 반응을 일으키는 상태를 가리키는 말이다.

는 말씀을 하시고(어머니의 말씀은 제 어린시절의 혼돈 속에서 이성의 원형이었지요), 저를 위해 간청을 해 주심으로 해서 오히려 그럴 수 있는 가능성을 없애 버렸습니다. 그래서 저는 아버지의 울타리 안으로 되몰려 들어오게 되었지요. 그렇지 않았더라면 저는 아마도 그 울타리를 뛰쳐나갔을 것이고 그 결과는 아버지한테도 좋고 저한테도 좋았을 텐데 말입니다. (132:60)

어머니는 수렴청정하는 자리에 올라 이성의 포즈를 취함으로써, 어린아이가 건전한 반응성을 비축할 기회를 줄인다. 그녀는 전송장치와 긴요한 탐지체계를 때려 부순다. 어린아이가 경계태세를 유지하는 데 필요했던 것들을 허물어뜨리는 것이다. 때로는 여기의 처지를 교전상황이라고 직설적으로 옮겨 이해하게 된다. 방첩활동의 배치와 복잡성을 닮아 있고, 교량이나 통신 기지를 날려 버리는 이런저런 활동과 흡사하기 때문이다. 그러나 어머니는 소음을 발생시키는 모든 것보다도 더 은밀하게 움직인다. 뢰비니까. 그녀는 바로 파르마콘으로서의 소임을 모두 다한다.[31] 그녀는 치료제인 티를 내지만 독을 조제할뿐더

---

31 [옮긴이] 파르마콘은 병의 치료에 사용되었던 모든 물질을 가리키는 말이므로, 약이건 독이건 가리지 않고 따라서 이중성 혹은 양가성을 지닌다. 카프카의 『편지』에서 어머니는 마치 파르마콘 같다. "어머니는 …… 저에게 몰래 무언가를 주셨고, 또 은밀히 무언가를 허락해 주시곤 하셨는데 그것은 오히려 아버지와의 진정한 화해를 가로막는 것이었습니다. …… 나아가 저는 제 자신이 무가치한 존재라는 생각에 짓눌려 자신의 권리로 여기던 것조차 뒷길로만 다가갈 수 있는 죄지은 사람의 의식을 갖게 되었지요."(60~62).

러, 의지들 간의 투쟁 가운데 가족 희생양으로 변모하게 되므로.

> 아버지는 어머니에 대해 늘 사랑하는 마음이셨고 배려를
> 아끼지 않으셨지만 중간에서 겪으시는 어머니의 고통스러
> 운 입장에 대해서는 저희들이나 마찬가지로 거의 관심을
> 두지 않으셨지요. 우리는 어머니를 사정없이 두들겨 댔습
> 니다. 아버지는 아버지대로, 저희는 저희대로 말입니다. 그
> 건 일종의 기분전환이었지요. 무슨 악의가 있어서 그랬던
> 것은 아니고, 오직 아버지는 저희를 상대로, 저희는 아버지
> 를 상대로 하는 투쟁만을 생각한 것이었는데, 결국 우리는
> 어머니를 짓밟으며 그 위에서 미친 듯 날뛰어 댔던 셈이지
> 요. (139:79)

우리의 [『편지』] 서술자가 추정컨대, 어머니에 대해서 저 어린아이
가, 그녀가 친절한 마음을 표명하고 견고한 안전지대를 보장했을 때
조차도 조심했던 것은 옳았다. 왜냐하면,

> 어머니는 아버지를 너무나 사랑하셨고 너무나 충실하게
> 아버지한테 종속되어 계셨기 때문에 아이들이 아버지와
> 싸우며 커 가는 동안 지속적이고 독자적인 정신적 힘이 되
> 어 주실 수 없었지요. 그런 힘을 원하는 건 아이들의 당연
> 한 본능이었으나 어머니는 시간이 갈수록 아버지와 더욱

더 밀접하게 결합되셨으니까요. 어머니 자신에 관해서 어머니께서는 늘 자신의 독자적인 영역을 최소한의 범위 내에서—한 번도 아버지의 자존심을 크게 건드리시는 일 없이—부드럽고 다소곳하게 지켜 오셨던 반면에, 자식들에 관해서는 세월이 흐를수록 점점 더 완벽하게 지성보다는 감정에 치우쳐 아버지의 판단과 결정을 맹목적으로 받아들이게 되셨지요. 오틀라가 사실 까다로운 애이기는 했지만 그 애의 경우에는 특히 그러셨지요. (138~139:77~78)

부친이라는 발동기 곁에 딸린 어머니는 아버지의 권력을 능가하건 강화하건 간에 차츰 융화됨으로써 적대 진영과 동맹을 맺는다. 프란츠는 어디로 향해야 했을까?

5장

의지들 간의 투쟁

쩨쩨하게 굴기에 관하여

이미 이야기했다시피, 형제들은 출발점에서 쓰러졌다. 이들의 유령 같은 소멸이 집 안에 펼쳐진 전선을 꽤나 휩쓸고는 있지만 말이다. 이들은 일종의 비非원천을 표시한다. 이들은 허깨비같이 먼저 간 존재들로서, 프란츠로 하여금 재빨리 뢰비라는 이름을 몸에 걸치도록 한다. 형제자매들 가운데 그럭저럭 성공담을 일궈 낸 사람은 누이 엘리뿐이다. 다른 누이 오틀라는 프란츠가 일찍이 굴복했던 자리에서 싸움을 멈추지 않았다. 엘리, 그녀는 달아난다. 성공이 카프카식 "거의"라는 말에 묶여 있을지언정, "엘리는 아버지의 주위 궤도를 뚫고 나가 벗어나는 데 거의 완벽한 성공을 거둔 유일한 경우입니다."[1] 루저로서의 시작만을 후원 삼은 작은 폭죽이 되어, 그녀는 확 밀치고 전진해서 빠져나갔다. 그녀는 유일했다. 어떻게 될지 모를 손주들을 제외한다면, 폭군적 울타리 내의 부성 체계들에서 회로를 망가뜨리고 진출로를 찾은 유일한 아이였던 것이다. "어렸을 때라면 그 애가 그럴 수 있으리라고는 전혀 상상할 수도 없었을 겁니다. 그 앤 둔하고, 졸립고,

---

[1]   Franz Kafka, "Letter to Father", *The Sons*, trans. Ernst Kaiser & Eithne Wilkins, New York: Schocken Books, 1989. 이하 참조한 문장들은 이 텍스트 여기저기에서 인용한 것이다[영어판 쪽수 뒤에 붙인 숫자는 한국어판 『아버지에게 드리는 편지』의 쪽수다].

겁 많고, 시큰둥하고, 꽁하고, 비굴하고, 심통스럽고, 게으르고, 탐욕스럽고, 인색하기 짝이 없는 아이였으니까요……"(140:82). 엘리는 프란츠가 가장 가깝게 동일시하는 아이면서도 그를 먼지구덩이 속에, 얼빠진 채 남겨 놓고 떠난다. 그녀의 출구는 결혼이다. 즉 관대함, 환호, 낙천성의 역사로 도약할 발판인 결혼이다. 여기에서 질문 하나. 어째서 결혼이, 얽매는 제도가, 가부장의 잠식으로부터 도망갈 피난처로 이해되는가? 어떻게 하면 엘리가 이 텍스트에서 의기양양한 무리에 들게 될까? 카프카는 너무나도 간절하게 출구를 원했기에, 결혼에 대해 놀랄 정도로 철저한 양가감정을 피력한다. 몇몇 이유로 인해, 엘리가 관련될 적에 그는 결혼이라는 신화적 안정장치를 완전히 떨쳐 내지 못한다. 그런데도 프란츠 카프카는 짝을 찾을 때, 누이에게서 자기 자신을 보고서는 동시에 불쾌해져서, 눈을 돌려 버리거나 말하는 법을 잊어버린다. "그 앤 둔하고, 졸립고, 겁 많고, 시큰둥하고, 꽁하고, 비굴하고, 심통스럽고, 게으르고, 탐욕스럽고, 인색하기 짝이 없는 아이였으니까, 저는 그 애를 거의 쳐다볼 수가 없었고, 그 애한테 말을 거는 일은 더욱 할 수 없었습니다. 그 애는 너무도 제 자신을 떠올리게 했거든요. 또한 너무도 비슷하게 아버지가 우리를 양육하는 같은 영향권 안에 사로잡혀 전혀 기를 펴지 못했지요." 프란츠는 동일화에 갇힌 데다가 끔찍이도 싫은 상대와 함께하는 퇴행적 여정에 늘 속박되었다.—그는 자기와 동일한 누이를 견딜 수가 없다. 프란츠는 차츰 줄어들어 적막한 모서리에 굴러들어 가 응시나 시선이건 부름이나 말 걸기건 거부하게 된다.

엘리는, 여성화되고 외면화된 내부의 프란츠는, 자기의 형제자매들과 치명적인 자리 뺏기 놀이에서 맞붙는다. 둘에게는 공히 **인색함**[2]의 그림자가 드리워져 있다. 인색함이 이들을 정의하고, 붙잡히지 않는 대상에 대한 이들의 싸움에 버팀대 역할을 한다. 환유와 대리작용이 이끄는 성질이 말이다. 카프카는 이들 공동의 자원을 공유하면서, 쩨쩨하게 구는 일이 무엇을 의미하는지에 관한 사유를 제시할 기초 작업을 내놓는다. ─극도로 폄하된 근대적 현상인 인색함에 관해 사유할 토대를 쌓으려는 것이다. 누가 출발하고도 계속 제로에 머물러 있을 때, 억제하는 실존의 아무것도 아님에 가까이 살아갈 때, 그 자신을 위해 축장하는 일이란 대체 뭘 의미할까? 엘리가 인색할 뿐만 아니라 탐욕스럽다는 사실을 염두에 두도록 하자. 카프카는 제가 동일시하는 받는 자의 자리를 이중으로 구성한다(만약 이게 강의였다면 나는 이 이중화를 탐색했을 것이다. 그리고 또 하나 있다면, 갈망의 두 형식 사이의 차이를 탐사하지 않았을까).

엘리와 프란츠는, 시작부터 전무한 상태였기에, 욕심의 집안 정치를 유발한다. 갖고 있지도 않거니와 줄 수도 없는 것을 서로에게서 빼앗으며 말이다. 이들은 주지 않음의 뚱한 경직성을 바탕으로 자기들 상호 간의 삶을 자아낸다. 프란츠 편에서 시작은 그가 언어도 시선도 주

---

2   [옮긴이] 정신분석이 말하는 오이디푸스 단계에서 항문기의 특징 중 하나가 바로 이 인색함(miserliness)이다. 본문에서 보다시피, 로넬은 이를 근대적 현상이자 이제까지 제대로 탐구되지 않았던 현상이라고 간주한다.

지 않음으로써 이루어진다. 엘리를 맨 앞에 놓은 말짜임[3]을 두고 말하기 억제의 레버를 당길 적에 편지의 글쓴이는 얇은 얼음판을 밟고 있다. 그에게는 말하려는 의지가 없다.─그는 말하기가 더듬대고 머뭇거리며 이루어지는 불모의 공간에 있다. [인용한 부분에서] 그는 말할 의지 없음을 탐욕스러운 억누름과 동일시하고, 인색함을 불러일으키는 강박충동과 동일시한다. 『편지』에서 프란츠는 겉보기에 아버지에게 말을 걸지, 누이에게 말 거는 것이 아니다. 비록 그렇더라도 이제부터 그의 불평불만은 탐욕의 조증躁症을 동반하게 된다. 물론 이 일련의 계산들이 곁에서 슬쩍 수행되어야 하는 것은 당연하지만 말이다. 엘리를 경유해 도입된 논리에 따르자면 저 『편지』는 프란츠가 주거나 건네고 싶어 하는 어떤 것에 대한 신호를 제시한다기보다는, 꽉 막힌 옹졸함을 꾸려 담고 있다. 긴축하고 쥐어짜고 억제하는 방식을 포장해 놓은 것이 『편지』다.─이것은 지하 매장에서 떨이로 파는 복사 문서에 불과하며, 역설적으로 아버지에게 '제공'되어 건네졌을 뿐이다. 프란츠는 누이의 쾌락으로부터 배워서 억제 전술의 보답을 누리게 되었다. 엘리는 어린아이로서 "저한테서 …… 빼앗아 가"는 것을 **기뻐했다** (140:83). 어린 프란츠의 입장에서, 이 약탈적 쌍둥이는 프란츠가 삶의 손안에 쥐고 있을 어떤 안락함조차도 죄다 벗겨 내 가져간다.

3　[옮긴이] 언어학에서 신태그마(syntagm)는 주로 형태소가 연속되어 이루어진 통합체를 가리키는 말이다. 본문에서는 카프카가 『편지』에서 엘리에 관해 죽 늘어놓은 구절을 가리키는 표현으로 사용되었다.

특히 그 애의 인색한 면이 저는 혐오스러웠습니다. 어쩌면 저는 더욱더 인색한 편이었으니까요. 인색하다는 건 깊은 불행 속에 처한 사람에게서 나타나는 가장 뚜렷한 불행의 징표 가운데 하나입니다. 저는 모든 사물에 대해 자신이 없었고 그래서 제가 실제로 소유하고 있는 것은 이미 손에 쥐고 있거나 입에 물고 있는 것, 아니면 적어도 손에 쥐려고 하거나 입속에 집어넣고 있는 것뿐이었지요. 그런데 저한테서 빼앗아 가는 것을 가장 기뻐했던 아이가 바로 저와 비슷한 처지에 있던 그 애였답니다. (140:82~83)

인색한 두 아이는—프란츠는 굶주림에 시달리는 이 대결에서 엘리를 능가하지만—나날의 박탈분을 증가시켜 줄 뿐인 방식으로 서로를 잡아먹고 산다. 그런데 박탈은 욕망을 부채질하고 지탱한다. 라캉식 대본구성과 카프카의 텍스트를 따르자면 말이다. 박탈은 사태를 계속 진행시키는 것, 결여 상태를 유지시키는 것이—거나 **아니**—다. 물론 카프카는 박탈의 노선을 지속했다. 궁핍한 존재에 대한 모조 통달을, 꾀죄죄한 인색함에 제 나름 도달한 「단식광대」의 기술자 형상으로 생산했으니 말이다.—단식기술자는 영양공급을 거부하고 비경제[4]를 가장한다. 거식증이라는 비경제를 꾸며 내는 것이다.

4　[옮긴이] 여기에서 '비경제'로 옮긴 aneconomy는 데리다의 경우는 현행의 경제 논리인 상품 교환 너머에 있는 선물 교환과 환대를 말할 때 사용하는 용어이다. 본문에서 로넬은 데리다의 맥

카프카에게서 마이크를 넘겨받은 이들은 과다한 결여의 체계 일부로서 돌봄을 거절한 사람들이기는 하다. 하지만 인색함은 다른 수준, 즉 토대 수준에 걸려 있는 결여에 관한 것이다. 인색함은 곤궁the want 위에 쌓인다. 일시적 소유 대상인 이런저런 잡동사니를 분쇄 및 재활용하고 축장하면서 말이다. 인색함은 없다시피 한 것에서 부풀어 오른다. 누이의 배가 임신으로 부풀어 오르자, 흥미롭게도, 인색함은 유치해지려는 추세에 맞서 잘 베풀고 사심 없으며 낙천적인 성격으로 뒤집힌다. 엘리는 번식의 알레고리들에 굴복함으로써 시간을 벌고 [집으로 돌아오지 않아도 될] 편도 차표를 얻게 된다. 프란츠의 계산에 따르면 그녀는 곤란을 극복하고 프란츠와 아버지 양자 모두로부터 달아난다. 오빠에게 불쾌하게 들러붙던 시절은 와해되고, 동일시는 붕괴한다. 그리고 엘리는 그녀대로 집에서 자유로워지는 카드를 뽑는다. 결혼과 어린아이를 낳는 일은 ―『편지』의 주요 관건은― 비경제적 쩨쩨함으로부터 경제 외적 관대함으로 도약하는 결과를 가져온다. 우리는 이 과정에서 엘리가 카프카라는 이름을 잃게 되었으리라고 추정해야 한다. "엘리는 더 이상 우리와 함께 살고 있지도 않"으니 말이다 (140:83).

엘리는 텍스트상의 교란과 자기비방, 그리고 초월적 충돌의 활동

락과는 달리 '인색함'을 비경제와 연결시키고, 선물(재능)이나 환대와 관련되는 '너그러움', '관대함', '넉넉함'은 경제 외적(extraeconomic)이라고 규정한다. 완전히 경제 바깥에 놓여서 경제와는 아무런 관련이 없는 성질로 간주하는 것이다. 인색함은 상품 경제에서 만들어지는 것이면서 상품 경제의 논리와 다르게 작동한다는 점에서 비경제라고 볼 수 있겠다.

영역에 침투할 경로를 우리에게 제공함으로써, 프란츠를 비추어 낸다. 이런 점에서 우리는 그녀를 주의 깊게 따라갈 필요가 있다.─특히 엘리가 프란츠로부터 찢어져 나와 그를 다시 한 번 "전적으로 혼자" 내버려 두게 될 때는 말이다. 그녀는 다른 방향을 향했고, 『편지』가 개괄한 바에 따르자면, 헤르만의 일생에 걸친 장광설에 대해 유일하게 이용 가능한 진출로를 발견해 냈다. 엘리의 삶에서는 그녀가 결혼을 하고 가족을 꾸리게 되자 무언가가 누그러진다. 이와 대조적으로 프란츠는 항복과 포기라는 최소한도의 샛길 사이를 왕복한다. 그는 인색함에서 엘리를 뛰어넘는 일을 통해서만 넉넉함을 보여 준다. 사태를 거의 최소한으로 끌어내리는 기예를 갈고닦음으로써, 자기 자신을 억제하고 작게 만듦으로써만 너그러움을 증명하는 것이다. 요컨대 이 여러 재능[이자 선물]은 프란츠에게, 즉 가차 없는 부성 기계에 인질로 남을 숙명을 지녔던 사람에게 그의 칼날을 쥐어 주었다.─이 칼날은 거꾸로 선 데다가 뭉툭하다. 영락없다. 하지만 그가 챙기게 되었던 도면plan은 그랬다.

카프카는 줄곧 누이들의 궤도에 마음을 쓴다. 그는 자신이 여동생들에게 딱 달라붙어 있으면서도 자신이 교대역을 맡게 되는 이들에게 대항해 방어한다. 그는 때때로 "약한 동생"의 편을 들기도 한다. 오틀라 카프카는 다른 방식에서 프란츠를 능가하고 부정성의 얼룩을 확대한다. 사실 그의 누이 오틀라는 편지의 글쓴이에게뿐만 아니라 『편지』에도 문젯거리를 제시한다. 그녀는 아버지에게서 비난의 표적이 되어, 그저 부친의 격노만을 유발할 뿐이기 때문이다. 오틀라의 이름에 대한 언급만으로도 『편지』를 찢어 버리게 할 수 있고, 카프카가 맺고자 하는 암묵적인 협약에 위해를 가한다. 자기가 아버지에게 거의 말할 수가 없고 겨우 쓰기나 할 수 있다는 것을 깨달았으면서도, 프란츠는 오틀라에 **대해서는** 쓰는 것조차도 어려워한다. 오틀라는 편지의 도착지destination를 동요시키고 편지의 운명destiny에 구멍을 낸다. 편지가 낳을 법한 일련의 효과 전체를 원리부터 훼손하면서 말이다. "오틀라에 대해서는 제가 쓰기가 매우 조심스럽습니다. 섣불리 말씀드렸다가는 기대되는 이 편지의 효과를 전체적으로 위태롭게 할지도 모르겠다는 생각이 들어섭니다"(140:84). 그럼에도 불구하고 그녀는 거기 있다. 편지를 파괴할 태세로. 오틀라는 그가 들여보낸 바이러스다. 왜 그녀는 이 서간체 실험의 숙명에 그토록 위험할까? 어째서 그녀는 이 실험 내부에 장치된, 수신자의 위치를 확인하고 안정시키려는 기획에 위험요소가 되는 걸까?

이들의 아버지는 오틀라를 미워한다. 그녀가 자기를 언짢게 한다고 느끼고 그녀를 "달리 말해, 악마와 같은 존재"로 본다(141:84). 카프카와 아버지 사이의 절연상태를 능가하기 때문에 오틀라는 "아버지와 저 사이의 간격보다 훨씬 더 엄청난", 최고의 소원함으로 인해 이름뿐인 사람the cipher으로 남는다. 그녀는 아버지와 너무나 멀리 떨어져 있어서 "그 애가 있으리라고 짐작되는" 오틀라의 자리에는 환영幻影이 앉아 있다. 오틀라는 "뢰비의 기질에 가까운 데다가 카프카 가문의 기질 중 최상의 것들로 무장을 한" 무엇과 비슷하건만, 역설적으로 그녀는 프란츠에게 흉내 문제를 결국엔 거의 제기하지 않았다. 요컨대 아버지와 일대일로 맞상대하는 혈기왕성한 상대방 오틀라와 달리, 그는 황급히 굴복하면서, 자기 기저귀를 항복의 백기로 바꾸어 현실적으로 흔드는 것이다. "아버지와 저 사이에는 이렇다 할 싸움이라곤 없었지요. 제 쪽에서 단칼이면 날아갔으니까요. 그 결과 남게 되는 것은 도피와 참담함과 서글픔, 그리고 내면에서의 싸움이었습니다. 하지만 아버지와 오틀라는 양쪽 모두 늘 싸울 태세가 되어 있었고, 늘 기가 살아 있었고, 늘 힘이 펄펄 넘쳤지요. 참 대단하고도 대책 없는 광경이었지요." 그때는 그랬다. "하지만 지금 와서 그 모든 것은 한낱 꿈에 불과한 일이 되었지요"(142:85~87). 오틀라는 이제 적대적인 시선을 아버지로부터 거두어 "저처럼 자신의 길을 혼자서 찾아 나가야 하는 신세가 되었지요. 그리고 그 애는 저에 비해 더 많은 확신과 자신감, 더 나은 건강과 결단력을 지니고 있기 때문에 아버지 눈에는 저보다 더 꼴사납고 더 큰 배신감을 안겨 주는 자식으로 보이게 되었을 겁니다. 저도 이해는 합니다". 다시 한 번, 프란츠는 약함의 세기에서 자기 형제자매들보다 아주 약간 앞서게 된다.

오틀라는—슬퍼하고 고통을 느끼지만 "절망하지는 않는데(절망은 주로 저의 일이지요)"(142:88)—아버지에게 그녀가 프란츠의 공범임을 슬쩍 가르쳐 주었을지 모른다. 이 둘은 같이 앉아 속닥거리고 웃는 일이 잦았다. "때때로 아버지를 언급하는 소리도 들으셨겠구요"(142:88). 침울한 남매가 발하곤 하는 인상은 이들이 밝힌 의도에도 불구하고 "뻔뻔스러운 역모자, 낯선 역모자"를 보는 듯하다. 프란츠는 강변하기를 이들 논의의 중심지점이 아버지인 건 맞지만, 조소의 대상이나 무슨 역모의 표적인 것은 아니라고 한다. 이들은 자기네의 자원을 모아 저장한다. 단지 "아버지와 저희 사이에 영원히 가로놓여 있는 이 지긋 지긋한 소송과정Prozess에 대해 그 주변의 세세한 이야기까지도 시시콜 콜 함께 늘어놓으면서 가까이 다가가기도 하고 멀찌감치 떨어지기도 하면서 모든 각도에서 총체적으로 바라보고 또 그 원인들을 하나하나 따져 보면서 서로 깊은 이야기를 나누기 위해서였던 겁니다. ⋯⋯ 이 소송에서 아버지는 언제나 판관이 되어 내려다보는 입장에 서시고자 했습니다. 그런데 최소한 대부분의 경우에는⋯⋯[5]" 아버지-재판관에 게 현행범으로 그렇게나 붙들리곤 했던 한 쌍의 서술자[오틀라와 프란 츠]는 **소송**에 나갈 채비를 차리고 자기들의 사건을 제출할 준비를 한 다. 위기에 처한 권위를 다룬 책을 쓰려고 준비하는 것이다. [프란츠의] 해명은 "최소한 대부분의 경우에는(wenigstens zum grössten Teil)"이라는 깔끔한 양보를 시작으로 삼아 결정적으로 방향을 틀어 버린다.

불평을 투입하는 저 수사법은 여기서 좀 더 자세히 살펴볼 만하 다. 이것은 어떤 독해 규약에 대한 단서를 준다. 『편지』가 전적으로 단 독인 부류인 건 맞지만, 어쨌든 『편지』를 모체로 삼고 있는 다른 작품 들을 읽어 낼 독해 규약을 귀띔해 주는 것이다. "최소한"은 시들어 우 그러지지만 반어적으로 부풀어 올라 "가장 커다랗거나 넓은 부분"으 로 된다. 그러니까, 최소한 대부분의 (가장 커다랗고 넓은) 경우에[라는 문 구]는 물러남의 신호로서 **최소**least**와 최대**most를 동시에 우리에게 선

---

5   [옮긴이] 이 말줄임표의 뒤에 오는 말에 대해서는 바로 이어서 로넬이 언급할 것이다.

사하면서, 부친에 대한 지시작용의 의미가 파동변화의 특징이 있음을 콕 집어낸다. 의미의 이런 파동은 미세한 쪼가리 수준의 동요에서부터 부풀어 오른 괴물 같은 것들까지를 아우르는 범위에서 출렁이는 것이다. 아버지가 거대하기만 하지 소름 끼칠 만큼 소형으로 압축될 수 없었다면 형제자매들이 구사할 모종의 전략은 부친의 과부하를 묵인하는 것으로 꾸며졌을지도 모른다. 따라서 위의 사유 문장은 다음과 같이 끝난다. "……최소한 대부분의 경우에는(이 말로 저는 제가 당연히 범할 수도 있는 모든 오류의 가능성을 열어 두고자 합니다만) 아버지께서도 저희나 마찬가지로 약자이셨으며 사태를 제대로 보지 못하는 쪽이셨습니다"(142 : 89). 여기에서 문단 전환. 이어지는 다음 문단은 "아버지의 양육법 영향에 대한 [좋은] 사례"로 시작함으로써 그것대로의 역할을 갖는다. (편지 글쓴이의 말씨가 얼마나 신중하게 남아 있는지에 주목하라. ―초점은 엄격히 [양육법의 결과로서] 영향에 맞추어져 있으며, 원인을 추궁하여 잡아낸다거나 본질적인 책임을 묻는 시늉조차 하지 않는다. 카프카는 책망을 공유하고 저지른 잘못에 대한 책임 귀속을 분리해 나눈다. 또 신식의 보험 관련 법률가로서 그는 책임 몫의 배분을 삼간다.)

그래서 무슨 일이 발생했고, 왜 나는 이를 시끄럽게 떠들고 싶어 할까? 프란츠는 재판관 앞에 설 준비를 한다. 그는 집에-틀어박혀 일체의-타협이-없는 궁극적 권위 앞에 나아갈 준비를 하면서 부친의 권위를 구성하는 균열과 빈칸을 인지한다. 이에 따라 프란츠는 그의 언어의 방향을, 그의 호소와 불평불만을 무자격의 말썽 많은 장소쪽으로 향하게만 할 수 있다. 그는 무응답의 확실함보다 조금 크게만

("wenigstens[최소한] zum grössten[큰] Teil") 되받아칠 수 있다[거의 응답할 수 없는 것과 마찬가지인 셈이다]. 착오도 망상의 공황도 타자에게 넘겨진다. 이과 꼭 마찬가지로 카프카식의 절망적 관료제는 절충형성물에 불과하며(하지만 사형 형벌을 주관하니 살인적이기도 한데), 어리석도록 기계적이고 불안정하다. ― 적에 대한 조준을 약간 옮기는 일은 막대한 효과를 낳는 것이기에, 실은 무지막지하게 커다란 행위다. 최소한 가장 대부분의 경우에는 말이다. 그리고 조준선의 미세 이동은 이 서신/미사일 missive/missile의 수신자 및 그 환영幻影 같은 소굴을 다시 한 번 깨뜨리는 데 도움을 준다.

프란츠는 계류 중의 "무서운 소송"과 마주하고 있다. 그는 수완도 없고 진짜로 겨냥할 만한 적수도 없이, 얹혀사는 자식으로, 루저로 남아 있다. 그는 전투 피로에 빠져 있거나 전투로 마모되어 있다. 이견의 여지가 없다. 프란츠는 자기가 상대자를 거꾸러뜨릴 수 없다거나 자기의 삶이 영구한 전쟁에 속한 파편이 되고 말 것이라는 의심에만 사로잡혀 있다. 피와 살점으로 얼룩진 채 희망 없는 분계선을 두고 끝없이 거듭되는 접전의 편린 말이다. [닥쳐올] 어렴풋한 기소가 이 전투를 제어한다. 카프카는 재앙적 충돌을 보는 초자연적 야간 시력을 가졌다. 그의 밤눈은 종결될 수 없는 모든 전쟁 장면을 엮어 내는 불투명한 논리를 꿰뚫는다. 프란츠 카프카는 이미 베트남과 아프가니스탄에 있었다. 저 소송은 최후 심판의 홈 엔터테인먼트 판본이다. 소송은 미해결 상태로 계류 중이다. 타자도 보지 못하고 망상에 빠지기는 마찬가지인 채로 우리에게 닥쳐온다는 사실을 이해하는 어린아이를 기다리면서 말이다. 타자라는 스크린에 기민하고 교활하되 단호한 과잉능숙함hypercompetence을 투사할 수 있었더라면, 인지된 효율성의 그 크기를 타자에 투영할 수 있었더라면, 이 어린아이는 대체 어느 정도나 더 큰 영향력을 만끽할 수 있었을까. 아버지의 약점을 시야에 포착하고서도 그는 사격을 가하거나 종결짓지 못한다. 또는 상상 속 적대감의 쇠퇴를 끝장낼 수도 없다. 그는 제안할 수만 있다. 다시 말해, 억누르지 못하고 상처 주면서도 내내 상처 입는 타자에게 호소하는 일종의 대차대조표를 넘겨줌으로써, **항복하고** 이[위 인용문 같은] 평화조약을 제시할 수 있을 뿐이다. 헤르만에게 끼어든 연약함은 쉼 없는 공격적 기질이 체화된 그 무엇보다도 파괴적으로 나타난다.

집 안에서 적대감은 매우 여러 형식을 취하게 되었으리라. ─ 적대감은 비밀계정들에 비축되거나 정면으로 폭발하기도 하고, 혹은 무슨 남모를 행동이나 타협으로 인해 정지되기도 한다. 가령 헤르만 카프카가 병든 자식을 근심스레 지켜보며 문간을 맴돌 때 그랬듯이 말이다.[6] 그는 프란츠의 셋방에 감히 발을 들이지 못하고 그저 밖에 서

---

6   [옮긴이] 이 번역서에서는 child를 로넬의 주요 개념 중 하나인 '어리석음'의 의미를 살리기 위해 전반적으로 '어린아이'라고 옮겼다. 그러나 이 문장에서는 '자식'으로 옮겼는데, 아무래도 여기서 언급하는 사건이 편지를 쓰던 당시(30대 중반)의 일이기 때문에 어린아이라는 단어가 어울리지 않는다고 판단했기 때문이다. 여기서 언급하는 『편지』 속 일화를 인용하면 다음과 같다. "혹은 최근에 제가 병을 앓고 있는 동안 제가 있던 오틀라의 셋방에 슬며시 오셔서 문간에 가만히 서 계신 채 침대에 누워 있는 저를 보시려고 목만 안으로 들이미시고는 저를 생각하셔서 그냥 손으로만 인사를 건네셨을 때가 바로 그런 때였지요. 그럴 때면 저는 너무도 행복한 나머지 엎드려 울곤 했답니다. 그리고 지금 그것을 이렇게 쓰고 있는 동안에도 다시 눈물이 북받쳐 오릅니다"(56).

있다. 그의 책임 아래에 있는 상처에 취약한 자식을 방해할까 염려해서다. 지워지지 않는 이미지―아버지가 염려하고 어색해하며, 도와주거나 치료할 힘이 없어서 완전히 초라해진 채 근심스레 들여다보는 이미지―가 다 자란 글쓴이를 그가 쓰는 동안에도 눈물 흘리게 만든다.[7] 그렇지만 부친의 근심에 대한 기억이 예외상태가 해제되었음을 의미하지는 않는다. 저 집안의 적대감이라는 조건은 보편화된 것이다. 복구된 전장은 가정의 외부에, 역사의 길거리나 정치의 현장에 속한 듯싶은 것을 흡수하기도 한다. 긴급조치를 취할 필요가 있다. 우리는 카프카가 반셈주의[8]를 심각한 것으로 받아들였다는 사실을 안다. 그는 《프라하 석간》을 읽었고, 적극적인 반셈주의 저술가 한스 블뤼

7   나는 『편지』의 이 예외적 순간에 대해 이따금 의아하게 여겨 왔다. 아버지가 근심에 꼼짝 못 하고 문지방에서 서성대는 때를 말이다. 이 문간은 마치 이 저작 속에 내가 들어갈 길을 찾을 수 없는 차원을 마련하는 듯 오랫동안 나를 어리둥절케 했다. 내 문학 롤로덱스[명함이나 메모카드 같은 것을 둥근 원통에 꽂아 놓고 앞뒤로 돌려 가며 찾을 수 있게 만든 제품. 명함을 정리하는 도구로 주로 사용된다]를 훑어보다가 엘렌 식수의 도라를 찾아냈다. 도라는 "프로이트를 문밖에 내쫓았다(foutée[d] Freud à la porte)". 나는 『파우스트』의 메피스토펠레스에게서, 그가 문간에 대해 강박신경증적인 데가 있고 그래서 모든 것이 글쓰기 안에 들어와야 한다고 요구했다는 점을 알아챘다. 메피스토펠레스가 문간에서 머뭇거리는 것은 프로이트의 쥐인간 증례에서도 언급된다. 나는 Laurence Rickels, The Devil Notebooks, Minneapolis: University of Minnesota Press, 2008 덕분에 전(前) 오이디푸스기의 아버지가―가혹해지기 전, 자기 아이들에 대해 애정 어린 관심을 갖고 있는 아버지를 의미하기도 하는데―금세 사탄 같은 격분을 발산하는 자리로 넘겨진다는 사실을 이해한다. 그는 자애로운 아버지에서, 잔인한 형상으로 나타나는 그의 지옥 같은 대응 항목으로 급전환한다. 아버지의 이런 전환은 위와 같은 심리적 회전문 장면의 요체를 제공하기에 적절하리라. 헤르만이 전 오이디푸스적 포즈로 얼음처럼 고정되어 있는 순간 동안, 프란츠는 그 '기억' 때문에 운다.

8   [옮긴이] 반유대주의를 말한다. 다만 19세기 말부터 유럽 지역의 반유대주의가 인종적 편견으로 옮아갔음을 보다 분명히 나타내기 위해 anti-Semitism을 그대로 반셈주의라고 옮겼다.

오틀라의 셋방. 프라하 성 아래 골목길에 늘어선 작고 낮은 셋집들 중 하나다. 카프카가 태어나 살던 프라하 중심가의 주택 건물과 비교하면 방 하나 크기도 안 될 정도로 작다. 본문에서 로넬이 언급한 '문간'은 거의 노변이나 마찬가지다.

허의 무도함에 응답할 준비를 했다. "카프카는 블뤼허의 초기 저작을 잘 알고 있었으며 그래서 그를 다른 반셈주의자들보다도 더 심각하게 생각했다."[9] 그런데 유대인 문제는 가정에서 시작했다.

『편지』의 함축 내용은 사회적 재록양피지[10]를 구축한다는 나름의 윤리-정치적 작업을 일찍부터 시작한다. 정치적 갈등은 가정 경계를 벗어난 곳에 뿌리내린다고 생각할 수 있으나, 이런 생각은 망상임이 입증된다. 프란츠는 집안에서 자라난 반셈주의와 전투를 치러야 하고, 계급투쟁이라는 이름으로 작은 항의를 내보여야만 하며—그의 아버지가 자기의 노동자를 비하하면, 프란츠가 내면에 품은 사회적 방침은 그를 강제하여 배상과 작업자 산재보상을 토해 내게 한다[11]—그러면서도 그는 아버지의 "격분wüten"과 맹렬한 폭언으로부터 자기를 지켜 줄 탄도탄 방어 시설을 계속 새로 세운다. 폭군 혹은 사장의 호통은, 즉 권력을 주입받은 자, 정치 지도자의 으르렁댐은 그에게 내면화된 여러 배상청구자 중 한 명의 핵심적 불만으로 프란츠에게 남아

---

9   Nicholas Murray, *Kafka*, Croyden, Surrey: Abacus, 2005, p.342.

10   [옮긴이] 재록양피지(palimpsest)란 양피지에 기록된 내용을 거듭 쓰거나 고쳐 쓴 것을 말한다. 재록양피지 위에서는 원리상 의미가 중첩되고 복합될 수밖에 없다.

11   [옮긴이] "또한 아버지는 폐결핵을 앓고 있는 한 점원에 대해 늘 이런 식으로 말하셨지요. '저런 병든 개는 어서 뒈져 버려야 해.' 아버지는 점원들을 '월급 받아먹는 원수들'이라고 부르셨는데 …… 가게에서 저는 아버지가 부당하신 분일 수도 있다는 큰 깨달음을 얻었습니다. …… 소심한 저로서는 남한테 어떻게 그런 심한 욕을 할 수 있는지 이해가 안 되었고 제 생각에 독한 앙심을 품고 있을 점원들을—먼저 제 마음의 평화를 위해서라도—어떻게든 아버지나 우리 가족과 화해시키고 싶은 거였지요. 그러기 위해서는 그들에 대한 보통 때의 공손한 태도만으로는 안 되었고 특별히 겸손한 태도로도 안 되었지요. 아예 비굴한 모습을 보여야 했습니다"(75).

있다. 어떤 사람이 누구의 '열등함'에 대해서 — 어떤 경우든 말대답할 수 없고, 목소리와 찬반표시권을 잃은 사람들에 대해서 — 말하는 방식은 『편지』의 논변에서 되풀이되는 관심사 중 하나다. 아버지는 감정을 터뜨린다. 아버지의 감정 폭발이 권력 없는 장소에서 뿜어져 나올 때조차도, 이것은 한결같이 **악담**Schimpfen의 트라우마로 — 학대하는 말들의 멈추지 않는 일제사격으로 — 기억된다. [예전에] 카프카였던 (그리고 일종의 정치적 망명자로서 카프카에게 계속 잠복해 있는) 꼬맹이는 언어의 엄폐물로 피한다. 가족의 일상적 북적거림의 바닥에 납작 엎드려서 말이다.

때때로 프란츠는 자기의 편에서 항복의 백기를 들 준비가 되어 있었다. 프란츠가 아버지에게 — 『편지』에서 이렇게 언급된 텍스트로는 유일한 — 벤저민 프랭클린의 청년기 회고록을 선물했을 때가 그렇다. 프란츠 카프카가 헤르만 카프카에게 선물이라니, 그것도 책을. 여기서 진행을 좀 늦출 필요가 있겠다. 우리가 갑작스레 의미의 대양을 지나쳤고 문학의 체크포인트를 통과했기 때문은 전혀 아니다. 저 구절은 견줄 게 없을 정도로 특별한 데다가 문학-역사적인 어떤 난관에 대해 말해 주기도 한다. 이는 깊은 숙고를 요한다. 뭣보다도 이것이 정치적 엔진의 회전수를 올릴 뿐만 아니라, 프란츠가 **아메리카**Amerika와 맺게 될 어떤 관계와 우리를 접속시켜 주니까 말이다. 카프카의 '아버지에게 드리는 편지'가 『프랭클린 자서전』을 삼켜 흡수할 적에 어떤 일이 일어나는지 한번 살펴보도록 하자. 다르지만 희한하게도 꼭 들어맞는 책자를 이처럼 독특하게 함입함으로써 생겨난 결과를 나는 음미해 보고자 한다.

프란츠가 프랭클린을 끌어들일 때, 편지에 어떤 일이 일어난다. 편지가 새로운 추고/판addition/edition을 집어넣으려고 하자, 이제 이것은『편지』자체의 어깨 위에 올라타게 된다. 이렇게 결정적인 침입을—미국, 자매 텍스트, 채식주의 동료, 정치적 선지자의 끼어듦을—간과한다면, 우리는 이 텍스트를 다른 해안가로 밀어붙이고 예기치 못한 주석의 국경으로 몰고 갈 해석의 항해를 잘못 운영하는 셈이리라. "저는 그 책을 사실 의도적으로 아버지한테 읽어 보시라고 드린 거였지만, 아버지가 비꼬듯이 말씀하신 것처럼 그 책에 잠깐 나오는 채식주의에 대한 짧은 구절 때문이 아니었습니다"(149:108). 프랭클린의 회고록 책자는『편지』에서 유대주의에 관한 구절 및 프란츠의 글쓰기에 대한 아버지의 "혐오Ekel"에 관한 구절들이 흘러나오도록 준비시킨다. 이것은 상당히 노력을 투자한 전투 장면 시퀀스 속에 들어가며, 선물이고 책인 또 하나, 다시 말해 프란츠가 헤르만에게 제공했고 발송했던 또 다른 텍스트이자 변명을 재현한다. 그런 것으로서 이 책자는 현시present된 텍스트의 전략적 차원을 또한 조직하기도 한다(흔히 말하는 현시는 절대로 아니고, 요새는 쉽게 이해되다시피 면전에서 제시되거나 현존으로 제공되지는 않는 현시다).『편지』속에 조심스레 위치를 잡고, 그 자리로부터 뻗어 나와서 약호들을 설치하고 여러 독해 양식을 보장함으로써 말이다. 이 책자는 어떤 면에서는 은폐해 있으려는 것 같지만, 이것이 발하는 다른 신호들에 따르면 의미심장한 전송 채널을 틀 수 있기도 하다. 프랭클린 회고록은 파견된 텍스트기에『편지』에 거주한다. 그리고 여기서 말해진 것에 결합하는 항목들을 변동시키기도 한다. 파견된 텍스트로서는 당연하겠지만, 말해진 것의 경로를 의미화하고 오염시키고 변질시킴으로써, 또 『편지』 그 자체에 관해, 마치 이것이 전적으로 홀로 있는 듯이, 주석상 있을 법한 모든 주장의 방향을 새로이 정리하면서. 어떤 의미로 『편지』는 스스로를 저버리고 손을 뻗어 다른 사람의 회고를 끌어들임으로써 수수께끼 같은 주름fold을 창조한다. 그리고 — 벤저민 프랭클린의 혈통 및 정치적 돌파 지점과 연관된 저 공격적인 주제구성을 고려한다면 —『편지』는 아버지와 아들을 새롭게 자리매김하는 일에 성공을 거둔다. 그는 왜 이렇게 했을까? 왜 프란츠는 저 미국인의 자서전으로 아버지의 주의를 끌었나? 아니면 왜 주의를 끌고자 했다고 말했나?

채식주의는 아버지와 아들 사이의 논란거리지만, 이것이 그가 프랭클린의 책을 아버지에게 공급한 필연적 이유는 아니다. 물론 육식성로고스중심주의[12]와 함입 문제는 모티프를 구성하는 것으로서 손쉽게 제거할 수 없지만 말이다. 게다가 프랭클린의 채식성은 (그 실행이 어떤 '주의ism'와 유사해질 수 있다면 말이지만) 살생을 탁자에 올린다. "그때까지 나는 동물을 먹지 않는 내 나름의 해결책을 고수해 왔다. …… 나는 어떤 물고기라도 물고기를 먹는 일은 까닭 없는 살생이라고 생

---

12   [옮긴이] 육식성로고스중심주의(carnologocentrism)는 carnivorism(육식성)과 logocentrism을 결합한 데리다의 조어로서, 동물의 고기를 제의의 중심 수단으로 삼은 아브라함 시대부터 지금까지 내려온 태도를 지칭하는 말이다. 육식성로고스중심주의적 사고에서 동물의 고기는 초월적 기표로 상승한다.

각했다. 한 마리의 물고기도 우리에게 살육을 정당화할 법한 상처를 입히지 않았고, 입힐 수도 없었기 때문이다."[13] 좀 더 자세히 살펴보도록 하자. 도대체 뭐가 프란츠 카프카를 몰아세워 벤저민 프랭클린을 붙들어다가 이 저작을 그의 아버지에게 중계해 주는 곳이자, 이것을 『편지』의 일부로 만들거나 혹은 자기 편지 안의 편지로 만드는 곳에다 데려다 놓았을까? 프란츠 카프카가 자기 자신을 읽어 낼 수 있거나, 제약의 체계에서 자기가 탈출할 길을 잠정적으로나마 쓸 수 있는 곳에다 벤저민 프랭클린을 데려오도록 만들었던 건 뭘까? 카프카는 프랭클린과 짝을 맺음으로써 자신을 현시하고 자기 의견을 진술하려는 스스로의 목표에 편지 속에서 더 가까워질 수 있다. 프랭클린은 수많은 점에서 프란츠 자신의 애착이나 언어 습관을 비춰 낸다. 실제로 프랭클린은 카프카가 언어와 관계된 자기의 원천경험ur-experience을 약호체계로 구성하는 데 사용하는 바로 그 어휘들로써 프랭클린 자신을 명명한다. 요컨대 우리가 텍스트의 변두리를 몇 바퀴쯤 휘도는 수성水性-논리를 쫓아감으로써─그리고 프랑스어를 독해 및 수영과 연결하면서(와이게이트는 "프랑스어를 했고 독서를 사랑했다. 나는 그와 그의 친구에게 수영을 가르쳤는데 강에 간 지 두 번 만에 그들은 곧 훌륭하게 수영하게 되었다"[37])─알게 되는 점이 있다. 바로 프랭클린이 불리던 이름들 중 하나가 명명 행위와 관련된 카프카의 원경험과 일치한다는 사실이다.

13   Benjamin Franklin, *The Autobiography of Benjamin Franklin*, New York: Dover, 1996, p.27. 이하 참조한 문장들은 이 텍스트 여기저기에서 인용한 것이다.

"물 미국인 Water-American이라고 나를 불렀다."[14] 또 "나는 오직 물만 마셨다"(34). 이름은 명백히 드러나는 의미작용 연쇄를 통해서 둘 모두를 품고 있는 텍스트적 자궁을 창조한다. 프랭클린의 『자서전』은 그의 "앎에 대한 갈증"과, 평생 지속되었으나 어려움을 겪던 책과의 관계("나는 그때부터 종종 아쉬워해 왔다. …… 더 적절한 책이 내게 주어지지 않았던 사실을"[9]) 양쪽 모두를 강조한다. 열두 살까지 그는 책에 둘러싸여 있었으며 인쇄업자였던 형의 수습공으로 들어갔다. 이 일은 그로 하여금 책에 근접하게 해 주었으나 부친의 칙령 혹은 지시로 인해 활자들[로 이루어진 문학의]로부터 — 프랭클린의 경우에는 시로부터 — 강제로 절연당하는 카프카식 드라마를 개막하기도 했다. 다음과 같이. "그때 나는 시가 좋아지기 시작했다. …… 그러나 아버지는 내 솜씨를 비웃고 시인이라는 작자들은 대개 거렁뱅이라고 말해서 나의 용기를 꺾었다. 그래서 나는 시 쓰는 일을 관두었다. 아마 되었더라도 아주 나쁜 시인이었을 것이다. 그러나 산문 쓰는 일은 내 삶의 도정에서 큰 도움이 되었고, 내가 진전하는 데 주된 수단이었다. 이제 이러한 상황에서 내가 가진 미약한 재주를 어찌 얻게 되었는지 이야기하련다"(10). 프랭클린은 부성의 기본값이 그를 으깸에 따라 글 쓰는 사람이 되었다. — 아버지는 시로부터 그를 끌어냈다. 하지만 이런 점이 벤저민 프랭클린다운데, 그는 억눌러 없앤 열정에서 자기의 이익을 찾고 양키

---

14 [옮긴이] 프랭클린이 영국에서 일할 때, 일이 끝난 후에도 술을 마시지 않고 물만 마셔 대서 주변 사람들이 그를 물 미국인이라고 불렀다고 한다.

식 발명 재간의 신화를 개시한다. 카프카의 미국 여행은 [만약 실제로 이뤄졌다면] 프랭클린이 겪은 시련들과 관련되는 성질을 추적하는 일이 여전히 가능하더라도, 현저하게 달랐으리라. 어째서 카프카가 벤저민 프랭클린을 우리 앞에 놓인 이 작업과 동화시키는지 생각해 보자. 프랭클린의 텍스트는 대체 어떤 식으로 카프카의 딜레마를 향해 외쳐 부르는 걸까?

자손에게 말 거는 글로서 『자서전』은 프랭클린의 아들에게 저술가의 숙명을 그려 보인다. 아니, 산문 쓰기로 숭고하게 승화된 시의 숙명을 예시한다. 프랭클린은 자기를 "책상물림"으로 간주하고 이렇게 부른다. 그는 일생 동안 이 기질을 붙들고 있다. 프랭클린의 책상물림은 그의 실존을 밑받침하며, 어떤 기준에서는 카프카의 Schrifts-tellersein으로—카프카가 일기와 서신 교환에서 자기 신원 확인의 수단으로 삼았던 저술존재[라는 개념의]로—이어진다. 프랭클린은 그가 행하는 모든 일의 뿌리를 글쓰기에 대한 자기 관계 가운데 둔다. 고기를 먹지 않으려고 했던 일조차도 젊은 프랭클린이 열여섯에 탐독했던 책이 권장했던 바를 따른 것이다. 프랭클린이 제한된 의미에서 순전한 책상물림이 갖는 물질적 한계범위를 깨뜨리고 돌파했던 것은 분명하다. 그는 과학의 장으로 달려 나갔고, 외교적 경로를 더했으며 『가난한 리처드의 달력』에 이르게 되는 실용-사변적인 모험을 추가했다. 이런 이른바 돌파는 책상물림의 현존재Dasein와 분리될 수 없게 남아 있으며 글쓰기에 대한 프랭클린의 고유한 관계를—그가 결코 내놓지 않은 어떤 것을—거듭해서 확인시켜 준다. 프랭클린은 대부분 다른 활동들로 알려졌으며, 활자들의 숙명을 기록 중인 그 어떤 연대표나 논평 혹은 저술가들의 진용에서건 카프카 바로 곁에 그가 앉아 있는 것을 보는 일 따위는 아무도 꿈꾸지조차 못했을 것이다. 유명하게 알려졌다시피 프랭클린은 연을 조종한다[즉 정보를 조금씩 내보이면서 반응을 살핀다]. 책상물림 속성을 공유한다는 것 말고 이들에게 공통점은 거의 없어 보인다. 카프카의 경우는 움직임을 그다지 좋아하지 않을뿐더러 공중公衆에 의한 제재의 특수 형식[으로서 격언 같은 것]도 즐기지 않는다. 뭣보다도 그는 아들에게 편지를 부칠 수 없다. 하지만 그로부터는 누구건 간에, 앞뒤를 다 둘러보아도, 카프카가 첨가되지 않은 말을 펴내기는 어렵다. 카프카는 글쓰기와 관계된 모든 존재에 그의 표지를 남기도록 되었던 셈이며 모든 텍스트에 저작권을 지닌다. 옛적의 텍스트건 아직 두루마리에 기록되지 않은 텍스트건 간에 말이다. 카프카는 공식적으로 벤저민 프랭클린을 채용했고, 그러니 프랭클린은 여러모로 이 기계 안에 있으며 카프카가 쓰지는 않았더라도 카프카를 통해 읽혀야 한다. 우리는 뒤범벅된 것, [권위에 의해] 인증되지 못한 항목들을 카프카의 유산과 결부시킨다. 이제 프랭클린에 이런 잡동사니와 미인증 항목들이 생겨난다. 벤저민 프랭클린의 작업으로 되돌아감으로써 우리는 가서 말 걸 곳을 정리한 여행 일정이 복잡해진다는 점을 이해하고, 또 누가 누구에게 뭘 하는지 혹은 어떤 역참이나 무슨 위치에서 하는지 더는 확신할 수 없다는 사실을 이제 이해할 수 있다. 카프카 세계의 고전이 되어 버린 몇 가지 행위나 구타가 이제 프랭클린의 작업에 치환된 형식으로 돌아온다. 카프카적 아버지와 결부된 폭력은 프랭클린의 회상에서 규칙적으로 자기를 구타한 폭군 같은 큰형으로 뒤바뀐다. 큰형은 그의 얻어맞은 몸뚱이에 정의正義를 향한 지속적인 열정을 새겨 넣는다. 다른 한편 헤르만이 자기 자식을 읽는 일에 반감을 가졌던 사실이 뒤집혀서, 프랭클린의 아버지는 종종 벤저민의 글쓰기에 관여하기 위해 그가 쓴 글을 골라낸다. 벤저민이 글쓰기에 자기 쪽 논변을 집어넣을 적에 ─ 그중 한 화제는 여성을 앞으로 이끄는 일의 적절성과 관련 있다[15](젊은 프랭클린은 우리 편이었다) ─ 프란츠에게는 그나마 괜찮은 날에, 꿈에나 있었을 법한 어떤 일이 우연히 일어났다.

> 한쪽이 세 통인가 네 통인가 편지를 보냈을 때쯤, 아버지가 우연히 내가 쓴 글을 찾게 되어 읽었다. 아버지는 논쟁의 내용에는 끼어들지 않고, 내 글쓰기 방식에 관해 말할 기회를 잡으셨다. (11)

자, 다시 한 번. 카프카는 왜 이 저작을 아버지에게 선물했을까? "거기엔 저자와 그의 아버지 간의 관계가 잘 묘사되어 있고 또한 저자와 그의 아들 간의 관계도 ─ 그 회고록은 그의 아들을 위해 쓴 것

---

15   [옮긴이] 프랭클린은 어린시절에 친구인 존 콜린스와 여성의 교육에 관한 문제로 논쟁했다는 이야기를 자서전에 써 놓았다. 콜린스는 여성이 천성적으로 학문에 맞지 않으므로 여성 교육이 적절하지 않다고 말했고, 로넬이 밝혔다시피, 프랭클린은 여성의 교육에 찬성하는 쪽이었다. 둘 사이의 논쟁은 편지가 오가며 진행되었고, 아래 본문에서 인용한 부분은 바로 이어지는 부분이다.

이므로 ─ 아주 자연스럽게 드러나 있기 때문에 권해 드린 거였습니다. 여기서 그 세세한 내용까지 들추어낼 생각은 없습니다"(149:108).

참 재밌다. 젊은 카프카는 그답지 않게 앞만 보고 달리는 중인데, 그가 생략하고 마는 "세세한 내용"은 틀림없이 잠깐 멈출 여지를 준다. 이렇게 억압된 세세한 내용은 표면적 화해의 기계장치를 멈추거나 텍스트의 클레임 처리 부서를 혼잡하게 만들지도 모르니 말이다. 카프카의 선물은 뭘 하는 걸까? 뭘 말하는 걸까? 이것은 [가족 구성원 사이] 관계들의 모델을 특수한 방식으로 빚어내나? 저 갑작스런 동강 내기, 즉 쪼가리와 세부에 대한 맹목적 반감은 전염성이 있어 보인다. 프랭클린의 책에 주목한 카프카 주석자들조차도 프랭클린의 역사적 위상을 미리 주입받은 탓이겠으나 이 책에서 조화로운 가족관계의 그림을 본다. 다르게 말해 그들은 이 자서전을 읽지 않았거나, 읽었더라도 이 관계들을 규정했고 가족을 붕괴시킨 그 유명한 충돌 양상들을 고려하지 않았던 것 같다. 프랭클린과 아들은 서로에게 인지된 적이었다.[16] 이들의 관계는 악명 높은 분란과 야속한 심정이 지배했고, 적통 정당성에 관련된 문제투성이였다. 이 선물은 독약이다. 카프카는 자칫하면 아버지에게 독약을 먹일 뻔했다. 비록 그 나름으로는 자기가 비타민제를 ─ 자기들 자신의 내내 늘어진 관계에 기운을 북돋고 이들

---

16   [옮긴이] 벤저민 프랭클린의 아들 윌리엄 프랭클린은 사생아(私生兒)라고 알려져 있다. 프랭클린은 스물네 살 때 윌리엄을 자기 아들로 '인지'했으나 미국 독립전쟁 때 각각 독립파와 영국 충성파가 되어 서로 완전히 갈라섰다. 독립파로 옮길 수밖에 없는 the Patriot라는 단어의 어원은 '아버지'에 가닿으며, 영국은 미국의 모국(母國)이었다.

의 관계를 강철같이 단단하게 다져 줄 것을―투여하고 있다고 생각했던 것 같지만 말이다. 그런가?

카프카가 세세한 내용을 빠뜨리면서도 언급한 바는 이 회고록이 아들에게 발송된 것, 즉 "그의 아들을 위해 쓴 것"이라는 점이다. 첫 상영에서 프랭클린은 카프카의 편지-회고록 혹은 반反회고록, 즉 망각되는 회고록anamemoir과는 정반대 것을 썼던 것이리라(아주 많이 잊었다고 카프카는 쓴다. 날카로운 고발의 한가운데에서 이따금 멈추면서). 자기 아들에게 말을 걸면서도 평소대로 프랭클린은 교훈을 주기를 원한다. 그러나 첫 번째 충동은 아들을 기쁘게 해 주려는 것이다. "많은 일이 네게는 아직 익숙지 않더라도 내 삶의 정황을 아는 것이 너한테도 마찬가지로 기분 좋은 일일 것"(1)인 한에서는 말이다. 아버지 프랭클린은 자세히 말하는 일의 쾌락이 둘을 동등하게 만든다고 상상한다. 벤저민 프랭클린은 자기 추억에 대해 부친으로서 쓴다. 선물증여자 카프카에게는 [재능을 아들에게 건네줄 수 없으므로] 불가능한 만큼 더 의미 깊은 일이다. "나는 앉아서 너를 위해 이 추억들을 쓴다."

도달할 주소지의 상세 사항은 『편지』를 관통하는 강력한 모티프이면서, 카프카 편지의 끝을 읽어 내는 데 특별히 중요하게 된다. 편지가 언젠가 끝나기만 한다면―혹은 **결구**envoi와 배달에 복잡하게 얽혀 있는 모든 문제를 고려할 때, 이 편지가 애초에 이륙하기나 한다면―말이다. 편지의 여행 일정이 그리는 궤적을 쫓는 작업을 단순하게 만들자. 나는 편지의 이송 경로를 담당하는 조사관이 되어서 유물론 – 해체적인 검토 작업을 고지식하게 수행해 보겠다. 편지는 카프 카로 하여금 몇몇 환승역을 돌파해서 자기의 장애물과 정면으로 마주 대하게 해 준다. 카프카는 그에게 속한 기질들을 이른바 타자의 것과 교환한다. 그는 부성적 대상을 내부에 투사하여introject 잘하면 이것을 전환해 낸다. – 다시 말해 이 대상과 함께 죽을 수 있도록 함께 살아 낸다. 저 기록서류의 끝에서 프란츠는 아버지의 목소리를 떠올리며 가장한다.[17] 그는 아버지가 되거나 혹은 그 위치에 기생함으로써 일반적으로 생각되는 자기들의 역할을 뒤바꾸고 약호체계를 바꿔 쓴다. 저 텍스트에 파견된 것으로서 벤저민 프랭클린의 『자서전』은 카프카의 『편지』의 방향을 바꾼다. 또한 편지가 지탱하는 것 같은 동일시 과정을 무력하게 만든다. 『자서전』은 평화조약이거나 [프란츠와 헤르만을 위한] 교육 모델이다. 이것은 카프카의 불평이 등록되는 다른 영역을 연다. 카프카는 프랭클린의 텍스트를 전략적으로 놓아두었다. 이 일은 모종의 소망충족이나 불가해한 비방, 혹은 간절한 애원을 가리키는 것일 수도 있다. 가령 이런 것. "아빠 편지 써 주세요. 나한테 '아버지에게 드리는 – 그러니까 아버지가 주시는 – 편지'를 써 주세

---

17   [옮긴이] "제가 아버지를 대할 때 갖게 되는 두려움에 대한 지금까지의 제 설명을 두루 이해하셨다면 아버지께서는 이렇게 답변하실 수 있을 겁니다. '너는 내가 우리의 관계에 대해 단순히 너한테만 책임이 있는 것으로 설명한다면 그건 내가 내 자신의 입장을 편하게 만드는 거라고 주장했지만, 나는 네가 겉으로 보기엔 몹시 힘들게 노력하고 있는 것 같기는 해도 최소한 너는 네 자신의 입장을 스스로 더 어렵게 만들고 있는 것은 아닐 것이며 그렇게 함으로써 오히려 네 자신한테 훨씬 더 득이 되는 결과를 얻고자 하는 거라고 생각한다. …… 내가 크게 잘못 본 것이 아니라면 너는 이 편지 자체만 가지고 보아도 아직 나한테 빌붙어 살고 있다'"(155~160).

요." 달리 보아, 『편지』의 끝을 규정하는 복위腹位술[18]이나 기생 상태를 고려한다면, 우리는 어쩌면 어떤 단서를 제공받고 있는 중인지도 모른다. 편지의 원천과 겨냥점에 관한 진실을 드러낼 용도의 단서 말이다.─그 내용은 말하자면 이럴 것이다. 아빠는 이 편지를 쓰고 구술하고 위탁해 **주셨고**, 심지어는 내 여린 목구멍 속에 떠 넣어 주기까지 하셨다…… 하지만 자기 자신을 프랭클린의 수신자로 만드는 자에게 화 있을진저. "친애하는 아들에게"[라는 인사말]의 헤드라이트 불빛 속에 어리둥절한 저 "친애하는" 자에게 재앙 있으라.

『자서전』은 『편지』에 설정되어 있는 텍스트 지시사항들의 음량을 키운다. 카프카는 글쓰기용 책상들을 주의 깊게 배열하여 시퀀스를 마련하며, 프랭클린의 『자서전』을 이 알레고리 시퀀스에다 집어넣는다. 이럼으로써 분명히 그도 옹호하는 정황 속 한낱 상호관계나 의미상 명료함으로 나아갈 통로를 가로막게 될 뿐일지라도 말이다. 책을 사서 아버지에게 선사할 적에 카프카는 무엇을 넘겨주어 전하고 싶었던 걸까? 더군다나 이 책은 **빠블라취** 트라우마와 짝을 이루듯, 독일어가 아니라 체코어본으로 입수했던 것 같은데? 선물로서 이 책이 또한 수반하는 사실이 있다. 이것이 엄청난 배반을 폭로하고, 잘못

---

18 [옮긴이] ventrilocate는 데리다가 ventriloquie(복화술: ventri[배꼽]–loqui[말])라는 단어를 변용해서 만들어 낸 조어이며, 이 책에서는 뜻을 그대로 따와서 '복위술'이라고 번역했다. 내부가 외부고 외부가 내부인 자리에서 카프카는 『아버지에게 드리는 편지』의 결구를 맺고 있기 때문이다. 이것은 특히 유령론에서 관건이 되는 표현인데, 유령의 목소리를 흉내 내어 말하는 일은 같은 장소에서 다른 대상의 목소리만 빌리는 것이 아니라, 완전히 다른 장소에 속한 존재의 목소리를 빌리는 것이 되기 때문이다.

으로 선을 넘은 아들을 용서할 수 없는 아버지를 드러낸다는 점이다. 벤저민 프랭클린은 자기 아들 윌리엄이 망연자실할 정도로 그에게 실망스러웠음을 우리가 알도록 한다. 그의 실망은 특히 윌리엄이 미국혁명 당시에 [영국]왕에 계속 충성하는 쪽을 택했을 적에 가장 컸다. "그무엇보다 나를 상처 입혔던 것은 …… 늙은 나이에 내 유일한 아들로부터 버림받았다는 사실을 깨닫게 되었던 일이다"[19]라고 그는 말했다. 벤 프랭클린 자신은 혁명가들 중에서도 가장 마지못해했던 사람이었다. 하지만 (미국 백인 인구 80퍼센트가 그렇게 했듯) 모국母國을 떠밀어 낼수밖에 없었다. 벤저민은 혈육 간의 관계 단절을 결코 극복할 수 없었고, "윌리엄의 '불충disloyalty'을 절대로 용서할" 수 없었다. ― 미국 곧 아버지에 대한 "불충", 이제 같은 뜻이 되었고 따옴표가 감싸고 있는 이 두 단어에 대한 불충을 용서할 수 없었던 것이다.[20] 그는 윌리엄의 어머니를 떠밀어 내고는 사생아 아들을 새 가족의 일원으로 키웠다. 둘사이의 소원함은 미국을 이들 각자가 선택하거나 상실하게 될 때까지도 좁혀질 수 없었다. 아들은 실상 [새 가족이라는] 의향the will으로부터 단절되었고 태어난 나라에서 추방되어 1782년에 영국으로 건너갔다. 그는 고립되고 망가졌다. 본이 되는 부자관계는 대략 이쯤으로 요약된다. 프란츠-프랭클린은 이런 관계의 틀을 아버지와 공유하기로 결

19   Sheila L. Skemp, *Benjamin and William Franklin: Father and Son, Patriot and Loyalist*, New York: Bedford/St. Martin's, 1994에서 재인용.

20   Ibid.

정했던 것이다. — 이것은 폐적廢嫡의 이야기, 정치적 적대감, 처자 유기, 복구할 길 없는 다툼, 사생아 출생, 방기, 추방의 이야기다. 남아 있는 한 가지 아이러니는 윌리엄이 충성파loyalist가 됨으로써 배반 행위를 수행했다는 점이다. 그는 아버지가 아니라 왕을 택했다. 아니, 어쩌면 조국patria 곧 부성보다는 모국母國을 택했던 것이리라. 아들은 모국을 택하면서 나라nation의 혁명적 판본, 여성화해서 보자면 낳아 놓은 [naître] 것이 반역한 판본을 버렸다.

우리 편지의 서명자에게는 그 어떤 것도 아버지를 실제 넘어선 적이 없었다. 아버지의 충동이나 권력과 짝지어진 것으로서 부친의 주권에서 나오는 특사 혹은 환유가 있다. — 왕이나 카이저, 혹은 옥좌나 홀笏같이 부친으로서의 단층선 및 부친이라는 긍지에 그 자체가 종속되는 것들 말이다. 그렇지만 이런 것들조차도, 부성이 제 것임을 못 박고 둘러싼 영토를 결코 침범할 수는 없었으며, 그랬다가는 틀림없이 으깨지고 패배할 뿐임이 확실했다. 카프카가 아버지의 권위를 강조했던 일은, 처음 읽기에는, 프랭클린 속의 아버지를 지원하려고 했던 것일지도 몰랐다. 비록 카프카식 강조가 권위와 부성 개념에 대한 프랭클린 자신의 주장을 다시 쓰도록 요청할지라도 말이다. 『편지』속에서 카프카는 폐적당한 아들로서 제 자신의 이야기를, 프랭클린의 작업에서 다뤄지는 아들에 덧붙일 뿐만 아니라 어떤 면에서는 자기 이야기를 저 아들과 대립시킨다. 카프카는 프랭클린과 그 아들 사이의 환상 관계를 자기 아버지에게 보여 주길 원했다. 그러나 이랬던 바로 그 자리에서조차 카프카는 가명을 쓴 제 아버지와 맞닥뜨리게 되며, 폐적을 낳는 어떤 힘과 조우한다. ─그는 이런 점을 인지할 수 있고 따라서 흩어 내 없앤다. 프란츠는 [관계를] 거울로 비추던 중에 막다른 길로 들어섰다. 이 거울상은 동일시에 일어난 파손만을 배달할 뿐이다. 이것은 프란츠가 아버지에게 선사했던 선물에 어떤 식이건 쭉 기록된 운명을 찾거나 부정하는 일에 도달하기 때문이다. 저 선물은 모순적인 지시사항과 자기-취소하는 관점들을 싣고 있다. 이층 갑판으로 이루어진 저 편지를 이 지점 이후로는 어떻게 읽어 낼까?

카프카에게 훈련받은 독서가로서 우리는 거의 읽기 힘든 저 선물, 저 현존에 대한 몇 가지 해석을 내놓도록 명받았다. 이 중에서 확신을 갖고서 다른 것을 몰아내는 해석은 하나도 없다. 카프카의 기술記述은, 프란츠가 저 책을 제공할 적에 가졌을 의도를 아버지와 아들 양쪽 모두 읽어 내지 못하는 것 같다는 사실을 명확히 한다. 이 문서철을 적어도 이대로 펼쳐 놓은 채, 치워지기 직전까지는 질문들로 그 속을 채워 보도록 하자. 가장 극단적인 가정으로 시작하는 것이 좋겠다. 프란츠는 프랭클린 같은 아버지를 원하나? 자기 아들을 현실적으로 **귀양 보낸** 아버지를? 이 귀양은 그에게 숨 돌릴 틈을 주고 외부 공간을 할당해 줄 터이다. 비록 고통의 양식일 뿐이더라도 말이다. 그런데 이는 밖으로 나가는 길이자, 욕망이 좌절되었던 최초의 충돌에서 바깥에 내보내졌던 트라우마 기억에 대응한다. 우리가 이미 언급했듯 어떤 트라우마들은 구조를 형성 중이다. 편지에 끼어든 프랭클린의 중재는 다른 양상이지만 그 또한 **요구**demende를 가리킨다. 어떻게 해서든 더 구조적으로 굴절된 요구인 것이다. 카프카는 모델이 되는 텍스트를 삽입함으로써 또 다른 글쓰기 장면을 환기한다. 어떤 아버지가 자기 아들에게 글을 쓰는 장면이다. 프랭클린의 『자서전』에는 '아들에게 주는 편지'라는 제목이 붙을 수도 있었을 것이고, 그랬다면 '아버지에게 드리는 편지'의 대응모델을 제공했으리라. 카프카는 프랭클린의 편지를 파견함으로써 자기 텍스트의 방향을 고쳐서 또 다른 원천 쪽으로 둔다. 그는 『편지』에 압력을 가해 자신에게 발송된 자기 아버지의 편지가 되게 만든다. 어떤 의미에서 보면 그는 자기 소망을 이룬다. 카프카가 스스로에게 스위치를 줌으로써 편지는 점진적으로 그 아버지의 편지가 되어 간다. ─ 아버지의 것이 되어 가는 편지는 정확히 그 아들에게 말 걸고, 아들을 서명하는 사람 자리에서 밀어내면서, 아들이 점진적으로 자율성의 환상과 의절하도록 만든다. 편지는 그 임무를 자율적으로 시작했던 것 같은데도 말이다. 결국에 카프카는 편지 속에서 카프카라는 이름에 대한 권리주장을 포기하게 될 것이었다.

글쓴이는 화자의 자리를 작품 내 부친의 처소 및 부친의 기능에다 넘겨줌으로써, [편지의 맨 끝] 장면을 아버지가 지배하도록 길을 터 주었다. 아버지를 무사통과시켜 약탈을 완수하도록, 『편지』조차도 탈취하도록 만들어 준 것이다. 부성의 잠식을 위한 공간을 내주기 위해서일까, 카프카의 작품들은 밀실공포를 느끼게 하는 좁은 침실 공간에서 벗어나 러시아와 미국이라는 팽창된 기표들이 표시하는 넓게 트인 곳으로 자리를 옮긴다. 팔레스타인 깃발과 중국 깃발도 카프카의 상상적 시야 가운데 또 다른 전초기지들에 걸려 있으며, 정처 없는 존재의 내적인 영지와 외적인 영지가 여기서 생성되고 서로 교환된다. 이런 나라[의 기표] 중 몇 군데는 그 지시대상으로 대응하는 부분과 맺는 연관성이 불안정하게 그려지는 경우가 있다. 왜냐하면 거리감을 측정하고 공급하는 텍스트적 반경범위를 규정함으로써 「판결」이 선명하게 보여 주듯, 카프카 속에는 슬그머니 신화적인 러시아가 존재하고 있기 때문이다. 이 신화적 러시아는 심리적인 결정들 저편에서 지도에 그려지는 러시아만큼이나 중요한 것으로 나타난다. ─ 물론 광대한 나라라는 이념, 혹은 크건 작건 일련의 나라라는 이념은 심리적인 전유 없이도 존재할 것이고, 결코 확고한 것도 아니지만 말이다. 미국은 카프카에게 무슨 의미일까? 그리고 왜 『편지』에서 카프카는 [프랭클린을 불러옴으로써] 미국으로 이주하는 걸까? 무익한 득점 하나를 따기 위해서? 이런 질문은 그 자체로 연구를 요한다. 혈연관계의 전의법에서도, 또 의도에 적용되는 식민화된 문법에서도 나라와 영토는 해체된다. [카프카 속의] 나라 및 영토들도 마찬가지로 이런 파열을 본뜨게 된다. 자기다움의 개척이라는 비전을 세우기를 명하면서도 말이다. 땅의 지도와 여기에 사용된 수사적 표지물에 대한 고찰은 카프카식 끝없는 주로走路에서 그 일부를 형성한다. 『편지』 속 프랭클린의 거주 상태가 갖는 의미를 이래저래 몰아 보아야 할 이유는 여럿 있다. 카프카는 몇 번이나 미국을 향하도록 되었고, 이런 여행은 그가 틈만 나면 되돌아갔던 자기-재해득의 실패한 궤적의 한 부분으로 만들어지게 되었다. 카프카의 전 작품은 미국 땅에 내린다. 그러고는 제2의 인생의 갖가지 역사에 담긴 약간의 실패를 폭로한다. 카프카 작업의 발전이라는 면에서 보자면, 카프카는 우리를 벤저민 프랭클린 방향으로 향하게 함으로써 그의 미완성 소설 『아메리카』에서의 허깨비 같은 순환을 완료하게 되었던 것이리라. 아메리카 및 그에 수반된 헛것들로 하여금 『아버지에게 드리는 편지』를 끝내거나 [『편지』에] 종지부를 찍도록 카프카가 시키고 있다니, 꽤 그럴듯하다. 미국행이라는 전의체가 카프카에게는 처벌적 내보냄의 핵심적 부분이었으며, 상실과 추방이 몹시 특수하게 굴절된 형태였다는 점을 잊어서는 안 될 것이다. 더욱이 '아메리카'는 그 광대함만큼, 카프카라는 이름이 또 다르게 축약된 글자[즉 K]를 제공한다. 이 나라/[여성화된]그녀는 불완전한 이름이 겪는 모험에 피난처를 제공하고 이를 지원한다. 배회하는 자들의 서명, 우리 글쓴이가 명시적으로 민감하게 굴었던 이름 짓기의 어떤 편향을 아메리카는 보호하고 지지하는 것이다. 따라서 아메리카프카 Amerikafka는 미국에 딱 맞는 별칭일 것이다. 아니면 거꾸로 미국이 카프카의 별칭이거나.

⊛ ⊛ ⊛

여기서는 지금까지 수많은 것을 관건으로 삼아 왔다. '훌륭한 루저'라는 이념을 이해하고 그 궁지에서 벗어날 약간의 부력을 만들어 내기 위해서였다. ─ 훌륭한 루저는 기본적 위치를 차지한 채로 모호한 것들과 맹점을 걷어 내지 않는 자이며, 순종적 분방함이라는 번거로운 계약 보고서에 내재된 난감한 상황을 제거하지 않는 자다. 우리는 항복의 자세, 즉 타자에 대한 복종의 구문론에서 시작했다. 그리고 바로 이 시적 단어를 구사한 레비나스의 기술記述을 떠올리게 하는 온갖 순종의 지역을 통과해 여행했다. 그것은 ─ 타자에 대한 복종이자, 파울 첼란이 끌려 뒤쫓는 복종이며 ─ 선뜻 악수를 청할 적에 발생할 법한 복종이다. 아니면 윤리적 경의에서 비롯된 '당신 먼저après vous'를 실행하는 복종이다. 벤저민 프랭클린은 유배된 아들에게 편지를 쓴다. 그가 남긴 것은 자서전적 텍스트 형식을 띤 제안이거나 일종의 칙명이다. 프랭클린은 자기의 삶을 아들에게 바친다. 이 폐적된 아들은 오직 아버지의 이야기와 인생의 수취인으로서만, 부친의 편지이자 글자가 스며든 아들로서만 승계 절차에 참여할 수 있다. 카프카는 이 편지를 제 자신의 배달할 수 없는 편지 속에 함입한다. 그 말 걸기는 편지의 도착지까지 가는 전 길목에서 파괴에 취약하다. 편지의 소각과 희박한 생존 가능성 때문이다. 나는 이제 한 고비를 넘어 데리다에게 다다랐다. 도착지와 운명 사이의 부합을 확정 짓는 장소, 혹은 『우편엽서』가 우리에게 깜빡거리며 신호하는 일탈적 도착adestination의 장소로 넘어온 것이다. 『우편엽서』에는 시초부터, 그러니까 표지에서부터 관계들이 뒤집혀서, 그래서 전설의 연설가가 다른 쪽의 서기가 된다. 그 표지 그림에서 소크라테스는 우리가 공유하는 형이상학적 유산의 기어를 반전시키면서, 그의 뒤에 선 플라톤의 말을 받아 적는 것으로 보인다. 비저술가가 저술가인 체하면서, 저술가를 지탱하고 상정할 뿐만 아니라 저술가에게 으름장을 놓는다. 이런 의미에서 비저술가는 저술가를 전제하는 셈이다. 아들이 제 목숨을 끊을 찰나에 있더라도 낳은 자는 그에게 자기의 전부를 바치므로. 어디쯤에선가 우리는 비저술가 같은 것은 존재하지 않는다는 사실을 발견하게 되며, 비저술가에게 말 걸기는 그 자체로 허구임을 알게 된다. 훼손된 도착지의 지도는 우리에게 복잡해진 시나리오를 제공하거나 복잡해진 소망을 부여한다.

카프카가 선물/책으로 『자서전』을 들이밀었을 적에 그는 뭘 생각하고 있었을까? 그 선물/책은 카프카를 아버지에게 속박하고 그로 하여금 아버지와 새롭게 관계 맺도록 할 터였다. 이것은 외래의 이물異物적 대상의 함입이나 암호-형성물 함입의 시작이었나? 벤저민 프랭클린의 주소지가 맡겨짐으로써 알려지는? 앞에서 이 문제를 짚은 바 있지만, 연구조사의 건조한 산문체로 다시 진술해 보겠다. 카프카가 1919년에 아버지에게 『자서전』을 선물로 주었을 때 이 책은 독일어본으로는 볼 수 없었다. 그러므로 『자서전』은 1916년의 체코어판으로 헤르만에게 건네졌다. 아버지와 아들 사이의 교류는 이중언어적인 채, 이중국적을 띠고, 이물에 대한 두 개의 경험 사이에서 분배되어 있다. 또한 이 교류는 두 개 가족의 구성원 사이에 다리를 놓지만 이들은 서로에게 무한하게 [외국의] 이물이다. 저 책은 『편지』를 일종의 **빠블라취** 구조 속에 집어넣는다. 이 구조는 소수문학이나 분열된 모어를 구성할지도 모를 언어 장막 안쪽 편의 바깥에 둘러쳐 있다. 프랭클린의 작품은 내면화된 [외국의] 이물체다. 이것은 카프카의 불평의 한 모서리 쪽으로 밀고 들어온다. 이럼으로써 한 이름 다른 뜻homonym의 차원에 가까운 이중 서명을 허용할 뿐만 아니라, '프란츠'를 그의 번역어

자크 데리다의 『우편엽서』 표지 그림. 우리가 알고 있는 상황과는 반대로 이 그림에서는 플라톤의 말을 소크라테스가 글로 기입하고 있다.

'프랭클린'에다 속박한다. 그리고 두 사람 모두는 물–기표를 통해 언어의 무대에 들어선다. 프랭클린의 삽입은 카프카 부자 사이의 읽어 내기 힘든 교환의 신호다. 이런 것으로서 그 삽입은 『편지』의 끝을 형성할 것을 위한 청사진을 수립하기도 한다. 끝에 가서 카프카는 『편지』의 주제에 관해 아버지와 마지막으로 자리를 맞바꿔 복위술로 말한다. 카프카 자신의 목소리를 소거하면서 그 대신 말하는 사람을 통해서 쓰는 것이다. 프랭클린은 아버지와 아들 사이에 쐐기로 박혀 읽어 내기 어려운 나머지로서 장소를 얻는다. 카프카들이 서로에게 여전히 주어야만 하고 함께 읽어야만 하되, 하지만 그리할 수 없는 무엇으로서 장소를 얻는 것이다. 프랭클린은 인물들과의 동일시 및 동일시 구축의 실패를 내어놓고, 이는 아찔한 계열을 창조한다. ― 편지 자격을 띤 『자서전』의 수신자(『자서전』은 "친애하는 아들에게"로 시작된다), 프랭클린의 아들은 자기 아버지로부터 그리고 조상의 땅으로부터 스스로를 쳐낸다. 그 자신을 왕조파라고 선언한 뒤 모국으로 되돌아감으로써 말이다. 프랭클린이 무대에 올린 말 걸기의 무익함은 잠깐 주저하게 만든다. 잃어버린 아들이 편지 한 통에 끌려 돌아올 것이 아니었기 때문이다. 이런 고찰과 그 밖의 많은 것이, 지금은 내가 생략하고 지나쳐야 하는 세세한 것들이 붉은 깃발을 드리운다. 가족의 복귀 여행을 써 내려가는 일의 불가능성에 관해. 정처 없이 망명 중인 관계에 도달해서 이 관계를 안정시키기를 소망하는 일의 불가능성에 관해.

프랭클린 텍스트는 카프카에게 붙들려 들어왔기에 다소 카프카적 특색을 기르기 시작한다. 이상해 보이더라도, 프랭클린의 협력은 자기의 자서전적 편지에 카프카식 모티프를 다소 노골적으로 배치하는 것을 통해 그 자신을 변경하면서 이루어진다. 프랭클린의 편지는 가령 자기의 저술에 대한 비평을 인용하는데 이것은 카프카와 프랭클린을 함께 속박하는 것이자, 카프카 편지의 첫째 쪽과 거의 짝을 이루게 된다. 프랭클린은 공유된 저술 기계에 털털거리며 시동이 걸리는 상황을 묘사한다. "그는 일상적 대화에서 말을 고르는 능력이 전혀 없어 보인다. 그는 주저하고 더듬댄다. 그러나 신은 선하도다! 그의 글쓰기는 어찌나 훌륭한가!"[21] 카프카와 마찬가지로 — 비록 이런 점이 수많은 저술 존재들이 유념하는 주요 특색일 수야 있겠지만 — 프랭클린은 글쓰기에 의지한다. 자기가 말해 버림으로써 모면하거나 물리칠 수 없는 우레 같은 폭력에 말 걸기 위해서는 말이다. 프랭클린은 스스로를 저술 기계 — 인쇄기 — 근처에 두었기에, 젊은이이던 시절 그가 종속되었던 "타격"과 끊임없는 두드림을 하나하나 되새긴다. 약간 탈바꿈하기는 했으나, 이 기계는 "유배 식민지"[22]에 놓인 것과 다르지 않았다. 두 저술가 모두는 심지어 글쓰기가 피난처를 제공할 때도 그것이 자기들을 두들겨 만들도록 했다. 프란츠는 그를 키웠다 - 억눌렀다 - 하며 - 길러 낸 - 일의 잔인함의 자리를 그를 때리려던 아버지의

---

21   Franklin, *Autobiography*, p.29.

22   [옮긴이] 영국은 현재의 조지아주를 범죄자들을 보내는 유배 식민지로 이용했다. 프랭클린의 시대에 미국에 대한 영국의 인식은 거대한 유배 식민지라는 생각에서 크게 벗어나지 않았다. 뿐만 아니라 우리말로 「유형지에서」라고 번역된 카프카의 소설 제목 'In der Strafkolonie'를 영어로 옮기면 'In the Penal Colony'(유배 식민지에서)가 된다.

준비 과정 속에다 위치시킨다. ― 그러니까 그의 아버지가 으르렁대는 분노의 엔진에 시동을 건다든가, 멜빵을 풀어 의자 위에 던져 놓는다든가, 소매를 걷어붙이고 오들오들 떠는 어린아이에게 차분하게 굳은 시선을 내쏘든가 하는 때에다 위치시키는 것이다.[23] 마지막 순간에 행해진 형집행 취소는 프란츠가 쓰기로는 그저 유죄 의식을 심게 될 뿐이다. 아주 심각한 일에 관해 그 아이가 처벌받지 않았던 것처럼 하면서 말이다. [이것은] 마치 유예된 손찌검이 그 어린아이가 저질렀고 그 때문에 규탄받고 서 있어야 했던 부정의injustice 자체였던 양[작동한다]. 저 '매 맞는 아이'[24] 사업을 혹시 헤르만이 매번 중단하지 않았더라면, 프란츠가 보여 주기에 그[프란츠]는 심리적으로 빚을 털 수 있었을지도 모른다. 뿐만 아니라 그는 지워 버릴 수 없는 채권자가 수금하는 피해들을 그저 지켜볼 수밖에 없는 사람과 비교하면 거의 다치지 않은 모습을 보였으리라. 계량기는 아직 째깍대[며 올라가]고 있다.

---

23   [옮긴이] "아버지가 실제로 저를 때리신 적은 거의 없었다는 것 또한 사실입니다. 하지만 고함을 지르시고 얼굴을 붉으락푸르락하신다든가, 멜빵을 홱 풀어서 의자 등받이 위에나 툭 던져 놓곤 하시던 행동이 저한테는 더 무서웠습니다. 그건 마치 교수형이 있기 전의 분위기와도 같았지요. 누가 실제로 교수형에 처해진다면 그는 죽은 목숨이고 만사는 끝나 버린 거겠지요. 하지만 만일 그가 교수형의 준비 과정을 하나하나 같이 지켜보아야 하는 상황에 처해져 마지막으로 올가미가 그의 얼굴 앞에 내려지고 난 순간에야 자신의 사면 소식을 듣게 된다고 한다면 그는 평생 동안 그때의 일로 괴로워해야 할 겁니다. 게다가 저의 경우엔 아버지가 분명히 밝히신 말씀대로라면 얻어맞아야 마땅했지만 아버지의 자비 덕분에 간신히 몽둥이찜질을 면하게 되었던 때가 무수히 많았는데 그때마다 그 일들은 고스란히 쌓여 다시 하나의 커다란 죄의식만을 형성할 뿐이었지요."(62).

24   [옮긴이] 'A Child Is Being Beaten'은 프로이트의 「매 맞는 아이」 논문의 영어 번역 제목이다. 그는 많은 성인이 공통적으로 가지고 있는 '아이가 매를 맞아요'라는 환상에 주목하고, 이것의 의미에 대해 위의 논문뿐만 아니라 여러 군데서 논한 바 있다.

손찌검을 당하고, 타격을 받음으로써 프랭클린은 부성적인 유배식민지의 경계선 범위를 돌파했다. 프랭클린에게 이점을 부여했던 또다른 게 있다. 이 미국인이 갇혔던 형무소 마당에다 그를 풀어 주었던 부성의 퇴거가 그것이다. 나는 곧 거기에 들를 것이다. 나는 벤저민 프랭클린이 편지의 주름 속에 아버지로서 끌려들어 왔다는 사실을 시야에서 놓쳐서는 안 된다. 프란츠 카프카는 '아버지에게 드리는 편지'를 배달하지 않았을 테지만, 이 '아버지가 보내는 편지'는 집에 가져와서 탁자 너머로, 헤르만에게 속한 사태 편에 밀어 놓았다. 아버지에게 이 인생담을 선물로 선사함으로써, 즉 아버지가 보내는 편지를 건네어 자기 아버지에게 아버지 노릇을 함으로써, 카프카는 그가 할 수 있었던 한 최대한 가까이 아버지-되기라는 허구에 육박했을지도 모른다. 번개의 전광을 길들였던 사람, 벤저민 프랭클린의 권위하에 있는 집에 슬쩍 들어갔다는 점에서 이것은 역사적인 허구였다. 프란츠가 명확히 밝히다시피, 프랭클린의 텍스트는 카프카 집 안에서 우르릉거리는 동요를 길들이도록 되어 있다. 프랭클린의 텍스트는 프란츠를 초청해서 어떤 선박에 숨어들도록 하는 것이리라. 이 선박이 편지의 주소지를 바꾸고 첫머리를 다시 할당함으로써 이제 어느 쪽 편지건 그 서명자는 원천의 지위 및 부성적 처소의 지위를 얻게 된다. 요컨대 "친애하는 아들에게". 너는 내 잃어버린 아들, 내가 의절했던 아들이다. 그렇지만 그런 아들에게 나는 쓴다. 혹은 이럴 수도 있겠다. 아들로서는 저는 의절해야만 합니다. 쓰기 위해서는 말입니다. 이후로 서신 전부는 외쳐 부르는 동시에 의절하면서, 아버지가 소인을 찍은 망가진 말 걸기의 이런 구조를 포함하게 될 것이었다.

그러나 부성적 허구의 계보학적 궤적에는 등을 돌리도록 하자. 이 텍스트를 뒤로하기 전에, 이것은 『편지』의 몸에 함입된 것이었으므로, 벤저민 프랭클린과의 연계에 관한 질문으로 우리를 채워야 하겠다. 카프카는 헤르만과 더불어 프랭클린과 삼각형 꼴을 만들거나, 아니면 프랭클린이라는 대리보충적 주름을 창조한다. 미국의 부자 사례를 들면서 말이다. 카프카는 가능할 법한 투영의 선을 넘어 버렸던 것은 아닐까? 즉 제 아들에게 글을 쓰는 아버지 혹은 아버지 헤르만 카프카에게 ― 왜냐하면 헤르만은 편지가 도착해야 할 저 동떨어진 영역을 복원해 주므로 ― 글을 쓰는 미국의 어떤 아버지라는 투영을 넘어서서, 카프카는 그가 제공하고 싶었던 사례를 고칠 수 없게 동요시켰던 것은 아닐까? 학대 관계의 이야기를 다시 통합시켜 버린 바람에? 어쩌다 보니 그는, 부주의에 의해서더라도, 학대하는 아버지를 또한 번 찾아낸 것은 아닐까? ― 이 사람[프랭클린]은 거절과 추방, 돌이킬 수 없는 분리라는 주제들을 재활용하거나 사전재활용[25]할 수 있는 아버지일 뿐이지 않을까?

우리 앞의 문서철은 복잡하게 얽혀 있다. 그리고 우리는 단지 프랭클린의 자서전이 카프카의 텍스트로 이주했다는 사실과 이 일이 카프카의 분열된 세계에 미친 영향에 대한 조사를 개시했을 뿐이다.

---

25   [옮긴이] 사전재활용(precycle)은 과잉포장을 피함으로써 재활용의 여지를 없애는 쓰레기 처리 방식을 일컫는 말이다.

비록 카프카가 자기 아버지에게 손주를 안겨 줄 수는 없었지만, 그는 아버지에게 벤저민 프랭클린을 선사했다. 이 저술가는 형제 간 처벌과 연결된 재판 장면을 그린 구절에다 * 표시를 이용해 논평을 삽입한다. 바로 이 구절과 그 대리보충을 여기에 설치해 보자. 프랭클린은 자기 형에 대해 쓰면서 둘 사이의 "차이"를 묘사한다.

형은 형이면서도 자기가 내 장인匠人이며 나는 형의 수습공이라고 여겼다. 그러니 다른 사람들에게 그러는 것과 마찬가지의 근로를 내게 기대했다. 반면에 나는 형이 시켰던 일 중 몇 가지는 요구가 너무 많다고 생각했다. 형이라면 더 너그럽기를 기대했기 때문이다. 우리의 말싸움은 종종 아버지 앞에서 벌어졌으며, 나는 내가 대개 도리에 맞았거나 더 조리 있게 말했다고 믿는다. 재판관이었던 아버지가 일반적으로 내 손을 들어 주었기 때문이다. 하지만 형은 성미가 급했기에 종종 나를 때렸다. 나는 이것을 큰 잘못이라고 여겼고 또 나의 수습공 일이 싫증났기에, 끊임없이 그 일을 줄일 기회를 모색했다. 기회는 한참 있다가 예상치 못했던 방식으로 찾아왔다.[26] (15)

---

26   (*) "나는 인생 내내[이 책에는 though라고 표기되어 있지만 프랭클린 자신의 책에는 through이므로 이 책의 오기인 듯하다] 자의적 권력에 대한 강한 혐오에 사로잡혀 있었다. 형이 나에게 가한 가혹하고 폭군적인 처사야말로 이런 혐오를 각인시킨 수단이었을지도 모르겠다고 믿는다"(15).

어떤가? 이 판본의 프란츠/프랭클린에게는 덤벼들 점이 몇 군데 있다. 프랭클린은 가족 위계의 자리를 교체하고 취급 가능한 통치의 패턴을 내비침으로써 고통을 감당할 수 있었다. 부성적 잔인함은 적어도 이 제한된 경우에는 장인인 형에게 유전되었고, 더 이상의 사형을 허락하지 않는 재판관의 위치를 아버지가 떠맡은 한에서 부성적 잔인함은 자비로운 것으로 판명되었다. 그답지 않은 일이 아니다. 벤저민 프랭클린은 일찍 자니 일찍 일어나게 된다고 말하거나 시간이 빠듯해 돈을 아꼈다면서 고초를 좋은 교훈으로 바꾸니 말이다. 현장에 적용된 잔인함은 프랭클린의 민주주의 훈련장의 일부였다. 수난의 이런 정치적 가치전환은, 어쩌면 프랭클린 당신 이름 벤저민이 약속을 품을 때, 그래서 당신이 총애를 얻은 아들임을 의미할 때 일어날 수 있을지도 모르겠네요. ─ 그 이름은 오른편에 앉은 아들, 지파 전체가 계승할 것이라 말해지는 아들의 이름이니까요.[27] 이름들과 이름에 숙명으로 새겨진 내용을 읽어 내기는 프란츠 카프카가 할 일이지 내 일이 아니다. 카프카의 『편지』는 아들의 숙명이 이름에 묶이는 정도를 계속해서 상기시킨다. 아들은 이름을 짐이나 왕관으로 얹고 있다. 혹은 거기서 벗어나 그는 등반을 시도해야만 한다.

카프카의 경우, 최종적으로 그는 자기의 『편지』로부터 돌아섰다.

---

27 [옮긴이] 성경에서 베냐민(벤저민) 지파의 시조 베냐민은 야훼의 사랑을 입어 그 곁에 거하고 보호받을 것이라는 약속을 들었다. "베냐민을 두고 그는 이렇게 말하였다. '야훼의 귀염둥이, 날마다 보살펴 주시는 하느님 옆에서 안심하고 살아라. 그 어깨에 업혀 살아라'"(신명기 33:12).

그는 이것과 의절하고, 적어도 대부분에서, 그 노력을 "조악하고 쓸데 없는(schlechten, unnötigen)" 잡문 조각이라고 평가했다. 이 글쓰기를 통해 그 자신에 관해 어떤 답을 내렸을지도 몰랐건만. ─ 아니면 아무 결론도 못 내렸을지라도.[28] 의도라고 할 만한 것과 관련해서, 『편지』는 그의 아버지에게, 그리고 할 수만 있다면 그 자신에게도 더 나은 삶을 보장할 협약의 한 부분으로 시작했다. 편지는 두 사람에게 위태로운 한 쌍으로서나마 꿋꿋이 삶을 향하면서 안도하리라는 기대를 품게 할 터였다. 텍스트─실존적 요건들은 어떤 식으로건 정리되기를 기다리며 산적해 있었다. 카프카가 이런 요건들의 더미를 헤쳐 나왔을 때쯤 해서는 그러나 마지막 문장들을 바꾸어 사형 선고를 포함해야 했다. 편지의 저 끝맺음에는 또 다른 욕구가 실리게 되었다. 더 좋은 죽음에 대한 확고한 소망이 편지에 덧붙었고, 이유는 병들어 현저히 유약해진 프란츠가 삶에 종지부를 찍는 중이기도 했기 때문이었다. 그가 명기한다. 저는 우리 두 사람의 마음이 한결 차분해지고, "우리의 **삶과 죽음**을 보다 가볍게"하려는 의도로 쓰고 있습니다, 라고("daß es uns beide ein wenig beruhigen und Leben *und Sterben* leichter machen kann. Franz." 이탤릭으로 처리한 것은 '과 죽음'에 해당하는 단어다).

그런데 자체에 종지부를 찍으려 하자 편지는 생각지도 않은 문제에 봉착한다. 어떤 수준에서는 이것의 의도가 확 줄어들기 때문이

---

28   Kafka, *Briefe an Milena* [Jesenská], Hrsg. Jürgen Born & Michael Müller, Frankfurt a.M.: Fischer, 1983, S.196.

다. 이런 상태는 편지가 논거를 과도하게 내놓고는, 카프카식 역설로 인해 전체적으로는 지나치게 대충 넘어가며 발생한다. 편지는 그려 내듯 선명하게 다듬어졌기에, 아버지와 아들 사이에서 치밀하게 얽혀 복구하기 어려운 관계의 현실을 덮어 감추기에는 이것 자체가 **진실에 너무 근접하게** 된다. "당연하게도 현실 속의 일들은 이 편지 속에서의 논거들만큼 그렇게 서로 꼭 들어맞을 수는 없습니다. 삶이란 인내심을 요하는 중국식 퍼즐^{29}과 같을 수는 없고 그 이상의 일이니까요. 어쨌든 이 반론^{30}은 결과적으로 볼 때 앞서 했던 제 이야기 전체에 대해 교정의 역할을 하게 되었는데—그렇다고 교정을 제가 일일이 볼 수도 없을뿐더러 또한 그러고 싶지도 않던 차에 잘된 일입니다—그 덕분에 제 생각이지만 진실에 상당히 근접할 수 있게 된 것 같고, 그 결과 우리 두 사람의 마음이 한결 차분해지고 삶과 죽음이 보다 가벼워질 수 있을 겁니다. 프란츠"(125:161). 자기 사건에서 카프카가 취하려는 극단적 일관성은 『편지』를 불안정하게 만드는 원인이며, 편지가 더 심한 시련trial과 사찰에 대비하도록 만든다. 편지를 균열에 종속시킴으로써 말이다. 텍스트라는 명칭에 값하려는 온갖 텍스트가 이런 균열을 끌어들여 자기의 부실한 전제로 이끈다. 실제로 전체 편지는 "반론(Einwurf)"이라고 표시되었는데, 이제 그 자체를 향해 뒤로 접혀 일련의

---

29   [옮긴이] 해체하고 결합하기가 매우 까다롭게 되어 있는 퍼즐. '지혜의 고리'를 연상할 수 있을 것이며, 그보다 훨씬 정교하고 복잡하게 구성된 것들이 많다.

30   [옮긴이] 여기서 말하는 '반론'이란 카프카가 아버지와 위치를 바꾸어 이 편지에 짐짓 제기한 반론을 가리킨다.

고사^{考査}와 시험으로 제시된다. 프란츠는 온통 내내―그리고 전적으로 혼자서―이렇게 수많은 고사와 시험을 자기에게 치르게 해 왔다.

카프카는 또 한 번 세세한 부분을 생략하기로 결정한다. 하지만 그는 저버리기만 하는 아버지를 향한 말 걸기를 정당화하기 위해, 하나의 유인책을 내준다. 미혼자 카프카. 그는 수건을 던졌다. 최근에 그가 약혼에 실패한 일은 실패들의 텍스트로 뛰어들 도약대 노릇을 했다. 계약 무효, 포기한 서약으로부터 『아버지에게 드리는 편지』라는 기획이 부상한다. 마지막에 실패한 결혼 시도 후 남은 빈칸을 채우고자 하기에, 프란츠는 [『편지』를] 마무리 짓기 거의 직전에 이렇게 쓴다. 실은 삶의 급박한 사정들이 그에게 부여한 온갖 다른 자잘한 시험과 퀴즈 대부분에서 실패했었다고. 이 중에서도 Ehe, 즉 결혼이 가장 막중한 시험을 구성했었다고 천명한다("처음엔 결혼에 대해서가 아니라 온갖 사소한 일들에 대해서 제 자신의 능력을 시험해 보았습니다. …… 이제는 결산을 해야 한다는 강박감을 갖게 되었지요. 그것이 바로 결혼 시도['versuch', 시험, 실험―로넬]입니다", "Ich prüfte mich ja nicht erst gegenüber der Ehe, sondern gegenüber jeder Kleinigkeit. …… Jetzt kommt der Zwang zur Bilanz, das heißt der Heiratsversuch").³¹ 그는 누그러들지 않은 채, 몇 번이고 자기를 돌이켜 시험의 권위 쪽을 향한다. 소름 끼치도록 끔찍하기까지 했던 일은―즉 되풀이된 결혼 시도는―그에게는 지속적이고도 결정적인 시

---

31 [옮긴이] 이 괄호 안에 인용된 『편지』 문장의 각 판본별 쪽수는 영어판, 한국어판, 독일어판의 순서로 119~121쪽, 154~155쪽, 56~57쪽이다.

험이었으며 가장 씁쓸한 시험이었다("eine dauernde, entscheidende und sogar die erbitterteste Prüfung"[독 46:한 125]). 결혼 시도("Heiratsversuche")는 여기 이 삶에서 구원의 온갖 가능성을 시험해 보는 일("Rettungsversuche")이 었다. 이 여러 번의 시도는 실패 때문에 더욱더 대단한 일이 되었다고 그는 쓴다. 프란츠는 이러니저러니 해도, 저 실패가 너무나 거창해졌 기 때문에 그 크기를 언어가 포착하지 못하는 것은 아닌지 궁금하게 여긴다.—실패 자체의 경험을 이해 대상으로 삼으려는 시도에서 자 신은 좌절을 겪을 수밖에 없으리라고, 프란츠는 짐작한다.[32]

하지만 저 편지 전체의 숙명, 편지의 독특한 성공은—실패의 기 술記述에 익숙해질 희박한 기회에 내기를 걸었던 저 성공은—이런 시 험들의 실패를 어떻게든 읽어 낼 수 있게 만드는 일이 좌우한다("Und doch hängt das Gelingen des ganzen Briefes davon ab, denn in diesen Versuchen was einerseits alles versammelt"[33]). 모든 것이 프란츠의 실패의 맥동을 읽어 내

---

32 [옮긴이] "제가 보기에 아버지는 이 일을 철저히 잘못 이해하고 계신 듯합니다만 그 덕분에 설명드리는 일이 조금은 수월해질 것 같습니다. 아버지의 그런 철저한 오해를 어느 정도 풀어 드리 는 일은 크게 어려울 것처럼 보이지는 않으니까요. // 우선 아버지는 제 결혼 계획의 실패를 제가 겪어 온 일련의 다른 실패들 가운데 하나쯤으로 여기고 계십니다. 아버지께서 실패에 대한 지금까 지의 제 설명을 수긍하신다면 저도 그에 대해서는 별 이의가 없습니다. 그래요, 그것은 실제로 그 일련의 실패들 중 하나지요. 다만 아버지는 그것의 의미를 대수롭지 않게 여기고 계실 뿐입니다. 어 느 정도인가 하면 만일 아버지와 제가 그것에 대해 이야기를 나누어 본다면 그야말로 서로 전혀 다른 이야기를 하게 될 정도이지요. 감히 말씀드리자면 아버지한테는 이 결혼 계획이 저한테 가졌 던 의미만큼 그렇게 중요한 의미를 가졌던 일이 평생에 단 한 번도 일어난 적이 없었다고 할 수 있 습니다"(127~128).

33 [옮긴이] "그런 방면의 일[결혼]은 모두 실패였기 때문에 저는 아버지한테 저의 이 결혼 시도 에 대해 설명드리는 일도 어쩌면 실패하지나 않을까 염려스럽습니다. 그런데 **이 편지의 성공 여부도**

는 일에 달려 있으며, 『편지』는 그것의 자기이해 과정의 근저에서 서두르고 있는 것 같다. 요컨대 『편지』의 전체 성공 여부는 그런 실패가 스스로를 노출[외존]하게 되도록 만드는 데 달려 있다. 헤아릴 수조차 없는 손실의 총합계를 견디다 못해 스스로를 까발리게 하려는 것이다. 그러나 이 루저 아들의 계정에 누적되었던 결손은 꽤 심각하기 때문에, 잘 납득되지 않는 것이 말해진 저 페이지들을 불태워 없애지 않고서는 이것을 온당하게 해명할 수가 없다.

우리 앞에 놓인 텍스트들은 문학적 말하기에 속하는 걸까 아니면 인식될 수 있는 언어용법의 또 다른 형식을 가리키는 걸까. 나는 확실히 말할 수가 없다. 이것들은 어쩌면 망각되는 역사 같은 설명을 제시하는 것일지도 모르겠다. 이 텍스트들은 권위에 주어진 한계, 부성이 지시하는 틀 짜기를 시험하는 작업을 어떻게 시작해야 할지 말해 준다. 가정 내 정책들의 어두운 측면, 이물이라고 구성된 것에 이르게 노출됨으로써 드리워지는 그늘진 면을 어떻게 시험해야 할지 말해 주기도 한다. 이물과의 조우는 가정에서 시작한다. 카프카가 보여 주었다. 그렇지만 엄연한 정치적 현실에 관해, 그리고 이런 정치적 현

바로 그것에 달려 있습니다. 왜냐하면 그 시도들 속에는 한편 모든 긍정적인 힘들이 집약되어 있었고 다른 한편 제가 앞에서 아버지의 교육이 초래한 부수적인 결과라고 말씀드린 바 있는 모든 부정적인 힘들, 그러니까 허약함, 자신감 부족, 죄의식 등도 그야말로 기세등등하게 제 자신과 결혼 사이에 파고들어 말 그대로 넘을 수 없는 선을 그어 놓았기 때문입니다"(125~126, 본문의 독일어에 해당하는 부분에 강조 표시를 해 주었다).

실이 지시대상을 벗어나거나 지시대상에 묶이는 방식에 관해 시학의 모험들이 어떻게 더 잘 말해 준다는 건지 여전히 의심쩍어하는 사람들이 있다. 나는 이런 사람들에게, "이차적 수정"[34]이라는 프로이트 관념의 도움을 받아서 시학적 성질과 정치적으로 결정되는 사태 사이의 불가피한 가까움을 우리가 이해하게 만드는 저 방식을 생각해 볼 수도 있지 않겠냐고 대꾸하겠다. 국가 정체성 및 초국가적 형성물들의 발전에, 또한 문학의 해석적 분투의 일환이 되는 정치적이고 사회적인 노고의 전개에 문학은 결정적인 역할을 수행할 수 있을뿐더러 수행해 오기도 했다. 문학은 국경을 부숴 열면서도 그 말하기의 불가능할 정도의 엄격함을 고수하기에, 우리의 선생이다. 문학은 우리더러 눈앞만 바라보고 지대한 의혹을 품은 채, 민주주의이거나 진실이거나 견고한 앎으로 통하는 것을 읽어 내라고 요청한다. 문학은, 송두리째 그것 편에서 흉내와 즉흥작이라는 방침을 고수해 왔고, 언어가 스스로를 경이롭게 드러내기 위해 의존하는 수정의 노고를 지속해 왔다. 자, 어느 정도는 역설적인 형성물 하나를 소개해 보겠다. 요컨대 언어에 관해 다음 사실들을 아는 데 희미하게 깜빡이는 희망이 있다. 언어는 처음부터 끝까지 신뢰할 수 없는 것으로서 각성 상태와 끝없는 융통성을 청할뿐더러, 언어가 내세운 야릇함과 편차 및 수정 경향

---

34 [옮긴이] 이차적 수정이란 꿈내용으로 전치되거나 압축된 무의식의 정동이, 꿈을 말하는 과정에서 이야기로 (즉 시학적으로) 재구성되는 작업을 가리키는 말이다. 프로이트는 이차적 수정이 꿈을 상기하면서 (즉 기억과 시간의 작용을 통해) 일어난다는 점을 강조하기도 했다.

들에 대한 진정한 세심함을 매 순간 요구한다. 언어는 제가 끌고 다니는 저주받은 감각에 대한 이야기를 멈추지도 않고 되풀이해 말한다. 우리에게 무슨 일이 일어나는 중인지 말해 주는 데 실패하고, 우리에게 내린다고 상상하는 저 말 걸기들의 위치를 조금이라도 확실히 정하는 데 실패하면서도, 이런 실패를 느끼는 불운한 감각을 반복해서 이야기로 지어내는 것이다. 그럼에도 대개의 경우 언어는 운송장번호를 갖고 있다. 우리를 비껴가면서 우리의 많은 탈脫구성을 설명할 수 있는 저 말 걸기 주소를 추적할 번호를 말이다. 트라우마에 시달리고 그 자체에도 세계에도 불충분한 언어, 언어는 당신을 책임 있고, 경계 태세를 갖춘 채, 최대한 고갈된 순간에도 다시 시작할 수 있게 만들어 준다. 언어가 가차 없이 자학 중이라는 사실에 희망이 있다. ─실낱같이 희미한 희망이다. 그러나 아마 우리를 위한 건 아니리라.

무엇이 아버지라고 불리는가?

속續

역사적 성찰에 속하는 이 지점에서 어린시절로 되돌아가야 할 하나의 이유가 있다면—그리고 가족 관련 망상과 대면해야 할 하나의 이유가 있다면—그것은 **원래적 무능**ORIGINAL IMPOTENCE을 밀착해서 살펴보기 위해서다. 어린아이의 무능은 라캉이 우리에게 상기시키는바, 전능the omnipotence으로부터 아주 멀리 떨어져 있다. 신경증자는 이런 전능을 행할 수 있다고 느끼고 전능은 신경증자가 책임질 죄인 것 같다. 누구는 신경증자 꼬맹이의 강박에 대해 프로이트가 수행한 굴절 행위를 떠올리겠다. 이 아이는 자기 아버지의 사망에 곧바로 이어지는 전능한 사유의 이념에 강박적으로 사로잡혀 있다. "그가 죽어 있기를 내가 적어도 머릿속에서는 원했기 때문에, 그는 죽어 있다. 하지만 나는 그러려던 게 아니었고 이제 정말 골치 아프게 되었다!" 이와 같은 생각의 배후에는 권력의 불똥이 있다. 즉 급등하는 거만함self-importance이 있다.

이와는 대조적으로, **원래적 무능**은—곤란에 빠진 상황에 대한 확고부동한 감각이자, 격렬할 정도로 착수 불가능한 상태에 대한 흔들림 없는 감각은—그에 해당하는 사람, 즉 영구히 낙담하는 사람에 대한 문서철을 연다. 이런 사람들은 목이 졸린다고 느낄 뿐만 아니라, 층층이 쌓아 올린 감방의 일층 비계를 뚫고 나올 방도를 찾을 수가 없다. 사태는 옴짝달싹할 틈도 없는 자리에 꼭 끼어 있다. 좌절과 공격성 및 절망, 그리고 의존의 극단적 형식들은 어린시절과 관계 맺고 있다. 보다 발랄한 서사들이 그 정초적 제약의 삽화에 덮여 그려지더라도 그렇다. 좌절이 상상적이기는 하지만, 결핍은 실재다. 상징계와 관계해서도 위치해 있다고는 할 수 없더라도 말이다.

회복의 레스토랑restauration

"집에서 먹는 밥은 내게 공포를 불러일으킨다." 토마스 베른하르트는 소설 『한 아이』*에서 이렇게 쓴다. 폐기되었을 곳에다 가정 전선을 다시 펼치는 도착증은, 적어도 식사 시간 동안에는 어린 등골을 오싹하게 만든다. 가족 식당은 베른하르트의 어린아이에게 혐오감을 차려 내주고, 외식이 제공하는 예리한 해방감을 차단한다. 레스토랑은 회복시키고 바깥으로 나오게 하는 곳으로서, 그 원리에서부터 근대성의 굶주린 어린아이 또는 그의 하위인격 중 하나를 가족 식탁의 족쇄로부터 풀어놓는다. 어린아이는 저녁 먹는 식탁에서 잠시 휴가를 받아 어디 다른 데서 밥을 먹게 된다. 이 일은 심지어 어린아이의 입맛을 돋우는 기능을 할 수도 있으며, 어린아이가 주로 뱉는 문장 "배 안 고파요"를 뒤집어 버린다. 꼬맹이들 전부는 형성되는 이런 시점이나 저런 시점에 이미 단식기술자 특별 올림픽 출전자격 시험에 신청서를 낸 상태다. 이들은 영양분 섭취를 거부하기 위해 카프카가 지어낸 인물형상과 나란히 선다. 문학에서 단식기술자의 시련은 저 불가피한 거식증에 대해 하나의 비난 역할을 한다. 가족이 한데 모여서, 질척한 성찬식을 치르고 가치들을 떠안겨 줌으로써 부과되는 거식증에 대해서 말이다. 어린아이는 집밥이라는 개념

* Thomas Bernhard, *Ein Kind*, München: DTV, 1999, S.31[『한 아이』, 김연순 옮김, 범우사, 1998].

자체가 불러일으키는 공포에 질린 채, 먹는 일을 거부한다. [먹기 싫어하는] 어린아이는 그 자체가 예외 없이 처음 요리이자 메인 코스가 된다.—식사 시간 동안 으레 주시당하는 악담거리가 되는 것이다.

　오늘 우리에게 일용할 근심을 주옵시고. 그런데, 카프카네 식구가 외식하러 나가리라고 상상하기는 어렵다. 외식하러 나가는 일이 식사 시간에 숨통을 움켜 쥔 손아귀를 늦추고, 풀어 주리라고 여겨졌더라도 말이다. 가정에서, 식탁에서, 꼬마 프란츠 카프카는 산 채로 먹혔다. 저 유명한 『아버지에게 드리는 편지』를 쓸 때쯤엔 그는 흔적 없이 증발해 버렸다. 스스로에게 그는 이렇게 말한다. 어린 심령에 가해진 상당량의 피해는 식탁에서 발생했다고.** 근방의 레스토랑은 가정 규칙[지역 자치]home rule에서 비롯된 억압적 집안 분위기를 다른 길로 데려갔을지도 모른다.—근처 레스토랑은 어떤 휴지부 혹은 미결의 체제 변화를 끌어들임으로써, 굶주림의 걸음걸이를 허용했을지도 모르는 것이다. 레스토랑은 공공적 일반성의 광경이자, 섭식의 극장—아마 함입의 극장이기도 할—이다. 이런 곳으로서 레스토랑은 어린아이를 붙든 손을 완화시키는 원인이 된다. 단지 목격자들과 종업원들이 있다는 사실이 유일한 이유가 되더라도 말이다. 이들의 일은 부성적 법의 강도를

**　[옮긴이] "어려서 제가 아버지와 함께 자리를 했던 때는 주로 식사할 때였으므로 아버지의 가르침은 대부분 식탁에서의 올바른 행실에 관한 것이었습니다. 그에 따라 식탁 위에 오른 것은 남김없이 먹어 치워야 했고 식사의 질을 이야기해서는 안 되었지요. …… 식탁에는 무거운 정적이 감돌았고 그 정적은 아버지가 간간이 던지시는 경고와 재촉의 말들, '먼저 먹기나 하고, 이야기는 나중에 해!' '자빨리빨리, 더 빨리' 혹은 '자 봐라, 난 벌써 다 먹었다'와 같은 말들로 깨어지곤 했습니다. 뼈다귀는 깨물어 먹어서는 안 되었는데 아버지는 아니셨죠. 식초도 훌쩍거리는 소리를 내며 먹어서는 안 되었지만 아버지는 역시 예외였습니다"(38).

줄이는 데 있으며, 자기들에게 주어지는 나날의 배급품을—일용할 근심 할당량을—밑받침하는 희생제의의 강도를 낮추는 데 있다.

카프카의 저작들에서 가족 식탁은 어린아이를 아버지가 주재하는 장소에 몰아 가둔다. 뿐만 아니라 가족 식탁은 부성이 어린아이의 몸가짐에 대해 관례적인 기습작전을 폄으로써, 스스로를 옥좌에 앉히는 전형적 기회 중 하나를 제공한다.—그는 어린아이의 접시를 침략하고, 아이의 몸에 들어가 그걸 고치며, 아이의 존재 매너를 교정한다. 식탁은 모든 법의 환유이자, 주권의 예외성이 스스로를 확고히 하는 장소다. 다시 말해 아버지는 자기의 법에 복종하지 않아도 되기에, 식사 중인 사람들이 그의 혹독한 규칙에 복종하는 동안에도 아버지는 이를 쑤시거나 귀를 청소할 수 있다. 적어도 카프카 작품 속의 아이들은, 그리고 다른 많은 애들이 자랐던 모조품 가정 속 아이들은 꾸준하게 강등되어 확고한 난민의 지위로, 기생체의 지위로 떨어진다. 법들이 마치 모둠요리처럼 건네지고 여린 목구멍에 욱여넣어지는 동안 아이들은 두터운 불안 아래 떨고 있다.

6장

누그러들지 않는
어린시절의 소름 끼침에 관하여

리오타르, 꼬마가 테스트하는[*]

Unde wenn die Prüfung

Ist durch die Knie gegangen,

Mag einer spüren das Waldgeschrei.

(또한 시험이

무릎을 뚫고 갈 때

누군가 숲의 외침을 알아차려도 좋다.)

— 횔덜린, 「이스터강」[1]

　소크라테스의 포악한 압박으로부터 로크가 수행한 '백치'의 발명이나 헤겔의 인종주의적 작문에 이르기까지 — 당분간 나는 이 내용을 더는 생각하지 않을 것이다 — 철학은 이런 자들을 가둬 둘 필요성을 명시해 왔다. 자기네를 대변할 수 없는 사람들, 법제화된 특정 다수[성년]majority에 미치지 못했던 사람들을. 로크, 흄, 콩디야크가 군림하는 동안 경험철학은 백치의 형상을 조립했다. 가설적 추정을 확립

1　[옮긴이] 『횔덜린 시 전집』 2권, 장영태 옮김, 책세상, 2017, 273쪽.

하면서 이런저런 현실을 도외시하기 위해서였다.[2] 백치는 인간 지성에 관한 에세이들에서 접힌 언어의 첫 번째 주름의 정체를 콕 집어 밝혔다. 백치는 문명을 알지 못하는 원천적 기억의 시대를 대표함으로써, 자연과 문화라고 단정된 양극 사이 넓은 간격을 가로질렀다. 비열한 자들의 철학 페이지에 올라간 이 명단은 더 나아가 경험주의의 '경험적' 기초를 되살려 내는 데 도움을 주었다. 어린아이, 야만인, 백치, 유아들을 철학적 사변의 왕국에 도입한 일에 관해서는 많은 것을 이야기할 수 있다. 또한 철학이 그 어른스러운 습격을 지휘할 적에 드러나는 이런 소수[미성년]minority들의 특별하나 괴로운 지위를 더욱 충분히 조사하는 일은 중요할 것이다. 니체가 동물들을 초대하여 새로운 전의체계에 참여시켰을 때, 그는 의심의 여지 없이 이런 상태를 근본부터 뒤엎은 것으로 보일 것이다.

이제 어린아이들에게 말하는 자, 장프랑수아 리오타르가 등장한다. 애들은 알맞게 어르고 응석을 받아 주어도, 온갖 모양으로 앵돌게 된다. 아무리 뒤틀려 있다고 해도 이들은 우리 중에 고통받는 애들, 두려움에 떨고 배고픈 애들이다. 애들은 깩깩거리고 흘끔거리면서 자기들의 의미를 전달하려고 애쓴다. 애들은 공황에 빠졌다가, 히죽웃고 칭얼대더니 어느새 공황에 빠진다. 되[어야 하]기의 법에 따라 정

---

2   철학에서 백치성과 그 상관물 사이의 관계에 대해 나는 『어리석음』에서 보다 완전하게 논의했다. *Stupidity*, Urbana & Chicago: University of Illinois Press, 2001[『어리석음』, 강우성 옮김, 문학동네, 2015].

해진 학대의 양육권 아래 붙들려 있는 이 애들은 친애하는 삶을 위해 당신 손가락을 꼭 쥔다. 애들이 시작에 나설 적부터 현실원칙은 이들에게 몰래 접근해서 쾌락원칙이 지배하는 권역에서 딸깍 빼낸다(물론 이는 라캉이 보여 주었듯 복잡하게 얽힌 교대과정이다. 현실원칙은 언제나 패배 중이고, 그럼에도 불구하고 당신 뒤를 쫓기 때문이다). 괴테의 담시처럼 마왕Erlking 3은 아이들을 잡으러 나온다. 마왕은 짧은 안도의 품으로부터 어린아이를 낚아채기 일보 직전이다.

리오타르가 제시하는 사례에서 우리는 주로 억압받는 미성년the minor의 형상과 마주하게 된다. 비록 투항, 우세한 침묵, 그리고 중얼거림 늘어놓기가 어린시절의 좌절 장면을 지배하곤 할지라도, 언어와 표상은 이런 미성년에게 완전히 폐제된 대상이 아닐지도 모른다. 그렇지만 집행유예들이 있고, 기억할 사건이 있다. 뿐만 아니라 언어가 아무리 헝클어지고, 흉내 내는 짓이며, 규칙에서 벗어난다 해도, 언어는 어린시절이 — 결국엔 사해지지만 저 부상자들의 삶을 통틀어 파도처럼 되돌아오는 어떤 시기가 — 설비된 실존에서 발생하고 이런 실존에 귀속된다. 이른 단계들에서는 내면성이 꼭 지배력을 행사하진 않는다. 그렇지만 이 아이들이 입을 다물거나 손봐 줄 대상이 될 때조차 리

---

3   [옮긴이] 괴테의 담시 「마왕」은 나중에 슈베르트가 곡을 붙여 성악곡으로 만든 바로 그 내용을 담고 있다. 한 아버지가 어린아이를 안고 말에 탄 채 밤길을 달려간다. 어린아이는 요정왕(마왕)이 자기를 유혹하는 것을 보고 듣는다. 어린아이는 아버지에게 마왕이 자기네 뒤를 쫓고 있다고 말하지만 아버지는 마왕을 보지도 듣지도 못한 채 급하게 말을 몬다. 성에 도달한 뒤 아버지는 어린아이가 죽어 있음을 알게 된다.

오타르가 순수한 감정이라고 이해한 것이 이들을 관통한다. ─아마도 요만큼의 기쁨이, 쿡 찌르는 씁쓸한 후회가, 즐거우면서도 고통스러운 난처함이, 미세하게 떨리는 몸의 기억이 아이들을 가로지르는 것이다. 아이들은 감정을 보증해 줄 내면성의 언어라곤 없이, 거의 오도 가도 못 한 채, 이들을 식민지로 만드는 투사작용에 맨몸으로 드러난다.

아이들의 주체성은─이런 게 있다면 말이지만─지하실 같은 곳에 들어가 갇혀 버려서, 설명이라 할 만한 것을 거의 내놓지 않는다. 이렇기야 하지만 대부분의 경우 아이들은 이들 편이랍시고 만들어진 철학적 주장의 여러 지배 약호를 능가하거나 적어도 이 약호들을 교란시키면서, 이들을 알아채고 분류하려 하는 인식 스캐너를 피해서 빠져나간다. 어린아이는 철학의 집에 안보상 위험을 구성한다. 어린아이는 기어들어 와서는 온갖 소음을 터뜨린다. 마지막에 가서 어린아이의 형상은 철학에 상상[계]적 병변을─상징[계]의 끝이 없는 수리를 간청하는 조건을─삽입한다. 이런 어린아이의 형상은 **쟁론** différend의 괴로움이 잉태한 것일 수도 있다. 다시 말해 어린아이는, 말하기가 불안정해지고 정치체의 목구멍에서 언어가 막히는 장소에 들어가거나, 들어가진다. 어린아이는 공정한 재현[대표]에 대한 질문이 독단적으로 묵살되거나 그냥 다뤄지지 않는 장소에 들어가거나, 들어가지는 것이다. 이렇게 보면 어린아이가 제 마음껏 다룰 수 있는 재현 수단을 손에 쥐고 있는 것 같지만 그렇지가 않다. 어린아이는 무방비의 극단적 형식들에 내맡겨진다. 리오타르가 지적하기를, 이 경우 '의존'이라는 단어는 그 같은 미성년-존재의 조건, 어린시절의 늘-초조해지는 조건을 그려 내는 말로는 너무 약하다.

❊ ❊ ❊

어떻게 발을 헛디뎠기에 이들은 철학의 사령부에 관여하게 되었을까? 글쎄, 이들의 원형인 본래적 어린이 ─ 백치 ─ 는 장님, 귀머거리, 벙어리 주체[신민]들로 이뤄진 행렬 곁에서 혹은 이런 행렬의 선두에 출현했다(위기를 유발했던 것은 바로 저 이름들에 함축된 주체로서의 성질이다). 따라서 이 어릿어릿한 이는 야성적 어린아이를 ─ 가르칠 수 있는 백치를 ─ 구축하는 일에 어울리는 위세에 가장 가까이 묶여 있었다. 이들은 봉사하라는 압력을 받았고, 인간만의 깨끗한 석판에 대한 신화적 보증을 지탱하는 일에 임명되었다. 과학은 인간의 원천을 밝혀 줄 관찰 가능한 특질$_{trait}$을 구성하는 일에 가진 모든 것을 걸었으며, 이런 과학의 대의에 희사했던 한에서 이들은 ─ 백치들은 ─ 그런 가능성을 이론적으로는, 적어도, 현시했다. 철학의 주장이 정당함을 보이기 위해 철학의 대의 아래 징집되었지만 백치는 철학의 바깥에 속한다. 철학의 온전함은 백치가 홍보하는 것인데도. 내가 말했던 것처럼, 어린아이는 예기치 못한 순간에 예기치 못한 형태로 기어들어 온다. 칸트의 비판적 반성에서처럼 천재를 납품하는 양가적인 조달업자에게 숨어드는 것이다. ─ 이 무책임하고 종종 유치하기까지 한 과잉에 우리는 시학적 어휘를 빚고 있다.

리오타르는 『비인간』에서 자기 나름으로, 결코 청산되지 않는 부채, 어린시절에게 진 빚에 대해 쓴다. 결정되지 않은 흔적의 문제인 채로 어린시절은 계속해서 우리를 인질로 잡고 있다. 어린시절의 모호한 야만성은 우리에게 모든 교육은 비인간적임을 상기시킨다. "교육은 제약과 테러 없이는 이루어지지 않기 때문이다."[4] 야만화와 문명화를 동시에 수행하면서(한쪽이 없으면 다른 쪽도 없다), 교육은 꼬맹이를 곤란에 빠뜨린다. 이 녀석은 문화의 요구로 인해 구석에 몰려 있다. 어쨌든 어린시절은 탈규제의 비인간적 급등에 우리를 맡길 것이며, 소위 인간 발전의 궤적에서 어느 때나 닥칠 수 있는 두려움과 비통함 수준에 우리를 내버려 둘 것이다. "어린아이는 말할 기회를 빼앗기고 꼿꼿이 설 수 없는 상태로, 자기 관심의 대상들을 두고 주저하는 데다가 자기에게 이로운 것을 계산할 능력이 없으며, 공통 이성에는 민감하지 않다. 이런데도 어린아이는 두드러지게 인간적이다. 그 괴로움이 갖가지 가능한 사태를 선포하고 약속하기 때문이다"(『비인간』 3~4).[5] 스스로에게 뒤처짐으로 인해 어린아이는 처음부터 지체된다. "인간성에서 어린아이의 이런 뒤처짐은" 더 나아가 "어린아이를 어른 공동체의 인질로 만드는 것일 뿐만 아니라, 어린아이가 겪는 괴로움의 원인이 인

---

4   Jean-François Lyotard, *The Inhuman: Reflections on Time*, Stanford, Calif.: Stanford University Press, 1991, p.4[프랑스어판은 *L'inhumain: Causeries sur le temps*, Paris: Galilée, 1988]. 이하 참조한 문장들은 이 책 여기저기에서 인용한 것이다.

5   [옮긴이] 이 장에서 로넬이 다루고 있는 리오타르의 텍스트는 『비인간』, 「장악」, 『편력』 세 편이다. 본문 가운데서 어떤 텍스트가 다뤄지고 있는지 불분명할 수도 있을 것 같기에, 옮긴이가 임의로 본문의 숫자 앞에 제목을 붙이도록 하겠다. 상세한 서지는 로넬 자신의 주석을 참고하라.

간성의 결여임을 어른 공동체에 명시하고 그러므로 어린아이에게 더 인간적으로 되기를 촉구하는 것이다"(『비인간』 4). 어린시절은 누그러들지 않는 그 소름 끼침과 더불어, 윤리적인 요청을 유포한다.―이런 윤리적 요청은 노동시간 동안 애를 맡아 주는 일반대중이건 혹은 안티고네, 그리스도, 이삭 같은 교환원들이건, 아무튼 어린아이 진영에 충성하는 모두로부터 만들어져 전해진다. 설령 어린아이로서 이 모든 이의 정체성이 결정 불가능하면서도 동시에 정리된 채 남아 있어야만 한다고 해도 말이다. (몇몇 이유로―아니면 부조리하게도―윤리적 요청과 관련된 몇몇 인물형상은, 심지어 위기를 겪는 시기가 다른 척도로는 분명히 중년인데도, 어린아이라는 태그가 반드시 붙어 있다.) 리오타르는 묻는다. "우리는 인간들 속에서 무엇을 인간적이라고 불러야 할까. 이들이 어린시절에 처음으로 겪는 번민을 인간적이라고 부를까, 아니면 언어 덕택에 이들을 공동적 삶의 나눔에 적합하게, 즉 어른의 의식과 이성에 알맞게 만들어 주는 '제2의' 본성을 획득할 능력을 인간적이라고 부를까?"(『비인간』 3) 어린시절은 인간적인 것이라는 개념 자체에 틈을 집어넣고, 다시 한 번 우리에게 인간적이란 무엇을 의미하는지 묻는다. 하지만 인간적이라고 주장하기로 결단하는 일은 다음 둘 사이에서 분열된다. 하나는 처음에 겪는 적막함에 대한 이른 시기의 일화들이고, 다른 하나는 언어가 지원하고 공동체가 자금을 대는 이후의 은폐 책략이다.

※ ※ ※

이후의 또 다른 텍스트에서는 어린시절이 주는 자극에 대해 더욱 가혹한 말들이 마련된 상태다. 「장악」에서 어린아이는 노예와 나란히 놓인다. 곧 스스로의 운명이 다른 사람 손에 달린 자와 동격이 되는 것이다.[6] 노예와 마찬가지로 어린아이는 그 자신에게 속하지 않는다. 리오타르가 말하기를 어린아이에게는 그 자신에 대한('그녀 자신'에 대한 언어유희는 여기 없다. 성실함[7]을 억누르는 느낌으로, 다음 7장에서 우리가 만나게 될 엠마의 드라마가 시작하기까지, 나 역시 여자-어린아이에 대한 완전한 압제를 되풀이하련다) 청구권이 전혀 없기 때문이다. "그는 다른 사람의 손안에 있다. 의존이라는 단어는 타자의 손에 탈취당하고 구속되어 있

6   Jean-François Lyotard & Eberhard Gruber, "Mainmise", *The Hyphen: Between Judaism and Christianity*, trans. Pascale-Anne Brault & Michael Naas, Amherst, N.Y.: Humanity Books, 1999[프랑스어판은 "La mainmise", *Autre temps: Les cahiersdu christianisme social*, no.25, 1990]. 이하 참조한 문장들은 이 텍스트 여기저기에서 인용한 것이다. 번역자의 주석을 살펴보는 게 유용할지 모르겠다. "Mainmise: 프랑스어의 main(손)과 mettre(잡다): 1. 봉건기의 법제에서 유래한 용어. 봉건영주에 대한 헌신이 결여되거나 불충실하다는 이유로 누구를 구속하거나 강탈하는 행위를 일컫는다. 2. 누구를 손보거나 때리는 행위. 3. 영주가 노예[농노]를 해방하는 일(Emile Littré, *Dictionnaire de la langue française*, Chicago: Encyclopaedia Britannica, Inc., 1978). 『라루스 소백과사전』(*Pluridictionnaire de Larousse*)은 mainmise에 대해, 무엇 혹은 누구에게 손을 대거나 배타적인 영향력을 행사하는 행위를—어느 사업에 대한 국가의 mainmise라는 식으로—또한 일컬을 수 있다고 추가로 언급한다(Paris: Librairie Larousse, 1975)"(12).

7   [옮긴이] '성실함(probity, probité)'은 여기서 논의되는 리오타르의 주요 용어 중 하나다. 로넬은 리오타르의 논의를 포함하여 이제까지 어린아이와 어린시절을 다룬 논의들이(이 책에서만도 괴테, 파울, 블랑쇼, 아감벤 등의 논의가 거론되었다) 어린아이 성별을 '남성'으로 상정했고, himself라며 이를 당연하게 써 왔던 것을 슬쩍 언급하고 있다. '성실함'이 선택적일 수 있음을 암시하면서 말이다.

는 이런 조건을 묘사하기에는 너무 약하다"(「장악」 1). 리오타르에게 어린시절은 우리 자신으로 태어나기 전에 우리가 태어나 있다는 사실을 뜻한다. "우리는 타인들로부터 태어날 뿐만 아니라, 무방비하게 타인들에게 넘겨진 채로 그들에게 태어난다. 심지어 그들조차도 인지하지 못할 정도로 타인들의 **소유권**mancipium이 적용된다"(「장악」 2~3). 저 공격은 이런 식이다. 공격자들도, 필요해서 공격을 되풀이하는 공격자들조차 무의식적 강탈의 수준에서 작전을 벌인다. 아마 당신은 정확히 언제 암습이 가해질지 알고 싶을 거다. 그러나 어린시절은 나이로 표시되지 않는 연령대다.—아니 오히려 어린시절은 나이를 먹고 지나가는 게 아니라 삽화적 사건과도 같이, 심지어는 역사인 양 다시금 일어나는 것이다. 목이 막히는데도 뭐가 영향을 주고 있는지 그 표상을 당신이 파헤쳐 밝혀낼 수 없는 상황에 처했다면 어린시절은 평생 갈 수도 있다. 이런 상황은 매일 일어난다. "나는 **영향받고** 있는 이 조건에 대해 이야기하고 있는 중인데도, 우리에게 뭐가 영향을 미치는지 명명하거나 식별하거나 재생하거나 인식할 수단을—언어 혹은 표상을—갖고 있지는 않다"(「장악」 2). 내 착각이 아니라면, 리오타르는 해방이라는 근대 서구의 이상에 저항하기 위해 어린시절을 이용한다. 뿐만 아니라 그는 당신으로 하여금 **소유권**의 손아귀로부터 빠져나갈 것이라고 생각하게 만드는 백일몽을 용케 오그라뜨린다.

장악, 이것은 온갖 위장을 하고 돌아다니며(부모의 사랑은 "재앙이었을지도 모른다.—어린아이의 영혼에 대해 그와 같은 장악을 낳았던 것은 어쩌면 그 사랑일 수 있는 셈이다"[「장악」 3]), 어른이 된 어린아이에게도 알지 못할 것으로 남아 있곤 한다. 어떤 것이 그녀를, 심지어 그녀가 주목할 만한 '성공' 사례를 갖고 세계와 만날 적에도 거꾸러뜨린다. 보이지 않되 끈질긴 장악의 완전한 지배 아래서 어른 어린아이는 퇴행하여 미성년이 된다. 그러고는 불가능한 해방의 북소리를 울리는 예측 불가능한 존재의 리듬을 따른다. — 그리스도교적이건 세속적이건, '인간은 자유로워져야 할 존재'라고 가르치는 휴머니즘이 저런 해방을 약속한다. 이 자유롭게 함의 본성에 관해서는 "아우구스티누부터 마르크스에 이르기까지 다양한 가능성이 있다". 이들의 약속은 결국 다음과 같은 내용을 말한다. 모종의 계산 가능한 강령이나 구원의 밑그림에 의거하여 장악을 벗겨 낼 수 있고, 심지어 결정적으로 처리할 수도 있다는 것이다. 우리가 장악을 극복할 수 있다면 — 이는 무엇이 우리를 내리누르고 있는지에 대해 우리가 어느 정도는 파악하고 있다는 사실을 상정하리라.

장악, 이것은 극단적 억류의 조건으로서, 너무도 강력하게 효과를 발휘하여 어른에게는 어린아이와 마찬가지로 기억이나 인식을 통해 이에 접근할 길이 없다. 투사되어 반전될 뿐이더라도 이 조건을 이루는 항목들에 초점을 맞추는 일, 이 일은 거의 〈환상특급〉 속의 저 이야기들과도 같다. 이 드라마는 일상이 이루어졌던 집을 축소해서 보여 주는 장면으로 끝맺는데, 여기에서 정상상태normalcy는 여성 거인, 놀이하는 어린아이의 응시 아래 막을 내렸다. 어떤 의미에서, 당신에게 드리워진 그림자는 맞서 싸우기는 고사하고 지각하기에도 너무 컸다. 사람들은 장악에 관해 말도 못 하고 알지도 못한 채로 있으나, 그럼에도

〈환상특급〉 방송의 대표 이미지. 우측 하단부의 닫힌 문과 우측 상단부에 위치한 눈에 주목하라.

불구하고 장악은 당신의 일거수일투족과 함께하고 장면들을 끈질기게 통제한다. 각인은 그토록 깊숙하기에 어린아이에게는 도저히 "반항할 생각조차 들지 않을 것이며, 그에 대한 장악이 사라지기를 기도할 재능이나 은총 또한 그는 얻지 못할 것이다"(「장악」 3). 장악의 지문은 추적하기 어렵기 때문에—이것이 어떻게 작동하는지에 관해 리오타르가 분명치 않으므로, 여기서 나는 짐작해 보는 중이다—리오타르가 묘사하는 조건이 심각한 정신장애에만 그 결과가 미치는 것은 아니다("나는 지금 심각한 신경증이나 정신병에 관해서만 이야기하고 있는 게 아니다"). 장악을 담고 있거나 제대로 포괄하는 설명이나 서사는 어디에도 없다. 리오타르가 곧잘 말하는 것처럼, 어떤 상기anamnesis도 없다. 이와 동시에, 굴복은 번져 나가기가 너무 쉬우므로, 굴복을 수긍하기 위해서 이를 비정상적 심리상태로 만들 필요도 없다. 당신은 소위 자율적 존재로서의 나날에서 잘나갈 적에는 보석금 대신 겨우 풀려나고 다른 때는 가축우리 같은 곳에 비참하게 억류되러 되돌아간다. 누가 이런 사실을 이해하기 위해서 정신병자가 되어야만 하는 것은 아니다. 주어진 자유—의문의 여지 없이 정해진 것이자, 다른 모든 것보다도 먼저 주어진 것, 우리의 현존재[여기-있음]Dasein 속 여기da와 더불어 피투된 것으로서 자유—의 가능성은 달리 말해 장뤽 낭시가 칸트식 인장을 찍어서 제시하는 그런 종류의 자유겠지만, [우리가 다루는 중인] 이 장면에는 주어진 자유의 가능성이 부재하는 것으로 보인다.[8] 어느 경우건 어린시절이 철학적으로나 정치적으로 자유와 더불어 제시된 적은 한 번도 없다(야생의 어린아이 이야기나 교육이 불가능하되 무해한 어린아이 이야기로 누가 되돌아가지 않는다면 말이다). 문명화된 어린아이는 항상 뒤에서 따라온다. 자유 없음의 표장으로서, 그 어떤 해방적 순례나 운동에서도 '너무 이른[어린]' 존재로서 따라오는 것이다. 어린아이는 자유에 대한 논의에서 논리적으로 면제된다. 이 사실은 사람들로 하여금 정치적 앞날과 윤리의 시동 장치라는 목적을 위해 **어린아이를 사유하기**를 무엇보다 요구한다.

　저 움켜쥠을 어린아이는 복구 불가능하게 상처를 입히는 것이자 실은 어린시절이 의존하는 것으로 번역해서 이해한다. 시간결정은 약간 어긋나 있을 수도 있다. 현재의 심급에서 리오타르는 쾌락이 상처보다 앞서 느껴질 수도 있다고 암시하지만, 다른 데서는, 내 생각대로라면, 상처 입히는 움켜쥠이 어린아이에 대해 첫 세례를 준다고 시사했기 때문이다. 무의식에 설치된 시한폭탄의 박자가 (때때로 '경험'을 우회하는) 이런 체험들 속에 들어와 있는 한, 엄격한 시간일치를 고수하는 일은 두말할 나위 없이 사소할 수 있다. 리오타르는 탁월하되 상처를 주는 관찰을 제시한다. "어린아이에게 모든 것은 상처다. 모든 것이 이제 곧 금지되고 수거될 쾌락의 상처인 것이다"(「장악」 3). 장악은 이제 막 발생할 무엇, 말하자면 언제나 갓 발생했던 무엇의 기호로서 일어난다. 요컨대 장악은 어린아이에게서 쾌락을 탁 쳐서 빼내기 위해 일

8　이런 점에서 낭시의 『자유의 경험』(*L'expérience de la liberté*, Paris: Galilée, 1988)에 대한 섬세한 독해는 지금 우리가 추적하고 있는 궤적들을 복잡하게 얽어 놓을 수 있다. 자유는 실존의 단독자적 경험과 연결된다. 다시 말해 **사실**의 논리에 복종하지 않는 것으로서, 법과 대립될 수 있을 경험이다.

어나는 셈이다. 요번에는 장악을 시간이 부린 조화라고 말해 볼 수도 있겠다. 쾌락을 때려눕히는 시간, 쾌락을 현실원칙의 굴레에 넘겨주는 시간이 한 일이라고 말이다. "괴로움이라는 결과와 대상 탐색은, 줄여 말하자면, 해방과 유비관계에 있다. 이들은 저 상처에서 비롯해 일어난다." 해방에 대한 돌발적 욕구, 본질적 박탈의 이른 경험이 유도한 이 충동은, 미약하게나마 결합되기는 한 이런 유비관계의 형상과 더불어 시작한다. (프로이트에 대한 라캉의 독해에서, 정초적 욕망—근친상간 욕망—은 삶의 여러 시작 중 하나 가운데서 금지된다. 요컨대 이것저것 전부가, 처음에 겪는 억제 패턴으로부터 흘러나온다. 전적으로 잃어버리지도 않았고 완전히 발견하지도 않은 대상을 과격하게 탐색하는 일을 포함하면서 말이다.[9]) 주체는 초기의 몰수 기억과 더불어 살아 있기에, 적어도 상실을 벌충할 만큼은 자기 자신을 자유롭게 하려고 시도한다. 그러므로 부름the call은 여기서 기원한다. 다시 말해 해방의 부름 혹은 대탈출의 부름이—어찌되었건 탈주 운동을 촉발하는 요청이—이런 원천에서 비롯되는 것이다. 이 부름은 제약된 어린아이의 자리를 다른 어딘가와 관련해서 정해 준다. 이스라엘의 자손들the children of Israel(왜 유대민족이 어린아이들인가?)은 고난을 향해, 아니 보다 더 큰 고난을 향해 모처로 향하라는 부름을 받았다고 말해진다.

---

9   이것은 정신분석의 윤리에서 고정점들 중 하나가 된다. Jacques Lacan, *Le séminaire: L'éthique de la psychanalyse Livre VII*, Paris: Éditions du Seuil, 1986을 보라.

　　　　　　　　❁　❁　❁

　　리오타르는 저 세속적 상처 입힘을 이집트로부터의 탈주와 이어
놓는다. 그는 히브리인들의 엑소더스에 관하여, 이들이 "파라오의 **소
유권**에서 빠져나온 끝에 자리를 바꾸어 야훼의 **소유권** 아래 들어갔
다"(「장악」 2)고 논평한다. 모처에 대한 약속이라는 환상은 깨져 있다.
원초적 붙잡음에 그 위치를 확인할 수 있는 외부성이 있을 것 같지는
않다. 장악과 협상하면서 이용할 다른 패 하나를 비유로 들어 보겠다.
대탈출이 예견될 적에, 진짜로 유효한 출국 비자를 얻는 일이 얼마
나 어려운지를 분명히 할 필요성이 여전하기 때문이다. 토머스 드 퀸
시가 상술한 중독의 역경이 그러하듯, 사람들은 하나의 중독에서 다
른 중독으로 옮겨 갈 수 있을 뿐이다. 비록 두 번째 기간이 치료제에
대한 중독이더라도 말이다. 달리 말해 의존의 압제는 구조적으로 동
일하다. 중독에 집착하라는 요구나 중독에 대립하는 것에 집착하라
는 요구는 구조상 같은 것이다.[10] 이집트 탈주 및 모처로부터의 부름
은(리오타르는 줄곧 이집트 탈주를 어떤 부름에 대한 응답으로, 즉 "소명vocation"
으로 형상화한다), 어린아이에 대한 장악을 특징으로 삼는 각종의 이질
적 사건들에 더해진다. 탈주 및 부름은 알지 못한 채 수행하게 되는
일이며, 알지 못함 속에서야 [어린아이의 장악을 주조하는] 각종 사건이

10　중독에 대해 더 살펴보기 위해서는 내 책 *Crack Wars: Literature, Addiction, Mania*,
Lincoln & London: University of Nebraska Press, 1992를 보라.

비롯되고 이 사건들이 효과적으로 지배권을 쥔다. 사람들은 놀라 입을 다물고 몽유병에 시달리다가, 정체를 알 수 없는 데다가 어떤 의미 있는 방식으로도 보증될 수 없는 부름에 답하기 위해 일어선다. 아마 이 부름은 과거로부터 오거나 어렴풋이 기다리는 미래에서 울려 퍼지는 것이리라. "그것은 내 너머 위에서 오고 내 안으로부터 온다."― 하이데거는 이렇게 저 부름의 위치를 정한다. 이는 『존재와 시간』 속 의식의 소리 없는 부름으로서, 우리가 카프카를 읽어 내고 권위의 견인력을 독해하는 데 영향을 미쳤다.[11] 어찌 되었건 사람들은 나를 붙들고 지배하는 부름에 대해서 설명할 수 없다. 아니, 의식의 온갖 여행 일정을 망치면서 나의 동의도 없이 나를 붙들어 앉히는 부름에 대해서 설명할 수 없다. 이 부름이 내 주도권을 넘어서는 까닭이거나, 혹은 내가 세계-내-존재의 놀이터를 이리저리 기어 다닐 적에 내게 있다고 생각한 세상 돌아가는 일에 관한 지식을 능가하기 때문이다.

인식을 얕보고 기억을 빠져나가면서 멍하게 만드는 이것에 리오타르는 주의를 기울인다. 그는 몇 번이고 이 부름을 추적하려고 시도한다. 존재, 지식, 기억, 심지어 건강조차 마멸시켜 무관심의 수준까지 낮춰 버리는 어떤 게 있다. 모든 개념상의 것이나 일반화할 수 있는 원리에 거역하는 어떤 게 있는 것이다. 리오타르는 밑바닥에 근접

11   Martin Heidegger, *Sein und Zeit*, Tübingen: Max Niemeyer, 1979. 또한 Christopher Fynsk, *Heidegger, Thought and Historicity*, Ithaca, N.Y.: Cornell University Press, 1986을 보라.

한 채 자기의 수용기관을 열어놓는다. 리오타르가 서술한 **인생행로**Lebenslauf, 그의 **이력서**curriculum vitae는 『편력』에서 확립되었다. 이 책이 거의 존재론적 주파수에 맞춰진 부름을 환기시킬 적에("부름과 같은 것이 있으니"[『편력』 9]), 리오타르는 무관심이라는 관념과 교의에 평생에 걸쳐 관심이 있었다고 주장하는 것이다. 존재 내의 어떤 것이 사유를 을러대고 글쓰기를 약화시킨다. 고요하면서도 치명적인 부류의 일관성을 갖고서 말이다. 리오타르는 우리가 귀를 닫고 나태하게 상대하는 바로 그것과 마주하기 위해서 한참 과거에 그 자신이 애썼다고 말한다.—옛날에 그는 "시종일관 사고와 글쓰기에 매혹적인 위협을 가하는 존재의 토대 없음"과 조우하기 위해 전념했던 것이다. 리오타르는 석사논문을 『윤리적 관념으로서 무관심』에 관해 쓴다.[12] 이 글은 에피쿠로스주의의 **아타락시아**ataraxia[평정], 스토아주의의 **아파테이아**apatheia[무감동], 극단적 스토아주의의 **아디아포라**adiaphora[무차별], 선불교의 무념 및 도가의 무위 등과 관련되는 일종의 원천적인 둔감상태를 조사한다. 이후에 이 논문은 멍하게 만드는 존재 양태들을 더 광범위하게 고찰하는 일로 이어진다. 나는 주저 없이 이 범주에다 반성적 판단에 대한 리오타르의 관심을 묶어 넣는 데까지 나아가고자 한다. 혹은 나는 주저 없이 프로이트의 부름에 대한 리오타르의 논의를 [『편력』의] 작업에 펼쳐진 이 사유-마비의 영역을 위해 동원함으로써, 정

---

12   [옮긴이] 리오타르의 DES(diplôme d'études supérieures, 한국의 석사에 해당하는 학위) 논문, *L'indifférence comme notion éthique*.

신이 떠돌게 둘 것이다. "정신을 가난하게 해야 합니다. 가능한 한 깨끗이 정신을 비우십시오. 의미를 예상할 수 있도록, 즉 '무슨 일이 발생한다'에서 '무엇'에 해당하는 것을 예상할 수 있도록 말입니다"(『편력』 18). 정신을 평정하게 하는 가난은 스스로를 사유에 대립시키지 않고, 도착하게 될 무엇을 받아들인다. 우리가 의미의 가능성과 결부시키는 무엇을 허용하게 되는 것이다.

나아가 사건의 도래 그 자체는, 리오타르 쪽 주장처럼, 보유한 것들의 규모를 줄이려는 정신의 능력에 달려 있다. 말하자면 "자기가 자신의 문화, 자신의 부, 건강, 지식, 기억의 화려한 매력을 포기하지 않는다면, 어떤 사건에도 결코 접근할 수 없습니다. …… 프루스트가 그랬던 식으로 우리 스스로를 약하고 병들게 합시다. 아니면 진정으로 사랑에 빠지도록 합시다"(『편력』 18). 여기서 유일하게 있을 법한 실존적 흠결은 스스로를 병에 걸리거나 사랑에 빠지게 **만드는** 위치에 누가 자리 잡을지도 모른다는 제안에 있다. 물론 리오타르는 이 제안을 반어적으로 뒤틀린 미소를 지으며 말하는 게 틀림없다. 친구들이 바로 그답다고 알고 있는 미소 말이다. 그럼에도 불구하고 인정해야만 할 점이 있다. 엄격한 의미에서, 금욕은 의지의 대리보충을 함축한다는 사실이다. ─정신이 몸─자기를 무능하게 할 능력을 발휘할 때의 바로 그 무능하게 할 **능력**을 금욕은 함축한다. 무능하게 할 저 능력이야말로 여기서 내가 보는 유일한 장애물이며, 그래서 아마 지금 내가 이것을 쇠약이 다스리는 이 황량한 풍경에다 지나치도록 과단성 있게 위치시키는 중이리라. 어떤 갈라짐이 있어 논점이 되는 것처럼 보이는 데, 자기self의 거의 피히테적 갈라짐이 그것이다. 이에 따르면 자기의식 중 한쪽인 초월적 자기가, 보다 경험적인 다른 쪽이 필연적인 실패의 벽을 향해 충돌하는 모습을 본다. 하지만 리오타르가 미소를 머금고 있건 아니건 간에, 그가 이 시점에서 이런 관념론의 형성물이 지배하는 꼴을 허용할 리는 거의 없을 것이다. 그렇다면 나는 저 충돌에서 살아남아 구조된 자기 따위는 결코 없다고 상정해야 하거나, 병약함의 카드를 놀리기 위해 말끔하게 치워진 것처럼 보이는 자기는 절대 없다고 상정해야 하겠다.

❀   ❀   ❀

누구의 존재를 사건에 익숙하도록 맞추기 위해서, 의미의 도래를 대비하기 위해서는 모종의 감축이 발생해야만 한다. 철저하게 빈곤한 상태, 극단적인 금욕은 환영받을 필요가 있고 받아들여질 필요가 있다. 하지만 이것이 의지의 대리보충과 관련되기 때문에, 아직은 이 존재론적 줄어듦 정도가 이후 「장악」에서 리오타르가 **소유권**과 결부시키는 존재 수준까지 가라앉은 것은 아니다. 자기-고갈 행위는 어떻게든 주체가 관여하는 것으로서, 주체가 결핍증의 한계-경험과 다시금 만나기를 재개하면서 이루어진다. 고갈되어 있다는 조건을 궁극적으로 지식의 관건이라는 관점에서 읽어 내는 리오타르이기에, 이 고갈된 조건은 그의 작업에서 예술과 정치로 통하는 채널을 연다. ─ 인식 cognition 및 인식에 상응하는 핵심 선수들의 지원을 몰수당해 탈진한 여러 기입을 향하는 것이다.[13] 예술과 정치는 그저 규칙에 기초한 것이 아니며, 전부터 있던 계약이나 규준에 지배당하기만 하는 것이 아니다. 칸트를 다루는 차례에 리오타르는 요컨대 인식이라 불리는 담론 갈래가 행사하는 패권으로부터 예술과 정치 둘 모두는 면제해 있다고 주장한다(『편력』 21). 칸트의 용어로 이와 같은 면제는, 그가 규정적 판단이라고 불렀던 그런 유의 판단을 우리가 [예술과 정치에 대해] 사용하지 못한다는 사실을 의미한다.[14] 다른 무엇보다도 이와 같은 인식 비움은 우리가 어째서 본질적으로 상실감에 빠져 있는지를 해명해 준다.—우리는 요령부득인 채, 기지로부터 벗어나, 불명료함의 구름 속에 남겨져 있다.[15]

반성적 판단은 감각 자료건 아니면 사회역사적 자료건 이를 종합하는 정신의 능력을 함축한다. 미리 결정된 규칙으로 되돌아가지 않고서 말이다. 리오타르는 이렇게 쓴다. "그에 따라 사고는 수수께끼

13   내가 리오타르와 마지막으로 나눈 대화는 고갈에 관한 것이었다. 내 고갈과 그의 고갈, 그러니까 만성적 피로와 씨름하는 나의 고갈과, 피로 문제를 다룬 학기에 뒤이어 그가 하려고 했던 수업 준비에 관해 우리는 대화를 나누었다.

14   [옮긴이] 칸트에 따르면 규정적 판단은 '지성의 법칙 아래에서 단지 도식적으로만 활동하는' 것으로서 객관적 대상이 주관의 선험적 형식에 의해 규정되는 경우에 사용되는 판단이다. 즉 현상으로서의 자연이 주로 규정적 판단의 대상이 되며, 이는 자연 현상에 대한 소위 객관적 인식을 낳는다.

15   『편력』을 구성하는 장 가운데 하나의 제목은 '구름(Clouds)'이다. 리오타르는 구름의 여러 형성물을 사유와 이어 놓는다[본론을 제외한 그 밖의 장은 제목이 '터치(Touches)'와 '틈(Gaps)'이다].

인 경우마냥 구름을 터치하면서[16] 구름을 뚫고 전진합니다. 구름에 대한 이유는—구름의 '이것이 무엇이다'는—구름과 함께 주어지지 않습니다. 구름에 대해 '이것이 피어나는 중이다'가 주어질 뿐이죠(『편력』 20). 규정적 판단은 다르게 작동한다. "문제는 다음과 같습니다. 개념이 정의되고 나면 누구는 개념 아래 포괄되기에 유용한 경우들[즉 사례들]을 찾아내야 하고, 이렇게 하면서 개념의 타당성을 검증하기 시작해야 합니다. 다르게 말하자면, 지성이 설명 규칙을 손에 넣고 나면 지성은 이 규칙이 적용될 수 있는 지시대상을 선별하려고 하는 것입니다. 이는 사유들 사이를 방랑하기에는 끔찍한 방식입니다. 과학이라 불리는 방식이죠(『편력』 21).

현대 세계에서는(프로그래밍, 예측, 효율, 보안, 컴퓨팅 같은 일들의 가치에서는) 규정적 판단이 승리했다. 이러함에도 불구하고 리오타르는 "다른 담론 게임 혹은 다른 담론 갈래가 이용 가능함을" 보여 준다. "이 속에서는 규칙을 형성하는 일 혹은 설명을 제공한다고 사칭하는 일이 부적절할 뿐만 아니라 심지어는 금지되기도 합니다"(『편력』 21). 이런 경우는 특히 미적 판단과 취미에서 흔하며, 이것은 일종의 인식상의 겸허함을 도입하고 본질적인 수동성을 들여온다. "그 어떤 개념도, 어떤 외적 합목적성이나 그 어떤 경험적이거나 윤리적인 이해관심도,

16   [옮긴이] 『편력』에 수록된 장의 제목(Touches)을 고려하여 touch를 그대로 터치로 옮겼다. 리오타르는 영어 touch의 의미가 이중적임에 주목한다. 한편으로 터치는 가령 세잔의 회화에서 화가의 몸과 현상학적 맥락에서 세계의 몸이 서로 접촉하고 얽히는 양상을 표현하고, 다른 한편으로 특정 화가의 독자적인 양식 자체를 의미한다는 것이다.

이른바 자료에서 기인한 감각이 상상력에 의해 수용되는 일과는 전혀 관련이 없습니다. 거기에는 오로지 극히 겸허한 종합이 있을 뿐입니다. …… 자료가 그 아래 포괄될 수 있는 개념적 규칙은 작동하지 않는 상태로 남아야만 합니다"(『편력』 22). 실제로 리오타르는 『편력』의 첫 번째 강의인 '터치'[17]를 끝맺으면서 일종의 윤리적인 부름, 윤리적 이해관심이나 미리 처방된 정념을 갖지 않는 윤리적인 부름을 성사시킨다. 강연을 마무리하면서 그는 이렇게 말한다. "규준 없는 경우에 응답하는 일이 반성적 판단입니다. 반성적 판단이란, 그 자체가 다뤄야만 할 하나의 경우로서, 하나의 사건입니다. 우리는 이 사건에 대한 해답을 찾아내야 합니다. 다시 말해 이것과 접속할 연결 양식을 찾아내야 하는 것이지요. 이런 상황은 부정적일 수도 있겠으나, 예술에서와 마찬가지로 정치에서 이것은 모든 성실함의 원리가 되는 것입니다. 또 한 가지 덧붙여야 하겠네요. 사고$_{thinking}$에서도 그렇습니다"(『편력』 27). 미리 결정함은 각각의 경우에 응답할 책임으로부터 그 어떤 사고도 면제해 주지 못한다고 리오타르는 말한다. 사고는 각 경우의 단독성에 대한 책임이 있으며, 각 경우에 자리한 대체 불가능한 요구에 대답할 수 있어야 한다. 어떤 사건에 의미를 부여하는 일은 망상이다. 혹은 어떤 사건이 선행하는 텍스트와 관련하여 무엇이 될 것인지를

---

17 [옮긴이] 리오타르는 캘리포니아주립대 어바인 스쿨의 비판이론연구소가 주최하는 웰렉 라이브러리 강연에 초대받아 강연한 적이 있다. 『편력』은 이 강연에 보론을 덧붙여 출판한 책이다. 앞서 언급했다시피, 첫째 강연은 이 책의 1장인 '구름'이고, '터치'는 둘째 강연이었다.

예견함으로써 사건에 해당하는 의미를 상상하는 일도 망상이다. "하지만 이런 사고방식을 완전히 회피하기란 분명 불가능합니다. 왜냐하면 이 사고방식은 대문자 X의 부름 또는 터치에 대항해서 안전을 보장하기 때문입니다"(『편력』 27). 활동적인 데다가 무의식적인 정신의 틈사이 공간을 헤집고 돌아다니면서, 대문자 X는 순수한 수용성이 위치할 수 있는 지점을 표시한다. 알 수 있음에 대한 온갖 권리주장의 반대편에다 말이다.

❀ ❀ ❀

대문자 X는 일어날지 모를 '어떤 것'과 관련이 있다.―세잔의 경우에 이 어떤 것은 그의 눈길 아래서 혹은 그의 눈 위에서 일어날지 모른다. "눈이 이것을 충분히 수용하도록 되어 있다면 말입니다. 이 '어떤 것'은 색채환각chromatism의 성질, 즉 색의 음색 같은 것입니다. 이를 획득하는 일에서 관건은 정념 없는 '수동성'이며, 이는 통제되는 정신 활동이나 무의식적인 정신 활동의 반대편에 있습니다"(『편력』 19). X는 지금 여기에 무언가가, 이게 무엇이든 상관없이 '있다'는 괴이한 '사실'을 발송한다. "마치 생빅투아르산[세잔이 평생 동안 반복해서 그린 산] 안쪽에 숨겨진 어떤 것이, 말하자면 존재랄까, 아니면 칸트가 'X 일반' 이라고 부른 실체가 색채라는 질료를 가지고 '수moves'를 두면서 저 화가와 대치해 게임을 수행하는 중이었던 것 같습니다." 누구도 'X 일반'의 심중을 짐작할 수 없고, 혹은 이것이 무엇에 열중하는지 알 수 없다. 맑은 날이면 그 배치를 그저 보고 알든가, 더듬어 보든가, 행여나 당신 이름이 세잔이라면 어떻게든 그릴 수 있을 뿐이다. 이것은 우리를 완전히 이러지도 저러지도 못하게 만드는 이중구속의 손아귀 속에 가져다 놓고는, **장악**의 꿈쩍도 않는 실력행사처럼 우리 위에 군림한다.

한편으로, 우리는 대문자 X가 부름을 발할 때 청취하기 어렵지 않도록 유연해지려고 애쓴다. 저 부름에 주파수를 맞추려면, 우리는 안다거나 파악했다고 상정되어서는 안 된다. 혹은 대문자 X가 발생한다는 괴이한 사실과 직면할 때 우리는 이 사실을 강제로 포섭하고자 해서는 안 된다. 대문자 X는 전례 없는 호소로서, 인식의 그물질이 빠진 정황으로서 우리에게 부딪히는 것이다. [이런 내용과 대비될] 다른 편은 없다(이런 사실이 결코 이중구속의 손아귀를 느슨하게 만드는 것도 아니다). 그렇지만 사태는 마치 또 다른 편이 언제나 있어 왔던 것처럼, 아마도 먼저 움직인 손이 있어 왔던 것처럼 진행된다. ─ 이런 습관은 **손 불구자**manchot의 시든 권위 쪽을 향해 우리를 넘겨주며, 리오타르는 이것에 대해, 다시 말해 잃어버린 손에 대해 쓴다. ("스스로를 타자의 보호감독으로부터 자유롭게 함으로써, 손 불구자는 자기의 손을 돌려받고 사태를 그 자신의 손안에 되찾는다. 그는 자기가 거세를 극복하는 중이라고 생각하며, 상처가 회복될 수도 있겠다고 생각한다. 결여를 극복하고 잃어버린 무엇을 되찾을 수 있다는 이런 꿈은 오늘날 해방을 불러일으키는 바로 그 꿈이다"[「장악」 5].) 이 잃어버린 다른 손을 놀리는 것은 우리가 이전 페이지에서 탐지했던 의지의 대리보충[금욕]이다. 사람들에게 운명의 진로에 대한 통제를 허가하는 자기-절단 행위가 바로 이 잃어버린 다른 손을 움직이고 있다. 손 불구자는 집게를 잃은 게나 공황에 빠져 다리나 발을 뜯어내는 동물처럼 행동한다. 그는 비록 잃어버린 손으로 움켜쥐는 것이기는 하지만, 사태를 손에 넣고 관리한다. 이 순간이 수사적 성질을 띠기란 불가능하다. 저 손 불구자가 손을 거두는 것처럼 보일지라도 그에게는 이제 손이 없기 때문이다. 저 비실존의 트로피야말로 정치적 수사의 약속어음이 내는 효과를 지배한다. 리오타르에 따르면 거세를 억제해 숨기는 폭력은 오늘날 해방투쟁의 정치를 지배하고 또한 눈멀게 만든다.

리오타르의 사유는 [가난을] 정신에 새기고 몸에 기록해 넣으면서 절대적 안빈impoverishment의 깊은 구멍을 향해 아주 조금씩 나아간다. 이렇기는 하나, 마지막에 가서 리오타르는 복잡한 서술을 언어성linguisticity의 잉여[산출]에 위탁함으로써 자기의 통찰로부터 뒤로 물러서곤 한다. 그는 이런 경향을 라캉과 공유한다. 예를 들어 리오타르는 존재 속의 어떤 구멍을 분명히 짚어 놓고서는 다른 게임들, 담론상의 다른 갈래들이 있다고 말하면서 구멍을 다시 메운다. 그래도 그는 그 어떤 게임 계획이나 담론구성의 지도도 전혀 유지되지 않았을 운동의 흔적을 그 스스로 남겨 왔다. 면책의 여지를 만들어 온 이런 몸짓은 그가 절합한 내용에 내재한 긴장을 드러내는 것이다. 우리는 사람 자체를 약하게 하거나 정신을 활동적이지 않게 하려는—그가 마찬가지로 내세우는 정념 없는 수동성이 존재가 취하는 노력 전부와 어떤 경우라도 동연[즉 등개]일 수 없다는 듯한—리오타르의 처방에서

이 문제를 짚었던 바 있다. 압제의 원천적 조건이려는 것이 아니라면 장악은 대체 무엇을 위한 것일까? 언어에서 비롯되는 돌이킬 수 없는 소외가 발생하기도 전에 주체 당선자를 실제 짓밟는 죽음충동의 저 단 기어로서가 아니라면 장악이란 대체 무엇인 걸까?

이제 이 모든 것은 결국 저 부름의 시련 혹은 시험이 된다. 대문자 X, 혹은 존재, 혹은 산, 혹은 신의 부름이 되는 것이다. 존재나 신은 물론이고 심지어 산조차 부름을 발한다. 부름에는 반드시 언어가 있어야 하는 것도 아니고, 언어가 완전히 누락되지도 않는다. 부름은 온갖 확실성을 가지고서도 위치시키기 어렵다. 『존재와 시간』에서 하이데거는 부름에 대해─의식의 소리 없는 부름에 대해─말했다. 부름은 내 안에서부터 오고 내 너머 위로부터 온다. 부름에 귀를 기울이기 위해 사람들은 스스로를 비워야만 하며, 개개인이 자기비움 kenosis을 겪어 냈어야 한다(자기비움이 비워 내는 일인 한, 이것은 '개인적인' 것을 떨어낸다). 어쨌든 지식을 쫓아서는 부름을 보증하거나 부름이 참조하는 권위를 확실히 보장하는 것은 아무것도 없다(앞으로 우리는 지식 없는 부름 혹은 기원을 확신할 수 없는 부름이 어떻게 해서 아버지의 부름이 되는지를 보게 될 것이다). 리오타르 자신은 이런 식의 소인을 찍으면서 에세이 「장악」를 시작했다. 자신의 의도에서 스스로를 갈라냄으로써 부름의 필연성을 몸짓으로 보여 주면서 말이다. 그는 알지 못함의 어스름 가운데서 시작했다. 관찰한 것들에 관하여 그는 논의를 펼칠 채비가 되어 있었으며, 이것들의 원천에 관해 다음과 같이 말했다. 그가 관찰한 것들은 "미리 정해진 어떤 지식의 자리에서 오지 않는다. 나는 여기서 무엇을 말해야 할 것인지 아무것도 알지 못하기 때문이다. 나는 그리스인들이 철학의 이름 아래 우리 속에 주입한 지식과 지혜에 대한 이 사랑에 대해 아무것도 알지 못한다"(『장악』 1). 이런 의미에서는, 그가 이어서 전개하는 논변의 논리에 따를 때, 리오타르는 여성의 유혹을 겪으며 작업한다. 성경의 우화에 따르면 그녀는 남성[사람]이 알지 못한다는 사실을 그가 잊게 만들기 위해 존재한다(당신도 알다시피 이건 선악과의 우화를 가리킨다. "여성의 욕망은 남성이 잊는 것이다. 그가 지식을 가질 수 없다는 사실을 말이다"[『장악』 8]). 이와 상응하여, 저 우화에서 정립된 가짜 부름 같은 게 있다. ─가짜이되 그렇기에 진짜이기도 한 부름이다. 그리고 원초적 남성은 가짜 부름의 먹잇감이 되는 것을 보여 주었다. 그는 지식을 향한 부름 혹은 그의 거세를 잊어버리라는 부름의 먹잇감으로 떨어졌던 것이다(낙원에서는 거세가 이미 이루어졌었다!).

❂ ❂ ❂

이런 부름은 남성을 테스트하고, 그의 시험trial을 구성하며, 그의 시련ordeal을 확정한다. ("토라에 실려 있는 신의 물음을 가리키는 문자에 가장 가까운 말은 독일어 동사 versuchen[시험에 들게 하다]이다. 이 단어는 시험, 시도, 실험, 심지어는 유혹까지도 의미한다. 야훼는 아브라함에게 아들을 바치겠느냐고 물음으로써 아브라함을 시험해 본다"[『장악』 9~10].) 어린시절의 본질을 이루는 테스트는, 리오타르가 쓰기로는 "어린시절에 관련된 가장 큰 불확실성"은 묶임("liaison")과, 그리고 풀림 혹은 끊어짐("déliaison")을 끌어들인다. 이 말들은 "다시 말해 해방을 좌우하는 것의 핵심 그 자체에 관련된 가장 큰 불확실성에 포함되는 것이다. 이 불확실성은 저 부름의 지위, 부르는 주체의 지위와 관련되는 것으로서, 다시 말해 이 불확실성은 아버지의 지위에 관련된다"(「장악」 7). 이 내용은 빨리 지나가고 있지만 우리가 이미 보았다시피 여성적인 것은 속임수를 행할 수 있으며, 가짜 부름을 신청할 수 있다("악은 여성의 목소리로 말한다"). 또한 이와 동시에 저 **장악**은 아버지의 몫이다. 비록 그가 변덕스러운 교환원을 고용했다고 하더라도 말이다.

"하늘나라에서는 누가 가장 위대합니까?"라는 질문에 대한 예수의 대답은 목표물에 딱 꽂힌 화살처럼 전율한다. 그 답은 작은 자, 어린아이(마태복음 18:1~5), 『불가타성경』[18]의 parvulus[아동]이다. 이는 어린아이를 "실족하게" 해서는 안 되는 이유다[그리스어 skandalisei: 불쾌하게 만들다, 휘청거리게 하다—로넬](마태복음 18:6).[19] 나는 상처라는 용어를 사용하

18   [옮긴이] 그리스도교 성경은 본래 여러 언어로 쓰였다. 『불가타성경』은 4세기 후반~5세기 초에 만들어지고 405년에 펴낸 대중적 라틴어 성경이며, 1980년대 새 『불가타성경』이 나오기 전까지 가톨릭의 공인 성경이었다.
19   [옮긴이] 이 책에서 성경의 번역은 주로 『공동번역 개정판』을 따랐다. 『공동번역 개정판』에서 "실족하게"에 해당하는 단어는 "죄짓게"이지만, 이후 리오타르의 논의 맥락에서는 『개신교 성경』의 번역인 "실족"이 더 나을 것 같아서 이를 따랐다.

면서, 이 스캔들 또는 걸림돌(프로이트가 유혹이라고 불렀던)은, 어린시절이 어른들의 **소유권**에 종속되는 한에서 어린시절에 고유한 것이라고 말했다. 또한 소유권은 여기서 둘 모두의 의미로 받아들여져야 한다. 하나는 어른이 어린아이에게 행사하는 소유권이고, 다른 하나는 어른들 자신의 어린시절이 그들에게 행사하는 소유권이다. 심지어 어른들이 어린아이에게 이를 행사하는 중에도 말이다. (「장악」7)

리오타르는 소유권의 이중적 궤적을 성찰하면서, '어린시절'의 항목들을 두 방식으로 이해한다. 한 방식에서 어린시절은 이 시간에 묶인 것이 아니라 "아버지의 것 외에 다른 어떤 소유권에도 종속되었던 적이 없기에 해방될 필요가 없는 천상적 모델이다. [다른 방식에서] 어린시절은 불가피하게 스캔들과 걸림돌에 종속되고, 따라서 이 부름의 진리에 속하지 않은 것의 비참함에 종속된 주체다"(「장악」7). 스캔들 혹은 걸림돌은 "이 부름에서 벗어나 곁길로 새게 만드는 것 전부이다. ─ 폭력, 배제, 창피 주기, 그리고 순진무구한 아이에 대한 (본래적 의미에서의) 유혹[20]이 그것이다". 자신으로 인해 스캔들이나 걸림돌이 발생하도록 하는 누군가가 어린아이에 대해서 소유권을 행사하며, 그렇게 함으로써 어린아이를 오도하고 어린아이의 유일한 **소유주**manceps,

---

20   [옮긴이] 유혹(seduction)이란 se-ducere, 즉 벗어나도록 이끄는 것을 말한다.

아버지로부터 떨어뜨려 놓는다.

인간을 아버지에게서 갈라놓으면서 리오타르는 어린아이를 부친의 영지로부터 끌어내는 역경, 마음을 어지럽히는 그 역경을 확인한다. "이 걸림돌과 오도는 필요하다. 아버지가 아니라, 인간에게 **묶이고**, 도용당하고, 전유당하는 것이 필요한 것이다." 인용한 문장의 경우에 인간은 여성을 의미한다. 그이는 부름을 중간에 가로채어 남성-아이를 위험에 빠뜨리는 주파수 전환기를 통해 [다른 부름을] 전송한다. "여성의 욕망은 남성이 일어나서 전능한 신에게 맞서는 것이다. ─ 요컨대 남성이 전능자의 부름에 더는 복종하지 않고 전능자의 소유권에 묶여 있지 않게 하는 것이다. 이 히스테리 환자가 자기 남자에게 속삭이는 사악한 해방은 다음과 같다. 당신은 거세되지 않았어요. 이 해방은 괴로움과 노동 및 죽음이라는 대가를 치른다"(「장악」 8). 여성은 남성에게 부름을 차단할 것을 요청한다. 신성의 부름과 저 불러들이는 체계로부터 절연함으로써 그 자신이 되어야 한다는 요청이다. 그녀는 에덴의 부성적 권력-흐름에 지장을 주고, 자기 남자를 시간의 조류와 반복 및 죽음에 내맡긴다. 운명의 방정식에 고통을 도입하면서, 그녀는 쾌락원칙을 넘어선 곳 '너머'를 겨눈다.

이러저러하더라도, 단 두 명의 소년만이 여성적인 것, 리오타르가 축약해서 모성적 **소유권**이라 하는 것이 이끄는 탈선을 피하게 될 수 있었다. 이 둘은 이삭과 예수이며, 이들은 완전한 여성이 아니었던 엄마를 두었다("이들의 어머니는 여성이라고 하기는 어려웠다"[「장악」 8]). 모성적 시간의 왜곡 효과 때문에 이렇다. 그러니까, 한쪽은 계속 불임이었기 때문에 어린아이를 너무 늦게 가졌고, 다른 한쪽은 처녀였으므로 너무 일찍 가졌던 것이다. 사라는 웃으면서 임신을 맞이하고, 아이 이름은 웃음에서 나온다(이삭은 '그가 웃었다'라는 뜻이다). 리오타르는 사라의 못 믿겠다는 앙심을 품은 웃음을, 동정녀의 틀에 박힌 미소를 띤 단순한 신념과 비교한다. 이런 특성들은 이 둘을 여성이 아니게 만들고, 너무 늦게 깔개담요에 누운 저 유대 여자와 너무 일찍 자궁을 채운 저 그리스도인은 이 특성들 때문에 면제 증서를 수여받았다. 위험을 낳는 모성의 영향권으로부터 벗어나 있다는 증서 말이다. 이 두 여성, 사라와 마리아는 "유혹하는 여성으로서 어머니가 가지는 숙명으로부터" 면제되어 있다. "따라서 둘의 아들인 이삭과 예수는 모성적 소유권이 이끄는 탈선에 약간만 영향을 받았거나 아니면 이를 완전히 피할 수 있었다." 이 여성들 위의 빗금은—불임 혹은 동정잉태라는 빗금은—가로채이지 않고 이 소년들에게 도달하게 될 부름을 허용한다. "묶임과 풀림의 시련을 그 아들에게 받도록 한 사람은 바로 아버지이다." 어머니는 곁쪽에 자기 자리를 잡은 채, 스스로를 천천히 애도의 형상으로 변형시켜 낸다. 모두가 패배하는 상황의 움켜쥠에 항상 시달리기에 어머니에게는 다음 두 선택지만 있는 것처럼 보인다. 하나는 침습성의 유혹녀라고 자기 자신을 저주하는 일이고, 다른 하나는 조종弔鐘의 집요한 두드림 아래 자기 자신을 지워 내는 일이다. 잊히고 유예된 그녀는 그러나 잊을 수 없는 사람이 된다. 그리고 얼마간은 생존자인 그녀가, 숭고해지기는 했지만 부계에서는 내쫓긴 아들의 사망을 주재한다.

리오타르는 저 우화에 대한 자기의 독해를 계속 진행하지만, 이 우화가 가진 맥락상의 막대한 영향력을 이제 보여 주지는 않는다. 대신 그는 이제 자기가 좋은 해방이라고 간주하는 것에—부성적 구속의 극단 형식이 되는 것에—초점을 맞춘다. "어린아이에게, 좋은 해방은 두 경우[이삭과 예수] 모두에서 아버지의 부름에 바로 응하는 것, 부름에 귀 기울일 수 있는 것과 관련이 있다. 이 목소리로부터 자기 스스로를 자유롭게 하는 일은 전혀 중요하지 않다. 이와 반대로 자유란 목소리에 귀 기울이는 데서 오기 때문이다"(「장악」 8). 자유란 하이데거의 Hören과 Gehorsam, 즉 들음과 순종의 결합 속에서 신호를 발한다고 누구는 말할 수 있겠다. 듣기는 복종의 극단 형식이며, 자기 스스로를 열어서 타자의 목소리에 넘겨주는 일의 극단 형식이다. 바울은 하나의 주인 전송장치에서 다른 장치로 전환하는 것을 그려 내 보여 준다. 서로 다른 주소를 가진 등록부 내부에서 노예 됨을 받아들이는 일에 대해 쓸 적에 말이다. "여러분이 전에는 온몸을 더러운 일과 불법의 종으로 내맡기어 불법을 일삼았지만 이제는 온몸을 정의의 종으로 바쳐 거룩한 사람이 되도록 힘써야 할 것입니다"(로마서 6:19). 리오타르는 논평한다. "사람들은 오직 '하느님의 종이 되는' 것을 받아들임으로써만 해방된다. '여러분은 거룩한 사람이 되었고 마침내 영원한 생명을 누리게 되'기 위해서라고 [바울은—로넬] 이어간다"(로마서 6:22). 노예 된 자가 다른 주인에게 응답할 수는 있지만, 노예상태라는 조건 자체가 두드러지게 조정되는 것은 아니다. 리오타르는 자유로부터 정화[즉 거룩함에 이르는 일]로 미끄러진 것을 추적하는 데는 많은 시간을 쏟지 않고, 저 해방적 욕동에 집중한다. 약간의 성공이 욕동의 목표를 충족시킨 것인지는 모를 일이다.

$$\oplus \quad \oplus \quad \oplus$$

유대인과 그리스도교인은 한 구역에서는 암묵적 합의를 준수해 왔다.―타자의 수용을 담당하는 중차대한 구역에서는 말이다. 이들은 서로 비슷하게 초월적인 것이 개입하도록 마련된 접수대에 배치되어서, 경계를 게을리하지 않은 채 주목하거나 명령을 발할 준비가 되어 있다. 리오타르에게 사태의 유대인 쪽은 부름을 받는다는 관점에서는 애매 하지 않다. 그가 쓰기를, 유대인 쪽에 관해서는 "듣기에 대해 더 언급할 필요가 없다. 이것은 절대적이라거나 완벽하다고 (사람들이 음높이를 완벽 히 맞추는 음악가에 대해 말하는 방식대로) 부르고 싶을 정도다. 그러니까 이 름 부름에 대해 아브라함이나 모세가 귀를 기울이는 것에 관해서는 말 이다"(「장악」 9). 나는 유대인이 음높이를 맞추는 일을 이처럼 아첨하듯 신비화하고 있는 점에 당신이 귀를 기울여 주기를 부탁하고 싶다. 이 확신에다 심술궂은 언급을 덧붙여야 한다니, 슬프다. 하지만 들리지 않 는 것들에 관해 훈련한 귀를 가진 사람이, 어떻게 저 우호적인 발화가 가진 폐제적 성격의 도발에 귀를 쫑긋 세우지 않을 수 있을까? "더 언 급할 필요가 없다"니? 리오타르 자신이 말하는 반응성의 윤리를 긍정 한다면, **연쇄시켜야**enchaîner 하며, 이 침묵 주위에 문장들을 생산해야 한 다. 비록 그 윤리는, 당연하다고 여겨지는 완벽함에 대한 우호적 침묵에 의지하지 않을 수 없었더라도 말이다. 저 진술은 미드라시와 같은[21] 주석적 개입을 요청한다. 이름 부름 혹은 그날 아브라함이 들었다고 생각했던 무엇을 고정시킨 일에 잘못이 있을지 모르기 때문이다(우리는 모세를 또 다른 처치에 맡겨 둔다. 아마 정신분석의 처치에 맡기게 될 것이다. 라캉이 **사물**das Ding을 논의하면서 저 불타는 떨기나무가 모세의 사물이었다는 점을 제시할 때 같은 경우에다가 말이다). [아브라함에 대한] 이 부름은 잠깐만 이대로 놓아두고 조금 더 나아가 보자.

리오타르는 계속한다. "이 점에 관해서는 유대인과 그리스도교인이 일치한다. — 해방은 진짜 **소유주**에게 귀 기울여 듣는 것이다." 나뉜 양쪽이 공히, 명령하는 목소리에 위치한 더 높은 힘에 대한 종속이라는 핵심 구조에 관해서 의견이 일치한다. 이것이야말로 근대성이 망가트리는 의견일치다. 다른 어떤 것이[모종의 타자가] 빠진 해방을 상상하고 초래하려고 시도할 적에 근대성은 이런 의견일치를 망가트려 없앤다. "이와 같은 해방은 성경기록Scriptures의 관점에서는 약함이자 더러움으로 나타날 뿐이며, 에덴동산에서의 장면이 다시 일어난 것으로 보일 수밖에 없다. 유대인과 그리스도교인은 소유주 없는 해방, 목소리 없는 해방의 불가능성과 무익함 및 비참함에 관해 서로 동의한다."[22]

---

21   [옮긴이] 56쪽 각주 15번에서 언급했던 것처럼 미드라시는 유대교 경전에 대한 주석서다. 그런데 미드라시는 책의 형태로 남아 있는 것이 아니라 경전 텍스트 위에서 바로바로 생산되며, 시작과 끝이 없다.

22   자유 편이 이기는 장면 하나가 있다. "하지만 근대의 해방은 적어도 어떤 지평 하나는 연다. 일단 자유의 지평이라고 부르자. 자유가 풀려나는 **그런** 지평이라고. 그러나, 이 자유가 자기 자신을

그럼에도 불구하고, 아주 깊은 불일치가 이 둘을 나눈다. 리오타르가 제시하기로 이 불일치는 이들 각자가 희생에 속한다고 생각하는 가치에서 기인한다. 바울은 아브라함의 시련을 실제로는 거의 언급하지 않고서 대신 유대인의 연례 희생제의에서 기념되는 유대인의 제의적 믿음에 이의를 제기한다. 이 믿음에 따르면 [이 희생제의에서] 강조되는 것은 사원을 두 채의 성막으로 나눈 것과, 이 중 두 번째 성막이 희생제의를 총괄하는 대제사장을 위해 마련되었다는 점이다.[23] 리오타르는 바울이 아브라함이 받았던 부름에 대한 언급을 삼간다는

누르고 '이기면서', 이것의 **소유권**과 이것의 움켜쥠을 더 확대하게 되면서, 내가 몹시 초라하게나마 포스트모더니티라는 이름으로 가리키려고 시도했던 것에 우리가 접근하게 되면서, 이에 대응하여 이 지평(이 역사성)은 사라진다. 그러더니 마치 그 어떤 올림포스산이나 만신전도 갖지 않은 이교 사상, 그 어떤 **사려(prudenta)**[토마스 아퀴나스가 '실천적 지혜'를 가리킨 말]도, 두려움도, 우아함이나 책무도 없는 **지독한** 이교사상이 다시 구성되는 것만 같다. 결코 [성경과 같이 무엇을] 증언하는 성격을 띠지 못한 어떤 것, 다시 말해 법도 아니요 신념도 아니요 단지 우발적인 우주론적 규칙에 지나지 않는 어떤 것의 이름 아래, 즉 진보라는 이름 아래서 말이다." "Mainmise", *The Hyphen*, p.9[『편력』이라고 표기되어 있었으나 로넬의 오기인 듯하다].

23   [옮긴이] 성막을 둘로 나누고, 그중 하나의 성막에는 오직 1년에 한 번 대제사장만 들어갈 수 있다는 내용은 히브리서 9장에 나온다. 히브리서의 저자가 바울인지에 대해서는 여전히 논쟁이 있다고 하지만, 본문에서 리오타르는 히브리서를 바울 서신으로 보고 있는 것 같다. 맥락의 이해를 위해 히브리서 9장의 내용을 옮기면 다음과 같다. "물론 먼젓번 계약에도 예배 규칙이 있었고 또 예배 장소가 있었습니다. 그러나 그 장소는 인간이 마련한 장소였습니다. …… 천막 성전에는 이러한 것이 모두 갖추어져 있는데 사제들은 언제나 그 앞 칸에 들어가서 예배를 집행합니다. 그러나 그 뒤 칸에는 대사제만이 1년에 단 한 번 들어가는데 그때에는 반드시 피를 가지고 들어가게 되어 있습니다. 이 피는 대사제가 자신을 위해서 또 백성들이 모르고 지은 죄를 용서받기 위해서 바치는 것입니다. 이러한 제도를 통해서 성령이 보여 주시는 것은 천막 성전의 앞 칸이 그대로 있는 한 지성소로 들어가는 길은 아직 열려 있지 않다는 것입니다. 이 모든 것은 현세를 상징하는 것입니다. 그 제도를 따라 봉헌물과 희생제물을 바치지만 그것이 예배하는 사람의 양심을 완전하게 해 주지는 못합니다"(히브리서 9:1~9).

점을 지적한다.—바울은 말하자면 야훼의 부름에 대해, 이 부름이 아브라함에게 아들을 바칠 것인지 묻는 부름인데도, 아니 아브라함을 희생의 테스트 아래 들게 하고서는 곧바로 테스트를 취소하는 신의 부름인데도 이에 대해 언급하지 않는다. "어린아이의 희생은 없을 것이다. 오직 영속적인 위협만이 있을 뿐. 혹시 야훼가 [제사 지낼] 양을 보내 주는 일을 잊을지도 모른다는 위협 말이다"(「장악」, 10). (리오타르는 다른 사람을 초대해 말하게 한다. "조지 스타이너가 『어떻게 침묵할 것인가?』라는 제목을 붙인 작은 책에서 탁월하게 말한 것처럼, 유대의 모든 아들은 알고 있다. 자기 아버지가 어쩌면 자기를 이끌고 지금은 **아도나이 이레**Adonai-Yerae, 즉 '신은 예비하신다'[이 번역은 랍비식 번역이다—로넬]²⁴라는 이름이 붙은 언덕에 오를 수도 있으며, 그리하여 자기가 야훼에게 희생물로 바쳐질 수도 있다는 사실을.²⁵ 신이 예비하는지는 확실치 않음에도"(「장악」, 10). 내 생각일 뿐이지만, 나는 여기서 경천동지할 통찰을 찾지는 못하겠다. 대체 누군들 말하지 못할까? 모든 그리스도교인 아들은 자기가 아버지 손에 못 박힐 수도 있다는 사실을 안다고. 모든 아버지, 적어도 상상적 아버지, 아이 오이디푸스의 양부는 무의식적으로 곰곰이 생각하는 어떤 층위에서는 아들에게 문제를 불러일으키게 되는 것 아닐까?) 여기서 [리오타르가 지적한] 요점은 이삭의 몸뚱이 주위를 조인 끈이, 그 '구속'이, 그 **연결**liance이 풀릴 수 있다는 사실이며, "요컨대 저 묶임의 위태로움

---

24 [옮긴이] 로넬이 언급한 것처럼, '아도나이 이레'의 히브리어 뜻은 '신은 본다'로 옮길 수도 있다고 한다.

25 George Steiner, *Comment taire?*, Geneva: Éditions Cavaliers Seuls, 1986. 이 제목은 '어떻게 침묵할 것인가'와 '언급[commentaire]'을 동음이의적으로 결합한다.

을 눈에 띄게 표시하는 일이, 이스라엘 백성을 초대하여 묶임을 잊게 하는 일이자, 갱신된 죄와 시련을 초대하는 일이며, 끝도 없이 다시 읽고 다시 쓰는 일에 거의 가깝다"(「장악」, 11)는 사실이다. 신은 물러났고, 지고한 손은 단념했다. 이는 말하자면 그가 언제든 되돌아올 수 있다는 것이다. 이런 반면에, 그리스도교인은 희생이라는 논점에 관해서는 갈 데까지 다 겪었다. 심지어 예수조차 자신이 이삭이 아니었다는 사실에, 마지막 순간에 게임이 몰수되지 않았다는 사실에 놀랐다. 하지만 게임이 몰수되지 않았고 희생이 마지막까지 역할을 수행했다고 해서, 이 빠짐없이 완전한 과정이 리오타르가 [부름에 귀를 기울이고 따르는 행위로서] "좋은 해방"이라고 불렀던 것이 되었다고 할 수는 없다. 괴로움, 굴욕, 죽음의 형상은 [예수의] 수난으로 전환되었다. 이 형상전환은 **이미** 해방이다. 육신은 구원받았거나, 사함을 받았다("graciée").[26] 이런 관점에서 희생은 양쪽 모두에 통한다.

"사함 혹은 면죄를 이렇게 전적으로 신뢰하는 일은 분명히 나쁜

26　[옮긴이] 히브리서의 앞 내용에 이어지는 예수의 희생에 대한 내용은 다음과 같다. "그러나 그리스도께서는 이미 존재하는 모든 좋은 것을 주관하시는 대사제로 오셨습니다. 그분이 사제로 일하시는 성전은 더 크고 더 완전한 것이며 사람의 손으로 만든 것이 아닙니다. 말하자면 창조된 이 세상에 속하여 있는 것이 아니라는 말입니다. 그리스도는 단 한 번 지성소에 들어가셔서 염소나 송아지의 피가 아닌 당신 자신의 피로써 우리에게 영원히 속죄받을 길을 마련해 주셨습니다. 부정한 사람들에게 염소나 황소의 피와 암송아지의 재를 뿌려도 그 육체를 깨끗하게 하여 그들을 거룩하게 할 수 있다면 하물며 성령을 통하여 당신 자신을 하느님께 흠 없는 제물로 바치신 그리스도의 피는 우리의 양심을 깨끗하게 하는 데나 죽음의 행실을 버리게 하고 살아 계신 하느님을 섬기게 하는 데 얼마나 큰 힘이 되겠습니까? 그러므로 그리스도는 새로운 계약의 중재자이십니다. 그분은 사람들이 먼젓번 계약 아래서 저지른 죄를 용서받게 하시려고 죽으셨습니다. 따라서 부르심을 받은 사람들이 하느님께서 약속해 주신 영원한 유산을 이어받게 되었습니다"(히브리서 9:11~15).

해방을 낳을 수 있다. 전유와 특권 그리고 세속 권력들을 낳을 수 있는 것이다. 프로테스탄트들은 이를 알았고 그래서 항의했다"(「장악」, 11). 리오타르는 「장악」의 공들인 진술을 마무리하면서 토라와 그리스도교 성경 사이의 **쟁론**을 지적한다.[27] 이 쟁론은 용서의 문제를 중심으로 삼아 구성된다. 한나 아렌트는 『인간의 조건』에서 용서란 이미 행해졌던 일에 부여되는 면죄라고 쓴다. [면죄는] "잊는 일이 아니라 새롭게 나눠 주기, 새 패를 돌리는 일이다. 이 점과 해방 사이의 관계를 검토해야만 할 것이다"(「장악」, 12). 문제는 이것이다. 과연 장악이 새 카드 한 벌로 놀 수 있을까? 아니면 이와 같은 낙관성은 그저, 어린시절의 누그러들지 않는 테러상태와 관련해서 차폐기억Deckerinnerungen을 [돌리기 위해] 새로 섞는 단계를 마련하는 걸까?

❂ ❂ ❂

우리 서구인에게는 두 곳의 테스트장이 있었다. 그리고 자기네가 받은 모욕을 약간이나마 초월했던 두 어린아이 형상이 있었다. 하지만 어떤 의미에서는, 그리스도교의 재기입이라는 관점에서의 테스트는 취소되었다. 아니 더 정확히 말하자. 이 테스트는 조작되었다. 확실히,

---

27 [옮긴이] 리오타르가 직접 언급한 바로 '쟁론'은 "두 가지 논의 모두에 적용될 수 있는 판단 규칙의 결여로 인해 공정하게 해결될 수 없는, (적어도) 두 당사자 사이에서 발생하는 갈등의 한 경우일 것이다. 이 경우에 한쪽이 정당하다고 해서 다른 쪽이 정당하지 않은 것은 아니다". 장프랑수아 리오타르, 『쟁론』, 진태원 옮김, 경성대학교출판부, 2015, 9쪽.

그리스도에 대한 교회의 재해득 가운데서 **쟁론**이 출현했으며, 교회는 바로 그 자리에서 테스트를 거부한다. 교회는 진짜 테스트를 부정해 왔으며, 진짜 테스트는 철회되었거나, 아니면 테스트 너머의 신격을 곧 추세우려는 요구와는 궤를 같이하지 않는 것으로 여겨져 왔다. 테스트하는 구조는 쫓겨나서, 그리스도를 테스트하려는 논점이 떠오를 때마다 이것이 현저한 파문을 낳을 정도이다. 공언 불가능한 광야의 시험Temptation이라는 문제가 있다. 피해 갈 수 없는 문제인데도, 광야의 시험은 나쁜 해방의 세속적 홀 아래 점점 희미해진다. 심지어 대중적 표현 양식들이 예수의 수난에 저 시련을 다시 집어넣으려고 시도할 적에도―영화로 절합해 낸 〈그리스도 최후의 유혹〉에서처럼―교회는 대표단을 파견하여 거리에 소란을 일으킬뿐더러, 유혹받고, 말썽을 겪으며, 테스트당하는 신의 아들의 몸을 향해 들어갈 입구를 막는다. 테스트 대상이 되지 않는 그리스도는 특정한 서사적 안정성을―억압의 안정성을―보증하며, 여기에는 의심의 여지가 없다. 하지만 이는 신-되기라는 불안스러운 우화를 방해하고 중단시키게 된다.

❁ ❁ ❁

나는 울타리 이쪽 편에 머물고 싶다. 저 예수교인들일랑 형상을 바꿔 대는 굴욕들 전부에 남겨 두고, 수난들에 맡겨 두기를 나는 원한다. 수난에 대해서는 사람들이 엄청나게 많이 말해 왔다. 내 생각에 리오타르는 저 수난들을, 변증법이 뒷받침하여 가짜로 만들어 낸 무수한 테스트장이라고 보는 것 같다. 그렇다고 해도 아브라함의 시험으로 되돌아가도록 하자. 리오타르에 감응하여, 다만 저 숙명적인 날에 흘러들어 왔던 부름의 애매함을 읽어 내는 데 그치더라도 말이다. 아버지의 부름에 대처하는 일이 좋은 해방을 위해 싸울 기회를 제공한다니, 그렇다면 그 부름이 [통신선을 타고] 걸려 온 방식에 관해 검토해 보도록 하자.—혹 경우에 따라서는, 이 부름이 잘못 걸려 오거나, 불가피하게 끊긴 경우를 검토해 보자. 어떤 사람의 아버지가 부름을 위해 송화기를 들었고, 어떤 꼬마가 비용을 냈다. . . . .
. . . . 듣거라. . . . .
. . . .
. . . .
"아브라함! 아브라함!". . . . .
. . . .
. . . .

부름이 당신에게 떨어져 온다. 그리고 당신은 저 '떨어짐'을 막을 수 없다. 당신이 떨어짐이니. 부름이 당신을 던진다. 당신은 **피투되어**geworfen 있다. 애초부터 던져져 있다. '나'라는 게 스스로를 구성할 수 있기도 전에, 혹은 어떤 주체가 함께 어울려 던져질 수 있기도 전에. 당신은 세계에 당도하고 스스로 대답하도록 부름받아 있다. 사실 '부름받은'은 당신에게 가장 고유하게 속하며, 온갖 명명이나 어떤 세례보다도 먼저 가진 이름이다. 이 때문에 부름은 오직 당신에게만 관여한다. 당신의 존재는 부름-받은-존재다. 그러나 왜, 어째서 신은 두 번 불렀나?

이건 리오타르가 맡지 않은 문제지만, 내 생각에 횟수는 우리가 **소유권**과 조우하는 방식과—혹은 소유권을 인정하지 못하게 되는 방식과—관련이 있다. 억압적 손길이 우리를 그토록 묵직하게 내리누르고 오래가는 손가락 자국을 우리 존재에 남겼다면 상기할 필요가 있기 때문이다. 회선에 말썽이 있다는 사실, 어떤 확신을 갖고서도 부름을 배정하는 일에 어려움이 있다는 사실을 상기할 필요가 있다. 나아가 선로line와 가계lineage를 못살게 구는 잡음을 전제할 적에, 아버지의 위치가 이런 말하기에서 안정화될 수 있는지 결정하는 일은 여전히 어려운 데다가, 아버지의 위치 자체가 뛰고 떨어지면서 어린시절의 퇴행적 자세로 뒤로 도약하지는 않는지 결정하기도 어려운 채이다. 심지어 신조차도 부름을 발할 적에는 이중으로 처리해야만 했다. 혹은 적어도 두 번의 절박한 순간을 다루어야만 했다. 이 두 순간은 신을 신 자신과 대립하게 나누었고, 다시금 '대문자 A, **타자**Autre'의 약점을 초래했다. 리오타르는 자기의 독해 과정에 우연히 흘러들어 온 잘못된 부름을 맞아들이며, 그래서 부름을 곁으로 벗어나게 하는 것에 관해 뭔가 말할 것이 있기는 하나, 그렇지만 그는 부르기 속의 진리라는 감각을 견지한다. 마치 최종적으로는 잡음을 깨끗이 제거하는 것이 가능하기라도 한 것처럼 말이다. 신은 송두리째 신 자신의 편에서 멈칫거리며 발화한다.—하나 있는 어구[28]를 두 번 말한다. 비록 늘 그 자신을 반복

---

28   [옮긴이] '하나 있는 어구'로 옮긴 hapax는 hapax legomenon, 즉 텍스트에서 한 번 등장하는 단어나 구절을 일컫는 말을 줄인 것이다.

하고 위협을 갱신하는 존재가 신이라고 하더라도, 나는 신이 스스로를 명료하게 만들기 위해 우리의 원原가부장의 이름을 두고 그렇게 멈칫거렸어야 했다고는 믿지 않는다. 이 이야기의 한 판본은 저 이름, 아브라함이라는 이름의 반복을 지우려고 시도한다. 하지만 나는 밀착해 읽어 가면서 이중 부름을 듣는 중이다.

"아브라함! 아브라함!" 왜 신은 저 이름을 두 번 불러야만 했을까? 왜 신은 아브라함이라고 두 번 말해야 할까? 혹시 그가 둘 있나? 신은 처음부터 수신자의 현세적 궁지가 제기한 요구를 받아들였던 것일까? 아니면 신 자신이 자기 부름의 도착지에 의해 쪼개졌나? 이 이중의 부름 또는 이중 배역의 부름에서, 카프카는 리오타르의 전화를 받아 처리하듯 우화 하나를 위치시킨다.

"아브라함! 아브라함!" 이 부름은 그의 주도를 뛰어넘은 선물로 흘러들어 오며, 그가 그 어떤 결정이건 떠맡을 수 있기도 전에 그에게 빚과 의무를 지운다. 나는 지금 저 목소리가 현상이거나 '의미를 띤 소리phoné sémantiké'라고 말하려는 게 아니다. 아마 당신은 듣는 일 없이도 이를 듣게 되리라. 그러나 들을 수 없고 불가해할지도 모르지만, 저 목소리는 당신을 부르기를 그치지 않는다, 아브라함. . . . .
. . . .
. . . .
. . . .

리오타르는 아브라함을 얽매어 붙든 부르기 구조에 초점을 맞추었다. 나는 이에 비추어 보아, 이 이야기를 사실상 알려지지 않은 카프카의 텍스트라고 간주할 수 있게 된다. '아브라함'이라는 제목이 붙게 될 이 텍스트는 수신자를 쪼개면서 시작한다. "다른 아브라함들이 있었음에 틀림없다"라고.[29] [자기서술자로서] 내 시야는, 우리가 이를 불러 '시야'라 할 수 있다면 말이지만, 어린아이 이삭의 시야와 일치하며, 때때로 사라의 시야로도 교체된다. "그리고 사라는 웃었다"라고 카프카는 쓴다. 하지만 대개 나는 어린아이 이삭에게 훨씬 강하게 끌린다. 고대의 자가제自家製 월드시리즈에서 마지막 순간에 벤치를 지켰던 아이. 고대의 월드시리즈에는 여전히 희생제의의 흔적이, 희생의 도박이 존재한다. 어쨌든 이삭은 초월적인 함성이 웅웅대는 경기장으로부터 끌려 나가, 벤치를 지켰다. 요컨대 이삭은 꿔다 놓은 자루처럼 내팽개쳐졌다. 문화적 진단법을 우리가 떠올릴 필요가 있다면, 이야기는 이삭을 주로 마조히스트이자 변변찮은 루저로 그려 낸다. '루저'라는 말이 지나치게 많은 행위작용을 시사할 수도 있겠지만 말이다. 이삭은 부름-받은-존재의 이야기 전체와 동조한 상태로 간다. 마비된 채. 카프카는 저 숙명적인 날에 받게 되었던 부름을 테러[공포]라는 관점에서 다시 읽는다. [그러나] 테러는 저 침전된 응답들 가운데 어느 곳에서도 발화된 적은 없었고, [부름에 대한 저] 응답들이 테러가 되었다. 요컨대 우스갯감-되기라는 테러인 셈이다. 우스갯감-되기에 대한 공

---

29 [옮긴이] 앞에서 지적했던 클롭슈토크에게 쓴 편지 외에도 카프카가 쓴 「아브라함」이라는 짧은 텍스트가 있는 것은 맞지만, 소설이 아니다. 이하에 로넬이 따옴표 안에 쓴 문장들은 내용상 비슷하기는 하나, 카프카가 쓴 것이 아니라 로넬이 상상해서 만든 문장들이다.

포는 아브라함의 도정 내내 따라다닌다. 이삭의 경우에는 그 자신의 역경에서 비롯된 우스꽝스러움을 피할 길이 없다. 당신의 희생을 희생제의에서 제물로 바쳐야만 한다는 것, 다시 말해 아버지의 희생제물로 배정된 당신을 제물로 바쳐야만 한다는 게 뭘 의미할 수 있을까?—아니 거꾸로, 당신 자신의 것도 아닌 희생제의 행위에서 아버지가 드리는 제물로 되려는 손톱만 한 의지조차 당신이 갖고 있지 못하다는 사실을 깨닫는다는 게 뭘 의미할 수 있을까? 이삭의 희생 실패, 다시 말해 희생제물 되기의 실패가 갖는 문법은 훨씬 더 비참하다. 오늘날 우리에게 이삭의 희생이 희생되었다는 사실, 취소되었다는 사실은 대체 뭘 의미할 수 있을까? 데리다는 『죽음의 선물』에서, 죽음이란 누구의 치환 불가능함, 대체 불가능함이 놓인 자리라고 쓴다[희생이 상정하는 내용을 통해 이를 이해할 수 있다]. "희생은 독특하고 치환 불가능하며 가장 값지다는 조건에서 저 독특한 것을 죽음에 처하도록 하는 일을 상정한다. 그러므로 희생은 또한 대체의 불가능성, 즉 대체 불가능함을 가리킨다."[30] [양을 가지고] 이삭을 대체한 행위는 어떻든 이삭을 훨씬 왜소하게 줄일 것이다. 이삭의 생명은 유지되었건만, 삶은 모든 가치를 잃는다.

자 이제 우리는 리오타르의 저 단언에 도달했다. 아브라함이 그 전형적인 사례가 될 유대인의 완벽한 음높이까지 온 것이다. 리오타

---

30   Jacques Derrida, *The Gift of Death*, trans. David Wills, Chicago: University of Chicago Press, 1995, p.58[프랑스어판은 *Donner la mort*, Paris: Galilée, 1999].

르가 그 문제를 투입하는—아니 오히려 내버리는—단호한 방식을 상기해 보도록 하자. 그가 쓰기를, 유대인 쪽에 관해서는 "듣기에 대해 더 언급할 필요가 없다. 이것은 절대적이라거나 완벽하다고 (사람들이 음높이를 완벽히 맞추는 음악가에 대해 말하는 방식대로) 부르고 싶을 정도다. 그러니까 이름 부름에 대해 아브라함이나 모세가 귀를 기울이는 것에 관해서는 말이다"(「장악」 9). 바로 이 지점에서 나는 장로회를 소집하겠다. 한 분은 문학 영역에서, 나머지 한 분은 철학의 영지에서. 이들은 내내 우리와 함께였다. 둘 다 심연 깊은 곳까지 도달했던 반어구사자다. 이들은 자기네가 발견했던 것을 보고하는 일이 계제가 되었을 적엔 두려움이 없었다. 카프카와 키르케고르는, 위대한 가부장의 뒤를 쫓는 중에, 아브라함의 우스꽝스러움에 대한 통찰을 공유했다. 키르케고르는 『두려움과 떨림』에서 바보 같은 충실성의 사례로서 아브라함을 상세히 다룬다. "아브라함은 믿고 의심하지 않았다. 그는 앞뒤가 뒤바뀐 것preposterous을 믿었던 셈이다."[31] 카프카의 짧은 우화 「아브라함」은 원초적 가부장의 탈구성deconstitution을 곰곰이 따지다가 키르케고르(와 돈키호테)를 떠올린다.[32] 카프카의 아브라함은 다수로 늘어나 일련번호가 붙었다. 이 중 몇몇은 우스꽝스러운 피조물이다.—세상은 이 아브라함들을 보고서, 우리가 이제까지 따라왔던 행

31   Søren Kierkegaard, *Fear and Trembling*, trans. Walter Lowrie, Princeton, N.J.: Princeton University Press, 1981, p.35[『공포와 전율: 코펜하겐 1943년』, 임춘갑 옮김, 치우, 2011].

32   Kafka, "Abraham", *Parables and Paradoxes*, New York: Schocken, 1958.

렬 가운데 늘어선 비열한 자들을 보고서 숨이 넘어가도록 웃어 제끼리라. 범접하기 어렵도록 바보 같은 이들이 하는 짓거리는 이들을 잊히지 않을 영웅담 가운데 새겨 놓는다. 아버지에게 드리는 첫 번째 편지를 나눠 주되 봉인하면서.

7장

Was war Aufklärung/
계몽이란 무엇이었나?

비틀린 것의 회전

"Es ist so bequem, unmündig zu sein"/"**미성년으로 있는 것은 매우 편하다.**"[1] 리오타르는 세 군데 일신교에 숙달해 있었기에, 이 따금 아브라함을 슬로모션으로 재연하러 되돌아가곤 한다. 중요한 이론적 득점을 좀 올리기 위해서다. 리오타르의 에세이 「엠마, 철학과 정신분석 사이」에서 엠마[2]는 [남성과 여성이라는] 성차에서 비롯된 상처를 나누어 주는 형상으로서, 아브라함의 곁에 있음직하지 않은 동반자이자 상대방으로 놓이게 된다. 이 어울리지 않는 한 쌍을 묶어 주는 건 뭘까? 엠마와 아브라함 둘 모두는 어떤 말 걸기 양식에 충격을 받

---

1   Immanuel Kant, *Was ist Aufklärung?*, Hrsg. Ehrhard Bahr, Stuttgart: Reclam, 1977, S.9. 이 글이 논의하는 내용은, 외부의 제약에서 벗어난(혹은 멍에를 벗은), 그러니까 "타인의(자연스럽게 나이 많은 사람의) 지도에서(von fremder Leitung freigesprochen [naturaliter majorennes])" 해방된 대다수의 사람들[성인들]이 어째서 남은 평생 미성년자로 머물기를 선호하는가이다.

2   [옮긴이] 프로이트의 「과학적 심리학 초고」에 등장한 엠마(엠마 엑슈타인)를 가리킨다. 엠마에게는 상점과 연관된 두 번의 기억이 있다(8살, 12살). 12살의 기억에서는 남성 점원 둘이 그녀를 보고 웃었는데, 그중 한 사람의 웃음을 보고 그에게 끌리기까지 했다. 그런데도 성인이 된 그녀는 혼자 상점을 방문할 수 없다. 이후에 엠마는 8살 때의 첫 번째 상점 방문을 이야기한다. 첫 번째 방문에서 어떤 남자 점원이 웃으면서 자기의 성기를 만졌다는 것이다. 프로이트는 첫 번째 방문에서(8살 때) 어린애가 느꼈지만 확실하지 않았던 불쾌함과 불안이, 두 번째 방문에서(12살 때) 이 소녀가 그 의미를 확실하게 인지하게 됨으로써, 성인 여성의 상점 불안증으로 나타났다고 본다.

고 비틀거린다. 이들은 이 말 걸기 양식을, 할 수 있다 해도 최소한으로만 [자기들 자신과] 통합한다. 엠마와 아브라함은 미약하고 무능하다. 이들에게 제대로 도달하거나 근접할 수 없는 어떤 힘 혹은 목소리 혹은 쿡쿡 찌르기가 트라우마로 남도록 이들을 부른다. 그렇지만 부름은 숙명적으로 이들을 바꾸고 그다음엔 무슨 일이 발생한다. 이들을 난폭하게 떠밂으로써 연계되어서는 안 될 것에 이들을 관련시키면서 말이다. 순전한 노출의 드라마, 취약성의 견인력이 이들에게 엄습한다. 이들이 번역할 수 없는 부름, 아니, 그 자체의 번역 불가능성만을 계속 전달하는 부름에 응답할 적에 아브라함과 엠마는 철렁하고 놀란다. 이 철렁 내려앉는 느낌은 사춘기의 충격을 닮은 무엇이다. ─ 악화된 이해력의 진퇴양난으로부터 흘러나오는 반항적인 얼룩을 닮은 것이다. 그러니까 "[나한테] 무슨 일이 일어나고 있는 거지?"라고 할 때의 충격. 이런 성찰은 틀림없는 관례의 위반이되 제법 설득력 있는 방식으로 엠마와 아브라함을 연결시킨다. 그러면서 이 성찰은 리오타르가 교신을 통해 전해 주려고 하는 정동적affective 충격의 느낌을 복구한다. 이와 같은 정동적 충격은 역사의 지배 아래 있지 않고, 심지어 망각되는 역사와도 동떨어진 채로, 우리의 정치적 서사들에 섞여 들기를 계속한다. 이것들이 보내는 신호의 강도와 범위는 다양하지만 말이다. 아브라함과 엠마의 경우는 특별히 기억되는 사건이 그렇듯 이접되어 있다. ─ 심하게 상충할 뿐만 아니라 의심할 여지 없이 양립 불가능하다. 그럼에도 불구하고 이들은 까닭 모를 격변을 용케 실어 나르게 된다. 공통적이되 메꾸기 어려울 정도로 낯설고 이질적인 격변을 가져오는 것이다. 아브라함과 엠마 둘 모두는 공포에 질린 채로, 저 축출을 행하는 부름을 받아넘기려고 시도한다. 이들이 복종할 준비를 갖추고 있기를 요청하는 저 부름 앞에서 말이다. 한 수준에서 이들은 부름에 응답하라는 명령을 받는다. 다시 말해 준비했건 안 했건, 이들은 부름이 자기네에게 주어진 것이라고 상정하도록 되어 있다. 이들이 자기 자신이 되기도 전에 저 부름은 이들을 찢고 관통하면서, 산산조각 부서지는 경험의 흔적을 남긴다. 리오타르는 자기로 추정된 것이 쪼개지는 순간을 가리켜 사춘기를 통과하는 이행이라고 말한다.

근대 정치는 10대의 신화들에 기댔고, 출세가도처럼 처리되는 재앙에 의존해 왔다. 이럴 적에 사춘기라는 모티프를 그냥 넘겨 버리거나, 진보하는 역사의 정거장인 사춘기를 손쉽게 지나칠 수 있다고 생각하는 짓은 외골수의 잘못일 것이다. 리오타르가 보기에, 사춘기가 히스테리적 후유증의 경계를 윤리 내에서 정하고, 정치적 떨림으로 구별해 낸다는 점은 중요성을 띤다. 사춘기는 [이전 세계에서] 물려받은 인식상의 경로들 중 어떤 층위를 흐트러뜨리면서 의미로 향하는 길을 다시 뚫는다. 또한 이럼으로써 사춘기는 새로 유행하는 신조어의 압력에 의해, 세계와 맺는 관계를 순전히 리비도적으로 구성한다. "사춘기의 청소년은 어린시절의 표상들을 재해석하지 않는다. 오히려 그는 어린시절이라면 다른 언어로 나타냈을 것을 '성적으로' 해석한다. …… 이 흔적들은 정동이다. 사춘기는 어떤 식으로든 이것들을 창조하지 않는다. 이미 거기에 있는 정동을 다르게 '읽는 법'을 창조하니 말이다."[3] 사춘기를 정치적 행위와 성찰의 기반에 끌고 들어오면서도, 리오타르가 시도하는 것은 다소 철학적인 주장을 유지하는 일이다. 그러니까 그는 "[절합해] 말할 수 있는 것의 이드$_{Id}$-측면과 관련된 주제에 관해, 말하자면 **니힐**이라는 주제에 관해 지성을 통해 이해 가능한 방식으로 말하기를" 주장하는 것이다. 그 결과 리오타르는 욕동들에 대한 해석을 외면한 채, 사태에 대한 칸트식 이드-측면으로 화면을 스크롤해 내린다.—물론 리오타르가 인정하는바, 칸트는 주관주의적 사유에, 다시 말해 의식의 철학에 지나치도록 강한 중요성을 부여하고 있기는 하지만 말이다. 그럼에도 불구하고 칸트는 무$_{nothingness}$로 저하되는 가파른 경사로를 조성해 왔다. 다시 말해, "내가 단독자로서 주관하기도 하고 또 내가 그에 좌우되기도 하는 저 이드-측면"으로 떨어지는 길을 닦아 왔던 것이다. 이드-측면에 관하여, 칸트는 특수한 것이 일반적인 것 아래 포함됨을 인정하고, 단독성을 차단한다. 여기서는 유해한 조언만 나올 것이다. 사춘기를 통과하는 이행이 일반적 사건인 한에서는, 엠마의 경우는 단독적인 것으로 이해될 수 없다. 따라서 히스테리는 세상에서 가장 일반공통적인 것이 되어야 한다. 이것은 "모든 기예를 기다리며 가로놓여 있는 아포리아며, 정신분석이 스스로를 과학으로 만들기를 원한다면 정신분석

3   Jean-François Lyotard, "Emma: Between Philosophy and Psychoanalysis", trans. Michael Sanders, Richard Brons & Norah Martin, *Lyotard: Philosophy, Politics, and the Sublime*, ed. Hugh J. Silverman, New York & London: Routledge, 2002, p.36. 이하 참조한 문장들은 이 텍스트 여기저기에서 인용한 것이다.

의 기예도 이로부터 예외는 아니다. 인과적 규칙성이 사례의 단독성과 충돌하는 것이다. 우리 모두가 공유하는 존재유형으로서 어떤 특이한 존재유형(인류)의 히스테리에 종별적인 차이를 찾아낼 필요가 있을 것이며, [인류 일반의 히스테리에만 특별한] 이런 차이는 늦은 사춘기로 구성된다"(37). 내가 제대로 이해하는 중이라면, 사춘기 탓으로 돌려지는 히스테리라는 낙인은 [이 논의에서는] 무시하기 어려운 방식으로 정치의 수행 속에 끼어들고 있다. 흥분에 찬 10대는, 자기를 부풀리는 연료에 고양되고 또 번역 불가능한 말 걸기에 혼란을 겪으면서, 행위 장면으로 향하는 불꽃을 일으킨다. 사춘기의 여러 권리주장은 **현존하는 무엇**what is을 완전히 뒤엎으면서 이 권리주장 자체를 매번 특이한 것으로 선포한다. 하지만 이 권리주장은 모든 영역에 적용되는 와중에 탈주하는 10대의 정신이 가진 단독성을 말살한다. 가장 불가피한 일반성 속으로 스스로를 스며들게 하는 차이란 대체 뭘까? 청소년기의 무, 그리고 청소년기라는 중간지대는 존재가 이어져 형성된 것이며, 따라서 여전히 설명될 필요가 있다. 비록 우리가 청소년기의 흥분성에 의거해서 정치적인 것의 포화도를 표시할 격자표를 갖고 있진 않더라도 말이다.

여기에서 리오타르는 말하기의 "들뜬상태"[4]를 분석해서 원천적 억

---

4   [옮긴이] excitation은 흥분상태, 들떠 있는 상태를 의미한다. 리오타르가 위의 글에서 이 단어의 현대적 사용을 자연과학의 어휘와 연관시키고 있으므로, 물리학 용어인 '들뜬상태'로 옮겼다. 국어사전에 따르면 이는 "양자론에서, 원자나 분자에 있는 전자가 바닥상태에 있다가 외부의 자극에 의하여 일정한 에너지를 흡수하여 보다 높은 에너지로 이동한 상태"를 말한다.

압이라는 질문에 도달하려고 한다. 억압이 들뜬상태의 사건을 통제하기 때문이다. **엑스키타티오**excitatio는 **키타레**citare[움직이게 하다, 소환하다]에서 온 말로서, 움직이게 하고, 자극하며, 낳을 수 있고 일깨울 수 있다[는 뜻이다]. 미셸 드기가 지적한 바와 같이, 리오타르는 늘 칸트를 급진화하는 사람 중 하나며, 따라서 강도intensity 표시가 없는 몇몇 통제 지구를 재방문할 적에는 칸트와 긴밀하게 연락을 주고받는다. 리오타르는 철학적 흥분성의 영역을 샅샅이 수색하다가, "무 개념의 네 귀퉁이로 뻗어 나간 것"의 위치를 적발한다.[5] "칸트는 이 넷을 다음과 같이 명명한다. 첫째, **이성적 존재자**ens rationis, 대상 없는 공허한 개념. 둘째, **결여적 무**nihil privativum, 한 개념의 공허한 대상. 셋째, **상상적 존재자**ens imaginarium, 개념[대상] 없는 공허한 직관. 마지막으로 공포스러운 넷째, 이것은 개념 없는 공허한 대상, 즉 **부정적 무**nihil negativum이다.[6] 이것은

---

5   [옮긴이] 리오타르에 따르면, '무엇이' 일어나는가가 중요하기보다는 뭐가 '일어나는가'가 중요하다. 엠마의 사례에서는 일어나고 있는 것, 엠마를 흥분시키고 떨리게 만드는 것, 엠마에게 들뜬상태를 형성하는 것이 분명 있으나 그것은 '무'로 나타나고 있다. 따라서 리오타르는 위의 글에서 들뜬상태의 분석으로부터 '무'의 문제로 나아간다.

6   [옮긴이] 칸트의 『순수이성 비판』에는 대상과 관련해서 '무'의 개념을 논의하는 구분표가 있다. 여기에 포함된 사례를 바탕으로 위의 네 가지 경우를 다시 정리하면 다음과 같다(A290~292/B347~349). 첫째는 개념이 있으나, 아무런 직관도 제시할 수 없는 경우를 말한다. 사람들이 모순 없이 생각해 내기는 하지만 경험에서의 실제 사례가 없이 생각되는 것이며, 칸트는 noumena, 즉 모종의 새로운 근본력 같은 것을 사례로 든다. 둘째는 개념의 대상이 결여 상태로 있는 개념을 말한다. 칸트가 들고 있는 사례는 그림자나 추위 같은 것이다. 셋째는 직관의 순전한 형식 같은 것으로서 대상이 존재하기 위한 형식적 조건을 가리킨다. 즉 '대상이 없는 공허한 직관'을 말한다. 칸트는 순수공간과 순수시간을 사례로 든다. 넷째는 대상이 아무것도 아니고, 개념도 없는 상태를 가리킨다. 칸트는 두 변을 가진 직선 도형과 같은 것을 사례로 들었으며, 이것이 자기모순이라고 보았다.

다시 말해 Un-ding, 즉 무물無物이다"(24).[7] 라캉의 프로이트 독해라는 회로를 통과해 온 철학자라면 누구에게나 이 무물은 "대상 및 개념의 무화"이되 사물the Thing과 동일시되는 것이며,[8] 또한 이것은 비록 우리가 과연 부정을 제대로 이해했는지 확신할 수는 없더라도, 부정성의 관념 안에서 이 무물을 다시 읽어 내고 또 전환시켜 보기를 요청한다. 이제 철학자는 "무의식적 판단"의 가능성의 선험적 조건들을 검토해야만 한다. 이와 같은 통찰로부터 발해지는 법은 다음과 같이 울린다. "언제나 마치 네 의지(욕망)의 격률이 알려질 수 없고, 공유될 수 없으며, 교신을 통해 전해질 수도 없는 것처럼 행동하라. …… 심지어 너 자신에게도 말이다. 그런데, 철학자에게 이 패러디는 즉각 일관되지 않은 것으로 나타난다. 어떻게 이 법이 지시하는 '너'가 그것 자신에게 말을 건다고 상정할 수 있겠는가? 아니면 어떻게 '너'가 심지어 이 처방에 대한 지식을 가질 수 있겠는가? '너'의 행위들에 대한 그

---

7   [옮긴이] 칸트는 넷째 경우를 "그 자신이 심지어 자기 자신을 폐기하는" 것으로 보았다. 첫째 경우는 논리적으로는 가능하나 실제로는 불가능한 경우라면, 넷째 경우는 논리적으로도 불가능하고 실제로도 불가능한 경우를 말하는 것이다. 『순수이성 비판』, 백종현 옮김, 아카넷, 2007, 521~522쪽.

8   [옮긴이] 라캉은 칸트가 '물자체'라고 보아 인식의 범주 너머에 있다고 한 것을 거꾸로 다시 들여와 the Thing이라고 부른다. 여기서 '사물'은 실재계에 있기에 '개념도 대상도 무화되는 것'이지만, 그럼에도 불구하고 작용력을 가진 무엇이라고 이해할 수 있겠다. 리오타르는 위의 글에서 "분석가에 따르면 무의식은 부정적 무(nihil negativum)를 알지만, 반면에 철학자에게서 부정은 무의식을 무시하는 방법이 되며, 무의식을 이성적 존재자(ens rationis) 또는 결여적 무(nihil privativum)라고 말하는 방법이 된다"라고 말한다(24). 따라서 프로이트를 읽은 라캉을 거쳐 온 철학자는 부정성의 문제를 다시 생각해야 한다는 것이다.

어떤 동기조차 알거나 공유하는 것이 허락되지 않는데 말이다." 리오타르는 저 법의 형상을 짜 넘음으로써 우리의 파악을 벗어나는 것, 알려질 수 없는 것을 수용하고자 한다. ─ 달리 말해 보자면, 법률가 프란츠 카프카가 다시 쓰고 명문화한 내용들과 일치하게 만들고자 한다. 이럴 적에 리오타르는 철학적 진술 및 철학적 결정의 한계선에 머물고 있으며, 철학적 권한과 철학적 조사 전부의 시야범위 너머에 놓이기에 충분할 무엇을 시연해 보고 있다.

하지만 [근거 없는] 부조리한 것을 따져 보기 시작하려면 무엇이 철학을 찔러 자극해야만 한다. "관건은 하이데거가 『근거율』에서 목표로 삼았던 것과 동일한 질서를 가진다"(38).[9] 아브라함을 엠마와 묶는 사례 연구에서는, 숙명적인 떨림이 일어난다. 정동은, 이것이 단순히 물리적인 것이 아니기 ─ 비록 리오타르가 이것을 사춘기의 오싹함이라는 주요소와 관련시키고 있지만 ─ 때문에, "문장-정동phrase-affect"으로 나타난다. "어린시절의 정동적 (혹은 '성적') 문장이 인지될 수 있는 것은 지시대상을 갖지도 않고 말 걸기의 대상도 없는 무엇 가운데서다. 또한 이 정동적 문장은 그 대상의 중심축에 따라 절합되지도 않고 그 말 걸기 행위의 중심축에 따라 절합되지도 않는다"(39). 리오타르가 쓰기를,

---

9   [옮긴이] 리오타르에 따르면, 철학자는 무의식에 대한 명제를 성립시키는 선험적 조건들을 따지기 위해서, 일차적 과정들의 비일관성에 대해서 어떤 초월적 일관성을 미리 전제해야만 한다. 철학이 무의식을 무시하지 않으려면, 근거 없고 부조리한 것을 따지기에 적합한 이성이 무의식의 근거로 만들어져야 한다는 것이다. 하이데거의 『근거율』에 대한 언급은 이런 맥락에서 나온 문장이다.

어린시절의 문장–정동은 요구를 수반할 수 없다. 요구는 "연결됨을 기대하는 일"이기 때문이다. [이 문장–정동은] 쾌락에서 비롯된 것이건 아니면 고통에서 비롯된 것이건 간에, **무력감**Hilflosigkeit의 정동이다. 이런 것으로서 이 "문장은 그 자체를 다른 문장과 연결 짓는 순간을 마련해 두지 않는다. 이것의 오직 하나뿐인 시간은 지금이다". **쟁론**에 관한 리오타르의 작업이 회전하는 중심점인 **연쇄**enchaînement는—혹은 문장 짓기의 상호연결은—청소년기의 공황과 나란히 선 어린시절의 무력함이 쌩하니 지나감에 따라, 이에 밀려 한쪽으로 무너져 내린다.

리오타르는 사유를 능숙하게 이끌면서 "강한 변화"—프로이트가 사춘기의 삽화적 사건을 지정한 말—즈음의 발전에서 나타나는 주요 교란을 생각한다. 이 강한 변화는 어린시절에서 성인으로의 전환이 표시될 적에 일어난다(42). 아브람은 야훼가 그를 부른 직후에 아브라함이 되었다. 일상적으로 여성들은 남편의 이름을 취하여 트라우마적 전환을 표시한다. 이런 전환이 아무리 승화되어 피로연이 되거나 문화적 기대가 된다고 해도 말이다. [아브라함과 엠마의] 강한 변화의 저 두 상황은 서로에게 끼어들고 서로를 묶으면서 트라우마가 찍힌 짝을 이룬다. 부름들은 아마 다른 지역의 초월적 지역번호가 붙어서 걸려 왔겠지만, 국지적인 재조정을 만들어 낸다. 리오타르는 자신이 "신과 상점 점원을 혼동하지 않는다"고 명기한다. "그러나 나는 성(성기性器능력)이 어린시절의 정서affectivity를 공격하는 경우와 동일한 폭력성을 가지고서 [야훼의] 법이 이교도의 정서에 난입한다고 말하겠다"(42). 어린아이 엠마는 아브람처럼 "정동적이다. 혹은 민감하다. 하지만 '말 걸기 대상이 될 수 있는가'라는 점에서 그녀는 아브람만 못하다'. 야훼는 아브람에게 자기 말을 들으라고 요구한다. 꼭 같이 점원은 엠마에게 요구한다. 그가 그녀를 "너$_{toi}$, 여자"로 대면할 적에 자기의 침습성 말 걸기를 받아 달라고 하는 것이다. "점원의 몸짓은 '말한다'. 성적 차이를 들으라고, 다시 말해, 성기능력에 귀 기울이라고 말이다. 그는 이 어린아이를 그녀가 이해하지 못하는 교환 속에서 '너'의 위치에 가져다 놓는다. 더불어 그는 어린아이를 그녀가 마찬가지로 파악하지 못하는 성적인 분리 속에서 여성의 위치에 가져다 놓는다." 리오타르는 여기서 확립한 대비를 밀고 나가지 않고 참으면서, 자신의 논변을 학문적 근면함의 문서 양식으로 바꾸기를 거부한다. 알아들었다. 엠마와 아브라함 사이에서 리오타르가 협상해 만들었던 동반 관계를 희석하는 결과를 낳거나 익숙하게 하는 위험을 무릅쓰지 않고서도 누구는 빈칸을 채울 수 있을 것이다. 성적 차이의 드라마가 아브람-아브라함 이야기 곁에 부착되면서 그 자체를 채우게 만들기 때문이다. 누구는 아브라함의 이야기에 스며들어 있는 한 가닥 웃음을 뽑아내서, 이것을 성적 차이의 드라마에 이어 놓고 사춘기의 상점과 연결시킬 수도 있으리라. 저 장면에서 사라는 배척당한 채라는 사실을, 그 이전에 처벌받을 [비]웃음으로 사라가 포복절도했다는 점을 그 누구도 잊지 않았다. 언제나 수화기를 내려놓은 채, 아브라함의 경우에도 웃는 얼굴로 뒹굴었지만, 이것이 신의 진노를 자아내지는 않는다. 나 역시 잘못해서 버슬버슬한 땅으로 들어서지 않으려 삼가고 있다. 그럼에도 불구하고 공들여 밀고 나가는 일은 유혹으로 남아 있다. 그러니까, 대체 누가 저 웃음의 분열적 돌발을 포위해 보고 싶지 않을까? 저 작렬하는 웃음이 성적 차이라는 파괴적인 표시들에 따라 성경 구절을 조직하고 있는데?[10] 그렇지만, 심지어 아브라함의 서사조차도 그 유효성을, 혹은 그 희생제의와 연결된 고리들 중 하나를 저 80대 노인들이 사춘기로 회춘하는 일에 걸고 있다. 사춘기로 퇴행하리라는 약속은 사라를 웃게 했던 하나의 이유였다. 그녀의 숙명이 배우자의 숙명으로부터 벗어나기 시작했기 때문이다. 성적 차이를 끝없이 새로 만들면서 말이다.

리오타르는 칸트와 프로이트, 그리고 원초적 아버지에 대한 성경의 배경 이야기를 한데 묶었고, 이것이 정치적 정동을 띠도록 했다. 부름을 발하게 된 것은 누굴까? 그 위엄 있게 울리는 소리의 시련에 아무러나 대처하게 하려면 어떤 책임을 갖고 이 사람을 길러 내야 할까? 마비된 듯 저 부름에 응답하기 꺼리는 마음, 심지어 듣기조차 꺼리는 마음이야말로, 정치적 무기력과 유치한 무관심이라는 정동적 몽롱함을 지속시키는 것이다. 칸트는 유치한 미성년 상태의 이 안락지구로부터 모든 인류를 끌어내려고 했을 것이다. 「계몽이란 무엇인가?」라는 유명한 텍스트에서 칸트는 사람들이 미성숙 상태로 남음으로써 어느 정도나 삶의 요구들을 해이하게 받아들이는지 보여 준다. 전체 문화와 모든 사람은 자기들을 붙들어 맨 족쇄를 즐기고 이에 매달린

10   성경 속의 웃음을 중심으로 조직된 성적 쟁론의 다른 측면들은 2010년 뉴욕 대학 수업에서 앤드리아 쿠퍼가 발표한 박사학위 작업 일부 내용의 바탕이 된다.

다. 뿐만 아니라 이들은 심지어 목줄을 느슨하게 하는 일조차 부탁하지 않으며, 멍에 없이 정치의 투기장 주위를 즐겁게 뛰놀면서 실존의 우여곡절을 통과하는 일도 부탁하지 않는다. 사람들은 **미성숙 상태를 선택한다.** 사람들은 유치하게 신세 지는 상태를 택하며, 우리에게 외부 심급을, 즉 권위의 직기織機를 짐 지우는 단순한 속박을 고른다. 리오타르라면 성별 사이의 차이가 타격을 주지만, 이것이 "한낱 충격적인 일"로 남으며 그 이상이 아님을 예증하려고 시도했을 것이다. "어린시절과 어른의 정동 사이 쟁론에 이차적이라는 뜻에서, 이것은 단지 타격을 가하기만 한다"(44). 리오타르가 몰고 가면서 논변의 기초로 삼는 아포리아가 있다. ―어른이 정제한 서사, 불안정한 기억의 솟구침을 통하지 않고서 우리가 어린시절의 테러에 접근할 길은 없다는 아포리아다. 이것은 매번 새롭게 트라우마로 인한 떨림을 일으키며, 이 떨림은 "어린시절의 민감성을 성인기의 언사로 옮길 수 없는 저 번역 불가능성이 야기하는 것이다"(45). 칸트가 어린아이 인간을, 항의의 뜻으로 매질하면서, 성인다움으로 끌고 가려고 할 때, 그는 어린시절과 성인다움 사이의 경계를 정립한다. 법적 미성년과 법적 성년이 그것이다. 더 이른 시기의 거의 예속된 상태로부터 보다 해방된 위치로 이동하는 일이 [당연하게] 추정될 수는 없다. 또는 얼마나 진지한 방식으로건 간에 이것이 당연하게 여겨질 수는 없다.

따라서 각각의 개인이 거의 자기에게 본성이 되어 버린 미성년 상태로부터 스스로 빠져나오는 것은 어려운 일이다.

심지어 그는 이를 좋아하게 되었고, 당분간은 그 자신의 지성을 사용할 능력도 실제로는 없는데, 왜냐하면 그는 결코 그런 시도를 허락받지 못했기 때문이다.[11]

칸트는 족쇄로부터 벗어난 세계를 상상하는 사람들이 직면한 엄청난 어려움을 갖가지 방식으로 강조했다. 이 사람들이 상상하는 세계는 저발전의 의지에 찬 루저 군중과 함께 뒤처진 채 있으려는 비뚤어진 안락이 없는 세계이며, 노예적으로 충성하는 장소로부터 약간이라도 움직이기를 거부하는 자들이 읊조리는 유아적인 자장가에서 벗어난 세계다.

성숙한 상태는 자기에게 의존한다고 여겨지며, 지성과 관용에 기초한 복잡성이 있다고 여겨진다. 칸트에게는 이런 상태가 성인기의 표지다. 그는 온갖 있을 법한 해방적 기획이나 해방적 투영의 앞길에 장애물과 함께 놓인 경로를 인식한다. 또한 그는 사람들이 명령의 별의별 방식에 어느 정도나 깊숙이 파묻혀 있는지 보여 준다. **질문하지 말라고**, 꼼짝 말고 복종하라고 우리에게 말하는 명령들 말이다("하지만 나는 사방에서 외치는 소리를 듣는다. **논쟁하지 말라!** räsoniert nicht! 장교는 말한다.

---

11   Kant, *Practical Philosophy*, trans. & ed. Mary J. Gregor, Cambridge: Cambridge University Press, 1996, p.17. "Es ist für jeden einzelnen Menschen schwer, sich aus der ihm beinahe zur Natur gewordenen Unmündigkeit herauszuarbeiten. Er hat sie sogar liebgewonnen und ist vorderhand wirklich unfähig, sich seines eigenen Verstandes zu bedienen, weil man ihn niemals den Versuch davon machen ließ"(Kant, *Was ist Aufklärung?*, S.11)[원서에는 본문에 드러나 있던 독일어 원문을 본 번역서에서는 각주 자리로 옮겼다].

논쟁하지 말고 훈련하라! …… 성직자는 말한다. 논쟁하지 말고 믿어라! 도처에 자유에 대한 제약이 있다." 강조는 원래 있던 것이다[12]. 요청되는 제약의 유형은 이러하며, 이로 인해 인간성은 위엄과 근거지를 잃어 가면서 망연자실 마비된다. 칸트가 본 예후像後의 내용은 부정적인 것의 생산적 측면에 계속해서 머문다. 이를 뒷받침하는 것은 역사의 진보적인 본성에 대한 칸트 자신의 이해다.

리오타르는 만성적 발전 및 발전을 향해 되기라는 계몽의 허구들을 내려놓는다. 그는 불가피한 타락과 현세적인 채찍질에 초점을 맞춤으로써 단선적 진보를 다시금 확신시키려는 온갖 서사로부터 우리를 잡아채서는, 목소리 없는 여러 미성숙 상태에다가 다시 던져 넣는다. 이와 같은 정동적인 집합체와 경제작용은 잠재되어 있지만 강력한 것들로서, 인간 및 포스트-인간의 생장도표의 온갖 계기에 끼어들 수 있다. 리오타르는 프로이트식 사유의 바탕에서 성장했기에, 해방을 약속하지 않고도 어떤 변화 형상으로 전환되는 것에 예민하게 촉각을 세우고 있다. 이런 의미에서 사춘기는 충격 경련이 일어나는 지점을 정확히 표시하며, 우리는 이것이 발하는 충격으로 인해 어쩌면 여전히 휘청거리는 중일지도 모르겠다.

<hr>

12   Kant, *Practical Philosophy*, p.18. "Nun höre ich aber von alle Seiten rufen: *räsoniert nicht!* Der Offizier sagt: räsoniert nicht, sondern exerziert! …… Der Geistliche: räsoniert nicht, sondern glaubt! Hier ist überall Einschränkung der Freiheit"[원서에는 본문에 드러나 있던 독일어 원문을 본 번역서에서는 각주 자리로 옮겼다].

훌륭한 루저들의 거처

아비탈 로넬은 미국 뉴욕대학교와 스위스 유럽대학원에서 철학과 문학을 가르치는 교수다. 그녀는 프라하에서 태어나 곧 뉴욕으로 이주했고, 미국에서 대학원까지 마친 후 독일에서 공부했다. 야콥 타우베스에게 가르침을 받았고 자크 데리다와 함께 연구를 수행했으며, 캐시 애커의 친구였고 엘렌 식수, 장뤽 낭시, 주디스 버틀러 등과 교류하면서 공동으로 강의해 왔다. 미국에서 로넬은 철학의 대가들을 한 사람씩 인터뷰한 기록 영화 〈성찰하는 삶Examined Life〉의 출연자로서, 피터 싱어, 슬라보예 지젝, 마이클 하트, 마사 누스바움, 주디스 버틀러 등과 더불어 오늘날 세계의 삶을 검토하는 자리에 초대받았다. 로넬은 흔히 '미국 철학자' 집단에 속하는 사람이지만, 주요 저작 대부분이 프랑스어로 번역되었고 2015년에는 프랑스 문화예술공로훈장 슈발리에장을 받을 만큼 프랑스에서도 각광받는 이론가다. 이처럼 아비탈 로넬의 삶과 학문 이력은 미국과 유럽을 오가는 어딘가 '사이'에, 두 곳 각각의 '안이면서 밖'인 장소에 자리 잡고 있다.

로넬의 이력에 대한 더 상세한 소개는 기존 번역서인 『어리석음』과 『불온한 산책자』에 정확히 나와 있으니 여기서는 로넬의 글쓰기와 여성주의 사이의 관계를 잠깐 살펴보고자 한다. 로넬은 〈성찰하는 삶〉

인터뷰에서 자기가 정체성 중심의 정치를 선언해 본 적이 없다고 말했다. 그러나 철학을 하는 도중에(책을 읽고 글을 쓰고 강의하는 도중에) 그녀는 끊임없이 여성 젠더를 의식하지 않을 수 없었다고 한다. 철학의 동네는 남자들만 우글거리는 거리, 가부장적이고 권위적인 말과 글이 누적된 거리다. 그래서 로넬이 '여성'과 관련해서 취한 전략은 철학 글쓰기에 등장하지 않았던 곁말이나 군말, 종알거림을 견실한 해석학 프로세스에 투입하고, 골치 아픈 이 책 3장에서 나타나듯 이런 폰트와 저런 인쇄 체제를 여기저기 기워 넣어 책을 제작하는 것이었다.

로넬은 자기 텍스트에서 철학의 전통적 목소리와 다른 목소리를 내려 하고, 전통적인 논변의 틀과 다른 논변을 구축하려 한다. 때로 로넬은 '신들린 글쓰기'를 수행하는 것 같다. 혹은 '받아쓰기'만을 일삼는 것 같기도 하다. '여성'이 무엇인지 규정할 수 없기에 ─ 규정하려고 하면 안 되기에 ─ 부정의 방식으로만 이를 쓸 수 있을 뿐이라면, 그리고 여성 글쓰기는 '여성'임을 드러내는 것이 아니라 기왕의 것과 다른 방식의 글쓰기를 통해서만 이루어질 수 있다고 본다면, 로넬의 텍스트는 그 자체로 여성이다.

이 책 『루저 아들』(2012)은 로넬의 고백에 따르자면 지루하고 고통스러운 시간을 견디며 쓴 책이다. 로넬은 이제까지 문학과 철학의 접경지대를 거닐면서 '어리석음'이나 '시험 충동', '부름(전화 걸기)' 같은 변방의 관념들을 탐색하는 데 주력해 왔으나, 이 책에서는 다소 본격적으로 정치의 푯말이 세워진 강역까지 더 나아가 보고자 한다. 이번 그녀의 여행 일정은 9·11 테러의 실행범인 모하메드 아타와 교사범인 오사마 빈 라덴이, 끔찍한 시절 미국 대통령이었던 조지 W. 부시와 유사한 '루저 아들'로서 세계를 공포에 몰아넣었다는 아이디어에서 출발한다. 로넬은 자기 연구의 배후에 '루저'가 내내 그림자를 드리우고 있었다는 사실을 충분히 알았으면서도 짐짓 지나쳐 왔지만 이 책에서는 바로 이 존재들을 마음잡고 읽어 보려고 한다. 그러니 이 책에는 로넬이 『받아쓰기*Dictations: On Haunted Writing*』(1986), 『어리석음*Stupidity*』(1992), 『시험 충동*The Test Drive*』(2005) 등의 저서를 거쳐 오는 과정에 줄곧 등장했던 괴테, 카프카, 이삭 등의 인물이 총괄적으로 등장하며, 이 중에서도 특히 카프카가 집중적으로 조명되고 있다.

로넬의 책은 다른 텍스트들에 대한 읽기로 구성된다. 『로넬 읽기*Reading Ronell*』의 편집자 다이앤 데이비스는 로넬 읽기란 읽고 있는 로넬을 읽는 일이며, 독서가가 자기의 결단이 무의미해지도록 한계점에 도달하여 더는 따라 읽어 갈 수 없는 지점에서 이해가 발생하는 순간까지 로넬을 읽는 일이라고 썼다. 나 역시 이 책을 번역하는 긴 시간 동안, 읽고 있는 로넬을 읽어 나가(면서 동시에 옮겨 쓰)는 일이 몹시 고통스러웠으며, 이하의 소고는 더는 로넬을 따라 읽어 나갈 수 없는 지점에서 이 책 『루저 아들』에 대한 어떤 이해가 찾아온 순간에 적은 것이다. 후기의 성격에 맞는 글인지는 잘 모르겠으나, 이 또한 한국 사람인 내가 로넬을 읽(으면서 옮겨 쓰)는 하나의 방식이라 생각하고 붙여 둔다. 아니, 오히려 아비탈 로넬의 책에 어울릴 온당한 후기는 아래의 글이 아닐까 싶다.

데리다의 죽음

아비탈 로넬은 자크 데리다가 자신에게 끼친 영향력을 부인한 적이 없다. 이 책 『루저 아들』을 처음 읽을 적에―혹은 이전에 번역된 『어리석음』의 「한국어판 서문」을 읽었다면―독자들은 머리말 말미와 2장 중간 즈음에 삽입된 데리다의 일화에 눈이 갈 것이다.

『루저 아들』은 '루저'와 '아들'에 관한 책이면서, 코제브, 카프카, 리오타르에 관한 책이기도 하다. 그러면서 '권위와 정치'라는 부제가 붙어 있다. 이 책은 갖가지 목소리로 착잡하게 뒤엉켜 있다. 따옴표 친 저 말들 주변에다 책에 접근할 통행로를 건설하기에 앞서, 한 가지 짐작을 해 보자. 카프카와 리오타르는 이전까지 로넬의 관심범위 안에 있었으니 제쳐 두더라도, 왜 하필이면 코제브일까? 아니, 애초에 로넬은 왜 권위라는 종잡을 수 없는 대상에 주목하게 되었을까? 겹겹이 숨겨져 잘 드러나지 않지만―바로 눈앞에 들이대고 있어서 알아채기 힘들지만―로넬 자신에게 데리다의 죽음이 곧 그녀가 의지한 권위의 종말이었기 때문이 아닐까?

로넬이 '즉흥시'라는 핑계와 함께 문득 삽입한 부분이 있다. 이 이야기는 스승의 죽음을 가까이에서 지켜보는 제자에 관한 서글프지만 차분한 일화다. 로넬은 데리다가 입원한 병실 침대가에 앉아 있었다. 쇠약해 가는 스승 곁에서 그녀는, 그녀 자신의 상황―스승이라는 권위의 다가오는 죽음―에 거리를 두고 시선을 외부로 돌려서, 의사의 권위에 대해 말을 꺼낸다. 스스로 중환자가 되어 보거나 중환자인 가족을 두었던 사람이라면 누구나 병원에서 의사가 최고 권위임을 인정할 수 있을 것이다. 의사의 권위 아래 놓인 스승의 권위는 미약하고 보잘것없다. 그러나 스승은 그런 중에도 철학의 이야기를 꺼내야 했기에, 정신을 또렷하게 만들기 위해서, 로넬은 코제브를 언급했다고 한다.

둘의 병상 대화 장면에는 이 책의 핵심 논점 중 하나인 '권위 없는 권위'에 관한 힌트가 숨어 있기도 하다. "어느 날 오후, 우리는 『고르기아스』 속의 의사 선생을 방문했다. 그러고는 전문가의 기술과 지식을 요구하는 경우로 제공된 사례 하나를 고찰했다. ······ 누가 의사 선생을 만나기를 거부할 때 무엇을 해야 하는가. 수사학자를 부르시오. ······ 수사학 선생은, 권위는 모자라지만, 그럼에도 난관을 해소하거나 장벽을 치워 내는 어떤 힘을 가하여 처방적 타개책을 촉진시킬지도 모른다"(173~174). 병변에 시달리는 현대인에게는 전문가의 처방이 필요하다고들 한다. 그러나 의사를 찾아가지 않으려는 사람들, 선입견에 빠진 사람들이 여기저기 있다. 이들은 앓는 상황을 즐기려고까지 한다. 환자로서 현대인에게는 아마추어의 권위 비슷한 것이 필요하다. 로넬이나, 그녀와 비슷한 일을 하고 있는 독서가들이 계속 수행해야 할 글쓰기 책무는 이처럼 비전문가인 수사학자가 어떤 경우에는 '권위 없는 권위'를 행사해야 할 경우와 관련 있을 것이다.

아비탈 로넬은 스승의 권위가 시드는 과정을 지켜보았으나, 그 스승이 데리다였기에, 기입된 것들을 헤집으며 타자의 영향력을 탐사하던 철학자였기에, 초기 근대의 이론가들처럼 권위의 자리를 그저 남겨 둘 수도 없고 근원애호증archeophilia에 빠진 아렌트처럼 권위를 플라톤식으로 전유할 수도 없다. 마침 글을 마무리하지 않은 채로 권위에 대해 다른 식으로 생각한 코제브가 있었다. 코제브에 대해 생각하는 일은 권위 문제와 정면으로 맞선다는 사실을 의미할 수 있다. 코제브가 마무리하지 못한 곳을 이어받아 그녀는 권위의 문제를 파헤쳐 보기로 한다. 스승과 함께 떠올린 마지막 화두이자, 가부장제의 핵심에 위치한 힘이면서, 정치적인 것의 활력을 불러일으키거나 무력하게 만드는 권위에 대해 로넬은 책을 쓰기로 한다.

1. 권위에 관하여: 아렌트, 코제브, 루터

권위라는 문젯거리

다른 사람으로 하여금 그가 원하지 않았던 말과 행위를 하게 만드는 일을 통틀어 강압이라고 상정해 보자. 설득과 권위와 폭력은 모두 강압의 주요 작인이다. 설득의 첫째 주자인 소크라테스의 화술을 읽으면 설득 역시 일종의 강압임을 이해할 수 있다. 다만 강압이되, 당한 상대방이 드러내 놓고 문제를 제기할 여지가 없어 보일 뿐이다. 이성의 원리에 동참하기를 선언할 적에 소크라테스와 상대방은 같은 방향을 향해 가고, 둘 다 만족한다. 권위는 이와 같은 설득과 폭력 사이 어디쯤에 위치하는 것이라고 할 수 있겠다. 그러나 권위는, 로넬이 유사개념paraconcept이라고 부르듯, 늘 종잡기 어려운 문젯거리다.

소크라테스의 죽음 이후, 플라톤이 스승의 복수를 결심했던 때 권위는 반란의 무기로서 철학과 관련을 맺기 시작했다. 철학은 이성과 설득의 말랑한 기능이 지배하는 자리에서 튕겨 나와—폭력은 이미 국가가 선점하고 있었으니—폭력과는 상이한 강압 원리로서 권위가 작동하는 자리로 이동했다. 로마의 아욱토리타스auctoritas는 가정과 광장의 일을 엮는 위치에 자리했다. 그리스·로마 시기 이후 권위는 그야말로 권위 있는 가문, 아버지, 신 등에 붙어 다니는 관념이었지만, 루터가 교황청의 권위를 부숨과 동시에 권위의 관청은 각 사람 가운데 지부를 세우게 되었고, 종교적 권위도 가정 내의 권위도 차츰 약화되었다. 다만 루터가 교황청의 권위, 신의 대리자의 권위를 폐지했지만, 칼의 권위, 세속 권력이 가져야 할 권위는 보존하려고 했다는 데서 권위와 근대 정치 사이의 복잡한 뒤얽힘이 시작되었다.

　　루터와 헤겔, 버크와 엥겔스의 시대만 하더라도, 권위는 대체될 뿐 그 자리 자체를 도려내지는 말아야 할 것으로 간주되었다. 그로부터 시간이 더 지나 아렌트는 권위의 서거를 포고하면서, "권위란 무엇이었나?"라고 흘러가 버린 일인 양 물었다. 코제브와 아렌트는 권위의 종말을 현대사를 조건 짓는 정황으로 간주하고, 권위의 종말 이후에 어떻게 권위를 세울 것인지를 고심한 대표적인 탐구자였다. 아렌트가 망명해야만 했던 시기 독일에서 히틀러에게 부여되었던 총통권 Führertum은 신의 권위로부터도, 아버지의 권위로부터도 떨어져 있었다. 바로 그 시기에 코제브는 신과 아버지의 권위를 하나로 묶어 "아버지의 권위"로 지정하고, 총통권과 연결될 "장長의 권위", 소유 문제와 연결될 "주인의 권위"를 권위의 대표적 형상으로 각각 지정했다. 코제브가 지정한 이 같은 권위 범주들은, "재판관의 권위" 정도를 제외한다면, 아렌트가 권위가 무엇이었는지를 탐사할 즈음에는 이미 상당히 손상되었던 상황이었다. 로넬의 논의를 잠깐 벗어나 당장 우리 사회만 보더라도, 당연하게 여겨져 왔던 모든 것이 심문에 부쳐지는 중임을 쉽게 알아챌 수 있겠다. 지난 20여 년 동안 한국 사회 정치 지도자들의 입에서 흔하게 나온 말이 '탈권위'였고, 요즘엔 명시적 폭력의 처벌은 물론이요 권위에 의한 강압에 대해서까지 논쟁 중인 형편이다.

　　그런데 정작 권위 전부가 사멸한 것처럼 보이는 지금에 와서 정치 지도자들 자신이 ― 그리고 사회의 온갖 주류 전부가 ― "이제 정말

골치 아프게 되었다"(400)는 생각에 빠져 있는 것 같다. 프로이트가 보기에 신경증 환자는 스스로의 전능감 때문에 아버지의 죽음을 자기 탓이라고 받아들인다. 신경증 환자는 상징계를 받아들인 사람이다. 이 세계의 상징 질서를 받아들이고 약간의 병증을 겪으면서도 나름대로 잘 살아온 사람들에게 아버지의 죽음은―가부장의 죽음, 권위의 죽음은―자기의 전능을 확인하는 일이 된다는 것이다. 긍정성이 지배하는 신자유주의 사회에서, '할 수 있다'는 희한한 주문은 전능감을 가진 자들을 양산해 권위를 붕괴시킬 수 있다. 상징적 위계질서에서 승진이 정체되었을 때 신경증자는 자기 안락을 위해 권위의 죽음을 바라는 것이다. 그러나 실제로 권위가 종말을 고하기 시작할 때 신경증 '환자'가 가진 전능감에서 비롯된 증상은 세계를 훼손해 버릴지 모른다. 정말로 권위가 종말을 고하고 나자, 가부장적 권위의 죽음을 자기의 전능으로 오인하는 자들의 입장에서는, 그 전능에 복종하지 않는 사람들―타자들, 저 모든 소수자들―이 늘어나고 저들끼리 저들의 말을 하면서 다른 장소에 상징 질서를 구축하는 사태를 도저히 묵과할 수 없게 되었다. 이렇게 보면 페미니즘이 말하는 남성 사회의 백래시는 실은 두려움의 소치가 아니라 전능감의 결과가 된다. 이 전능한 환자들에게, 죽여 없앤 권위는 다시 살릴 수도 있는 것으로 여겨질 테니 그렇다. 권위는 사라진 것 같다가도 다시 나타나고, 죽어 없어진 흔적에서 당신을 붙든다. 이래서 권위는 여전한 문젯거리다.

망령 같은 권위와 실종된 경외

현상 수준에서 권위를 발휘하거나 행사하는 것들을 넘어서 존재론적으로 권위에 해당하는 것들의 목록을 작성하기란 쉽지 않다. 이제 우리는 권위가 필요 없는 시대에 사는 것 같다. 하지만 회사, 대학, 가부장제처럼 커다란 것들은 설득과도 다르고 폭력과도 다른 방식으로 여전히 우리에게 강압을 가한다. 권위는 사라진 듯 보이다 어느새 우리 곁에 유령처럼 있다. 조금 다른 관점에서, 권위가 그저 문젯거리에 그치는 것이 아니라고, '반권위로서 권위'가 때론 필요하다고 말하는 이들도 있다. 가령 제1인터내셔널에 대한 지도가 권위주의적이라는 바쿠닌 등의 공격에 엥겔스가 '부르주아지에 대한 프롤레타리아트의 지배야말로 곧 권위'라고 대꾸했던 일은 권위라고 무작정 문제 되는 것이 아니라는 인식이 가능함을 보여 준다.

권위에 문제제기하고 권위를 없애려는 일은 '네가 원하는 대로 주장하고, 내가 원하는 만큼 분석하라'는 명령에 따르는 일이 되겠으나, 결국에 가서는 본래의 목적을 잃어버리거나 아니면 다른 무엇에 복종하고 말아 버린다는 딜레마가 항상 있다. 이 책에서 로넬이 주된 읽기 대상으로 삼은 두 사람, 아렌트와 코제브는 권위의 서거라는 유사한 문제의식에서 출발했지만 서로 다른 여정을 따랐다. 로넬은 아렌트가 권위 자체의 종말을 아쉬워했던 것 같다고 본다. 아렌트에게는 누가 어떤 권위를 행사하느냐가 중요했다. 그녀보다 조금 앞서 권위 관념을 고찰했던 코제브는 약간 달랐는데, 그는 누가 어떤 권위를 행사하느냐에 대한 의식 없이 그저 권위의 형상들만을 식별하려고 했기 때문이다.

　로넬은 아렌트로부터 권위가 상실되었다고 말하지만 권위를 완전히 잃어서는 안 된다고 생각하려는 태도를 읽어 낸다. 아렌트는 권위가 사라진 상태를 비판적으로 생각했기에, 어떤 권위는 다시 되돌리고 싶어 했고, 그 전제조건으로 권위를 폭력으로부터 완전히 분리시키려고 했다. 이런 식의 권위는 "명령으로서의 관계성을 확립하고, 힘[폭력]과 논변[이성]의 부재에도 이루어지는 순응을 약속한다"(113). 폭력과는 다른 권위의 양상을 예증하는 일을 하필이면 고대 그리스로 돌아가서 찾는 바람에 아렌트는 노예제에서도 폭력 없는 권위의 작동을 보았다. 그러나 로넬이 지적하듯 "폭력 없는 권위를 위한 길을 터 주는 일에 너무도 열중하여, 아렌트는 폭력적 차지 없이는 어떤 노예제도 존재하지 않는다는 사실을 인정하길 거부한다"(112). 아렌트가 내세운 '다른' 권위는 결국 고대적 소유권의 복원에 그치고 말았다. 그리스·로마로부터 가져온 권위 관념으로는 노예제같이 애초에 차지된 힘의 불균형 관계를 깨뜨리기가 불가능하다.

　다른 한편 칸트가 경외를 말할 적에, 경외는 권위를 가진 사람에게 권위로부터 영향을 받는 사람이 내보일 수 있는 태도다. 다만 권위가 위계를 전제하는 것과 달리 경외는 거리감과 함께 동등성을 전제하는 것으로 보인다. 그렇다면 오늘날의 정치론에서 더 중시해야 할 것은 권위가 아니라 경외 관념이 되어야 하지 않을까? 그런데 로넬이 생각하기로 아렌트의 정치론에서 경외는 실종되었다. "경외가 인간 존엄성에 대한 고찰로 변모했건 아니면 그 사실상의 만료일에 도달했건 간에, 아렌트는 자기가 권위의 문장체제와 연계시키는 계명들의 테이블에서 경외를 치워 버린다. 칸트는 뜻밖에도 수제자의 손에 버림받았다"(116). 로넬은 아렌트가 고대적 권위를 되살리며 불평등을 용인하려는 것 같은 반면에, 블랑쇼 및 레비나스는 경외를 환기함으로써 불평등을 대체했다고 보았다. 후자의 논의 속 완전한 타자에 대한 경외는 평등 너머에 있는 근원적 불균형으로부터 온다. 요컨대 이들은 평등 너머에 있는 근원적인 불균형으로부터 '권위 비슷한 힘'을 찾으므로, 경외가 전제하는 동등성을 포기하지는 않았다는 것이다. 허나 이렇다고 해서 로넬이 저들처럼 권위 문제를 경외의 정치학에 옮겨 심는 것은 아니다.

판단의 비틀거림과 아버지의 권위

로넬은 코제브가 기술한 권위의 현상학을 따라가다가 이렇게 고백한다. "우리가 어찌해 볼 도리 없이 고전적 주권자들에게 묶여 있으며, 이 고전적 주권자들이 권위의 네 가지 지배 유형 및 그 예순 가지 혼합형으로부터 계속 부활하는 것같이 여겨질 정도이다"(219).

코제브 자신은 "권위의 이중적이고 애매한 정립 권력에 의문을 제기하지도 않으며, 권위가 이성이나 대의 혹은 정당화에 근거를 두는 것에 관해서도 묻지 않는다"(215). 권위를 행사하는 대리자가 공중으로부터 인정을 얻는다는 사실에서 코제브는 출발했다. "주인의 권위는 헤겔의 노작으로 되돌아가면서 권위의 일반 이론을 제공한다"(215). 이로부터 코제브가 주목했던 내용은 인정과 관련된 동의 문제가 결국 이성과 연결된다는 점이다. 이성적이고 적법한 것은 권위를 띤다. "플라톤은 또 다른 방향으로, 즉 재판관의 권위로 이끈다"(215). 로넬은 플라톤이 권위를 말한 게 국가에 대한 철학의 첫 번째 반란에 해당한다고 보았지만, 이런 로넬의 이야기와 별개로 코제브는 플라톤이 '공평함'을 통해 재판관의 권위를 말했다는 사실에 주목했다. 코제브가 보기에 "재판관이라는 형상은 가장 신뢰할 수 있는 권위 형식을 도입할 방법을 제시하며, 공정한 정체polity를 위한 기초를 제공한다"(215~217). 재판관은 불편부당, 객관성, 사심 없음을 ─ 곧 대의가 될 수 있는 '이성'을 ─ 대표하는 형상인 셈이다. 그런데 재판관의 권위 형식에 기초해서 공정한 정체를 구축하기에는, 가부장제로써 여전히 작동 중인 아버지의 권위가 걸림돌이 된다. 첫눈에 아버지의 권위는 "그 본질에 신성한 요소가 있으며"(217) 지금은 치명적으로 쇠퇴했기 때문에 정치의 문제와는 동떨어진 것처럼 보이지만, 부성적 권위의 표현은 권력 자체의 선언이 아닐 것임에도 불구하고 세계의 정렬 방식에 훼방을 놓아 왔다.

물론 코제브는 아버지의 권위에서 재판관의 권위로 이어지는 경로를 훑어가면서, 아버지의 권위가 작동하는 가정의 영역과 재판관의 권위가 작동해야 할 정치의 영역을 완전히 분리시키려고 했다. 그러나 이 두 영역을 분할하기란 애초에 쉽지 않았다. 코제브가 "재판관의 권위"를 통해 내세우고자 했던 판단 과정이, 정신분석 ─아버지학─ 과 연결된 주이상스는 아닐지라도, 어쨌든 쾌락을 품고 있다는 게 일차적 걸림돌이었다. 칸트가 『판단력 비판』에서 "판단에 '생기를 주어' 선행하는 두 비판이 빚어낸 감각상실의 영역으로부터 판단을 부활"(138)시키려고 했듯, 판단 행위에는 욕망의 계기가 들어 있다. 정의와 판단은 가깝기는커녕 멀어지고, 판단은 주권적 향락에 제약됨이 밝혀진다.

로넬이 보기에, 판단 행위가 안고 있는 무정부성과 위험성을 훨씬 일찍 알아차린 사람은 루터였다. 나아가 로넬은 근대 정치가 개시되는 자리에 루터가 서 있다고 본다. 그는 신념을 매개 삼아 권위를 개개인의 내면에 옮겨 심었고, 강조점을 신-아버지에서 자기-재판관으로 옮겨 놓았기 때문이다. 루터 이후 "정의를 평등 및 사랑과 이어주는 그리스도교의 짜임은 밀려나"야 했고, 대신에 "권위에 대한 확고한 감각이 들어와야 했다"(142). 완전히 다른 관점에서, 루터가 근대 정치를 정초했다고 말할 수 있는 또 하나의 이유가 있다. 루터가 세속의 권위, 칼의 권위에 복종하라는 명령과 더불어 "도입했던 억압 조치는 판단의 권위를 높이는 일과 더불어 그 실행의 권리를 제한하는 일을 수반한다"(142~143). 판단은 징벌과 결속됨으로써 주이상스를 낳는다. 판단의 주이상스는 모두에게 주어질지 모르나, 루터의 기획에서 주이상스는 칼을 찬 주권자에게만 허용되었다. "칼을 찬 주권자는, 신에게 임명되어 먼지떨이를 잃고 정의를 집행하도록 정해진 존재로서, 어쨌거나 그 자신의 재판관이다"(143).

코제브와 루터를 거칠 때, 권위의 실존과 권위의 행사에는 판단 행위가 겹쳐 있으며 이런 판단은 자기중심적 주이상스와 이어져 있음을 알게 된다. "이 지점에서 우리가 말할 수 있는 전부는, 루터가 권위의 실행에 대한 리비도적 설명을 확립했다는 점이다. 여기에서 권위의 실행은 주로 판단에 초점이 맞추어져 있다"(143~144). 코제브가 권위의 현상학에서 분리시키려고 했던 재판관의 권위와 아버지의 권위는, 루터를 고려하다 보면 어느새 다시 이어지고 만다. 루터는 판단과 권위가 이어진 쌍을, 제약하는 존재로서 가부장과 연결했기 때문이다. 루터에게 "권위는 모두 부모의 권위의 반향실에서 생겨나며"(145), 또한 루터가 보기에 권위를 행사하기 위해서는 "가부장에게 역사적으로 부여된 명령의 문법에 대한 이해"가 요구된다(145). 루터의 말로, 모든 '군주'는 '아버지'가 된다.

　로넬은 정치의 실행에 권위와 판단이 작용하는 양상을 판별하려고 노력한다. 이렇게 짜인 관념들은 결국 아버지(부모)와 아들(자식)의 문제를 부각시킨다. 코제브도 그렇고, 낭시와 라쿠 라바르트도 마찬가지며, 카프카라면 더욱 그러할 텐데, 이들의 텍스트는 "완화 없이 지속되는 부성의 감독에 의한 다스림을 교란시켜 전의체계tropology의 근거지를 바꾸려고 시도"했던 셈이다(145). 이제 로넬의 시선은 부성의 군림 아래 잃고 지는 어린아이를 향한다.

2. 루저 아들에 관하여: 프란츠 카프카

어린아이와 권위

　로넬이 보기에, 권위는 "사람들로 하여금 이를 원하면서 동시에 증오하도록 만든다"(124). 권위를 원한다는 말의 뜻이 불분명하다는 점에 우선 주목해 보자. 이 말은 사람들이 권위의 영향력 아래에 있기를 원한다는 뜻일까? 아니면 권위를 갖기를 원한다는 뜻일까? 『루저 아들』이라는 제목에서부터 애매한 데가 있다. 한편으로 아들은 이제 권위의 보호에서 벗어났고, 그래서 권위를 잃은 것일 수 있다. 다른 한편으로 아들은 스스로의 권위를 갖지 못한 것일 수도 있다. 그는 애초에 권위를 잃은 채였다. 어린아이는 언제나 부모의 부속물 취급을 받는다. "그렇지만 이 아이들이 입을 다물거나 손봐 줄 대상이 될 때조차 리오타르가 순수한 감정이라고 이해한 것이 이들을 관통한다. ─ 아마도 요만큼의 기쁨이, 쿡 찌르는 씁쓸한 후회가, 즐거우면서도 고통스러운 난처함이, 미세하게 떨리는 몸의 기억이 아이들을 가로지르는 것이다. 아이들은 감정을 보증해 줄 내면성의 언어라곤 없이, 거의 오도 가도 못 한 채, 이들을 식민지로 만드는 투사작용에 맨몸으로 드러난다"(409~410).

　　루터의 종교개혁은 교회의 권위를 부정했다. 그러나 권위를 폐기한 것은 아니었다. 그는 판단의 준거를 개인의 내면에 가져다 놓음으로써 권위를 천상과 지상, 안과 밖 전부에 퍼뜨려 놓았다. 루터의 서명은 권위와 질서, 질서와 현실을 모두 같은 것으로 만들어 권위가 신성과 세속 전부에 영향력을 행사하도록 만들었던 셈이다. 특히 세속 국가의 권위를 신적 권위와 동일시함으로써, 루터는 역사 ─ 인간적인, 세속 국가의 권위 ─ 와 자연 ─ 초월적으로 주어진, 신의 권위 ─ 을 잇는 매개 고리 역할을 하는 가족의 권위, 가부장제의 권위, 아버지의 권위를 중요한 것으로 격상시켰다. 가족은 자연적 집단이자 역사적 공동체다. 헤겔은 가족을 즉자적 공동체로, 시민사회를 대자적 개인으로, 국가를 대자적 공동체로 간주한 바 있다. 이런 점에서도 가족의 자리는 자연이 끝나고 인간이 시작되는 자리다. 신의 권위가 사라지고, 제도의 권위가 도전받는 시대, 권위 상실의 시대에도 여전히 '아버지'는 권위를 행사한다.

로넬은 코제브와 아렌트를 거쳐 '권위'의 정체를 밝히기 위해 애쓰다가 결국엔 프로이트와 마주친다. 그러나 프로이트는 권위를 지닌 존재로서 아버지를 그저 설정해 놓기만 했을 뿐, '아버지의 이 권위'가 어떻게 획득되었는지는 설명하지 못했다. 이 책 3장에서 로넬은 프로이트의 근원애호증이 갖고 있는 정치적 결여에 대한 낭시와 라쿠 라바르트의 독해를 따라 읽어 간다. 그녀는 코제브와 낭시, 라쿠 라바르트와 마찬가지로 근원애호증에 비판적인 태도를 취하는 것 같다. 프로이트는 (혹은 아렌트는) 아버지의 권위가 결국 어디에서 비롯되는지를 찾아 끊임없이 원천을 거슬러 올라가려 했지만, 아버지는 언제나 누군가의 아들일 수밖에 없다. 문제가 되는 것은 아버지가 아니라 아버지-자식 관계여야 한다. 로넬은 권위에 관한 모든 이론에서 문제가 되는 아버지-자식 관계를 다루되, 방향을 완전히 뒤틀어서 권위 때문에 상실하고 손실을 겪는 존재인 루저 아들에 주목한다. "부성적 침탈의 지속, 주로 은밀한 그 논리는 돌연변이 같은 붕괴의 유산을—특별한 무늬를 띤 균열을—창조했다." 그래서 그녀는 "루저의 상속이라는 특별히 근대적인 현상을"(20~21) 다루고자 한다. 이편에서 3장의 논의가 진행되는 동안 저편에서 아기는 걸음마를 떼기 시작한다.

로넬이 보기에, 권위가 없어지거나 좋은 권위가 될 방법이란 없다. 권위의 형상이 어떠해야 하는가에 대한 논의는 한계가 있고 부질없다. 코제브는 권위의 좋은 형상을 찾기 위해 애쓰다가 좌초했다. 그렇기 때문에 로넬은 아들—이미 루저인 아들—을 끊임없이 싸우는 형상으로 보고자 한다. 끊임없이 싸우는 형상으로서 아들만이 훌륭한 루저이자 권위의 해독제가 될 수 있다. 아버지의 권위가 종내 남아 있으므로, 루저 아들 프란츠 카프카와 그의 『아버지에게 드리는 편지』는 새롭게 읽힐 여지가 있다.

권위와 정치 사이의 딜레마 얽힘을 깰 수 있는 자는 루저 중에서도 훌륭한 루저다. 『아버지에게 드리는 편지』에 대한 로넬의 분석을 따라갈 때, 카프카는 루저 아들의 한 유형이라 할 수 있다. 『편지』에서 카프카는 자기 자신을 어머니 혈통에 가져다 놓기도 하고, 아버지 핏줄과 애초에 다른 경로에 서 있는 누이동생들에 공감하기도 한다. 카프카는 결혼하지 않고 영원히 사춘기에 머물면서도 끊임없이 명령하는 존재들에 맞서 자기만의 이성을 사용할 용기를 내팽개치지 않았다. 그는 아버지가 되지 않으려 하면서도 『편지』 말미에 가서는 아버지에게 자기 자리를 내줄 수도 있는 존재다. 『편지』에서 카프카가 그려내 보이는 루저 아들은 권위 안에 있지만 또 권위 밖에 서 있는 존재로서, 권위의 무지막지한 독기로부터 벗어날 형상이 된다.

카프카와 벤저민 프랭클린, 그리고 아버지
카프카의 누이동생 오틀라는 아버지와 정면으로 부딪치곤 했지만, 다른 누이 엘리는 카프카의 표현대로라면 아버지의 궤도에서 홀륭하게 벗어났다(하지만 그녀는 나치에 붙들려 죽음을 맞았고, 오늘도 마찬가지였다. 가정에서 탈출하는 것으로 끝이 아니라니!). 어린시절 엘리와 프란츠는 인색해지기를 경쟁했던 남매였는데, 자라서 엘리는 번식의 풍성함을 통해 인색함에서 벗어나고 가장의 권위로부터 빠져나갔다. 반면에 끝까지 카프카는 "항복과 포기" 사이의 샛길만 오가는 인색함을 유지했다. 엘리 말고도 로넬이 카프카의 『편지』에서 찾아낸 또한 명 인색한 이가 있다. 그 사람은 아껴 쓰고 근면해야 함을 미국의 시민 아이들에게 이야기책으로 가르쳤던 벤저민 프랭클린이다. 카프카는 자기 아버지 헤르만에게 『프랭클린 자서전』을 선물로 건넸다고 썼다.

"카프카와 마찬가지로 — 비록 이런 점이 수많은 저술 존재들이 유념하는 주요 특색일 수야 있겠지만 — 프랭클린은 글쓰기에 의지한다. 자기가 말해 버림으로써 모면하거나 물리칠 수 없는 우레 같은 폭력에 말 걸기 위해서는 말이다"(387). 로넬이 지적하는바, 프랭클린의 『자서전』은 아버지를 향한 카프카의 고백과 여러 면에서 유사했다. 그러나 프랭클린은 카프카와 다른데, 카프카는 프랭클린이 그랬듯 내리눌린 다음에 변증법적 승화를 거쳐 가지 못했기 때문이다. 시를 쓰지 말라는 아버지의 명령에 프랭클린은 발명의 소질을 개화시켰다. 프랭클린은 카프카와 달리 아버지의 권위의 억압에 대해 자기만의 길을 개척해 낸 멋진 루저로 보인다. 카프카는 결코 거인이 아니었다. 그는 작고 왜소했으며 인색했다. 하지만 카프카는 이렇게나 작은 어린아이가 숭고함의 회로를 거쳐 큰 어른이 되는 그런 경로를 따라가지 않았다. 카프카는 끝까지 작고 왜소했다. 그리고 그렇게 남는다. 로넬의 독해에 따르면, 카프카는 아버지의 자리에서 서명한 후에 편지를 발송하지 않음으로써 '포기'를 완성했다. 우리는 이를 권위의 회로에 침투한 뒤에 무위를 택함으로써 기계의 작동을 멈췄다고 할 수도 있을 것이고, 현실적 권위를 가진 아버지를, 잠재력만 있지 아무런 실제의 효력도 발휘할 수 없는 글쓰기라는 영역에 끌어들인 뒤에 도착지를 없애 버림으로써 중화시켰다고 할 수도 있을 것이다.

그러나 이게 무슨 의미일까? 프랭클린과 카프카를 비교하는 자리를 다시 생각해 보자면, 프랭클린의 아들 윌리엄이 아버지 벤저민을 떠났다는 점에 주목할 수 있겠다. 벤저민 프랭클린은 영국 왕이—아버지가—퇴거한 유배지에서 아버지가 된 사람이다. 뒤집어 생각할 때, 프랭클린이 아버지가 되기 위해서는 아버지가 물러나야만 했을 것이라고 생각할 수 있다. 그는 형제들과 함께 부친살해를 감행한 걸까? 그럴 수도 있겠다. 미국의 독립 과정은 그렇게 읽어 낼 수 있다. 그런데 카프카가 자기 아버지와 맺고 있는 관계 속에다 프랭클린 이야기를 끌고 들어올 적에는 더 많은 의미가 발생한다. 쫓겨난 땅에서 아버지를 퇴거시킨 아들인 벤저민은 윌리엄의 아버지 되기에 실패했기 때문이다. 카프카는 프랭클린에 빗대어 아들인 자기가 떠날 수 있음을 고한다. 뿐만 아니라 카프카는 프랭클린과 달리 자신의 아버지를 재판관 자리에 두지 않으려고 한다. "프랭클린은 가족 위계의 자리를 교체하고 취급 가능한 통치의 패턴을 내비침으로써 고통을 감당할 수 있었다. 부성적 잔인함은 적어도 이 제한된 경우에는 장인인 형에게 유전되었고, 더 이상의 사형을 허락하지 않는 재판관의 위치를 아버지가 떠맡은 한에서 부성적 잔인함은 자비로운 것으로 판명되었다"(392). 이렇게 보면 카프카는 자기 아버지 헤르만이 가부장적 가계를 유지하기 위해서 '아버지는 계속 아버지 자리에 있어야 한다'고 말하는 것일 수도 있겠다. 『아버지에게 드리는 편지』를 읽으며 로넬이 열어 놓은 카프카와 프랭클린 사이의 연관은 이처럼 유럽과 미국 사이의 관계를, 아버지와 아들 사이의 관계를, 권위의 서거와 권위 부여 사이의 관계를 이리저리 곱씹어 보기에 유용한 자료를 제공한다.

카프카와 프랭클린, 그리고 아버지와 아들의 서로 뒤바뀌고 뒤얽힌 위상을 분석하면서, 동시에 로넬은 『편지』에 함입된incorporated 『자서전』을 통해 프랭클린과 카프카라는 두 루저를 서로 구별했다. 아버지의 내리누름을 승화시켜 멋지게 성장한 아들, 루저였지만 이를 극복하고 성공한 아들인 벤저민 프랭클린은 그러나―가부장제가 자연스레 스며든―정치의 다툼 속에서 자기의 아들에게 버림받았다. 프랭클린은 아들에게 버림받을 수도 있을 헤르만이자, 자기를 끊임없이 억누르는 데 실패한 프란츠다. 따라서 로넬이 보기에, 프랭클린은 홀륭한 루저가 될 수 없다. 반대로 루저 카프카는 성공한 루저인 프랭클린의 안이자 밖인 자리에 있다.―또한 카프카는 테러를 가하는 루저인 부시나 빈 라덴의 밖이자 안에 있다. 그렇다면 그는 과연 홀륭한 루저일까?

훌륭한 루저

이 책의 4장과 5장은 프란츠와 헤르만 사이의 아버지-자식 관계를 집중적으로 다룬다. 이 관계에서 두드러지는 것은 아버지의 권위를 힐난하되 인정하면서도 스스로 그 권위를 상속하지 않고 그 권위 안-바깥에 위치하려는 아들의 태도다. 이로부터 로넬은 카프카를 루저 아들 중에서 가장 훌륭한 이로 보여 주려는 것 같다.

프란츠 카프카는 아버지 헤르만 카프카를 두려워하면서도 아버지에게 이끌린다. 그는 상속을 거부하기 위해 어머니의 성을 가져다 쓰면서도, 외부에 있는 척 가부장제 안에 머무는 어머니처럼은 굴지 않는다. 카프카를 향했던 빠블라취 처벌은 바깥의 안에 아이를 가둬 둔 일이었지만, 자기 어머니와 달리 카프카는 이 장소를, 혹은 집안의 공간을 안의 바깥으로서 전유하고 있다. 모든 루저 아들은 프란츠와 마찬가지로 집안에서 쫓아내야 하되, 그러나 완전히 밖으로 내보내서는 안 될 이들이다. 이들은 권위로부터 부정당하더라도 권위 밖에 놓여서는 안 된다. 나쁜 루저들은 세계를 황폐하게 한다. 모하메드 아타나 오사마 빈 라덴이나 아들 부시나 다 그랬고, 이는 수많은 '나치의 아이들'에게도 해당할 이야기이리라. 훌륭한 루저라면 안에 사로잡힌 채로 밖에 위치해 있어야 한다. 거인에 대해 어린아이로서 언제나 겁에 질려 있다고 할지라도, 거인이 될 수 있다는 유혹을 끝까지 버텨 내야만 하는 것이다. 제가 가진 것을 잃어버리지 않으려는 인색한 태도가 도움이 될 때가 있다.

루저 아들로서 프란츠 카프카의 의미는 권위-아버지에 대한 변증법적 지양을 포기했다는 데 있다. "저 포기가 죽 이루어지는 한에서, 더 위대한 아버지인 알라나 야훼 또는 그 밖의 존재 중 하나와의 융합으로 포기가 뒤집히지 않는 한에서만 그렇다"(70). 카프카는 "행하지 않은 영웅이자 실재의 실패한 후견자"(70~72)다. 이제 카프카 뒤에 온 저술가는 권위와 그저 맞서는 일에 그치지 않고 권위에 완강히 버티려는 책임을 받아들여야 한다. 카프카 이후의 저술가는 "재앙의 공간으로 폭발하며 들어가는 일은 철저하게 단념해야"(72) 한다고 로넬은 쓴다.

아버지─아들 관계의 권위 문제와 관련해서 카프카의 『편지』가 그려 내는 도식은 안이자 바깥인 장소─빠블라취─에 끈질기게 머무는 위상학이다. 카프카는 끝까지 이런 자리에 머묾으로써 훌륭한 루저의 형상을 담게 된다. "훌륭한 루저는 기본적 위치를 차지한 채로 모호한 것들과 맹점을 걷어 내지 않는 자이며, 순종적 분방함이라는 번거로운 계약 보고서에 내재된 난감한 상황을 제거하지 않는 자다. 우리는 항복의 자세, 즉 타자에 대한 복종의 구문론에서 시작했다. ······ 그것은 ······ 선뜻 악수를 청할 적에 발생할 법한 복종이다. 아니면 윤리적 경의에서 비롯된 '당신 먼저après vous'를 실행하는 복종이다"(382~383).

'망각되는 역사'의 탐침

아비탈 로넬의 관심사 중 하나는 '망각되는 역사'다. "최근에 나는 비발생 inoccurence과 망각되는 역사anahistory에 관심을 갖고 있다. 우리 곁을 빠져나가거나, 온갖 명석한 정의를 거역하는, 그런 사건들과 확언들에 관심을 가진 셈이다. 스텔스 무기와도 같이 개념적 포획을 벗어나는 전달 체계가 최근에 들어서야 내 주요 관심사가 되었다고 말하기는 사실 어렵다. 나는 언제나 저 실체 있는 것들이나 실체 없는 것들이 딸려 있는 변두리를 즐겨 왔고, 우리가 역사적으로 승인한 수용기관에서 벗어나는 반semi-현상 혹은 현상의 유사물quasi-을 재미있어했기 때문이다. 이런 것들은 등록되지도 않거니와, 과잉결정된 갖가지 이유[이성]를 계산하는 일에 쓸모라곤 없다."*

이 책 『루저 아들』의 머리말에 따르면, "망각되는 역사는 토대가 마련될 수 없기에 여기에 접근하려면 다른 종류의 방법이 필요하다"(13). 역사만큼이나 우리를 단단히 붙들고 있으며, 트라우마 표시가 여기저기에 찍혀 있는 등록부를 가지고서, 망각되는 역사는 사유를 다르게 기입할 여지를 준다. 사유를 다르게 기입할

* http://www.ikkm-weimar.de/en/fellows/former-fellows/avital-ronell/. 이 웹페이지는 독일 바이마르 바우하우스 대학 문화기술 및 매체철학 국제연구소(IKKM)에서 만든 것으로, 로넬은 여기에 자기를 소개하는 글을 올려 두었다. 그녀는 2017년 IKKM에 잠깐 동안 적을 두고 강연을 했다.

적에 관심을 가져야 할 자리는 발생한 사건들을 은밀하게 조작하면서도 그 주변을 둘러싸고 있는 비발생의 지대다.

'망각되는 역사'의 결정적 의미는 접두어 ana-에 있다. 리오타르는 'ana-'를, "분석하고analysis, 떠올리고anamnesis, 되살리고anagogy, 비트는anamorphosis 절차로서 '애초의 망각'을 다시 새롭게 수행하려는" 접두어라고 썼다. 어떤 역사건 간에 기록될 때는 선택과 배제에 따른 억압이 발생하지 않을 수 없고, 모든 역사는 이런 점에서 망각의 역사기도 하다. 로넬이 말하는 anahistory는 역사가 기록됨과 더불어 망각되는 것을 우선 인정한다. 그러나 anahistory에 대한 관심이 이처럼 망각되어 버린 역사를 되살리려는 시도라고 손쉽게 이해되어서는 안 된다. 망각된 역사를 되살리는 순간에 이 시도와 더불어 새로운 망각이 수행될 것조차 인정할 필요가 있기 때문이다. 그러니 '망각되는 역사'의 탐침이란 맨 처음의 억압과 망각이 시작된 곳으로 되돌아가서, 새로운 억압과 망각을 수행할지라도, 역사의 변두리에 자리 잡은 것들을 다시 분석하고 떠올리고 되살리고 비트는 절차를 품게 된다.

이 책에서 로넬이 '권위'와 '루저'라는 관념에 주목한 이유는 이것이 망각되는 역사를 펼쳐 보이기에 적절하도록 비발생의 주변 지대에 위치하기 때문일 것이다. 권위는 상실된 채로 유령처럼 작용하고, 루저는 언제나 잃고 지는 중이다. 상실되었다고 말해지는 권위가 어째서 계속해서 작동하는가? 루저는 잃고 졌는데도 어째서 어떤 루저들은—가령 아들 부시 같은 인물은—재앙과도 같은 폭력을 행사할 수 있는가? 애초가 루저가 잃은 것은 무엇이며, 루저는 무엇에 진 것인가? 로넬의 말대로라면 발생한 사건 자체를 뚜렷이 들여다볼 수는 없다. 그러나 권위와 루저 관념은 발생한 사건들 주변을 둘러싼 지대에 산개해 있다. 이를 추적하다 보면 우리는 아들들과 만나게 되고, 아버지-아들 관계 및 이런 관계의 원천으로서 가부장제와 만나게 된다. 다른 한편으로 루저는 악할 수밖에 없는지, 그리고 권위를 사용하지 않을 수는 없는지에 대한 물음이 훌륭한 루저를 찾아 카프카를 탐사하게 만들고, 권위로부터 벗어나야 하되 권위에 투항하거나—'장악'당하거나—스스로 권위를 행사하지 않는 시기로서 사춘기의 의미를 살펴보게 만든다. 계몽은 사춘기의 일이다. 다시 말해, 계몽을 영속적으로 수행하기 위해서 우리는 사춘기에 머물 필요가 있다. 로넬은 철학자들이란 모두 사춘기에 처해 있다고 즐겁게 말한다.

3. 정치에 관하여: 마르쿠제와 리오타르

이 책『루저 아들』이 출간될 즈음, 로넬이 '사춘기의 충격'에 관해 행한 강연[1]에서 질문자로 나선 크리스토퍼 핀스크는 그녀가 "정치적인 것"이라는 단어를 이토록 자주 사용하는 경우를 별로 본 적이 없어서 놀라웠다고 언급한다. 로넬은 사춘기의 부름과 응답에 관해 강연하면서 '정치적인'이라는 말을 여러 번 사용했다. 핀스크는 로넬이 말하는 '정치'가 이 말에 대한 기존의 용법을 위반하고 있다는 점을 짚으면서도, 로넬의 문장들 내에서 이것이 풍요로운 가능성을 품고 있기에 흥미로웠다고 한다. 핀스크 말마따나 이 책에서 로넬이 '정치'라는 단어를 사용할 적에, 이 단어는 정치를 객관적 관찰과 해부의 대상으로 삼는 분과학문으로서 정치학과는 다른 맥락을 띠고 있다. 앞서 다룬 권위와 루저라는 관념들이 어떻게 해서 정치와 연결될 수 있는지 생각해 보도록 하자.

로넬이 1장부터 3장까지에서 수행한 노력의 초점은 철학적인 것과 정치적인 것의 상호귀속 상태에 있다. 두 영역이 포개질 때 매개 영역은 정신분석이다. 낭시와 라쿠 라바르트가 강조하듯 정치적인 것은 철학적인 것 속으로 다시 들어와야 하고, 정신분석은 애초에 문화과학이기 때문이다. 로넬이 검토하는바, 낭시와 라쿠 라바르트는 정

---

1   "The Shock of Puberty(European Graduate School Lecture, 2011)". 이 강연의 동영상 주소는 다음과 같다. https://www.youtube.com/watch?v=kj60bq4ZYEs.

치(과)학이 다루지 않는 정치를 다루려고 하고, 정치적 사건과 문학적 사건 사이에서 사유의 역할을 명료하게 드러내려고 했다. 어떤 면에서 로넬은, 요즘처럼 계산 가능한 것들만이 대중적 인정의 대상이 되는 세계에서, 다시 말해 계량적인 것이 ─ 폭력 없이, 대의의 자리를 차지한 채 ─ 권위가 되는 세계에서, 권위를 다시 다룸으로써 몹시 간접적으로 계산 가능성의 세계에 질문을 던지는 것일지도 모르겠다. 사유가 수행하는 "비판은 [현실의] 사태로부터 권한을 빼앗거나 혹은 사태를 변동시킬 힘을 잃어버렸는지도 모른다"(227). 비판은 "아마 너무 급히 아주 무력하게 인류학의 거의 완전한 지배에 직면한 것이리라"(227). 그럼에도 불구하고 낭시와 라쿠 라바르트, 그리고 로넬은 사유로서 철학적인 것과 정치적인 것의 본질적인 ─ 우연하지도 않고 그저 역사적이지도 않은 ─ 상호귀속을 분명히 하려고 한다. "권력을 박탈당하고 빈번하게 권위를 빼앗긴다고 할지라도, 철학은 정치의 거수와 그 야수적 기질에 대고 지향사격이나마 할 수 있다는 점은 의심할 바 없다"(229). "철학은 이래야만 한다"(229). 이제까지 우리가 권위와 아버지-아들 관계에 대해 살펴본 바와 같이, 부성적인 것은 철학과 정치 양쪽에서 거의 불변하는 중심점 역할을 해 왔다. 정치적인 것을 새롭게 조사하는 일은 이 책이 제시한 저 관념들에 주목함으로써 이루어질지도 모를 일이다.

2장에서 로넬이 슬쩍 주목한 마르쿠제는 가부장적 국가에 이어지는 권위가 언제나 재산소유의 권위임을 보여 주었다. 코제브와 마르쿠제는 권위를 가족과 분리하고 (국가)권력과도 절연시킨 이론가다. 이들이 의지한 대상은 ─특히 코제브가 의지한 대상은 ─사법과 판단이었지만, 정치는 언제나 선입견prejudice ─판단 아닌 판단 ─의 형식을 이용함으로써 '아버지의 권위'가 아니라 '재판관의 권위'에 의지해 정치를 재구성하려는 시도에 찬물을 끼얹었다. 그러나 실상 세속 정치에서 권위를 떠나보내지 못하는 이유는 루터의 훈계 때문이 아니겠냐는 질문을 로넬은 던진다. '세속의 질서가 파괴되지 않으려면 정부의 권위를 인정해야 한다'는 루터의 선언은, '가이사의 것은 가이사에게'라는 바울의 '구별'과는 다른 것으로서, 현재까지의 세계 가운데서 여전히 작동하고 있다.

루터와는 멀리 떨어져야 할 것이다. 아버지 아래서 자라는 루저 아들이 어떻게 권위를 벗어던질 수 있을까? 앞서 보았던 대로 카프카에 관한 탐색은 이 길을 따라갔다. 모두를 루저로 만드는 현재의 질서 가운데서 카프카의 『편지』에 비추어 '훌륭한 루저' ─상실했고, 반대하지만, 편해지지 않으려는 루저 ─의 의미를 한정한다면, '훌륭한 루저 아들의 공동체'라는 규정이 불가능하지는 않으리라. 문제는 녹록지 않은 정치적 '공통성'을 어떻게 만들어 낼 것인가에 있다.

가정과 국가의 영속적 재접속과 소유권의 문제

"코제브의 주장대로라면, 권위가 무엇인지 알지 않고서 국가권력과 국가의 구조를 고찰하는 것은 불가능하다. 그는 권위 연구가 국가의 문제에 관한 그 어떤 성찰보다 먼저 이루어져야 한다고 여겼다"(185). 산업 형태와 관료제라는 맥락에서 프리드리히 엥겔스와 막스 베버가 지배와 복종, 권력과 종속 등 "권위 주변에 형성한 여러 선은 당장의 정치적 비통함을 진지하게 고찰하는 모든 작업에 영향을 미칠 뿐만 아니라 이런 고찰을 강화한다"(186). 역사상에 나타난 불길한 징조를 두고 볼 수 없으니, 코제브에게 권위는 발생해 버린 의미 불명의 역사를 정리하고, 이렇게 비통한 역사에 맞서기 위해서라도 살펴볼 대상이었다. 문제는 권위가 어쩌면 없어서는 안 되지만, 있으면 공격을 가하기도 하고 공격의 대상이 되기도 한다는 데 있다. 코제브는 그가 전달하는 내용의 모든 수준에서, 권위에 누적된 여러 손실을 두고, 또 이를 보상하기 위한 통제 조치를 두고 고심했다. "코제브는 국가와 연관된 관계 및 법적 관계의 핵심을 이루는 항목들에서 [권위와 권력 사이의 결합이] 절연되는 것을 보기 원한다"(185).

저 망명자는 국가로부터 가족을 분리시키기 위해 코제브니코프에서 코제브로 이름을 변경했다. 코제브의 개명은 가계와 상속의 적통legitimacy으로부터 빠져나와서, 국가 및 정치 영역에서 새로운 적법성legitimacy을 세우기 위한 실천이었다. 하지만 가족 질서로부터 빠져나와 재판관의 권위를 국가 제도에 이식하려 해도, '어버이 수령'이 아닌 '총통Führer'의 위협은 다른 권위를 찾는 문제가 간단치 않다는 사실을 알려 준다. 뿐만 아니라 코제브가 정치의 영역에서 끄집어내어 던져 버리고자 했던 아버지의 권위는 그보다 한참 전에 루터가 판단에 새겨 놓은 문제들과 더불어 되돌아오기까지 한다. 로넬이 보기에, 이렇게 끊임없이 되돌아오는 "아버지 유형의 권위는 정치의 도착증과 봉토의 번영을 허용한다. 종교적 엄명에 의해서건, 아니면 경제적 게

걸스러움에 의해 조직되건 그렇게 되는 것이다"(149). 이렇게 되돌아온 "권위의 부성적 유형은, 국가 구조에 침투하여 통치를 장악하는 것이 허용될 적에, 명예로운 정치의 가능성 자체를 말살한다"(149~150).

코제브나 아렌트와는 또 다른 지점에서, 마르쿠제는 권위를 균일한 관념 혹은 한정 가능한 관념으로 간주하지 않았다. 권위는 반권위를 낳을 수 있다. 그러나 동시에 반권위의 대의는 권위의 책략에 끊임없이 말려들게 된다. "마르쿠제는 권위 내부의 갈라짐, 즉 권위가 권위 자체 및 그것을 행사할 권리를 주장하는 사람들과 대립하는 방식을 눈여겨본다"(188). 이 경우 대립은 "권위를 향한 권위의 호소"(188)를 통해 발생한다. 그런데 루터의 그리스도교는 권위에 대항하는 권위를 "내향적 자유" 안에 가둬 놓음으로써, 신앙의 자유가 오히려 농민의 예속 상태를 시인하게 만드는 책략을 구사했다. 뿐만 아니라 마르쿠제는 "권위주의적 가족이 혁명에 맞서는 핵심 보루 중 하나가 되는"(189) 양상을 조사하면서, 철학이 권위를 갈구하는 국가와 지속적으로 보조를 맞추어 왔음을 예증하기도 했다. 권위를 향한 권위의 호소가 혁명으로 발전한다고 해도, 이렇듯 내향적 신앙으로 폐쇄되거나 가족체계―가부장제―로 복귀하는 순간, 어느새 반혁명의 기운이 곳곳에 스며든다.

마르쿠제가 율리우스 슈탈의 텍스트를 분석하던 중에 착안한 지점은 "권위주의 이론과 입헌주의 이론은 '가족과 소유체제의 보호라는 공통 근거 위에서 서로 결합한다'"(190)는 문제였다. 온갖 반혁명 이론이 보여 주는 바는 권위가 재산에 대한 관심사와 결부된다는 사실이다. 요컨대 마르쿠제를 경유할 때, 이제까지의 국가가 권위에서 벗어날 수 없는 이유 중 하나는 권위가 소유와 결합해 있기 때문이다. 마르쿠제는 "권위는 상당 정도 재산의 권위"(190)라는 결론에 도달했다. 형이상학적 권위가 상실한 뒤에도 여전히 유지되려는 재산(소유) property에서 비롯된 권위가 있다. 그리고 이와 같은 재산(소유)의 권위는 상속의 논리를 따라 가족 전의체를 유지시킨다. 국가장치가 재산(소유)의 권위를 보장하려고 하는 한, 국가와 가족을 구별하려는 코제브의 시도는 실패할 수밖에 없었다. 권위 상속 기구가 가정에서 작동하고, 이것이 국가로 확장되기 때문이다. 마르쿠제가 말한 대로 "권위주의적 전통주의는, 가족 안에서야말로 사회의 기초로서 그것이 제시하는 '독단과 선입견'이 본래적으로 전승된다는 사실을 아주 잘 알고 있다"(191).

로넬은 가정과 국가, 권위와 정치의 풀기 어려운 아포리아에서 '소유property'와 '전승inheritance'의 관념이 관건일 수 있다고 추론하기에 이른다. 로넬이 리오타르 독해를 이 책의 마지막에 배치한 이유는 이 때문일 것이다. 리오타르는 '소유'와 상대될 빈한하기를 강조했고, '전승'의 교란 지대로서 사춘기에 주목했기 때문이다. 리오타르가 그려낸 사춘기의 어린아이는 '아무것도 아닌 존재'로서 장악의 대상이 되면서도, 장악하는 자의 신호체계 자체에 문제가 있음을 예민하게 알아차린다. 물론 로넬은 사춘기가 다른 지양의 계기를 갖고 있을 뿐 의지가 작동하기는 어렵다는 점을 지적한다. 사춘기는 부성(과 권위)의 전달 체계가 결코 절대적이지 않다는 사실을 우리에게 알려 줄 뿐이다.

장악과 해방 그리고 소유의 권위 지속

6장에서는 이전에 번역된 로넬의 저작 『어리석음』과 이 책을 이어 줄 경로가 조금 더 분명하게 밝혀진다. 리오타르와 더불어 로넬이 제기하는 문제—major-minor에 얽혀 있는 문제—는 성년과 미성년이라는 법적 개념을 구성하는 다수와 소수의 관계에 대한 것이다. 6장 초반부에 등장하는 "이들"(411)은, 로넬에 따르면 그 원형이 본래적 어린아이이자 백치인 존재들인데, 이들이야말로 '어리석음'을 띤 자들이고, 이 책이 다루고 있는 '루저 아들'이라고 할 수 있겠다. 이들은 자기네를 재현할 언어와 대변할 대표를 갖지 못한 채, 정치와 담론체제로부터 이중으로 배제된 소수/미성년이다. 리오타르를 경유해서 로넬이 보기에, 어린아이 혹은 '소수'는 이런저런 복잡한 감정을 가질 수 있되, 자기네를 '재현'할 언어를 갖지 못했다. 그렇기에 자기네를 '대표'할 입장이 안 되고, 법적으로는 '미성년' 취급을 받아 왔다. 이로부터 드러나는 개념의 짝은 소수와 미성년, 재현과 대표다. 이렇게 짝을 맞추고 나면, 언어-글쓰기와 정치-민주주의를 유사한 의제로 묶어 볼 수 있다. 여기에다 루저 아들과 권위 아버지를 겹쳐서 사유의 밑천을 마련할 수 있을 것이다.

리오타르는 어린아이가 장악mainmise의 지배하에 있다고 간주했다. 어린시절을 규정하는 가장 큰 힘이 장악이며, 장악은 아이의 쾌락원칙 이전이건 이후건 어린아이를 현실원칙 아래 종속시키는 데 결정적이다. 장악은 교화에서나 상징계로의 진입에서나 다 결정적이다. 그러나 이렇게 모든 어린아이가 소유주의 손아귀 아래 들어가기에, 이 과정은 해방의 욕망을 근본적인 것, 사람에게 새겨진 얼과 같은 것으로 만들어 낸다. 리오타르가 보기에 장악과 해방은 한 몸이다.

해방의 문제를 에둘러 사고하기 위해서는 이 책의 중심 테마인 '루저 아들'의 문제를 리오타르'도' 다루고 있는 아브라함과 이삭의 우화에 겹쳐 읽어야 한다. 아브람은 신의 아들이고 루저다. 아브람은 시험에 든다. 신의 아들인 아브람의 시험이 통과로 판정되면서 이제 아들 아브람은 아버지─원가부장─아브라함이 된다. (물론 부름을 발하는 아버지 신의 목소리 역시 이래저래 의심할 구석은 있다. 그는 아브라함을 두 번 부르기 때문이다.) 남은 아들인 이삭은 죽음의 희생이 취소됨으로써, 그 생명이 아무런 의미도 가치도 없는 아들로 전락한다. 루저 아들 이삭은 아버지가 받아야 할 테스트를 통해 규정되며, 그 자신은 아무것도 아니고, 아무런 의지도 갖지 않는다. '아무것도 아님의 왕자' 카프카는 이삭의 시야를 뒤집어쓰고, 때로는 사라의 시선을 취해 자기 아버지 헤르만, 아니 원초적 아버지 아브라함에게, 한때는 그 역시 아들이었던 존재에게 편지를 썼다고 로넬은 서술한다. 이 같은 정황에서 권위는 작동하지만 이제 손상된 채다.

"누구의 존재를 사건에 익숙하도록 맞추기 위해서, 의미의 도래를 대비하기 위해서는 모종의 감축이 발생해야만 한다. 철저하게 빈곤한 상태, 극단적인 금욕은 환영받을 필요가 있고 받아들여질 필요가 있다. 하지만 …… 자기-고갈 행위는 어떻게든 주체가 관여하는 것으로서, 주체가 결핍증의 한계-경험과 다시금 만나기를 재개하면서 이루어진다. 고갈되어 있다는 조건을 궁극적으로 지식의 관건이라는 관점에서 읽어 내는 리오타르이기에, 이 고갈된 조건은 그의 작업에서 예술과 정치로 통하는 채널을 연다"(425).

로넬은 리오타르가 자기의 인생행로에 대해 강의한 텍스트를 바탕으로, 그가 평생 '빈한함'의 의미를 밝히기 위해 노력한 철학자였다고 지적한다. 무관심과 반성적 판단은 칸트를 매개로 삼아 리오타르 속에서 서로 연결되었다. 장악과 해방이 연결되고 유대교와 그리스도교가 연결되듯이, 무관심과 반성적 판단은 서로 연결된 관념이며, 이는 과학 영역이 아니라 예술 영역에서 관건이 된다. 예술 영역에서 대문자 X는 규정적 판단으로는 파악할 수 없는 것이며, 반성적 판단을 통해서만, 움켜쥐는 파악이 아니라 흘리는 듯 터치로만, 겨우 건드릴 수 있는 대상이다. 리오타르가 말하기를, 중심은 판단하는 나에 있는 것이 아니라 일어나는 대상에 있다. 정치가 조정과 통제의 기술이 아니라 사건과 해방-돌발의 장소라면, 정치에 참여하는 자들에게 필요한 태도는 손 불구자와 같은 헛된 움켜쥠이 아니라, 자기의 정신을 최대한 비운 채 애쓰는 예술가와 닮은 터치여야 한다고 리오타르는 말한다.

로넬이 개입해 들어가는 지점은, 이 '최대한'과 '비움'의 서로 어긋난 공존 상태다. 리오타르의 이야기에는 애쓰려는 의지가 작동한다. 일어나는 대상이 중요하더라도, 그보다 강조되는 것은 비워 냄의 의지다. '손 불구자'는 리오타르가 그려 낸 그림이지만, 로넬에게 이 사람은 잃은 자이되 복수를 꿈꾸는 루저로 보이나 보다. 로넬이 보기에는 빈한하게 되기건 금욕이건 이런 시도들이 의지를 품고 있다는 데 문제가 있다. "정신이 몸-자기를 무능하게 할 능력을 발휘할 때의 바로 그 무능하게 할 능력을 금욕은 함축한다"(424). 완전한 무위는 있을 수 없고, 무능의 능력은 다시금 손실이나 상실의 트라우마 순환 가운데 루저를 던져 넣는다. 기계를 끄고 황량한 벌판으로 탈출했는데 거기에서 다시금 윙윙거리며 우리를 둘러싸는 권위의 드론들을 발견하는 순간이라니! 이 난관을 돌파할 로넬의 아이디어는 신이 아브라함을 두 번 부른다는 기록에서 비롯된다. 아버지 신의 권위가 하나가 아니라 여럿으로 분열하며 우리 곁에 머물듯, 원초적 가부장이자 그 또한 신의 자식인 루저 아브라함도 마찬가지로 여럿으로 쪼개어질 수 있다. 루저 자식들의 무기는 하나로 확정되지 않은 상태, 들뜬상태에서 찾아야 한다. 돌발하는 웃음소리와 함께.

사춘기의 들뜬상태

리오타르를 통해서 로넬은 '사춘기'의 정치적 의미를 고찰해 보려 시도하고 있다. 이제까지 로넬은 "어린시절의 연패와 어린시절이 품고 있는 절멸의 성질에 관해 자세하게 심사"(76)하고자 했다. 이 책에서 로넬은 승화되지 않는, 달리 말해 숭고해지지 않는 어린시절에 머물고자 해 왔으며, 이제 마지막으로, 승복하지 않고 우기지도 않는 어린시절에 우리가 머물도록 하려는 계기로서, 이미 오염된 어린시절을 갓 벗어던졌으면서 성인기도 아닌 시기로서 사춘기에 주목한다.

앞서 언급한 로넬의 강연에서 크리스토퍼 핀스크는 사춘기가 어째서 정치적인 것과 연관될 수 있을지 짐짓 물어보았다. 이제까지 살펴본 권위 및 아버지-아들 관계와 관련해서 사춘기라는 유사개념이 정치적 음색을 띠게 만들기 위해서는 훌륭한 루저로서 카프카 속에 있는 어떤 속성을 유적인(일반적인) 성질로서 인류 모두에게서 이끌어 낼 수 있어야 할 것이다.

　어린시절에 관한, 예수와 이삭에 관한, 장악과 소유권에 관한 고찰과 함께했을 때, 리오타르는 카프카 속의 어떤 속성, 훌륭한 루저로서 카프카가 갖는 속성을 우리 모두에게 전파하기 위한 중계기 역할을 할 수 있었다. 그렇지만 훌륭한 루저로서 카프카는 너무 독특한 사람이라서 유적인 인간의 형상이 되기는 어렵지 않을까? 로넬은 머리말의 하소연과 3장의 대학을 다룬 부분에서 오늘날의 문제적 분위기를 직관했다. 이제는 아무도 읽고 쓰는 사람에게 별달리 주의를 기울이지 않는다는 것이다. 오늘날의 성과 중심 세계는 성과가 곧 생존이며 커리어가 곧 어떤 사람을 투명하게 드러내는 세계다. 여기에서는 읽고 쓰는 사람이 사로잡혀 있거나 혹은 얽혀 있는 고독과 연대의 특이한 절합을, 안과 밖에 동시에 걸쳐 있는 상황을, 그렇기에 로넬이 고백하듯 '만성 피로'와 '때늦은 삶'에 사로잡혀 있는 실존을 전혀 용납하지 않는다. 기입된 것을 읽어 내고 또 기입하는 사람이 곳곳에 있지만, 그들에게는 아무도 귀를 기울이지 않고, 그들은 글쓰기를 수행할 기회도 가르칠 기회도 얻지 못하고 있다. 그런데도 카프카와 같은 모델이 구성될 수 있나? 다른 한편 프랭클린과 카프카의 대비는 실용적으로 승화시키는 사람과 더듬대며 받아들이는 사람의 대비이기도 하다. 물론 로넬이 지적하다시피, 카프카는 이 실용적 인간 프랭클린의 상실 ― 아버지로서 아들의 상실 ― 조차도, 자신을 연패의 늪에 빠뜨리는 아버지에게 보낸 편지에 함입해 냈다. 카프카는 그토록 훌륭한 루저다. 그러니 다시 한 번, 카프카는 지나치게 독특한 사람이다.

반면에 리오타르가 신에게 부름받은 자 아브라함과 점원에게 희롱당한 어린아이 엠마 엑슈타인 둘 다에게서 주목한 사실이 있다. 상정된 주체의 동일성, 상식의 매끈한 평면을 깨뜨리면서 그들에게 어떤 부름 혹은 말 걸기가 침투해 들어온다는 것이었다. "아브라함과 엠마 둘 모두는 공포에 질린 채로, 저 축출을 행하는 부름을 받아넘기려고 시도한다. 이들이 복종할 준비를 갖추고 있기를 요청하는 저 부름 앞에서 말이다. 한 수준에서 이들은 부름에 응답하라는 명령을 받는다. 다시 말해 준비했건 안 했건, 이들은 부름이 자기네에게 주어진 것이라고 상정하도록 되어 있다. 이들이 자기 자신이 되기도 전에 저 부름은 이들을 찢고 관통하면서, 산산조각 부서지는 경험의 흔적을 남긴다. 리오타르는 자기로 추정된 것이 쪼개지는 순간을 가리켜 사춘기를 통과하는 이행이라고 말한다"(457). 이제 두 사람은 들뜬상태excitation에 접어든다. 그리고 이들과 마찬가지로 우리 모두는 '사춘기'라는 시기를 거쳐 왔다. 리오타르의 목소리를 빌려 로넬은 사춘기가 '들뜬상태'라고 말한다. 장악의 흔적, 내게 가해진 소유권의 낙인은 사춘기에 새로 드러나고 그제야 의미를 얻는다. 사춘기는 미성년에서 성년으로 옮아가는 이행기다. minor-major를 갖고 말해 보자면, 사춘기는 소수가 다수로 되어 가는 시기이기도 하다. 정치에서 진리는 새로 출현해 상식으로는 파악되지 않는 무엇에 이름을 붙이면서 마련된다고 상정해 보자. 혹은 정치적 해방, 우리 모두의 해방은 소수가 다수로 되어 갈 적에 일어나는 것이라고 상정해 보자. ― '몫의 나눔', '자리 차지하기(일어나기)avoir lieu', '되기', '이름 붙이기' 등의 관념은 68과 문화혁명의 세례를 동시에 받은 프랑스 철학자들이 정치적인 것 가운데서 공통적으로 짚어 내는 말이기도 하다. 요컨대 '나눔받고', '일어나고', '되어 가고', '명명하는' 시기로서 사춘기에는 정치적인 구석이 있다.

　로넬은 7장에 이를 때까지 어린'여자'아이의 등장을 아껴 놓았다. 아버지들의 아버지 아브라함과 어린여자아이 엠마는 둘 다 부름에 답해야 할 사람이라는 점에서 닮은 데가 있다. 아버지 아브라함은 부름에 답하려고 아들을 묶었으나 희롱당했을 따름이고, 엠마는 부름의 의미를 당시에는 이해하지 못했다. 권위를 둘러싸고 아버지와 아들 사이에 벌어지는 싸움쯤은 저들에게 맡겨 둔 뒤에, 로넬은 엠마를 데려와 사춘기를 논한다. 아브라함도 이삭도, 오인일지라도, 아버지의 부름에 충실히 따른다. 그들은 부성의 부름의 의미를 알 뿐만 아니라 이를 인정한다. 그러나 엠마는 이제 와서야, 사춘기가 되어서야 점원의 부름의 의미를 안다. 사춘기는, 미성년과 성년, 소수와 다수의 경계에 위치해 있으면서, 권위에 장악되어 그저 눌리기만 했고, 그래서 자기가 겪은 체험을 인식할 언어를 갖지 못했던 어린아이―엠마가 '그건 성희롱이었어'라고 확실히 깨닫고 발화하는 순간을 가리킨다. ―깨닫는 데까지가 사춘기이고 발화하는 순간 성년에 들어서게 되는 건지 아니면 깨닫고 발화하는 순간 전체가 사춘기인지는 확실히 식별하기 어렵다. 다만 누구에게나, 지나고 났더니 그건 폭력이거나 권위거나 아무튼 강압에 의해 자기 자신에게 벌어진 사태였음을 깨닫는 그런 순간이 있다는 건 분명하다. 이 순간이 꼭 10대에게만 해당하는 것은 아닐 게다. 이런 의미에서 사춘기는 아버지의 정치에 장악되고 권위에 시달리는 모든 사람이 손쉽게 숭고해지지 않은 채, 혹은 쉽게 승화되지 않은 채, 권위의 안이자 밖에서 '훌륭한 루저'로서의 성질을 가다듬을 수 있는 시기가 된다. 이것이 수월하게 해방으로 이어질 리는 만무하지만, 어쨌든 이 들뜬상태의 회로에는 어떤 (정치적) 정동이 흐르고 있다.

"리오타르가 보기에, 사춘기가 히스테리적 후유증의 경계를 윤리 내에서 정하고, 정치적 떨림으로 구별해 낸다는 점은 중요성을 띤다. 사춘기는 [이전 세계에서] 물려받은 인식상의 경로들 중 어떤 층위를 흐트러뜨리면서 의미로 향하는 길을 다시 뚫는다"(457). 미성년이 성년으로 옮아가는 시기, 소수가 다수로 되어 가는 시기에, 그 들뜬상태 와중에 뭔가가 일어난다. 일어난 게 무엇이냐를 따지기보다는 뭔가가 일어난다는 사실만이 사춘기에는 중요하다. 익숙하지 않은 언어로 사춘기를 지나는 사람들은 묻고 또 따진다. 이게 무어냐, 그게 무엇이었냐, 저건 옳으냐, 등등.

"질문하지 말라"고 쓴 칸트의 독일어 "räsoniert nicht!"를 로넬답게 읽는다면 '이성을 사용해서 사유하지 말라'는 말이 된다. 사춘기의 이성은 가계와 사회의 질서 안에 들어 있지 않은 자의 이성이다. 이는 어느 면에서 보자면 루저의 이성, 여성의 이성이다. 멀리 갈 것 없이 지금 한국 정치에서 가장 치열한 이슈인 촛불과 미투는 앞의 물음과 관련이 있다. 「'계몽이란 무엇인가?'에 대한 답변」은 칸트에게 가장 동시대적인 저작 중 하나였음을 기억해야겠다. 권위는, 주인—자본의 권위건, 재판관—법의 권위건, 가부장—남성의 권위건, 지도자의 권위건 관계없이, 모두 '질문하지 말라, 따지지 말라'고 한다. '너의 말은 틀렸다', '너의 언어는 바르지 않다'고 한다. 사춘기를 지난 소수/미성년이 다수/성년이 되기 위해 새 언어의 소유권에 붙들리게 될지는 알 수 없을뿐더러, 애초에 새 언어를 향해 팔을 뻗는 일조차 힘겹기 때문에 미성숙 상태를 선택하기가 더 쉬우리라. 하지만 사춘기의 들뜬상태에 있는 동안만이라도 묻고 따지게 만드는 저 정동적 실천이 오늘날의 정치적인 것에 핵이 될 수는 있다.

그러니 계몽이란 무엇인가에 대한 칸트의 대답으로부터 우리는 그의 대답—너 자신의 이성을 사용할 용기를 가지라는 명령—에 귀를 기울일 게 아니라, 그가 처해 보는 중인 상황을 뜯어보아야 한다. 따지지 말라, 즉 '이성을 사용하지 말고' 복종하라는 말이 온갖 곳에서 들려오는 상황, 이제 막 부름을 통해 권위—아버지의 장악으로부터 빠져나와 자기 경험의 의미를 스스로 생각하기 시작한 사람이라면 누구나 처하게 되는 상황이 사춘기다. 요컨대 사춘기는 정치적 공통성을 주조하는 구역 전의 혼잡스런 모퉁이인 셈이다. 권위—아버지에 사로잡힌 인간이라면 성별에 관계없이 모두 루저 아들일 터, 루저 아들은 내부의 바깥, 혹은 바깥의 안인 빠블라취 같은 곳에 위치한다. 이 건축적 공간은 사람마다 모두에게 유적인 시간인 사춘기로 이어질 수 있으며, 사춘기의 이런 독특한 지위에 언제나 정치의 약한 희망이 존재한다.

독서가의 과제

『어리석음』에서도 마찬가지였지만, 『루저 아들』에서 로넬은 관념들을 엄밀하게 잇달아 놓기보다는 느슨히 연결하며, 그러면서도 느슨하게 연결된 관념들을 촘촘하게 배치함으로써 굉장히 밀도 높은 문장을 구사한다. 로넬은 논변으로 받아들일 만한 핵심적 주장을 담지 않으려고 하며, 독서가들이 그녀의 글을 체계화하거나 구조로 그려 내게 두지 않는다. 이 소고 역시 몹시 자의적인 경로 하나에 불과함을 당신은 이미 눈치채고 있을 것이다. 글 혹은 문장의 층위에서 의미가 진동하는 경우는 다반사고, 단어의 층위에서도—가령 address를 가지고 여러 맥락을 동시에 발화하는 4장에서의 문장(말 걸기-다루기-발신자-주소지)을 보라(288)—의미가 크게 동요함으로써, 우리는 '중국식 퍼즐'을 짜 맞추듯이 그녀가 말 거는 문장들을 재해득하도록 강요당한다.

재해득이 일종의 전유임을, 따라서 몫의 나눔을 배제하는 일임을 감안한다면, 로넬의 강요는 자기애에서 벗어나지 못하게 만드는 것이 아닐까? 고독을 사랑하기는, "단 한 문장의 숙명에 대한 열띠고 기나긴 숙련"(10)은 시인의 일일 텐데, 어째서 독서가들이 시인의 일감을 떠맡아야 하는 것일까? 혹은 어째서 철학자가? 철학 혹은 인문학—공교롭게도 어떤 이들은 인문학을 Humanities라고 부른다. 로넬이 관심을 갖는 대상은 '파괴될 수 없는', 가부장제 바깥의, 루저들, 어리석은 백치들, 인간성 기준 이하의 존재들과 문제들, '비인간'인데 말이다—은 객관적이고 사업적이고 성과중심적인 정책에 통합되지 않는다면, 이런 식으로 시와 영역 다툼을 벌이도록 내몰릴 수밖에 없는 걸까?

이토록 어려운 문제의 정체를 우리가 확인할 길은 없다는 결론에 다다를지라도, 로넬이 강조하는 바는 '독서가의 책임'이다. 로넬은 날카롭게 읽어 내는 일만도, 읽어 낼 책과 읽어 낼 저술가를 골라내는 일만도 무거운 책임이 따른다고 말함으로써(2장 중 '정치적 서명자로서의 학자'[166] 부분을 보라) 자기애 바깥의 공동존재로서 자기들을 일떠세운다.

"언어에 관해 다음 사실들을 아는 데 희미하게 깜빡이는 희망이 있다. 언어는 처음부터 끝까지 신뢰할 수 없는 것으로서 각성 상태와 끝없는 융통성을 청할 뿐더러, 언어가 내세운 야릇함과 편차 및 수정 경향들에 대한 진정한 세심함을 매 순간 요구한다. 언어는 제가 끌고 다니는 저주받은 감각에 대한 이야기를 멈추지도 않고 되풀이해 말한다. 우리에게 무슨 일이 일어나는 중인지 말해 주는 데 실패하고, 우리에게 내린다고 상상하는 저 말 걸기들의 위치를 조금이라도 확실히 정하는 데 실패하면서도, 이런 실패를 느끼는 불운한 감각을 반복해서 이야기로 지어내는 것이다. 그럼에도 대개의 경우 언어는 운송장번호를 갖고 있다. 우리를 비껴가면서 우리의 많은 탈脫구성을 설명할 수 있는 저 말 걸기 주소를 추적할 번호를 말이다. 트라우마에 시달리고 그 자체에도 세계에도 불충분한 언어, 언어는 당신을 책임 있고, 경계태세를 갖춘 채, 최대한 고갈된 순간에도 다시 시작할 수 있게 만들어 준다. 언어가 가차 없이 자학 중이라는 사실에 희망이 있다.—실낱같이 희미한 희망이다. 그러나 아마 우리를 위한 건 아니리라"(398~399).

저 어슴푸레한 희망은 아마 언어를 갖지 못한 자들의 몫이겠다. 그래도 나는 이 책의 번역을, 실용적이고 계산 가능한 것만이 우대받으며 어떻게든 커리어만이 중시되는 이 시대 이 사회에서, 여전히 글쓰기와 독서에 골몰하면서 권위의 그물망과 실존을 겨루고 있을 우리 모든 루저 자식들에게 바치고 싶다는 마음을 누르기 어렵다.

찾아보기

루저 아들

정치와 권위

1판 1쇄 2018년 12월 15일

지은이 아비탈 로넬
옮긴이 염인수
펴낸이 김수기
편집 김주원 | 김재훈
마케팅 김재은 / **제작** 이명혜

펴낸곳 현실문화연구
등록 1999년 4월 23일 / 제25100-2015-000091호
주소 서울시 은평구 통일로 684 서울혁신파크 1동 403호
전화 02-393-1125 / **팩스** 02-393-1128 / **전자우편** hyunsilbook@daum.net
ⓗ hyunsilbook.blog.me   ⓕ hyunsilbook   ⓘ hyunsilbook

ISBN 978-89-6564-225-1 (93100)

이 도서의 국립중앙도서관 출판예정도서목록(CIP)은
서지정보유통지원시스템 홈페이지(http://seoji.nl.go.kr)와
국가자료공동목록시스템(http://www.nl.go.kr/kolisnet)에서 이용하실 수 있습니다.
(CIP제어번호: CIP2018035923)